U0119245

來自拉 · 烏盧 · 胡的訊息

給這本書的讀者

致想活出自己的人：

　　人類圖提供對天生本質的精密理解。伴隨理解，會是真正的改革——生命的重組與意識的覺醒。人類圖提供了一套獨特的方法，依照你的設計而量身訂製，能將你從「非自己」的制約中釋放出來。它就是策略與內在權威，是轉變的催化劑。

　　你要明白這門知識需要親身試驗，的確有一條「路」，但你要親自去走。讓這本書來引導你，如果這對你而言是正確的，你會知道的，請踏上你在生命中，最奇特的旅程。

拉 · 烏盧 · 胡

西班牙，伊維薩島

二〇一一年，三月一日

人類圖國際總部 Jovian Archive 唯一授權定本

人類圖

區分的科學

拉 · 烏盧 · 胡（Ra Uru Hu）

鈴達 · 布乃爾（Lynda Bunnell）著

Joyce Huang（喬宜思）翻譯 · 審定

國家圖書館出版品預行編目資料

人類圖——區分的科學 /
鈴達・布乃爾（Lynda Bunnell）＆　拉・烏盧・
胡（Ra Uru Hu）著；Joyce Huang（喬宜思）翻譯
---. 初版 .— 臺北市；本事文化出版　：
本事文化發行，　　2015. 06
面　；　公分 . –
ISBN 978-986-6118-85-2

人類圖 —— 區分的科學

作　者／鈴達・布乃爾（Lynda Bunnell）＆ 拉・烏盧・胡（Ra Uru Hu）
譯者・審定／ Joyce Huang（喬宜思）　　翻譯協力／曾琬迪・M.Su・狗男・Hana Tseng
責任編輯／林毓瑜・周寧靜

發 行 人／麥成輝
社　　長／喻小敏
編 輯 部／王曉瑩
行 銷 部／陳雅雯、張瓊瑜、蔡瑋玲、余一霞、王涵
業 務 部／郭其彬、王綬晨、邱紹溢
出 版 社／本事文化股份有限公司
　　　　　台北市松山區復興北路 333 號 11 樓之 4
　　　　　電話：(02) 2718-2001　傳眞：(02) 2719-1308
　　　　　E-mail：motifpress@andbooks.com.tw
發　　　行／大雁文化事業股份有限公司
　　　　　地址：台北市松山區復興北路 333 號 11 樓之 4
　　　　　電話：(02)2718-2001
　　　　　傳眞：(02)2718-1258
封面設計／徐小碧　內頁排版／林鳳鳳
印　　刷／上晴彩色印刷製版有限公司

● 2015 年 6 月 9 日　初版　　　　定價 1000 元　官方推廣價 799 元
● 2017 年 4 月 11 日　初版十一刷

獻詞

此書謹獻給拉・烏盧・胡
人類圖系統的創始人和傳訊者
也獻給我們的子孫，
以及所有未來的世代。

拉 · 烏盧 · 胡（Ra Uru Hu）

人類圖的創始人，人類圖系統的傳訊者與教師

拉 · 烏盧 · 胡，原名羅伯特 · 艾倫 · 克雷考爾（Robert Allan Krakower），出生在加拿大蒙特婁，在一戶書香門第的上流中產階級家庭中排行第四。他熱愛藝術，求學過程中就開始作曲和演奏，透過音樂表達自己，並以此為嗜好，直到離世。他取得喬治 · 威廉爵士大學（Sir George Williams University）的文學士學位，但職涯中曾從事商界的廣告經理、雜誌出版商和媒體製作人。

一九八三年某一天早上，他離開家人，以及原本身為企業家的快速節奏，亦即，他離開了原本的生活，就此「消失」。幾個月後，他發現自己在地中海、西班牙東部海岸、美麗的溫帶島嶼伊維薩島上。這座小島，是他做為拉 · 烏盧 · 胡「真實」生活開始的地方，他總喜歡稱它為「伊甸園」。

一九八七年一月三日晚間，他和「聲音」相逢。那經驗極為可怕。聲音說：「你準備好開始工作了嗎？」接下來是毫不間斷八天八夜的工作，他詳細記述下來，成為目前為人所知的人類圖系統。拉稱這段遭遇為警鐘，從中他學習到自己之前對人類本質、宇宙，以及事物運作的臆測，是如此盲目與愚昧。

拉將自己定位為人類圖系統的傳訊者，這是他留給這世界的遺產，他自從遇見人類圖後，全心奉獻自己，將這門區分的科學傳播給全世界。他在伊維薩島上生活與工作，享受教學、玩音樂、園藝，並與他的太太、三個孩子及孫子一起生活。

就像拉常說的：「不要相信我所說，你要親身嘗試」。現在，世界各地有成千上萬的人，運用這套人類圖系統，發現它準確揭示出生命的運作形式。

拉於二〇一一年三月十二日清晨五點四十分在自宅離世，距離他六十三歲生日不到一個月。

鈴達 · 布乃爾（Lynda Bunnell）

人類圖教師以及國際人類圖學校校長

　　鈴達 · 布乃爾是國際人類圖學校校長。自一九九九年起，便與拉 · 烏盧 · 胡密切合作，是傳授並訓練全球人類圖分析師與教師的先驅，這包括由拉在二〇〇三年重新架構全新教育方針，並開設第一班的分析師課程。二〇〇五年，她參與首批線上教授人類圖的教師群，與拉一起在虛擬的網路空間，教授來自全球的學生。二〇〇六年，在拉的要求下，她重新引入「你的人生使用說明書」指導訓練課程。鈴達是現今線上訓練課程中，許多訓練方法及模式的先驅，同時也是《你的人生使用說明書》這本書「學生與教師手冊版」的作者。

　　二〇〇六年，拉邀請她擔任國際人類圖學校的院長，並於二〇一〇年六月，完全將學院託付給她，包括他的教育計畫，以及在人類圖系統之下，維持全球一致性的教育準則。鈴達是充滿熱忱的先鋒者，志在將人類圖推廣至全球各地，她支援與擴展全球人類圖社群，全心全意培育學生與專業人士，全心奉獻自己，延續拉傳授給她的人類圖系統。

　　「我和拉一起工作十二年，我能成為他的私人學生，真的非常幸運。我們為了人類圖系統的知識細節，以及他對人類圖的願景，幾乎每天交換意見。他讓我明白，維護他被授予的知識，並延續其真確性，是多麼重要的一件事，同時他也告訴我他的夢想、希望，以及對人類圖系統的整體願景。共同經歷這過程中的種種，他為我的人生帶來轉變，並改變了我看待周遭世界的方式。此外，他將必要的工具傳授給我，讓我能將這門知識帶給需要的人，我對他充滿感激。」

　　鈴達的背景包括身為女實業家，三十餘年的豐富資歷，以及對靈性與超自然研究的熱情。她在南加州長大，目前仍定居在此，她擁有兩個孩子，以及四個孫子。

中文版序一

Jacqueline Riley

傳統科學中，並沒有所謂的「官方」版本。然而，人類圖系統屬於區分的科學（Science of Differentiation），這是一套龐大複雜的知識，透過傳遞而來。所謂「傳遞」，指的是這套知識是以八天的時間，「下載」給拉‧烏盧‧胡這個人，而他終其一生，皆致力於向全世界傳遞這門學問。現在，每一個人皆能以科學的方法，加以深入了解：透過系統性的觀察、測量與實驗，形成假設後，再測試並修改。希望藉此過程，讓真正的自己得以朝更高層次的覺知，敞開心胸、接受並理解，因而親身體驗屬於自己的人生。

各種教育的源頭，其最大的差別在於對涉及的理論了解到何種程度，以及是否能妥善應用這些理論。我們身而為人，各自具備獨特的設計，而面對不同源頭之間的差異，可以是細微難辨，也可能是天差地遠。

由拉所傳授的正統版本資訊，亦即經過認證的人類圖專家所傳承的內容，和那些未經過認證者所教授的版本，有很大的不同。我們想提出適用於所有情況的三個重點：正確的觀念、原本的用語、認證所需的時間／深度。

人類圖裡選擇描述相關概念的字詞，具有非常特定的格式與頻率。字詞與振動頻率相關，具備特殊的溝通結構，當中蘊含透過拉所傳送的知識與其精髓。如果你小時候玩過傳話遊戲，你會明白當一個特定的訊息，從一個人傳至下一個人的時候，會產生扭曲。每個向拉學習的人，僅一步之遙，皆有幸取得最靠近源頭所傳遞的知識，而每個向拉的學生學習的人，所接收到的訊息裡難免就會多了點雜音。我們建議你盡可能接近源頭來學習這門學問，與具有官方正式認證的人類圖老師群學習，來取得相關認證，好將雜音降到最低。學習人類圖，就像是學習新的語言，許多字詞都有其精準的意義！

人類圖之所以受歡迎，是因為拉所建構的資訊，讓願意親身實驗的人，皆能體會到其準確性。我們每一個人都如此不同，若準備好進一步親身實驗，必須探索每一個相關的面向，做出「區分」。這是一輩子的歷程，透過每個人各自獲取知識的獨特方式，以及不斷學習與發掘，才能觀看與分享彼此的體驗。選擇 Jovian Archive 人類圖總部來學習，並從擁有正式授權的各國分部，取得人類圖相關的認證資格，能讓你擁有這門知識的純粹與深度，從最高的層次，對你和你的人生帶來重大影響。若你能專注於內容中正統的語言，並以拉‧烏盧‧胡原先設定的教育型態與時間的長度來學習，那麼在使用這套複雜，但又非常實際的系統時，你便能獲得滿足。

分散於世界各地，所有正式獲得認證的人類圖專業人士們，共享這門足以帶來劇烈轉變的學問，我們擁有十三所正式獲得授權的國家分部，以及 Jovian Archive 人類圖總部，與國際人類圖學校，負責並確保這門知識會被完整傳遞。雖然如此，拉從不希望任何學生模仿他，而是希望他們各自去探求字詞背後的意義，與其能量的流動，然後以自己獨特的方式，表達出獨到的理解。市面上有些宣稱人類圖的書籍，並未獲得拉，或 Jovian Archive 人類圖總部之授權，而那些作者們並未具備相關教學資格，因此經常散播錯誤資訊。

拉所建立的教學結構最具公信力，以培養出專業能力的分析師與老師為宗旨。一旦

獲得認證，人類圖專家們就能根據他們個別獨特的覺知，進行人類圖的藝術。每位獲得認證的人類圖專業人士，皆同意不會修改、增加其他的信仰結構，或改變人類圖系統，如此一來，才能以我們引以爲傲的智慧財產及其形式，繼續傳承下去。

人類圖體系是關於一個人如何做出決定，同時接受你自己與其他人原本的模樣。

而目前所面對的困境在於，這些使用混淆消費者的術語、未得到授權的來源，以「人類圖」爲名，行銷自己版本爲實，以錯誤的方式呈現整體的系統。倘若沒有一套標準，來確認知識是否遵循並源於正統性，消費者根本不知道差別何在，不幸的是，這極可能破壞人類圖專家與系統本身長年來所建立的聲譽。這就像是當你尋找專業的針灸師，其背後有一套運行體制，以確保他們擁有執行中醫治療的資格，而人類圖體制也是如此，唯有獲得認證的人類圖分析師與老師，才能提供給你適當的諮詢與協助。

覺知，源於與自身獨特的眞實合而爲一。現今社會缺乏耐心、不斷尋找捷徑與立即渴望獲得滿足的現象。見證了「非自己」的種種辯解、合理化，以及謊言，是如何囂張運作著。腦袋的層面樂於說服人們何不採用最簡單的方法，殊不知因此製造出一張羅網，讓陷入其中的人渾然不覺，不知不覺就成爲其中的受害者。

目前所認可的認證標準，要求人類圖分析師或老師須完整完成相當長的學習時數：一個獲得認證的分析師（最初的層級是可以解讀人類圖），至少需要三到五年的學習，並跟隨你的策略（Strategy）與權威（Authority）。這段時間正是去制約中，第一個七年的一半，改變「非自己」的行爲，讓人得以與自身正確的頻率一起共振。你的細胞需要時間，清除舊模式，以正確的方式運作。若要讓個案解讀達到最好的效果，分析師必須以其專業的資格發言。透過深刻了解人類圖體系，並以個人的內在權威發聲，經由自身設計的獨特性，將一切該如何運作的覺知帶到這世界上來。當分析師親身體會自己已然正確地活出其本質所帶來的驚人影響，那麼，他們本身便成爲充滿可能性的典範，其獨特的共振，將透過他們而傳遞至客戶的那一端。

要成爲老師，熟知這本書裡所涵蓋的知識，需要多年投入，要精通則須更長的時間。鈴達‧布乃爾（Lynda Bunnell）投入超過十六年的時間，全心致力於學習，並教導人類圖體系的相關課程。其中她更有十二年的時間，以拉的私人學生身份，與他密切合作。爲此 Jovian Archive 人類圖總部將全力支持這本書，期待各位在書中尋獲珍貴的寶藏。這是唯一一本與拉‧烏盧‧胡合作完成的書，也是人類圖的世界裡可取得、最全面並獨一無二的資源。Jovian Archive 人類圖總部很高興透過 Joyce Huang（喬宜思）的專業翻譯，使得這本獲得授權的人類圖書籍，誕生出中文的版本。

眞正重要的是，每個人都能依照其獨特性，眞實活出自己。我們希望各位也能達到這樣的境界：眞心相信自己的決定，與更高的覺知共存。現在該是時候，活出你自己，感受你生來就該體驗到的滿足、成功、平靜或驚喜，不是嗎？

歡迎進入人類圖的世界！

Jacqueline Riley Jovian Archive 人類圖總部負責人
Andrea Abbay-Abbay Jovian Archive 人類圖總部公關主管

中文版序二

Joyce Huang（喬宜思）

　　我熱愛人類圖，不僅在於其知識層面的浩瀚，我更喜歡這門學問看待每個人，以及對這世界的角度與觀點，源於熱愛而燃起熊熊熱情，驅動我在過去近十年的時間，與 IHDS 長期連線學習上課，逐步修業完成專業分析師與授課老師資格，而當初一路培養、教導與支持我的主要推手，就是鈴達（Lynda Bunnell）老師，也就是這本書的作者，當今 IHDS 現任的校長。

　　我個人非常感謝鈴達老師多年來溫暖的鼓勵與支持，也謝謝 Ambuja 女士（Jovian Archive 人類圖總部負責人）的信任與授權，讓我與我的工作團隊所成立的亞洲人類圖學院，得以承接 Jovian Archive 人類圖總部中文地區的獨家代理權，負責台灣、中國、香港與澳門地區，推廣並傳播人類圖知識體系，尤其感謝祖師爺拉‧烏盧‧胡（Ra Uru Hu）一手創立人類圖體系，讓更多人有機會透過這項無比神奇的工具，開始認識自己，愛自己，創造出更美好的人際關係，並且活出屬於自己獨一無二的精采人生。

　　這條人類圖中文化之路，其實很漫長，從過往個案與授課的過程中，我的體會是，中文化的過程，除了語言層面的翻譯，真正要在文化的層面上，找到對等的體會與詞藻，將之翻譯成普及易懂的意涵，除了翻譯的專業，還需要極大的耐性，唯有全心全意沉浸在這門浩瀚的學問之中，細細體驗並體會關於自己，關於他人的諸多行為、思維與觀點，自體驗出發，才能翔實地將人類圖知識的精妙之處，真正「翻譯」並傳達出來。

　　若非基於對人類圖的熱情與愛，實在難以完成這個難度極高，幾近不可能的任務。在此，我要深深感謝本事文化與其翻譯編輯團隊：喻小敏、林毓瑜、王曉瑩、李明瑾、曾琬迪、M.Su、狗男、Hana Tseng、周寧靜，我要謝謝你們如此努力，在過程中給予我極大的寬容，願意與我一同追求最高標準的工作品質，我多麼幸運在這段旅程中，除了盡一己之力，還能集結眾人的力量，自源頭傳承正確的知識，將這門學問以中文的形式，如實傳遞。你們陪我一同做夢，只因認定這是一件有意義的事情，而義無反顧，一起與我攜手飛奔，若沒有你們真誠的付出與貢獻，就不會有今天中文版本的誕生，再一次，非常謝謝你們。最後，我要謝謝我的另一半 Alex Lin，是你寬廣的愛，讓我能堅持到底，還有感謝我的三個孩子，你們是我生命中最美妙的奇蹟。

　　這本書的翻譯與審定，幾經延宕，最後在我再度拜訪伊維薩與巴塞隆納的旅程中，順利完成。這對我來說真是神奇又不可思議的安排。場景回到我二十九歲那一年，第一次到西班牙旅行，當時的我，站在巴塞隆納的街頭，感覺到自己的青春與生命力如此旺盛，卻找不到生命的意義，無事可回應，當時我多麼渴望此生能找到所愛，為某件事情而奮鬥，盡情燃燒，創造，真實地活著。

　　必定是內心的意向與願力，牽動並連結了更高層次的力量，引領我走上一條不可思議的旅程。

　　十餘年過去了，我為人妻、為人母，然後，當我準備好了自己，不預期地，人類圖找到了我，讓我體會何謂薦骨熱烈的回應，為情之所鍾，足以廢寢忘食，流連忘返。

透過人類圖，每個人都可以找到正確的方式，為自己做決定，這也是人類圖體系最神奇之處，回到你的內在權威與策略，最後你找到的，所實踐的，都將是屬於自己的真實。回到內在權威與策略，等待，回應，讓薦骨的聲音帶領我，觀看這一趟生命的風景，每一個決定，每次回應，都讓我有機會更懂得自己，與自己更親近。當人生在面前不斷神奇地展開，我總會驚訝發現，原來還有這麼多可能性，可以去創造，讓這個世界有機會成為一個更好、更進化的地方。

我在巴塞隆納完成書中最後一章校定，最後畫下句點，這是圓滿的結束，也是嶄新的開始，宛如當年青春，中間走了好遠好遠，終於得以回到內在的真實。

總覺得，此生能夠遇見人類圖，實在太幸運了。

但願你能經由這本書，一腳踏入人類圖的奇妙世界，回到內在權威與策略，重新看見自己的美好，別無選擇，愛你自己。

Joyce Huang（喬宜思）
亞洲人類圖學院負責人

人類圖系統對全球的影響……

我終於可以非常榮幸地說「都在這裡了」。若你想尋找人類圖系統中，最全面且具權威性的知識，那這本書就是為你而寫。在此以系統化並且逐步陳述的方式，自人類圖的基礎知識到每個人的細微差異，乃至我們如何與自己的真實人生相遇。這是唯一獲得人類圖創始人兼首位學生，拉 · 烏盧 · 胡積極協作而成的出版品。我十分推崇這本書。

　　—— J.R. Richmond，Sedona，亞利桑那州，美國，IHDS（國際人類圖學校）主席與現任教務主任

在近幾年，我將人類圖系統運用在自己的身上，以及成為我個人教學的資源。身為老師與內在自我發展的輔導員，這個系統是我所見過，最準確且值得信賴的工具之一。一旦理解這門知識，就能賦予我們個人獨特的洞見，在面對日常生活所有議題。透過了解自身設計，你會在經驗中找到新的慰藉。你將學會如何單純「存在於」人生中正在進行的一切。 鈴達將這門具有諸多面向的人類圖系統傳承下來，並且找到方法，將之簡化為有意義、容易理解的書。這是拉 · 烏盧 · 胡所發展出來的系統，讓我們全然投入其中，在未來活出自身的個體性。

　　—— Dr. Barbra Dillenger，Del Mar，加州，美國，醫學博士，超個人發展，轉念服務創辦人

自從接觸了我的設計，我依循自己的內在權威來做決定，箇中的誠實性與信任度，都與我愛自己的程度相輔相成。誠實就是愛自己，對我來說，它經歷多重火焰的試煉。有時候真的非常不舒服，然而，我發現它通往了自由與責任，這是唯一且真正的道路，我毫無選擇，只能成為真正的自己。人類圖系統就像是真我的維基洩密。它道盡了完整的真實，並傳達我的每一個細微之處，毫無遺漏。

　　—— Becky Markley，西雅圖，奧勒岡州，美國

人類圖，它為我的人生帶來什麼？這答案實在很簡單，卻也複雜到難以解釋。簡單是因為它跳脫制約與頭腦曲解的認定，讓我真正知道自己是誰！人類圖是如此完整的系統，與探索我是誰有關，如同訴說著一個永遠說不完的故事。這是我內在的真心話，而且我說了好幾次：人類圖是我生命中發生過的，最美好的事。

　　—— Idalina Fernandes，波多，葡萄牙

我有幸因人類圖解讀，對這輩子要做的事，有了深刻的見解。人類圖給了我很多禮物，特別是對下決定，以及制訂課程的覺知。我邀請所有致力於個人覺醒的人，敞開自己，接受人類圖這強大的禮物。

　　—— Dr. Roger Teel，資深部長，邁爾海教會，萊克伍德，科羅拉多州，美國

在進行這項計畫時，我又再次震撼於人類圖系統的美麗、範疇與廣度，對於找回自己，它是如此簡單、實用又有效。人類圖為每一個人量身訂製，同時終止了我的尋求，帶我重新獲得心中的平和。

　　—— Donna Garlinghouse，亞歷山納，明尼蘇達州，美國

這十幾年來，人類圖成為我個人一趟非常個人且私密的旅程。了解，並活出我的獨特性，這為我的生活帶來接納與恩賜。我不但活出自己的人生，也接納我的家人好友與其他人，做每個人得以做自己。這真是一項禮物。

　　—— Cathy Kinnaird，溫哥華，華盛頓州，美國

人類圖系統對全球的影響⋯⋯

人類圖給了我一套獨特，卻也系統化的觀點，讓我了解自己、我生活中其他人，以及世界上的人們。它提供許多不同層面的覺察與理解。我特別熱愛判定某件事為何會發生，以及發現「原來如此！」的那一刻。我認為它對改變非常有用。無論人們決定如何使用它，不管是使用少數基本指引，或者潛心研究成為認真的學生，對於自我探索，人類圖都是一套有用且引人入勝的方法。

—— *Martha Morow，Vista，加州，美國*

多年來，我嘗試過許多不同的方式，也和很多優異的老師們一同工作，從中獲益。就人類圖而言，它讓我領悟到自身的個體性。舉例來說。當我知道我是「社交／隱士」，我才知道，個人時間對我多麼重要。當我早上起床，煮一壺咖啡，接下來的半小時靜靜閱讀，不受打擾。那表示我想獨處，同時不打算與任何人接觸。我太太花了一段時間，才習慣這一點，她現在可以尊重我的需求。當我們了解彼此的合圖，我們夫妻終於了解在餐廳之類的公眾場合交談，會增進我們相互溝通的有效性，對我們而言，這也賦予了外出用餐全新的定義。這套系統真棒！

—— *Michael MaKay，Del Mar，加州，美國*

人類圖為我的生活帶來巨大的影響。透過人類圖，我找到為我的本性而戰的方法。藉由試驗，以及擁抱我的獨特設計，我不再比較，也放下了內在需求，不再為了迎合他人，而想成為「更好的」自己。它帶來了尊重的新感受，也讓我接受他人的不同之處。分享這些資訊極有意義。它讓我認知到，當一個人臉上發亮，綻放笑容，或許就是其真實自我，首次嶄露的時刻。

—— *Erica Teel，Lakewood，科羅拉多州，美國*

我非常享受能學習更多人類圖的相關知識。它讓我對於自己的個性更有覺察，也更深入了解自己如何被制約，以及我原本真實的模樣。現在當我同時面對內在真正的自己，以及頭腦的聲音時，這份覺知讓我懂得如何在每一天的經驗中，做出妥善的處理。我也將解讀運用在我的孩子上。充滿了解他們是什麼樣的人，非常重要。我希望人類圖能讓我們的溝通更順暢。學習這門知識，同時實踐所學，真的很有趣。

—— *Kathy Kinley，Carlsbad，加州，美國*

我早在二○○四年即接觸人類圖，並非幸運而已，雖然我真的覺得自己很幸運。它讓我的生活豐富多彩，包含生理上的滿足、心智上的激勵，以及精神上的豐盛。經過認證後，我將人類圖分享給我的教練、客戶、與人類圖的學生們，也為他們的生活帶來真實的改變。人類圖是一套高度進化的系統，它帶來的成長，遠遠超過我所能陳述（也許對你也是）。對我來說，它的力量在於，儘管在頭腦有限的決斷，以及過往的制約下，我們依然能在日常生活中實際運用它。它超越了我的期望，讓我能安全融入人生並享受它。人類圖鼓舞我，照亮我，見證了我的光，並讓別人都看到了。

—— *Carol Zimmerman，Los Gatos，加州，美國*

謝謝拉，謝謝鈴達，謝謝人類圖讓「我的」人生回來！

—— *Bethi Black，Ashland，奧勒岡州，美國*

目錄

在這本書快要完成的時候，拉‧烏盧‧胡為本書讀者寫了以下這段序言：

隨著人類圖系統日益普及，有些未經授權的書籍也跟著出現。我極少鼓勵並授權我的學生為這門知識寫書。我很高興能有一部兼具品質和深度的作品可以提供給大眾，而且是由人類圖學校主要的教育者所撰寫的。多年來，我一直看著鈴達的成長過程，從學生、分析師、教師，最終成為國際人類圖學校的校長。她持續做出重要的貢獻，讓這門知識愈來愈完善，在這個世界成長茁壯。

拉‧烏盧‧胡
西班牙，伊維薩島
二〇一一年二月八日

序

鈴達・布乃爾

想像一下，如果你出生時還附帶一本使用說明書，對你和你父母來說，你的人生可能會多麼地不一樣。想像一下，如果你小時候被鼓勵與內在深處的某個部分連結，會是怎樣的感覺——那個部分總是知道什麼適合你，什麼不適合你；那是一個你可以信任的地方，無論你在生命中遇見什麼，都能讓它來回答「要」或「不要」。想像一下，如果這樣該有多好：你能知道自己生來有多麼特別，跟別人有多麼不同，並且透過愛你自己，不跟別人比較，來歌頌這個獨一無二的你。再來想像一下，如果你的家人跟朋友現在都來慶祝，並鼓勵你活出獨特的自己，這會是多麼美妙的一天。這就是人類圖系統所帶給你和後代子孫的可能性。

雖然我們多數人出生的時候，人類圖並不存在，但它依然可以影響和轉化任何年齡的生命。關於這個不可思議的系統，我的個人經驗源於四十出頭的時候。一九九〇年代，我是南加州一個成功且信譽卓著的商人，我以為自己已經獲得任何人所需要的一切——但我知道我並不快樂。我的想法與內在的真實分離了。無論去探索任何自我發現的系統，都無法讓我成功地與內在連結，填補我內心的空虛。

我的旅程新篇章始於一九九八年。當時，我正在西班牙南部渡假。我的旅伴跟我一樣是個靈性探索者，她帶了一些錄音帶在身上，內容是描述一個關於個人轉化的全新系統。我們一邊開車在山坡上漫遊，一邊聽著這些錄音帶。我完全沒料到，說話的男人在地中海小島上（距離我們當時所在位置只有幾英里遠）的驚人遭遇，會徹徹底底翻轉我的人生。這個男人的名字是拉・烏盧・胡，而這套系統是人類圖。

我朋友花了點力氣來說服我。不過，當我一收到人類圖的讀本時，馬上就被吸引了。我發現人類圖就是我一直在尋找的東西，我頭也不回地離開了事業，然後閱讀和聆聽所有我能找到關於這門知識的一切，讓自己沉浸其中。我參加了私人的讀書會，並且跟隨拉在歐洲和美洲學習各種課程，每次幾天或是幾週。這是一個不可思議、重新定位生命的經驗——一步接著一步，透過一個又一個的決定，卸下我對自己和人生的深刻誤解。

當我臣服於內在的智慧，生命就帶我朝著意想不到的方向，前往令人心滿意足的目的地，那是我絕對想像不到的。不過，內在轉化也有深刻而困難的時候。人類圖不但告訴我為何人生早期的成功會讓我感到空虛，也帶我走上一條獨特的道路，來到現在這個時刻，為我的工作感到滿足、有挑戰性和滿意——其中一部分就是撰寫這本書。這門科學是人類珍貴的寶藏。多年來，我一直看著人類圖的發展，而如今我還是同樣熱愛這門奇妙的人體知識，就像我第一次遇見它的時候一樣。隨著人類圖廣為流傳，世界各地的其他人也開始出版相關資料，於是拉邀請我跟他合作，編撰一本內容正確而全面性的書籍，精確地記錄這門知識。

當我們正準備要出版這本書的時候，拉突然在西班牙伊維薩島的家中去世。從一九九九年以來，他一直是我的老師、導師和朋友，而我會永遠懷念他偉大的存在。他親身實踐所教授的知識，並且以自己的生命經驗來驗證這門學問。當我致力於這本書的出版時，並不知道它對我的意義會延展成一篇頌歌，來紀念這個男人和他對人類的貢獻。

多年來，人類圖向我證明了它自己，從沒讓我失望。它的準確性令人難以置信，而且能夠帶來深刻的轉化。透過人類圖，現在已經有數以千計的人踏上覺醒的道路，找到了屬於自己的真實。

你也一樣，一旦你開始了解自己的獨特性，知道自己不需要跟其他人一樣，你就會活出原本的自己，體驗到令人興奮的自由。只要你開始活出自己最完整的樣子，永遠都不嫌晚。

歡迎你踏上這段旅程。

鈴達（Lynda Bunnell）
國際人類圖學校校長
美國加州卡爾斯巴德，二〇一一年

拉・烏盧・胡
5/1 顯示者

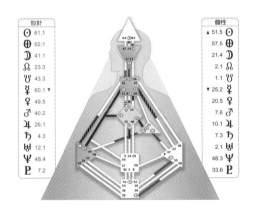

鈴達・布乃爾
4/1 顯示生產者

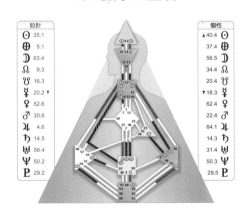

致謝

首先，我要感謝拉·烏盧·胡。多年來，我們花了很多時間合作各式各樣的計畫，然後我要感謝我的幸運之神——命運和我的軌道把我拉向這個特別、傑出又與眾不同的人。他把眞實、永恆而有意義的突變，帶到我和好幾萬人的生命裡。我預見他的遺產將繼續走向遙遠的未來，影響許多世代。我們對人類圖有共同的愛，而我很欣慰過去這些年來，我一次又一次地對他表達我的感激之情。他是一個好人，從未想要成爲被人追隨的大師，而且他的學生都知道他多麼愛自己的家庭和生活。一個人來到這個世界成爲號角，爲這樣的知識體系播下種子，眞的很難得。有一次，我跟他談話，他對我說：「表達感謝永遠不是壞事。」而我很感激他。我也非常感謝拉的家人，他的妻子 Ambuja、女兒 Sarah、女婿 Mau、兩個兒子 Loki 和 Jiva，還有他的孫子 Kian，提供他一個充滿愛與支持的家庭，讓他能夠做他的工作。如果沒有他們，人類圖就不可能出現。

這本書以愛書寫而成，而我們也費盡心力讓它問世。我必須特別感謝 Donna Garlinghouse 作爲本計畫的特約編輯和顧問。隨著這本書逐漸成形，Donna 和我一起工作，在過去這幾年間，一步一步地前進。她是「左腦人」而我是「右腦人」，因此創造了非常棒的合作成果。Donna 是大自然的力量，也是老天賜給我們的禮物。她讓我在困難時能夠把事情看清楚。她是一個了不起的女人，我們很幸運有她作爲團隊的一員。

還有一個發自內心的感謝要獻給 Bethi Black。她是我們的顧問和編輯，並且設計了裝幀和版面，對本書的貢獻極其寶貴。雖然我們一起合作過其他計畫，不過當我去年（二○一○年）夏天打電話給她，邀請她協助學校的工作時，我眞的沒想到最後會一起合作這項計畫。回過頭來，我才明白這是多麼完美而神聖的安排。在最後的衝刺階段，Bethi 幾乎搬進了我家，好讓我們一起吃飯、呼吸、睡覺、工作，把這本書做出來。過去這一年在許多層面上，如果沒有她，我根本不可能熬過來。

我還要謝謝：「你的人生使用說明書」課程手冊的特約編輯 Becky Markley，你觀察入微的銳利眼光，給予我們許多回饋和編輯上的幫助；Cathy Kinnaird 和 Carol Zimmerman 帶來的啓發、愛與支持；Genoa Bliven 眞誠的慈愛之心，了解去保護並尊重拉的事業和遺產有多重要；還有我們社群裡的珍寶 Mary Ann Winiger 和 Randy Richmond，爲我們所有人提供了客觀的指導。

Sarah Krakower 與 Maurizio Cattaneo 運用人類圖的概念，設計出非常棒的書封和令人驚豔的圖像。拉以前常說：「人類圖是一種視覺媒介，一本讓我們了解自己眞實本質的視覺化指南。」而 Mau 顯然理解並衷心擁抱這個概念，如同我們在書中所見的美麗圖片。Sarah 和 Mau 配合得很好，他們的愛與能量是這本書的一部分，這麼說一點也不爲過。

社群中還有很多朋友和夥伴在許多方面做出貢獻，項目多到我無法一一說明，只好在這裡列出他們的名字，包括了國際人類圖學校的全體教員：Bethi Black、Glenda Anderson、Deborah Bergman、Genoa Bliven、Alokanand Diaz、Carol Freedman、Martin

Grassinger、Cathy Kinnaird、Josette Lamotte、Becky Markley、Dr. Andrea Reikl-Wolf、J.R. Richmond、Peter Schober、Ilse Sendler、Dharmen Swann-Herbert、Leela Swann-Herbert，以及 Carol Zimmermen。另外我也想感謝人類圖各國分部的負責人：Glenda Anderson、Richard Beaumont、Genoa Bliven、Nicholas Caposiena、Maurizio Cattaneo、Viviana Farran、Unnur Inga Jensen、Sarah Krakower、Josette Lamotte、Spyraggelos Marketos、Inaki Moraza、Meris Oliveira、Virginia Page、Ilse Sendler，以及 Koji Ueda。

感謝我的妹妹 Kathy Kinley、女兒 Alisa Hawkins，還有女婿 Matt Hawkins，謝謝他們的愛、支持與鼓勵，還有耐心──因為在這本書接近終點時，我的生命都耗在這個計畫上；我也要謝謝我的孫子和孫女，Sara、Sabrina、Kingston 和 Landon。我們一同共度如魔法般的時光，滋養了我的靈魂，也是我非常需要的慰藉。我還要感謝 Jerry 和 Ida Bunnell 把我帶到這個世界；John 和 Shirley Barry 多年前用愛的羽翼守護我；Michael 和 Barbra MaKay 的鼓勵和啟發；Martha Morrow，一個支持我的親愛的朋友；還有我的投射者朋友 Judy Thompson，謝謝你堅持問了我三次是否想要閱讀人類圖的資訊。我要特別感謝一輩子的好友和每天的知己 Dona King。這個計畫進行時，她從頭到尾一直在我身邊，每天都問我：「你今天要做那本書的工作嗎？」如今工作已經完成了，我不知道現在她會問我什麼！

雖然有太多人值得感謝，不過為這本書貢獻最多的是人類圖系統的學生、分析師與教師──他們是真正的英雄和先驅。只要我們每個人都根據自己真實的本質而活，就能讓世界一點一滴變得更好。如果沒有你們在人類圖社群裡從事偉大的工作，人類圖不可能發展到今天的地位。我知道，我的心一直被你們每個人以某種方式所觸動。人類圖系統以驚人的態勢向外擴展到全世界，而我們站在已離世的前人肩膀上，鼓舞並支持那些要加入我們的人。拉離開地球的那天，把棒子交到我們手上，而現在將由我們接續他所開創的事業。

「人類圖系統不是一個信仰體系。它不會要求你信奉什麼。它既不是故事,也不是哲學。它是具體的地圖,你的基因密碼圖,告訴你如何通往存在的本質。它能深入解釋人類本質運作的機制,經由每個微小細節,完整揭露我們的本性,這種能力無比奧妙。人類圖打開了一扇門,通往『愛自己』的潛能:這是對生命的愛,也是透過理解之後,對他人的愛。」

──拉・烏盧・胡

人類圖系統

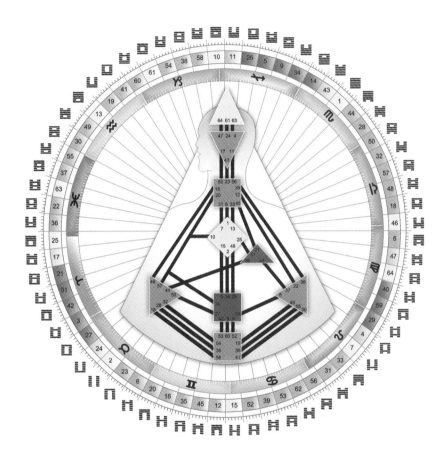

藉由認識這套知識體系，你將展開一趟冒險旅程；
一趟將完全體現「做自己」的發現之旅。

引言

活出自我與主張個人獨特的生命轉化實驗

　　人類圖系統是區分的科學。它告訴我們，每個人來到地球上，擁有獨一無二的設計，以及特別的使命要完成。在我們的基因陣列中，蘊含著無窮無盡的可能性，造就各式各樣個體的獨特性。人類的變異性數以百萬種，可是我們每個人都有一個特定且獨一無二的人類圖結構，具備清楚的「策略」，讓我們毫不費力地與自我的獨特密合。人類圖系統不會要你信奉什麼。它邀請你參與一個可能轉化生命的生活實驗，並且提供讓你活出自我所需的實用方法和資訊。如果沒有這些個性化（以及個人化）的生活實驗，人類圖就只是一個複雜的系統，以吸引人的資訊來娛樂頭腦而已。

　　如果看了成千上萬張圖，就會發現一個明顯的事實──沒有一模一樣的兩張圖。即使某人的圖跟你的非常相像，那也不會是你。不過，要如何確定我們獨特的設計呢？

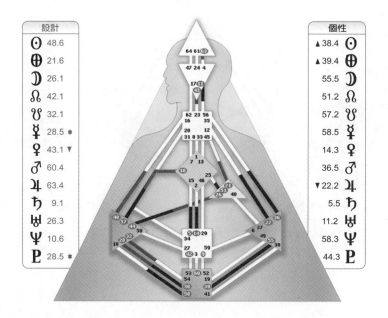

　　人類圖是一份精緻的地圖，也是一本使用手冊，讓你看見我們的基因設計如何與世界結合，我們獨特的內在指引系統又是如何運作。過去，我們從未清楚看到自己的每個部分；我們意識與潛意識的部分、沒有人能從我們身上拿走的部分，以及我們過去被教導或被制約，以為屬於我們的部分，其實並不然。

　　就像拉・烏盧・胡常說的：「你可以依靠的，在你過往人生中從未依靠過；你不能相信的，這輩子卻一直試圖去相信；你一直相信的，向來就不是你；而你一直忽略的，始終都是你。試著去相信真正的你，然後看看會發生什麼。」我們每個人都注定跟別人

不一樣。現在我們能夠明白，並且觸及那些差異了。我們來到這世界上，是爲了以自己的方式活出生命，表現自身的眞實。理解這一點，就足以讓人卸下肩頭的重擔。我們有多常拿自己跟別人比較？當我們還是小孩的時候，多常被父母、師長或同學拿來與人相比？這讓我們內在深處留下烙印，以爲做自己是不好的。當我們在童年時受此印象制約，會發現自己嘗試改變，或調適行爲以迎合他人，這讓我們離自己原本的樣子愈來愈遠。若開始了解並接受自己的獨特之處，內在的某些部分會敞開並且放鬆，慢慢地卸下層層制約。而自己注定成爲的模樣，其內在的本質，將開始浮現。

第一步是取得你的人類圖

閱讀這本書，你會希望拿出家人和朋友的圖相對照。你可以經由下列任何一個經授權認證的人類圖機構，取得免費的人類圖：

國際人類圖學校（The International Human Design School） www.ihdschool.com
Jovian Archive 人類圖總部（拉・烏盧・胡的網站） www.jovianarchive.com
美國人類圖學院（Human Design America） www.humandesignamerica.com
澳洲人類圖學院（Human Design Australia） www.humandesignaustralia.com
加拿大人類圖學院（Human Design Canada） www.hdcanada.org
英國人類圖學院（Human Design United Kingdom） www.humandesign.info
亞洲人類圖學院（Human Design Asia） humandesign.wiibiz.com.tw

經授權認證的人類圖機構（其他語言）完整名單，請見本書第十一章。你也可以在官方認證的「邁亞機制圖像處理器」（Maia Mechanics Imaging）下載免費版軟體，自行跑出圖像，網址爲：www.jovianarchive.com

你的人類圖所顯示的內容

- 你的人類圖顯示出你獨特的基因設計：闡明你到底是什麼樣的人，如何做自己，以及如何身處瞬息萬變的世界中，成功航行。
- 人類圖提供你所需的方法，活出覺知與覺醒的人生——你可以信任一個簡單的「人生策略」，可靠地連結你和你個人的「內在權威」，讓你時時刻刻做出正確的決定。如此一來，你獨一無二的人生使命就會自然展開。
- 你的人生策略會幫助你消除阻力（沮喪、憤怒、失望、苦澀）和恐懼，讓你以放鬆、獨特、充滿創意且進化／革新的方式過生活。
- 你的人類圖會顯示你的人際關係動態，幫助你了解自己與別人相處時，彼此如何吸引、產生共鳴和發生衝突。
- 引導你與正確的人建立聯結，讓你的周圍充滿可提升活力、支持你的人生使命，並且與你共享眞實人生道路的人。

- 藉由了解其他人的圖，知道身邊的人（像是家人和朋友）真正獨特且個人的本質，以及如何尊重他們、與他們互動。
- 最重要的是，人類圖告訴我們如何為孩子創造最好的環境，讓他們活出自己的獨特性，學習並發展成獨一無二的自己。

你是誰 —— 四種人類圖類型

人類圖提供類型、人生策略和內在權威（身體核心的智慧）等工具，顯示出你被設計的方式，你可以如何過人生，同時如何與世界互動。儘管人類有數以百萬種不同的設計，卻只有四種「類型」。每個人都屬於其中一種，而且終其一生都不會改變。以下是四種類型非常簡短的解釋。（關於類型的深入說明，請見第四章。）

生產者，建造世界的人，約占總人口的 70%。他們與生命連結的策略，是等待事物來到面前，如此他們便能做出回應。如果他們沒有等待和回應，反而主動發起，最後通常會感到沮喪。生產者是地球上生命的動力，他們的設計藉由觀察自己有所回應的事物，來認識自己。透過回應，他們會在生活和工作中體驗滿足。而他們所從事的工作就是帶給這世界的禮物。

投射者，指導別人的人，大約占總人口的 20%。他們與生命連結的人生策略是，等待自己獨有的特質被識別，而被邀請參與某事。透過邀請，他們會在生命中體驗到認同和成功。如果他們主動發起而未等待，就會遭受抵抗和排斥，最後可能變得苦澀不堪。投射者帶給世界的禮物是理解並引導他人。

顯示者，發起事情的人，約由總人口的 9% 組成。他們的人生策略是採取行動之前，將自己的決定告知別人，以便消除阻力。當顯示者無法心平氣和表現自己時，他們會感到憤怒。顯示者的設計擁有強大的影響力，而且是能影響其他類型的發起機制。發起就是他們帶給世界的禮物。

反映者，區分事物的人，大約占總人口的 1%。他們的人生策略是在做出重大決定之前，等待一個完整的月亮週期。反映者喜愛生命中的驚奇。當他們主動發起而沒有運用人生策略，最終會對生命感到失望。反映者被設計為人性的仲裁者，會把不公不義的人性作出仲裁。他們能夠清楚區分世界上形形色色的「這個和那個」，這項能力就是他們帶給世界的禮物。

活出人生策略和內在權威的實驗

人類圖系統在靈性層面的核心價值，在於帶來覺醒的可能，這透過真實活出你的獨特設計而發生。人生策略和內在權威（本書後面會詳細解說）是讓你活出自我的入口，由此開始闡明你究竟是誰，並且理解和釋出非你的部分。

過去，我們以頭腦來駕馭生命，好像它是最終的決策者。如今，頭腦不能繼續為我們做這件事了。頭腦的真正天賦是收集資訊和經驗，衡量這個、對比那個，思考那些可

以與他人分享的獨特認知和想法。它只能做這些事，然而，在此同時，它不能爲我們做決定。頭腦現在正坐在最好的座椅上——以內部觀察員的身分，觀看一場電影，欣賞生命的風景。

真正推動我們走上生命獨一無二道路，是超意識或我們身體的智慧、我們存在的形式。人類圖系統揭示我們如何運作，以及如何依據個人內在權威爲指導。每個人的設計都有一套獨特的方式，依照我們的身體意識來做決定，而每個決定都非常重要，推動我們走上特定的生命軌道。一個錯誤的決定可能會將生命帶往錯誤的方向，迎向嚴重的後果。頭腦的決策與擲銅板猜正反面（50/50 的機率）無異，這並非值得信賴的個人指導系統。若要在地球上存活，每個人都需要知道如何使用自己的內在權威。這些來自內在深處的決定，能把我們帶回原本的道路，或是維持在正確的人生道路上，使我們活出個人的眞實，領略眞正生命的意義。

人類圖系統的覺醒方式與眾不同。一旦熟悉了自己的獨特設計，並且學會有效運用人生策略和內在權威，你就能立即實驗，發現它們可以如何轉化你的生命。依照設計活出你的生命，活出自己，你的頭腦會開始扮演一個非常不同卻更合宜的角色，成爲客觀的觀察者和資源。放手讓自己體驗，成爲一個覺醒和覺知的乘客，會是什麼感覺。頭腦會參與你自我發現的過程，但不會介入你每天的諸多抉擇。人類圖提供方法並指出方向，不過是否要使用它，得由你來做決定。

「如果依照你個人的人生策略和內在權威而活，你什麼也不用做——該做的事情自會發生，而『你』不會被干擾。」——拉·烏盧·胡

真實自我

在這整本書中，我們將不斷比較眞實自我（或稱眞我）和非自己。當我們談到眞實自我或眞我時，指的是我們純粹、自然的行爲本質，其設計能在這個世界行事作爲不受阻礙。另一個在這裡使用的名詞是我們的「使命」（purpose），也就是我們來到這世上的理由——成爲我們生來就該成爲的那個人。非自己則是會掩蓋眞實自我的制約程式。當我們透過自己的人生策略和內在權威，逐漸覺察何謂非自己，便會慢慢意識到眞實自我始終存在，只不過隱藏在非自己身後。自我憎恨也源自於非自己；我們痛恨自己的失敗，無法符合來自外在的種種期待。當我們可以安定並眞實地學會了解而接受——並且實踐——我們才能愛自己。

當你更深入認識自己的個人實驗之旅，將見證非自己制約的各種變形，以及它所產生的阻力。你愈明白這個道理，愈能清晰看見眞我。認識自己是通往愛自己的道路，人類圖系統將告訴你如何做到。

人類圖著眼於生命的健康、穩定性和方向，這些都包含在我們體內。一旦表現形式（身體）以最佳狀態運作，我們的心靈（人格），或說是靈魂，就會透過清晰而溫和自在的思想、話語和行動而閃閃發亮。這就是眞實——活出我們原本應有的樣子。

「去制約」的過程

「去制約」（deconditioning），如同人類圖系統中所言，是一個過程，讓我們放下不屬於自己的部分。這個過程很緩慢，因爲它是深刻的歷程。當我們重新找回內在權威，改變人生中做決定和航行的方法，我們實際上也改變了體內細胞運作的方式。生命以七年爲週期運行著，如同我們體內所有細胞大約七年重新更新一次。當我們開始與自己擁有的本質合而爲一，讓身體暢行無阻地活出自己的生命，我們便展開了去制約的深刻過程。七年後所呈現的自己，會更接近天生該有的樣子。對於成年人來說，開始去除制約並不容易，但就像我們不斷聽到的那句話——開始**永遠**不嫌晚。

早在中國古代，思想家和哲學家就贊成「無爲」也是一種做事的方法。如果你活出自己的生命，臣服於內在的導引系統，喜樂自在會油然而生。相較於活在不清醒且迷失在同質化世界的期待與制約中，自己覺醒而覺知，眞實活著並與你的設計和諧共存，這樣會有意思得多。學習依循你的內在權威來做決定，你和其他人才能夠充分受益，因爲你會成爲自己，而不是另一個人的複製品；這值得我們付出必要的努力、時間和耐心去達成。認識自己**就是**愛自己。我們將在本書中重複討論去制約這個主題。

阻力的指標

一旦我們開始透過類型、人生策略和內在權威，眞實地活出自己的生命，我們就能夠留心沿途所體驗到的，究竟是自在還是阻礙。若不斷根據理性思維來做決定，進而採取行動，而不是依循人生策略和內在權威，就會感到阻力。持續用頭腦做決定，意味著我們活出的並非自己的生命，而這些行爲所積累的壓力會危害身體、心理和情感的健康。憤怒（顯示者）、沮喪（生產者）、苦澀（投射者）和失望（反映者）等非自己主題是阻力的指標，提醒我們已然偏離軌道，沒有依循人生策略，也忽略了自己的內在權威。換言之，遭受阻力的是非自己的行爲和決定，而非來自眞實的自我！如果把這些看成是針對個人，我們會以爲所受到的阻力，是別人在抗拒或壓抑我們的眞我。另一方面，如果開始有所察覺，同時了解阻力如同指標，就會有機會向後退一步，讓我們找到重新評估自己的方法、行爲和言語。當我們生病、心神不寧或容易發生意外時，我們會明白這些接連不斷的外在阻力其實顯示了我們的內在狀態。當我們活出眞實，我們的人生目的將獲得解放，完成此生重要的任務，並且帶來屬於眞我的豐厚恩典：滿足、成功、平和與驚奇。（這個主題將在第四章有更全面性的探討。）

重點——覺醒

人類圖是一種新的覺醒方式。它是進入覺知的過程，讓我們的身心合一，恰如其分扮演其角色。這個過程需要藉由了解我們自身設計的機制，替頭腦找個盟友，同時根據人生策略和內在權威活出我們的生命。一旦理解眞我和非自己的本質，並且依照個人的

內在權威做出人生中的決定，就能放下對頭腦的依賴，並放開頭腦對生命的控制，讓它展現神奇的天賦為眾人服務。當我們這麼做時，會成為覺知而覺醒的乘客，而頭腦則是成為我們對生命的客觀觀察者。每個個體通往覺醒的奇妙旅程，始於逐漸覺察我們複雜的身體所增長的智慧，並且深信這智慧會為人生帶來指引。我們不能（也不敢）放下頭腦的控制，除非我們明白可以毫無保留地信任自己。藉由完全信任自己導航生命的能力，我們會更能接受自己，也更能真誠地愛自己——以及別人。在人類圖中，這就是個人轉化的重點——看透幻象，在覺醒和覺知的生命中前行。

如何使用本書

雖然人類圖系統是一套有深度又複雜的知識體系，卻是人人都能理解。這本書的目的是要帶你按部就班、一層一層建構這些知識。每個章節都以特定的次序來呈現，逐一介紹與解釋你需要的用語辭彙。一開始你可以一章一章地讀下去，有助於理解。一旦你熟悉了各種層級的資訊，以及它們之間的相互關聯，就可以把這本書當成參考書使用。

第一章　一個革命性新觀點的基礎：人類圖的開始
本章概述並介紹人類圖系統的基本概念和起源，為你的個人實驗奠定基礎。

第二章　九大能量中心：能量的流動
本章讓你了解能量中心的概念，這是人類圖知識的基石。為了揭開你的類型、人生策略、內在權威和最終真正的自己，你必須了解這些能量中心如何運作。

第三章　內在權威：我們獨特的真實本質
我們所做的決定是在人生中航行的鑰匙，也是活出真實和人生使命的關鍵。運用我們個人的內在權威來做決定，就是賦予自己主宰的權力。了解如何做出決定，能讓你走在正確的人生道路上。

第四章　四種類型與人生策略：活出我們的設計
本章詳細探討四種類型的細微差別，以及每種類型的人生策略。了解在人生中前行的正確方法，能讓我們放輕鬆並臣服於自己獨一無二的人生使命。

第五章　五大定義：能量動態
本章讓你了解能量流動的路徑。能量流動的路徑顯示我們如何處理訊息，以及與他人互動的最佳方式。

第六章　迴路、通道與閘門：生命動力的電路板
我們是家族、社會和個體生命能量的混合體，這些是我們面對世界的不同方式，例如，我們會支持彼此、共同分享、啟發並且改變彼此。

第七章　十二種人生角色：人生目的的外衣

人生角色幫助我們了解自己扮演的角色，以及我們在人生舞台上表達自己獨特性格的方式。當我們活出自己的人生角色，就會通往我們的人生使命。

第八章　輪迴交叉索引：我們真正的使命

本章介紹我們獨一無二的人生使命；當我們活出真實的生命，就會完成並體現我們的人生使命。

第九章　範例概述：人類圖的實際演練

本章提供每種類型的圖例概述，附上一個簡單的代表性關鍵字（keynoting）範例，以及分析師在解讀人類圖時會做的綜合分析。深度解讀（由受過專業訓練的分析師來做）的基礎，由兩部分交織而成：你的遺傳訊息，以及讓你活出獨特人生的實用工具。

第十章　關於卦象中爻的描述：更深入的探索

本章提供進一步探索人類圖系統的資源。爻線的描述讓你更深入了解人類圖，來到爻線層級的特質，同時帶你進入美妙的冥想，思考成為你自己的意義。

第十一章　其他資源：詞彙表、關鍵字與更多訊息

本書雖然充滿了深厚而實用的資訊，但並不能取代經過嚴格培訓的 IHDS 認證人類圖分析師所做的個人解讀，分析師為你解讀的過程本身就是一個生命轉化的經驗。你可以在 www.ihdschool.com 網站上找到通過 IHDS 認證的分析師名單，或是與本章所列出經授權認證的人類圖國家機構聯繫。

在做個人基礎解讀前，閱讀本書是非常好的準備，它同時也提供你一個穩固的平台，讓你根據自身的設計來做實驗，並且在未來繼續學習。本章也列出人類圖系統中可以探索的其他領域。如果你有興趣進一步學習，請造訪以下兩個網站：www.jovianarchive.com 和 www.ihdschool.com。（編按：人類圖中文分部為亞洲人類圖學院 humandesign.wiibiz.com.tw）我們有各個國家人類圖機構的全球網路，還有非常優秀的分析師和教師，準備支持並引導你探索這門知識。

「大多數人都希望速戰速決，或有個快速解答問題的答案。這是一門深奧的學問，需要覺察、實驗、自我反思，還有時間。人類圖系統把鑰匙交到你手上，但是要不要使用它所提供的方法，得由你決定。這是給你的人生使用手冊，不過你必須跳進去、轉動鑰匙，並且發現你自己。魔法就在體驗的過程中。」

——鈴達·布乃爾

你要踏上這段旅程嗎？

請考慮是否邀請你自己……

「人類圖系統不是一個信仰體系。它不會要求你信奉什麼。它既不是故事,也不是哲學。它是具體的地圖,你的基因密碼圖,告訴你如何通往存在的本質。它能深入解釋人類本質運作的機制,經由每個微小細節,完整揭露我們的本性,這種能力無比奧妙。人類圖打開了一扇門,通往『愛自己』的潛能:這是對生命的愛,也是透過理解後對他人的愛。」

——拉·烏盧·胡

第一章
一個革命性新觀點的基礎
人類圖的開始

第一章 一個革命性新觀點的基礎

人類圖的開始

一九八七年的頭幾個月，當拉·烏盧·胡佳在西班牙外海的地中海小島伊維薩島（Ibiza）時，發生了兩起事件。第一件事，是他遇見了「聲音」（the Voice）。在「相遇」（Encounter）這部記錄他回想此事的影片中，他坦率地說出這段令人震驚的經驗，整件事從一九八七年一月三日晚間開始。一連八個晝夜，他所謂的「聲音」滲透他體內，顯示關於宇宙起源和運作的科學訊息，並且告訴他人類圖系統的規則。他從這個神祕的經驗中得到一個新的名字，一個不同的生命觀點，還有對宇宙運作機制更深的了解。在這個「相遇」之後，他花了很多年來構思與實驗這些訊息。從一九八七年到二〇一一年，拉奉獻他的生命，以實際的方式讓這個賦予力量的知識體系走向世界。

第二起事件是特殊的宇宙事件，在智利的一個山頂天文台用肉眼觀測到的。那是一顆超新星——也就是恆星的死亡，與強度驚人的劇烈爆炸。伴隨其垂危的呼吸，那顆星體以次原子訊息不斷地轟擊我們的星球，在十四分鐘之內，在地球上的每個人都接收了比平常多三倍的微中子。這起事件對人類意識所造成的影響，或說是印記，至今仍在我們體內及周圍陸續展現。

人類圖系統這門區分的科學，是全新的體系，協助每個人認識自我。它和現存於世界上的其他系統在本質上截然不同，因為它是唯一一個直接指出有九個能量中心的人類轉化設計系統。根據「聲音」所言，一七八一年代表了一個重大的革命性轉變，永遠影響了人類的發展方向、動力和自我覺知的天賦。這個變化指的是，人類從頭腦導向（mind-directed）和他人導向（other-directed）的七個能量中心，轉變為更複雜精密的、內在導向（inner-directed）的九個能量中心的過渡形式。現在，所有存活於世的我們，都棲身於九個能量中心的形式。

人類圖系統結合了兩種科學的多個層面：占星、中國易經、印度婆羅門教脈輪，以及來自卡巴拉（Zohar/Kabbalist）傳統《光輝之書》的生命之樹等古老的觀察系統；還有量子力學、天文學、遺傳學和生物化學等當代學科。作為一個邏輯的、以經驗為依據而實用的系統，人類圖不會要求你信奉什麼。它只是提供你機會探索和體驗，運用你天生的機制和不斷進化的意識，找出適用於自己的準則。

第一節 人類圖系統

結合古代和現代科學

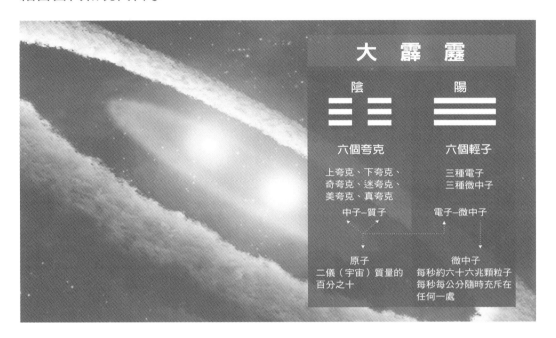

天文物理學家建立了一個模型，指出我們的宇宙始於一百三十七億年前的一起天文事件，也就是他們所謂的「大霹靂」（Big Bang）。仔細想這件事，最特別的一點是，在大霹靂發生之前，所有具有質量的物質都存在於一個比原子還小的單一粒子中。某個東西點燃了這個微小粒子，因而發生「爆炸」，導致宇宙開始膨脹。當宇宙膨脹，並以不斷增加的速度持續擴張，所有的存在分為兩群，創造出基本的二元性：夸克和輕子，也就是陰陽兩極。

如圖所示，陰性家族是基本物質（帶有質量），由六種夸克所組成。夸克是目前已知最小的物質組成單位，通常在各種組合中發現。科學家把它們命名為「上夸克」（up）、「下夸克」（down）、「奇夸克」（strange）、「迷夸克」（charm）、「美夸克」（beauty）和「真夸克」（truth）。在這六種夸克中，叫作上夸克和下夸克的會聚在一起形成兩種集合（「上、上、下」以及「下、下、上」），然後組成原子中所謂的質子和中子。質子帶一個正電荷，而中子則是電中性的基本粒子。陰陽兩極的另一端是陽性家族，被視為純粹的能量或光。這個家族稱為輕子（leptons，leptos 在希臘文中的意思是「細瘦的」或「微小的」）。輕子也有六種不同的類型：三種不同的電子，以及三種不同的微中子。電子是帶負電荷的粒子。當一個電子、一個質子和一個中子聚集在一起，就形成原子。

科學家說，如果我們把所有知道的原子，也就是帶有質量的粒子都加起來（星星、所有的星系和超星系團，以及包括我們在內的一切），我們會發現，它們的總和占不到整個宇宙的十分之一。剩下的部分，也就是所有物質之間的空間，則是由像暗物質和暗能量這樣的東西所組成。接下來，讓我們看看神祕的微中子。

微中子 —— 第一個實現的預言

在拉的經驗中，他知道微中子能夠留下印記，這意味著微中子是帶有質量的粒子，不過當時還未經科學證實。起初，科學家認為，這些穿越空間的次原子粒子（微中子）流像光子一樣是純粹的能量，但由於它們行進的速度比光速慢了 1% ～ 2%，不可能只是純粹的能量。第一個預言，在十一年後經由科學證實了。一九九八年時，科學家已經證明這些罕見而不易偵測的粒子中，最大的粒子承載了極微小的質量：大約是一個質子質量的百萬分之一。微中子帶有質量，因而能攜帶訊息，同時它們又小到能夠不受阻礙地穿過任何原子屏障。

這些微小的宇宙使者被稱為恆星的呼吸，也就是星體熔合所散發出的能量，而且它們在宇宙中是絕大多數，比其他的一切都來得多。三兆個微中子和它們所攜帶的重要訊息，每一秒都穿透地球上的每一平方寸空間，也穿透我們。我們的太陽（也就是離地球最近的恆星）所產生的微中子，約占所有通過太陽系微中子的 70%；剩下的 30% 則是由銀河系中的其他恆星散發，還有一小部分來自木星。

微中子可以看成是古人所謂「氣」（chi）或「生命氣場」（prana）的現代說法。這些特別的粒子無時無刻都帶著各種訊息穿透我們。也就是說，我們的生活和行動都身處於巨大、連續且無可避免的訊息場域之中。

意識的水晶

關於宇宙的本質，「聲音」傳達了非常詳細的科學訊息，大霹靂（物理學家承認此模型，同意這是目前已知宇宙膨脹的開始）得以被放置到一個更大的背景脈絡中。「聲音」說明了大霹靂只是宇宙的胚胎，而非誕生。這表示整個宇宙是一個單一的生命體，一個尚未出生的胎兒，還在不斷擴大，朝向誕生的那一刻行進。

「聲音」說，起初有一個陰性的卵，也就是宇宙之卵，包含了所有宇宙的（原子）物質。最適合描述這個卵的結構為「水晶」。雖然卵的本質並不是水晶，但這個名詞能幫助我們想像。此外，也有一個陽性種子，含有另一種類似水晶的結構。當大霹靂發生，陰性卵與陽性種子聚在一起，水晶被震碎了；無限碎片散布到正在膨脹中的宇宙裡，而每一片碎片都帶有它原本陰性／陽性的「意識」。在這個星球上，所有我們可以想像的事物，以及所有形式的生命（甚至是無生命的物體），與生俱來都具備這些意識的水晶。我們將在本章的第二節解釋水晶如何嵌入體內。

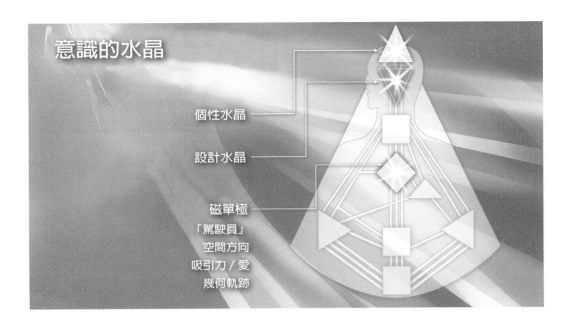

意識的水晶

個性水晶

設計水晶

磁單極
「駕駛員」
空間方向
吸引力／愛
幾何軌跡

　　意識的個性水晶是原本陽性種子的一部分，在人類身上，位於你頭頂（就在頭皮之上）的頭腦中心內，就在人體圖的最頂端。個性水晶顯示出你所認同的自己（或是你認為自己是怎樣的人），被稱為「乘客」或乘客的意識。意識的設計水晶則是原本陰性卵的一部分，位於邏輯中心（雙眉之間的眉心），顯示出你身體的生物遺傳，或者說形式的肉體。它被稱為「車輛」或形式的意識。這兩個水晶之間的關係，就好比後座乘客（個性）坐在車輛（設計）上，而負責開車和導航的則是第三方——駕駛員。

磁單極——第二個實現的預言

　　車輛的駕駛員——磁單極——是「聲音」所描述的第三個關鍵部分。二〇〇九年九月四日，科學界宣布已觀測到磁單極的存在，「聲音」的第二個預言於焉證實。簡而言之，磁單極是攜帶單一磁引力的粒子，不是北極就是南極。儘管早在一九二〇年代初期，就有人開始尋找它的蹤跡，磁單極在此之前從未現身。

　　根據「聲音」的說明，我們的磁單極位於 G 中心的胸骨區域，擁有兩種不同的功能。首先，在我們彼此分離的「錯覺」中，它讓我們（和所有的事物）結合在一起。就像只有吸力的單極或磁鐵一樣，它讓個性水晶和設計水晶結合成一種關係，就像婚姻讓兩個人結為連理，成為神祕的聯盟。磁單極的第二個功能，是連結我們和我們在時空中的動向，引導我們沿著自己的生命道路前行，走向生命的幾何軌跡——也就是所謂的命運。這樣的連結可以比喻成，路面軌道電車的輪電臂，掛接到架空電纜網的方式。所有的生命形式都具有一個磁單極。

導航系統的三個構成要素

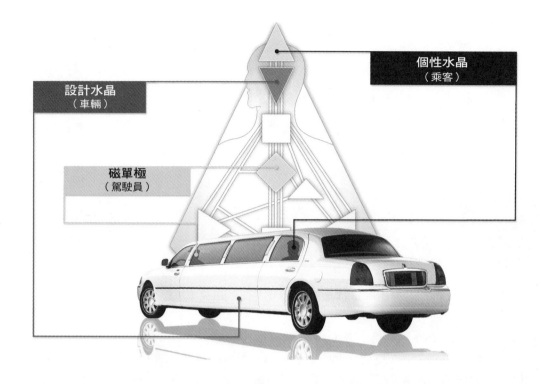

設計水晶
（車輛）

個性水晶
（乘客）

磁單極
（駕駛員）

　　回到車輛、乘客和駕駛員的比喻，想像一輛大型豪華轎車，方向盤後面坐著一個駕駛員，他知道如何操作車輛、目的地在哪，也知道如何到達那裡。車輛代表設計水晶，而駕駛員是磁單極。個性水晶（我們以為的自己）既不是車輛，也不是駕駛員。個性水晶不知道要往哪裡去，也不知道要怎麼去那裡；它就只是個乘客。乘客應該要安靜且放鬆地欣賞沿途風景，而不是與駕駛員爭奪方向盤的控制權。人類圖系統提供的生活方法，能讓乘客舒適地坐在汽車後座，什麼也不用做，只要享受旅程就好。

人類從七個能量中心到九個能量中心的轉換期

隨著天文學家赫歇爾（Frederick William Herschel）在一七八一年發現了天王星，我們進入了「天王星時代」。此時，擁有高度進化的九個能量中心形式的人類，開始取代七個能量中心、頭腦導向的智人（Homo sapiens）。到了一八〇〇年代晚期，這個過程完成了，使得現今所有存活於世的我們，都成為九個能量中心的人種，或稱為「轉換期智人」（Homo Sapien In Transitus）。這個名詞由拉‧烏盧‧胡提出，是為了區分有九個能量中心的人種（過渡期的人種）與智人，以及另一種將於二〇二七年出現的更高度進化的新形式。

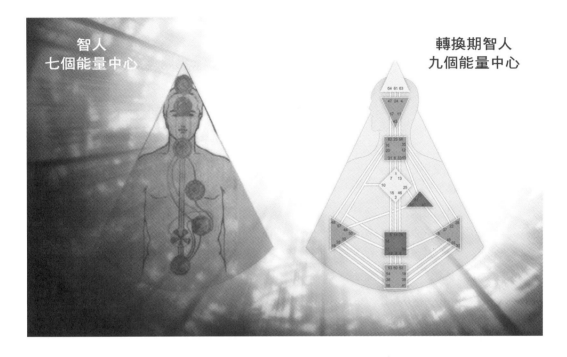

智人
七個能量中心

轉換期智人
九個能量中心

這在演化上具有重要歷史意義的一刻，標示我們不再需要依靠頭腦意識，或者以策略性頭腦的智能來專注於生存。新的九個能量中心的形式，不處理基本的生存恐懼，而是重新與自然秩序的流動相互調和。細微但顯著的遺傳變化仍發生在我們的生理層面，幫助情緒中心複雜的神經系統繼續發展，為將在二〇二七年現身的情緒察覺中心的進化做準備。（情緒中心將在第二章完整地討論。）

從本書的目的來說，了解智人漫長的進化之旅（相較於我們轉換期智人存在於地球的短短兩百三十年），能帶給我們另一種觀點，來看待我們如何以過渡期人種的形式，在這段短暫的時間內存活，以及對自己所產生的影響。這會影響我們如何做決定，如何彼此關聯，如何擺脫過去的控制模式，以及如何發揮我們所有的潛能，成為有意識、覺醒而覺知的存在。簡單來說，具備五個能量中心的尼安德塔人，是依靠本能直覺和敏銳的感官來求存；人類學家推測他們相信萬物有靈，而與自然的力量（或是「神」的力量）

緊密連結，並深受其影響。他們生活在小家庭團體中，與代表自然秩序的太陽／月亮週期和諧共存，而且顯得和平不具侵略性。

克羅馬儂人的突變進行了數千年，開啓了現代人的演化，成爲七個能量中心的智人，也就是我們的前身。八萬五千年前，他們的演化進度開始大幅提升，因爲他們的喉部產生突變，頭蓋骨空間增加，讓新皮質和視覺皮質內的神經得以發展，進一步勾勒出人類的共同特徵：凸起的前額和雙眼視覺。與生存有關的、本能的（或瞬間發生的）直覺意識，很快就被以聲音來展現的頭腦意識或智能所掩蓋。

這個變化持續著，也把人類跟哺乳動物王國的其他物種區分開來。我們能夠發聲，並把各種可重複的聲音系統化，因此產生語言。溝通促成合作，以及共享知識的獨特能力，造就了專業分工，形成村鎮和領地等組織。所有這些不斷演化的特質，讓個人和群體優勢到達新的水平，這是智人繁盛於世的其中一個面向。

隨著克羅馬儂人的變化，演化的重點從求生存的形式，以及與自然流動和諧共生，轉爲把焦點放在策略性的頭腦層面，並且崇拜主宰自然流動的頭腦力量。智人就這樣讓自己成爲食物鏈的最頂端。精明而善於創造的策略性思維，取代求存的恐懼，同時，制定各種策略來控制環境，最終也一併控制了環境裡的人。身爲物種，智人崇拜超越自己的力量，並受制於此，例如神、祭司和君王，視之爲權威，期待這些更高的力量能夠引導、拯救並支持他們，也藉此合理化自己屢屢侵略征戰的行爲。

到了一七八一年，卓越的策略頭腦已成功地運用七個能量中心的形式，將之發揮到人類潛能的巔峰。接下來進入九個能量中心的智人轉換期。七個能量中心的智人壽命較短，顯示的是土星週期的特性。我們新的九個能量中心的形式或身體，則有八十四年的平均壽命，顯示的是天王星週期的特性。我們需要活得更久，來處理與整合不斷增加的大量訊息，並發展未來所需的各種技術。基因必須複製，因此驅使七個能量中心的人類透過性行爲來交合；而九個能量中心的人類來到世上，則是要透過覺知來達到交融合一。我們溝通交流的方式，以及未來彼此關聯／關係的形態，都是轉換期間（過渡到完全活出九個能量中心的人類）不可缺少的部分。

到了一九八七年，當整個星球充盈著高度覺知的潛能時，舞台已經準備好，同時，我們身體意識與頭腦控制之間的關係也更爲緊張。以人類圖系統和它有效又實用的方法，來解決這個困境的時機已經成熟。最重要的關鍵是，我們現在高度進化的九個能量中心的形式，也就是我們的身軀（原文爲 Vehicle，車輛意味身體），其設計是引導我們在生命中作出每一個決定。我們不再需要運用頭腦，仰賴一個外在權威來指引我們方向。這對策略性頭腦來說是巨大的衝擊，因爲它不能以做決定的模式，來保有決策過程中既有的控制權。透過類型、人生策略和內在權威，人類圖系統跨越了人類演化的過程，從七個能量中心的頭腦外在權威，來到九個能量中心的形式：革命性的、與能量場連結的個人內在權威。

第二節　人類圖曼陀羅

四個古老的奧祕系統與現代科學的結合

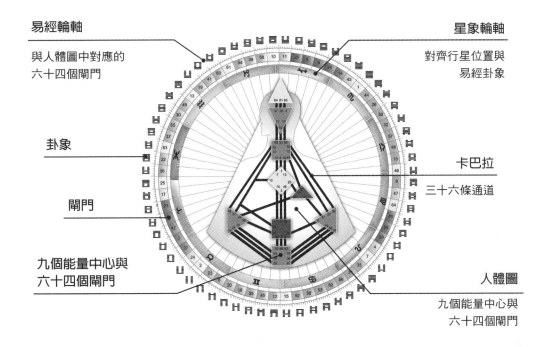

易經輪軸
與人體圖中對應的
六十四個閘門

星象輪軸
對齊行星位置與
易經卦象

卦象

卡巴拉
三十六條通道

閘門

**九個能量中心與
六十四個閘門**

人體圖
九個能量中心與
六十四個閘門

　　上面這張美麗的人類圖曼陀羅是一個不可思議的結合，包含了四種古老的奧祕系統，也就是早期的科學——四種了解生命韻律和流動、了解宇宙，以及人類內在本質的不同途徑。西洋占星學和中國易經是曼陀羅的外環，而印度婆羅門教的脈輪系統和卡巴拉《光輝之書》的生命之樹，則構成了人體圖的主要部分，位於曼陀羅內的中心。

　　這六十四個閘門的人類模型，是人類圖系統獨有且最重要的特徵。這四個系統和它們貢獻的部分，還有微中子和磁單極將之帶進生命中所發揮的作用，稍後會分別討論，說明它們在人類圖曼陀羅中的位置，以及它們在整體中如何相互運作。它們共同建立一個新的、多元化又深刻複雜系統的基礎，提供了解生命奧祕和宇宙運作機制的全方位工具——即是人類圖系統。整體的共同作用，讓這個系統比許多部分加起來的總和還多。

「人類圖是一面鏡子，反映出當代的全球化和綜合體制。在此隱藏真正的危險——執著於相對的絕對——因為這股力量會讓我們持續受制約，而無法接受我們的一體性。人類圖並不是要你看見或接受一條特定的道路。所有的道路都是路。這個綜合系統包含了所有文化和體系所集結的智慧，對於起源較早的知識體系與智慧，並沒有排除或縮減其價值。人類圖將之結合成整體，讓它們各安其位，使其貢獻能被適切認知與尊崇。每一個文化在演化的過程中，都探索並發現了真理的各種面向。這些不同層面的結合，創建出一套完整的知識體系，如同數學定律已然證明：整體大於各部分之和。」——拉·烏盧·胡

占星學——人類圖曼陀羅的內環

人類圖曼陀羅的內環，體現了占星對此綜合體系的貢獻。這個三百六十度的圓環上有十二個西洋星座（牡羊座、金牛座、雙子座等等）的符號，這是早期人類描述宇宙，以及追蹤夜空中天體運動的方式。人類圖系統運用曼陀羅，在這套綜合體系內，記算並記錄了兩個精確時刻。第一個時刻，是根據你出生的確切時間，記錄下來的是「個性」資料（Personality data）。第二個時刻，則是太陽弧的八十八度，或是你出生前的三個月，記錄的是「設計」資料（Design data）。這兩個計算結果的運用，把人類圖系統和傳統的占星學區別開來。（資料的計算會在本章第三節中有詳細的說明。）

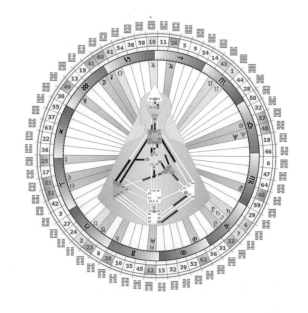

我們被巨大的恆星場所圍繞，它所產生的微中子流，不斷滲入其穿透的物體，為之帶來訊息。當微中子穿透物體時，其極微小的質量與該物體發生交互作用或磨擦，在這個過程中產生了訊息的交流。舉例來說，當微中子流穿過火星，會和火星互通訊息，交流於焉發生。滲透過火星之後，微中子流再穿過人體，於是有了另一次交流。這就像是一輛黑色的車和一輛白色的車相撞，於是白車上有了一點黑漆，黑車上也有了一些白漆。兩輛車在相撞後都改變了，如同我們與微中子交流後也改變了。透過這種方式，每個行星在微中子留下印記，也貢獻了它的本質。雖然我們都活在相同的微中子程序中，但我們體現該程序的獨特方式，是由各自精確的出生時間及上述兩種計算結果所決定。

易經─人類圖曼陀羅的外環

「人類圖曼陀羅中所包含的訊息非比尋常，優美對稱。輪軸上的卦象與我們的遺傳密碼相關，直接對應密碼子。人類氨基酸密碼子基礎的運作方式，是透過特定的印記。如果你深入細胞自身結構內的細胞核，進入它的 DNA，會發現所有的東西，所有構成人體的基本組成要件，都在那裡。不論是血球細胞還是肌肉細胞，都是如此。」

──拉・烏盧・胡

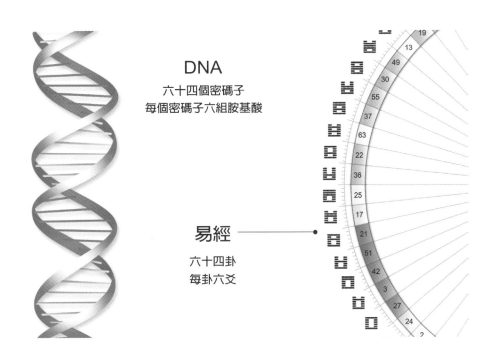

DNA
六十四個密碼子
每個密碼子六組胺基酸

易經
六十四卦
每卦六爻

古老的中國《易經》（或稱「變易之書」）是最早的文獻之一，讀起來宛如一部經典，闡釋人生時節的智慧。不過，讓易經在這個綜合體系中顯得如此特別，並不是它的哲學或倫理道德內容，而是六十四卦的驚人數學結構。具體來說，你在人類圖曼陀羅外環看到的六十四個數字區段，代表著《易經》的六十四卦。每一個畫在輪軸外圍的卦象，都是由六條斷開（陰）或完整（陽）線段的特定組合所構成。六十四卦，每卦有六個爻，總共形成三百八十四條線段標記，圍繞在這個外環上。每個爻都針對它在卦上的特定位置，包含一「段」訊息。

一九五○年代，生物學家華生（Watson）和克里克（Crick）破解了遺傳密碼，就在這個時候，專家觀察到一個現象：DNA 密碼子和易經卦象同樣有二元結構。我們的遺傳密碼由四種化學鹼基組成，三個鹼基排成一組，就像是易經卦象裡上下三爻的組合。每一種化學組合連結到一個氨基酸，形成所謂的密碼子。我們的遺傳密碼中有六十四個密

碼子，如同易經裡有六十四卦。圍繞在外圈輪軸的這六十四卦，在人體圖中轉化為「閘門」，可以用來理解人類圖的主題，或解釋我們的遺傳印記，也為每個人身上的特徵提供非常具體的說明。

卦象（閘門）與度數之間的關係

一般來說，人類圖曼陀羅的內環是用來計算的，而外環是用來解釋的。如圖所示，每個對應到閘門的卦象都有特定的位置，並且在外環上有一個測量弧度。為了決定它的位置，我們需要再次了解這六十四卦（每卦六爻），總共有三百八十四爻，而十二星座的每個宮位包含三十度，總共三百六十度。

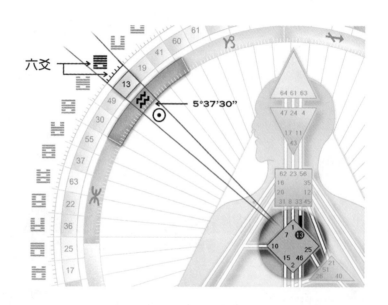

在外環上可見三百八十四爻區別環繞，當這些刻度和內環的三百六十度對齊並測量度數時，可以看到每卦所占的空間／時間為五度三十七分三十秒弧。這個弧度是一個印記區域，也就是宇宙中的一個空間；當行星通過它，訊息就會經由微中子流在此交換。

我們出生時即被賦予某些特質，這些特質來自人類圖每個特定行星（或是月交點）的特定卦象。微中子流所攜帶的訊息，在特定的時刻印在我們身上，以這種特殊的方式伴我們渡過餘生。那個時刻被捕捉下來，將此瞬間記錄在我們的人體圖中，成為我們的定義，我們的設計藍圖。

上圖是一個計算運用的實例。如果我們知道行星在星象內環上的位置，就可以看出它所對應的外環卦象。上面的例子中，太陽位於水瓶座的黃道帶，對到了易經輪軸上相應的第十三卦。這個訊息接著轉換到人體圖上。我們將在本章稍後有詳細的探討。

印度婆羅門教的脈輪系統 —— 九個能量中心

　　印度婆羅門教的脈輪系統是這個綜合體系的第三部分，帶我們來到九個能量中心。傳統脈輪系統與下圖所示的九個能量中心，二者主要差異，僅僅在於脈輪有七個，而能量中心有九個。這個差異反映了宇宙的轉變，也就是發生於一七八一年的訊號，指出人類的演化進程從七個能量中心轉變為九個能量中心。

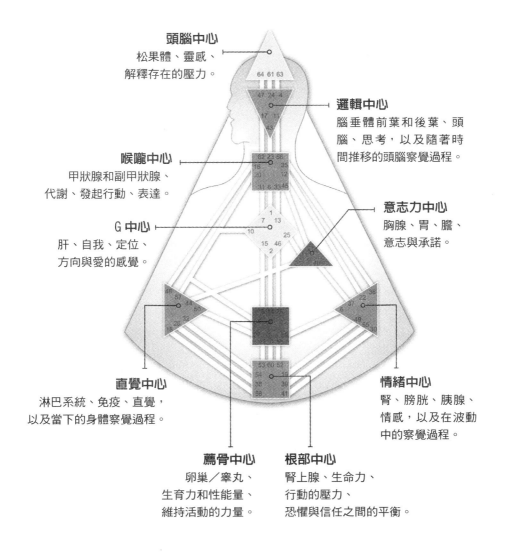

頭腦中心
松果體、靈感、
解釋存在的壓力。

邏輯中心
腦垂體前葉和後葉、頭
腦、思考，以及隨著時
間推移的頭腦察覺過程。

喉嚨中心
甲狀腺和副甲狀腺、
代謝、發起行動、表達。

意志力中心
胸腺、胃、膽、
意志與承諾。

G 中心
肝、自我、定位、
方向與愛的感覺。

直覺中心
淋巴系統、免疫、直覺，
以及當下的身體察覺過程。

情緒中心
腎、膀胱、胰腺、
情感，以及在波動
中的察覺過程。

薦骨中心
卵巢／睪丸、
生育力和性能量、
維持活動的力量。

根部中心
腎上腺、生命力、
行動的壓力、
恐懼與信任之間的平衡。

　　這個過程涉及複雜的內部形式重組，並非單純增加兩個能量中心而已。九個能量中心裡的每一個中心，都是一個能量中樞，各自代表不同的生物學相關性。（我們將在第二章深入討論能量中心。）

卡巴拉生命之樹—三十六條通道與六十四個閘門

　　來自卡巴拉傳統《光輝之書》的生命之樹，是這個綜合體系的第四個部分。它的貢獻是作爲途徑，透過閘門讓能量通過，以連接不同的能量中心。這些被稱爲「通道」的途徑，創造了一個能量流通的活化迴路，統合了整個人體圖，並且指出其內部能量流動的方向（如下方左圖所示）。在每條通道的任何一端，是通道通往能量中心的地方，你會看到一個數字表示一個特定的閘門（如下方右圖所示）。這六十四個閘門與人類圖曼陀羅外環的六十四卦互相連結，讓我們能夠將來自卦象的訊息直接導入人體圖中。

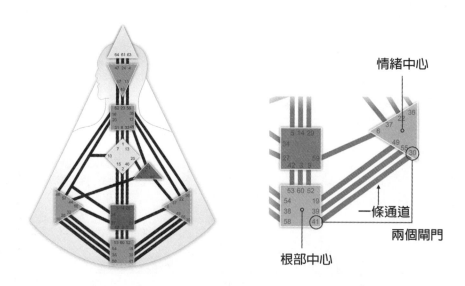

　　單一閘門是能量進出能量中心的開口；這些閘門對通道的另一端開放，迎接來自彼端的能量。通道兩端的兩個閘門都要被啓動，才能讓這條通道完整，成爲有所定義的通道。對個人來說，我們可以同時擁有兩個被啓動的閘門，因而啓動了某一條特定的通道；或者我們也可以只有一個閘門被啓動，然後遇上另一個使我們的通道得以完整的人。

　　舉例來說，如果一個人擁有一條通道其中一端的閘門，那麼他會被擁有此通道另一端閘門的人所吸引。當他們在一起就會形成新的完整通道，使彼此完整，也連接了彼此之間的能量。在他們的生命中，能量接通的感受如同電磁連接一般。這感覺就像吸引力的火花。這是我們設計的眾多面向之一，讓我們在生命中與他人相遇及互動。基本上，通道會連接兩個不同能量中心的能量，因此產生一些新東西，稱之爲量子。每條通道都有自己的特性和基調，但仍保有能量的彈性或動態量子，這些能量來自於通道所連結的兩個閘門、十二條爻線和兩個能量中心。定義（或有顏色）的通道會成爲一個人生命中的主要特徵，我們把這個定義稱爲你的「生命動力」（life force）。關於這部分，我們在本章第三節有詳細的討論，也會在第六章說明。

第三節　人類圖中的人體圖

引領方向的地圖

「人類圖之所以如此特別，是因爲人體圖的部分。人體圖是過去所沒有的。沒錯，顯然過去已出現人體的圖像說明和系統，但從來沒有任何系統，像人類圖曼陀羅中心的人體圖一樣。人體圖是獨一無二的。首先，它的基礎是一套全新的數字組合結構。這不是七個能量中心的脈輪系統，而是九個能量中心的存在本質。其他系統也作了延伸，找出把這些訊息集合起來的方法，而人體圖則是眞正綜合的範疇。」──拉．烏盧．胡

母親受孕的時候，設計水晶連同嵌入其內的磁單極，經由受精的過程一同進入卵子。當設計水晶開始接收微中子流的訊息時，會和磁單極分離，並且啓動對胎兒的形塑。胎兒會持續發展，直到妊娠第二孕期結束，此時人類獨有的特殊大腦機能──新皮質，已經完全形成。在這個時候，磁單極發出一個信號，促使個性水晶（又稱爲靈魂或心靈）進入人體。胎兒的出生（大約三個月後）標誌著一個時刻，此時個性水晶從微中子流接收到不可磨滅的印記。所謂的「出生」

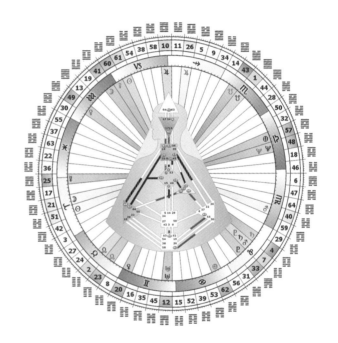

時間，指的是寶寶離開子宮和母體分離，來到母體之外的時刻，而不是臍帶被切斷的時刻。人類圖準確而詳細地說明了我們的獨特性，因此，有一件事非常重要：開始分析前需要精確的出生資料，尤其是出生時間。如果你不確定自己的出生時間，請和出生國家裡負責出生紀錄的機構確認。如果你無法得到準確的出生時間，可以聘請專門研究所謂「圖表校正」（chart rectification）的占星學家。占星學家將引導你經歷一個過程，盡可能精準地確定你的出生時間。

人體圖

　　畫出一張人體圖（BodyGraph），需要兩種計算結果。我們用每個人的出生日期、地點和確切時間，開始建立「個性」的部分，也就是出生時刻的計算。把出生資料輸進「邁亞機制圖像處理」（Maia Mechanics Imaging）軟體時，程式會自動計算出第二組數據，也就是出生前的計算，或稱為「設計」的部分。

　　出生時的「個性」計算（下圖黑色文字欄）是根據出生的時刻，而出生前的「設計」計算（下圖紅色文字欄）則是根據實際出生前大約八十八天的時間（或精確地說，太陽的八十八度角）。在你自己的圖上，會同時看到「設計」出生日期和「個性」出生日期。由於這兩個計算方式皆依據你出生的時刻，所以無論你是足月出生的嬰兒、早產或剖腹產，都不會有所影響。

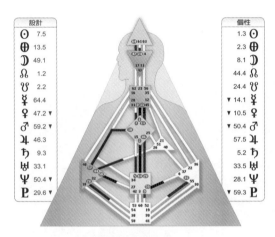

你的人類圖，
包含你的人體圖和行星資料

　　你的人類圖，包含你的人體圖和行星資料，這兩組計算結果都記錄在你的圖上，以「設計」欄（紅色字）和「個性」欄（黑色字）來呈現。閘門數字顯示啟動的卦，而各種符號則指出哪個行星位於該卦象的微中子流內。閘門數字同時也記錄在人體圖的能量中心內。下頁圖中將「設計」和「個性」分開了，你可以看到「設計」閘門和「個性」閘門個別的位置；在第三張圖中則會看到，當兩者結合時，它們如何顯示在人體圖中。人體圖的閘門位置不會變動；它們總是在相同的地方，每個人都一樣。而會改變的是：在各個計算時刻有**哪些**特定閘門將被行星啟動。

紅與黑的意義

　　「個性」和「設計」可以分成兩張圖。紅色與黑色兩組資料都是你設計的一部分，但它們所代表的層面在你身上的運作方式不同。黑字的「個性」資料是你意識到的部分；你很清楚自己的這些部分，而且能夠用這些資料來運作。這是你以為的自己，你所認同的那個「你」。這個意識層面的運作，就像是坐在小山丘俯瞰高速公路一樣。你可以看到道路，路上的交通情況，車子行進的方向，還可以朝著經過的路人揮手。換句話說，你是一個全面參與的觀察者。紅色的「設計」資料，是人類圖系統所引進的重要進展。顯示出你潛意識的本質，也就是在你的意識層面下所發生的事。它同時也代表了你的基因遺傳、你的血統，如同你從父母和祖父母身上繼承的主題。你沒辦法有意識地運作這些紅色字的資料。這就像在隧道裡張望，不知道隧道裡發生了什麼事，因為你看

不見任何物體，也不知道它們朝哪個方向移動。你什麼也不能做，只能靜觀其變。換言之，從你口中說出的話讓自己吃驚的程度，可能跟別人驚訝的程度一樣！儘管隨著年紀增長，你所學到的經驗及適當的回饋，會讓你認識自己潛意識的部分，但請記住：你永遠無法控制它。圖中有紅黑條紋的閘門或通道，表示同時被多個行星啟動，在你的「個性」和「設計」中都有。在你的生命經驗裡，這些啟動的部分會同時在意識與潛意識層面運作。

強迫的婚姻或神祕的結合

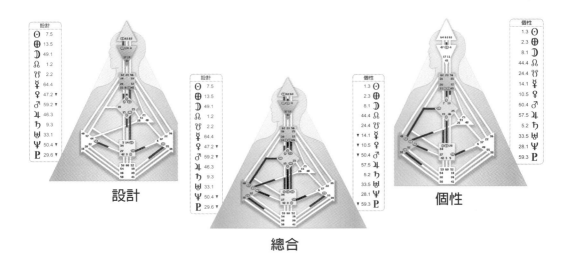

設計

總合

個性

　　如上圖所示，把人體圖兩側的「個性」與「設計」並列一起看，可以說明一些事情。「個性」是你所認為的自己；「設計」則是你的遺傳程式，決定你在時間和空間中前行的方式。這兩個完全不同的層面融合成人體圖，透過磁單極連結為一個整合的場域，一個神祕的結合。這也可以比喻為一椿強迫的婚姻，因為這兩個部分並非天生相合。「個性」以為它在主宰命運，但事實上，真正掌控人生的卻是「設計」和磁單極。大多數衝突的發生，以及你人生中遭遇的阻力，都源自於「個性」試圖要掌控你的人生，而沒有扮演它最適合的角色：坐在後座，享受這段旅程。

　　「個性」不會察覺到「設計」的存在，這就是為什麼要透過你的人生策略與內在權威，有意識地了解如何運用你內在的智慧，這是非常重要的一件事，也是本書關注的一大重點。當「個性」乘客臣服於它的人生策略和內在權威，「個性」與「設計」就能夠和睦相處，結合在一起，同時各自發揮應該扮演的角色。這時候，你會找到屬於自己的道路，而所有愛的根源也將浮現──自我之愛。沒有愛自己的內在，也就沒有愛可以給別人。若擁有愛自己的內在，你會明白在外界誰是適合你的人。

人體圖中的定義

當「設計」與「個性」欄位中的啓動閘門被放進人體圖中（也就是加上顏色），就形成通道，而能量中心也有了定義。具體來說，當一條通道兩端的兩個閘門同時被行星啓動，它們就形成一條有定義的通道，並且在人體圖中被塗上顏色。當一條通道有了定義，兩端的能量中心也會被定義，並且塗上顏色。這就是圖中所謂的定義。定義會產生我們所說的生命能量。

舉例來說，本頁這張圖中的定義是這樣產生的：當 11 號閘門與 56 號閘門定義出一條「好奇的通道」（11-56），這條通道會接著定義出邏輯中心與喉嚨中心。完整的定義（圖中有顏色的通道和能量中心）會顯示你生命中始終如一的部分，也就是真實可靠的那個你。定義永遠都在那裡，每年、每週、每天、每小時、每分、每秒，直到你生命的盡頭。它精確詳細地打造你生命能量的特質。定義決定你的類型、人生策略與內在權威，並且告訴你在做決定的時候，到哪裡尋求可靠的答案，究竟是「要」還是「不要」。

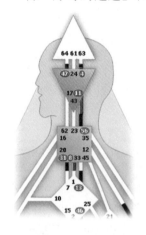

定義是我們存在的核心，也是會逐漸發展的潛能，只要我們真實地活著，好好地在九個能量中心的車輛上坐好。這是我們內心深處所認識的自己，也是我們從出生以來，透過能量場對世界放射出的獨特（生命能量）頻率。我們的人體圖確認了這一點，而人類圖系統鼓勵我們把它活出來。

有定義的區塊說出我們的故事。在這個區分的科學中，這些複雜而革新的觀點需要創造一種新的語言，將故事傳達出來。拉稱之爲關鍵字串連（Keynoting）。關鍵字形成一種全新運用的符號語言，人類圖的語言。作法是將大量訊息對應或壓縮成一個單詞或短語。這個系統內幾乎每個層面都有與之連結的關鍵字。如同經文一般，關鍵字激發我們、或使我們覺醒，或把我們與身體的化學變化，以及自己獨特的頻率相互連結。學習和使用關鍵字語言，就像是體內荷爾蒙訊息系統的思考；讓我們能夠透過能量與他人連結。

專業的分析師會將一個人的定義與開放能量中心的關鍵字串在一起，創造出生動的口頭描繪或故事情節，來描述那個人的特質和使命。一旦關鍵字被傳達出去，故事就會超越頭腦的層級，滲透進那個人體內。如上圖的範例所示，邏輯中心經由 11-56 通道連接喉嚨中心，告訴我們，這個人會想直抒己見，把他想的事情說出來。11-56 通道叫做「好奇的通道」，是一個探索者或追尋者的設計。11 號閘門是「想法的閘門」，而 56 號閘門是「刺激的閘門」。他想要分享他的想法。有此定義的人，能讓他所參加的每個聚會圓滿成功，因爲他很樂意和任何願意傾聽的人交談。他喜歡讓大家不斷地受到激勵，沉浸在他的故事中。

雖然他有很多想法，而且常常表示想跟大家一起做某些事，卻很少那麼做。他的想法沒有付諸行動。他知道自己有這個特質，卻不了解它，就會爲此深深感到沮喪。然而，他之所以處於這樣的困境是有原因的：此定義的區塊停在喉嚨中心，也就是溝通的

能量中心。如果喉嚨中心連接到人體的四個動力中心之一（意志力、情緒、薦骨或根部中心，我們會在第二章更詳細地討論），也就是能量的來源，那麼這個人就能化溝通為行動。他可以把想法付諸實行。不過說真的，這個人並不一定要為自己的想法做些什麼，反而應該分享他的想法。那麼，或許有一天，他所說的話將刺激另一個人，將他的想法成真。如果他能遵循等待的人生策略，直到有人詢問或邀請，再分享其想法，成功的機會將會大幅提高。

定義與未定義形成的二元性：先天和後天 —— 我們的發射器和接收器

「當你仔細看著人類圖上，被啟動的區塊，你看到的是一個人獨特的印記。我們擁有萬物的接收器。在設計中所有空白的部分都是接收器。印記讓你與眾不同，而不是讓你跟別人一樣。相同之處只在於這張地圖的整體，不同的是我們個人的印記。這是一門區分的科學，人類圖讓我們明白自己的獨特性，明白在整體中成為獨特的自己是怎麼一回事。」——**拉·烏盧·胡**

圖上有定義的部分，是我們固定而可靠的部分，應該擁抱它、表現它、把它活出來。在有生之年都是一致的，也因此值得信賴。有定義的部份為我們設定了範疇，包括我們這輩子會成為怎樣的人，還有我們能發展的潛能。在圖中，沒有被定義的部分仍保持空白（未定義）。這些部分並非空無一物，也沒有損壞。它們是我們身上寶貴的部分，也充分發揮了功能，但因為其運作並不穩定，所以不能當成可靠的決策依據。而開放的部分是自我的生命教室，也是我們與他人分享的智慧根源。我們的開放之處也決定了每個人將面臨的挑戰或恐懼，以及我們來到世上，要學習和發現關於自己和世界的課題。

組合起來看，人類圖有定義和未定義的部分，在我們的設計裡形成一個互動的二元性，介於固定與彈性之間。這是先天（我們被定義的樣子）與後天的交會之處。大家容易以為有定義比沒有定義來得好，並非如此。這不過是二元性而已，就像有白天和黑夜一樣。

我們有定義的部份就像是發射器，把訊息（定義的頻率）透過我們的能量場，傳送到外面的世界。我們送出的內容會使他人受到制約。相反地，我們未定義的能量中心、閘門和通道則像是接收器。透過開放的部分，我們會感受、反映（像鏡子般反射）並且放大從他人身上取得的能量。無論好壞，我們都是透過身上的接收器，從環境中得到滋養和學習。我們的開放之處也是最容易受到制約的地方。大多數人的設計，都是由定義和未定義中心所組成的混合體。不過也有極少數例外發生在某些人身上，在他們的人類圖中，所有的能量中心都有定義，或是所有的中心都對外開放。我們將在第二章完整探究定義和未定義中心。

人體圖中的太陽、月亮、交點與行星

你可以把太陽、月亮、交點和行星，稱為太陽系的在地程式媒介。這些天體在我們出生時的位置，為我們帶來影響，決定了我們體驗的方式（或是給我們的體驗「加料」的方式）。亙古以來，每個天體都有其特殊的神話色彩和主題特性。

如果沒有人體圖的話，就無從分析。人體圖中的資訊總共由二十六個啟動落點所組成，其中來自「設計」與「個性」位置的各有十三個。根據「聲音」所言，除了所列的天體，沒有其他天體能夠啟動閘門。但這並不表示像泰坦（土星衛星中最大的一個，比水星還大）那樣的天體對我們沒有影響，它會讓微中子流通過，並且像其他天體一樣把本身的特質注入其中，但是它不會啟動閘門。

凱龍星（Kiron, Chiron 二○六○號小行星）是一九七○年代晚期發現的彗星碎片，它也無法啟動閘門，或者說「打開閘門」。不過，如果主題假設是正確的，而這個天體跟療癒和傷害有關，那麼觀看它在人體圖中的位置就能讓我們得到一些見解。其他像是占星學的上升（ascendant）、子午圈（midheaven）、阿拉伯點（Arabian points）等等也是同樣的情形，它們都不會啟動閘門。

下表列出了人類圖中所使用的天體。它們除了增添我們體驗生命的滋味，也扮演我們的指導者。

指導者		代表意義和指導內容
☉	太陽	個性表現／生命能量
⊕	地球	基礎／平衡
☽	月亮	驅動力
☊	北交點	未來的方向／環境
☋	南交點	過去的方向／環境
☿	水星	溝通／想法
♀	金星	價值觀／社會
♂	火星	未成熟／能量動態
♃	木星	法律／保護
♄	土星	紀律／仲裁者／限制
♅	天王星	不尋常／混亂與秩序／科學
♆	海王星	幻想／藝術／靈性
♇	冥王星	真實／轉化／心理

接下來的幾頁會解釋太陽、月亮、交點和行星，以及它們的主題，也就是關鍵字。同時，也會有簡短的描述，說明它們如何運用在人類圖系統中。

⊙　太陽—生命動力。人類圖中的太陽代表我們的核心能量，我們主要的陽性力量。它是我們的「自我」，也是我們的「行為」，同時象徵我們此生輪迴的主題。太陽代表父親的原型。（影響我們的微中子有 70% 來自於太陽。）「個性」太陽是我們在這世界發「光」的方式，而「設計」太陽則表示我們遺傳自父親的基因主題。

⊕　地球—基礎與平衡。地球代表我們有形化（成為形式）的地方；它也象徵我們如何立足於世，如何平衡我們形式（身體）內的太陽能量。太陽和地球總是一起運作，而在人類圖曼陀羅中，兩者處於相對的位置。地球提供主要的陰性平衡，代表母親的原型。當我們能夠正確地將「個性」與我們的生命結合，就會找到意識的平衡；而當我們能夠掌握這個形式的世界，就達到穩定的狀態（潛意識的平衡）。地球是我們穩定的骨幹。

☽　月亮—驅動力。在我們的設計中，月亮代表讓我們行動的驅動力。月亮引力強而有力，它總是存在，而且總是意欲體現太陽能量的訊息。訊息的輸入來自太陽，但是方向、力量或驅動力卻是由月亮顯示。月亮是大女兒的原型，它讓地球（母親）驅動與推動形式的任務變得可能，因而確保演化得以進展。月亮也是別人於我們內在本質中看見的反映之光，這些內在本質被帶往表層而展現。

☊　月之北交點—未來的方向與環境。儘管月交點不是行星，卻同樣具有強大的力量。在「個性」方面，交點並未指出你是誰，而是形塑你的「個性」會如何看待世界和自己。在「設計」方面，交點架構你與周圍環境和人脈關係。北交點是人生體驗的成熟階段，在我們的「天王星對衝」時期（三十八到四十三歲）由南交點轉移而來。生命來到北交點是一個訊號，表示我們進入下一個過程，要放下不再屬於我們的，並保留適合我們的部分。

☋　月之南交點—過去的方向與環境。南交點代表我們人生體驗的發展階段，也就是未成熟的時期，此階段一直持續到我們進入天王星對衝。在我們九個能量中心的天王星軀體內，南交點到北交點的過渡期象徵著中年，也表示我們進入成熟期。交點代表著我們生命已經結束的階段，我們如何理解周圍的世界，以及我們一生中將體驗的環境——這些將支持我們活出自己獨特的命運。

☿　水星—溝通和想法。水星是大兒子的原型，代表人類意識的擴張，還有我們內在的溝通需求。水星最接近太陽，因此就像是太陽的耳朵。在個性水晶進入身體時，水星為它編寫程序，一直到出生的時刻。你的「個性」水星定義的地方，能讓你洞察此生需要溝通的部分。你的「設計」水星也有一些東西要溝通，不過我們時常不明白為何要跟某人說某件事，因為它是透過我們的潛意識形式來表達的。

♀　金星—價值觀。金星建立我們的價值觀，代表我們對待彼此和周圍世界的道德和自然法則。金星是小女兒的原型，同時也代表著愛與美。對你個人而言，金星代表是非，也是你的道德問題和議題。如果你做事是非不分，而你周圍的人也同樣是非不分，金星可能會給予嚴厲的懲罰。這些建立於金星的價值觀會成為木星的法律，而所有報應都是透過土星而發生。

♂ 火星─未成熟的能量。火星是小兒子的原型，其能量尚未成熟且免於責任。它是被動的，但當它受驅使而開始行動，就會成為一股不容忽視的力量。一旦點燃，火星強化的動力可能會導致無意識的爆發，即便是最基本的壓抑都可能被擊潰。你圖中的火星代表一股非凡的能量，隨著時間錘鍊，漸漸演化出強大而成熟的智慧，讓你知道該如何正確使用這股能量。火星在我們的個人轉化上扮演著重要的角色。

♃ 木星─法律與保護。除了太陽以外，與其它星體相比，木星為我們帶來最大的影響力。木星是宇宙的法則，定義外在發展，週期是十一年以上，同時也定義出我們與他人和整體之間的關係。我們每個人身上的印記都帶著一個非常聚焦的主題：對我們來說什麼是對的。這就是木星為我們寫下的法律。如果你遵從法律而活，就能獲得好運，因為木星有時非常慷慨，不過你從中獲益的能力，來自於極度服從自己所屬的法律。

♄ 土星─紀律（仲裁者）。在你的圖中，土星所在的位置是你必須處理行為後果的地方。這是非常古老的陰性力量，代表仲裁者，也代表你要為任何沒有遵從自己的法律和道德價值，而做出不當行為，付出代價。土星是一個意義深遠的指標，讓你能隨著時間推移，看見自己在過程中的進展。土星是在旁觀望的監督者，不會給你讚賞。如果土星放任你獨自一人，就表示你目前的生活方式是正確的；然而，如果你打破自己的規則、價值觀和法律，土星就會懲罰你。

♅ 天王星─不尋常、混亂與秩序。在你的設計中，天王星出現的位置就是你表現不尋常的地方。天王星演化的潛在流向，改變了我們對物質界（Maia）的理解，並延長我們的壽命到目前的八十四年。天王星也為我們說明了人生的三個過程，包括主觀的少年、客觀的中年，以及超然的老年。

♆ 海王星─幻想和靈性。海王星是一個偉大的指導者，要求我們完全接受。海王星不管位於任何閘門，都會掩蓋其潛力。這樣的遮蔽可能會深深擾亂非自己，因為非自己無法看透這層面紗，然後我們就失去看見任何限制的能力，可能導致濫用。臣服於海王星，不去打擾它，就能讓潛藏的魔力從面紗後浮現。而關於臣服的本質你也會學到更多。

♇ 冥王星─真實與轉化。冥王星把潛意識的力量帶到表層；它代表了重生。冥王星是「說真話者」，把隱藏在表面之下的真實帶到你面前，讓你直接正視它──真實帶來轉化。不管你在圖中的哪個位置看到冥王星，那就是你的真實。冥王星給我們上了最深刻的一課，要我們尋找黑暗中的光。冥王星的祕密和你的祕密，要用一輩子來探索。

微中子的過境場

　　我們不斷受到制約的力量，無論是透過周遭人們的化學作用，或是受到行星過境的影響；這些行星來自於更大的宇宙環境，我們亦生活其中。在人類圖系統中，定義代表著「學生」，未定義中心是「學校」，而過境行星則是「老師」。這些過境行星透過它們過濾微中子流的能力，滲透並直接地影響我們。

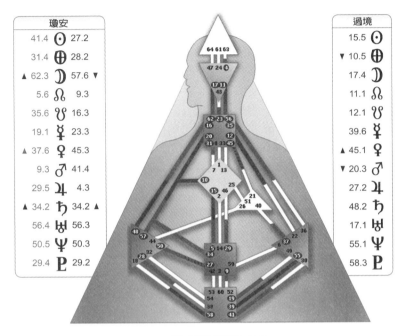

瓊安與流日的合圖

　　只有個性／黑色部分的計算會被採用於流日合圖（transit connection chart）。在上面這張人體圖裡，此人設計中紅色和黑色的啓動都用淺灰來表示。微中子的行星流日場域則用黑色表示。我們可以看出流日／流年場（transit field）在這個時刻爲瓊安帶來哪些新的啓動，這就是流日／流年通過時所產生的影響或給予訊息的方式。若瓊安能忠於她的人生策略和內在權威，就能堅持自己的設計，避免因分心而遠離她的道路，也不會被她周圍那些同樣接收流日影響的人分散其注意力。

關係合圖：用圖表說明兩人之間的相互影響

我們也會被周圍的人影響或制約，尤其是那些與我們親近的人。右頁的三張圖說明了關係合圖如何產生。他們一起創造了一個量子場，而這個能量場比他們任何一人的都來得大。有新的通道被定義，也有開放的能量中心被填滿。這張合圖可以讓我們學到很多，例如這兩人怎樣跟對方互動，他們如何在不知不覺中影響對方的行為和決定，作為一對夫妻，他們又會怎麼表現。

關係合圖的課題很巨大，因而需要更全面的探究，不是本書所能提供。要徹底理解合圖必須考慮非常多事情，包括類型、人生策略、內在權威、人生角色、定義、閘門、爻線，以及能量中心；建議你找人類圖分析師進行諮詢。如果要透過人類圖來看各種關係，下面提供概括的資訊：

火花：伴侶中每人定義了通道中的一個閘門（二分之一），因此定義出完整的通道，共同創造出生命能量；這代表基本的關係動態：吸引或排斥。

主導：伴侶中的一人定義了整條通道，而另一人沒有啟動（定義）此通道的任何一個閘門。後者只能接受並臣服於這條定義的通道，以這個方式來感受前者。

妥協：伴侶中的一人定義了整條通道，而另一人只定義了此通道的單一閘門。只啟動這條通道一個閘門的人，總是對擁有完整通道的人妥協。

相伴：伴侶中兩人的人體圖都有相同的通道或閘門被定義。這是發展友誼的潛力，是一種共享的經驗。

人類圖是一個反映出許多系統的綜合體系，為你的人生提供非凡的新觀點，並且讓你了解基因的延續性，會在設計中看似個別獨立的層面之間流動。你的定義（真我）和你的開放（非自己）合起來的交互作用會形成一個基礎，幫助你了解活出設計的方法。如果你能同時覺察自己與生俱來的設計，以及你對外在世界開放之處，將擁有最豐富的生命體驗，並且真正活出你獨特的人生使命，成為這更大整體的一部分。

關係合圖範例

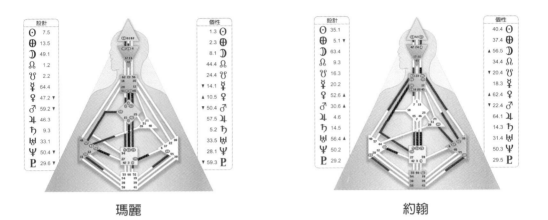

瑪麗

約翰

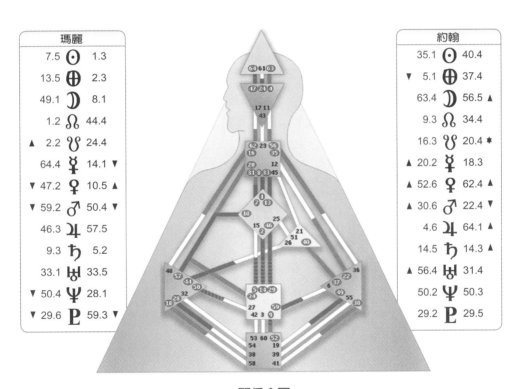

關係合圖

「智慧存於每一個人，對開放中心的中立體驗。」——拉・烏盧・胡

第二章
九大能量中心
能量的流動

第二章 九大能量中心

能量的流動

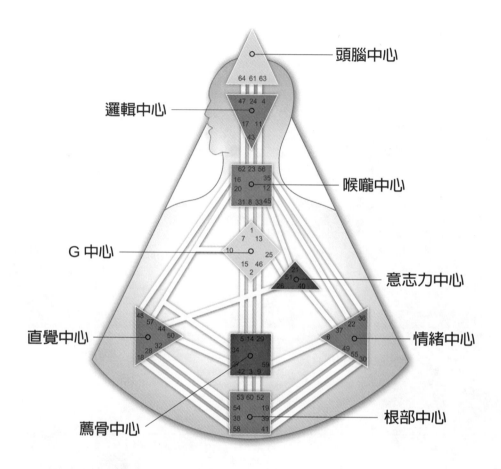

九大能量中心是能量中樞，能夠轉換或轉化在人體圖內流動的生命能量。下頁將為你分別介紹九個能量中心的概況，包含名稱、各自特別的功能，以及它們在人體圖中的位置。

請注意根部中心和情緒中心同時存於兩種類別之中。本章後面將更詳細地說明每個能量中心。

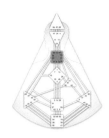

一個發起中心：「條條大路通羅馬。」喉嚨中心為接下來九個能量中心的討論設立範疇。它特殊又獨特的功能類似市中心廣場。匯集源於八個能量中心的能量，皆朝向喉嚨中心移動，在此被賦予「聲音」，進而實際發起行動，或以口語傳達人類的智慧。透過喉嚨中心，我們得以展現身而為人，位於食物鏈的頂端的意義。

兩個壓力中心：頭腦與根部中心是兩股壓力來源，推動能量移向三個察覺中心。它們分別是想「知道」與去「做」的壓力，也就是思考跟活下去。頭腦中心會問問題，這些問題將能量導向邏輯中心，邏輯中心構思答案。根部中心的壓力提供腎上腺的驅動力，為求生存，也是讓生命前進的動力。這是燃料，也是一股強大的能量，通往直覺、情緒和薦骨中心，進一步精鍊並趨於完善，最後來到喉嚨中心，得以溝通或採取行動。

三個察覺中心：直覺、邏輯與情緒這三個中心，是蘊藏自我意識和自我察覺的潛在區域。它們各自以能量層面的角度，依據身體、頭腦或精神層面的察覺，詮釋我們的生命經驗。（其餘六個能量中心則在機械層面運作。）接至喉嚨中心時，將轉化為意識層面的智慧，充分表達：可能是直覺智能（生存意識）、頭腦智能（認知意識）或是情緒／心靈智能（關係／社會意識）。

四個動力（能量）中心：根部、情緒、薦骨和意志力中心是動力引擎；它們各自特定的頻率，提供能量來源，讓我們的生命得以展現。根部中心給予我們不斷前進的動力；情緒中心的情緒波帶來動力，刺激我們想擁有更多體驗、想擁有親密關係的渴望，以及心靈層次的察覺力。薦骨中心提供生產的能量以支持形體，讓充滿創造性的生命能量得以延續。意志力中心身為「我、是我、我的」背後的驅動力，是人類意志力的源頭，確保我們能以群體階層為結構，存活於物質世界中。

一個定位中心：G 中心是磁單極的家，在人體圖中位居要位──人類圖曼陀羅的中心。它確立了我們的定位（在時空中的方向），也就是所謂的幾何軌跡。在這裡，我們獨特的能量流（定義）與所有的生命之流相連──這就是我們和宇宙連結的方式。磁單極將生命拉向我們。我們可以說，宇宙透過我們來展現生命。

定義（有顏色）與未定義（白色）中心

你會注意到人體圖中的某些能量中心有顏色（定義），而某些沒有顏色（未定義）。有顏色的中心，其執行功能與運作的方式穩定而可靠，未定義（白色）中心則是你受外界影響或制約之處。未定義中心並非缺損，亦非空無一物，更不需要被固定下來。那只是我們脆弱之處，容易受制約的所在，也是我們學習和累積智慧的範疇。我們每個人都是複合體，由定義和未定義中心所組成，無關好壞。設計中所定義的部分，代表了我們此生是什麼樣的學生，而未定義的部分，則代表我們在人生這所學校裡，可以學習的課題。成為自己是一段歷程：在過程中，我們能看見自己在生命中受制約之處，看見它如何影響我們，以及該如何將它置放於適當的範疇之中。而認知本身就是獲取智慧的良機。

空白中心的制約與非自己頭腦

一七八一年，我們從七個能量中心轉換為九個能量中心，原本為我們指揮人生的頭腦，自決策的要角（做決定）轉變為智慧的來源，同時也成為他人的外在權威。頭腦依然堅持過往做了幾千年的事——並未察覺事實上，頭腦的工作內容早已改變。這造成我們在身體與頭腦之間，以及真正的自己與非自己間的緊張關係。對具有九個能量中心的全新軀體而言，我們這神奇的頭腦，無法成為個人的內在權威。

在母親孕程的最後三個月，肚中胎兒的身體完全成形，個性水晶（乘客的意識）受邀而進入胎兒體內。而乘客開始熟悉軀體內的新皮質，儘管這與形成身體的任何一個環節，並無直接關聯。由於沒有任何特定的事務可做，儘管這位乘客沒有駕照，卻決定在後座當起司機。以為位居崇高的頭腦中心，就能名正言順主宰一切，操控你的人生。

然而，乘客頭腦卻沒有意識到兩個重要的細節。第一，你已經擁有駕駛員了，那就是你的磁單極。第二，這台車子（也就是你的身體）已進化至更精密複雜而有意識的等級，遠遠超出頭腦的層次。換句話說，頭腦在七個能量中心的人類形式上，已達巔峰，引導人類在意識層次與科學領域上，達到前所未有的成就。不過，在一七八一年之後，我們的形體於演化上有了大躍進，現在我們的身體由九個運轉的能量中心所構成，並且

內建連結，直接連接至值得信賴的個人化羅盤。

我們每個人皆有專屬的衛星定位系統，而這系統與宇宙緊密連結。在決策方面，我們的頭腦儘管與新的九個能量中心形式（身體）相互連結，卻無法與之競爭，但是它並不了解。漠視既定事實，頭腦仍堅持過往不斷重複的事──試圖指揮你的人生。而我們的頭腦並非敵人，你無須克服、壓抑或忽略它，而是正視它，讓頭腦成為你最好的朋友，轉化為創造力的展現。我們的頭腦最適合扮演的特定角色，是負責思考和夢想，啟發他人與制定規則，以及領悟生命的道理。當頭腦不必承擔做決定的任務，就能發揮其神奇的天賦，進而服務人群。頭腦是工具，為我們服務，也蘊藏潛能，足以成為他人的老師，由於我們對自身機制的無知，導致這一切停滯不前。我們應該與頭腦結盟，讓頭腦從決策的任務中解脫，如此一來，它才能安其位並司其職，成為反映自我意識的觀察者，能讓頭腦展現其真正的價值，做出應有的貢獻。

從出生以來，我們一直處於父母、手足、親友和其他人的能量場中。我們未定義而開放的通道、閘門和能量中心，持續被別人所定義的部分而引發，或在能量上被啟動，久而久之，他們本身的能量場，以及不斷增長的期望，帶給我們微妙又深刻的影響。這就是人類圖系統所描述的制約。儘管我們從未與真實的自己斷了聯繫，但在七歲之後，來自家庭與社會的制約，已層層覆蓋住我們真實的本性。

我們無法避開或逃離制約，而制約也並非壞事，只是無可避免。行星轉移、人類，以及所有的生命形式（包括昆蟲、鳥類、動物和植物）都與我們相互連結，影響我們的思考模式、行為與決定，若沒有透過人生策略與內在權威，未能活出自己的設計，我們天生充滿好奇心的開放能量中心，終其一生，都會被這些能量中心有顏色的人所吸引，然而，吸收他們的頻率，對我們本身開放的中心會造成壓力，引發頭腦不斷想著自己的不足。

人類圖中的開放部分，之所以會被視為非自己的根源，是因為它們在能量的層面無法持續運作，並不可靠。當我們開始將開放中心（不是我們的部分）所獲得的體驗，跟我們有定義的自己（真正的自己，我們始終如一的部分）搞混，事情就麻煩了。人類圖體系仔細檢視了我們受制於外在影響的開放之處，與我們的本性（有定義的部分）做出區隔。它告訴我們，只要遵循人生策略和內在權威，就會擁有完備而獨特的能力，面對並解決由非自己所衍生的困境。

空白的能量中心，本應開放接受刺激，這樣的設計就是為了吸引我們，盡情投入人生。然而，當我們以頭腦做決定時，開放中心就變成所謂非自己頭腦的一部分。對忙碌的頭腦而言，可靠而固定的部分並不有趣，於是開放而未定義的部分，便搖身一變，成為強烈吸引力的來源。這就成為我們的渴望，我們想去經歷的體驗，還有我們認為自己一定要擁有的東西，或想成為的樣子。不幸的是，這股充滿吸引力的誘惑，可能將引導我們遠離自己的核心本質，這也就是為什麼，我們往往無法活出自己獨特的潛能。問題在於，當我們嘗試成為不符合自己設計的模樣，所有的一切都會扭曲；我們迷失、不斷追求生命中永遠得不到的部分，無法自拔。我們的決定，基於千變萬化的虛幻欲望，也就是我們無法持續運作的部分，宛如在流沙上蓋房子，自某個錯誤的假設向外孳生，最

終，就這樣形塑成我們真實的人生。結果是感到疲憊又失敗，伴隨而來的是對生命的沮喪、苦澀、憤怒和失望。

在你年輕的時候，你的乘客頭腦認為，它所作的決定會保護你和車子本身（軀體），如此一來，你透過開放及脆弱的部分所獲得的經歷，才不會帶來傷害。你的頭腦陷入身體與生俱來的恐懼中——這些恐懼是為了保障身體、思想和情感而存在，反映在外成為對於安全感、愛與支持的需求。在開放的中心，這些恐懼會因此放大許多倍，你的頭腦對於所處環境過度警覺。它利用別人的回應或反應，逼迫你的真實自我不斷妥協，將自己和別人對你的期望與要求反覆比較。為了能融入而順從，這讓你得以適應外界環境，讓你和身邊的人生活舒適。這確實行得通，卻僅能維持短暫的時間。你甚至能從中得到甜頭，但最終也必須為此付出代價。

我們在人生中所做的每一個決定，若非讓我們走在自己的道路上，便是讓人繞道而行，感覺困惑、甚至痛苦之中；我們若不是靠近自己真實的本質和人生目的，便是反其道而行。若源自個人的內在權威（我們身上值得信賴的定義）所做出的正確決定，就能讓我們走上自己的命運之路，進入適合我們的關係、位置和工作。但是若此決定來自頭腦，源於未定義中心的制約，那麼只會讓我們偏離自己的道路，感覺對已發生的情況無能為力，即使做出承諾，也只是消耗自身的能量，無法發揮自己真正的天賦才華。

整體社會極度重視頭腦，也就是頭腦意識，也很重視實踐。制約對我們造成的壓力，不會憑空消失。大部分的人體圖中，白色的部分遠比有顏色的中心來得多，非自己頭腦放大了開放的部分，將一切複雜化，極易對生命造成過度影響。以有定義的部分，與來自開放中心的壓力相對抗，極為困難，尤其每個人的設計中，有一半被啟動的部分皆位於潛意識層面。幸運的是，我們的人生策略和內在權威，將直接繞過頭腦信念所織出的虛幻之網，允許駕駛員來開車。這就是所謂的臣服，也就是我們所追尋的覺知狀態。

非自己開放中心的問題

人體圖中的開放中心，揭示出每個人易被攻擊的主要弱點，以及頭腦如何利用這些弱點，為了避免陷入更深的混亂與痛苦之中，而制定其作決定的策略。然而，隨著時間過去，頭腦的保護策略變成不健康的慣性，或無意識的習慣，一直延續直到成年。一旦你能看清這些無效習慣的源頭，了解它們源於並不屬於你的地方，要放下就容易得多。當我們開始明白，我們容易因為開放的部分，而迷失自己，甚至錯以為那等同於我們，如此一來，便能開始將未定義的中心，視為豐富的探索資源，而這才是它們原本該扮演的角色。透過未定義中心，我們得以經歷到完全想像不到的體驗、最偉大的發現，和最深切的體悟；隨著時間過去，所有這些體驗將層疊結合，最後累積成智慧。人類圖系統所傳遞的知識，是關於我們自己，讓我們能開始以嶄新的方式，欣賞和享受自己的開放性。智慧存於每一個人對開放中心的中立體驗。我們圖上的每一個未定義中心、通道和閘門，都可能讓我們擁有這樣的智慧。

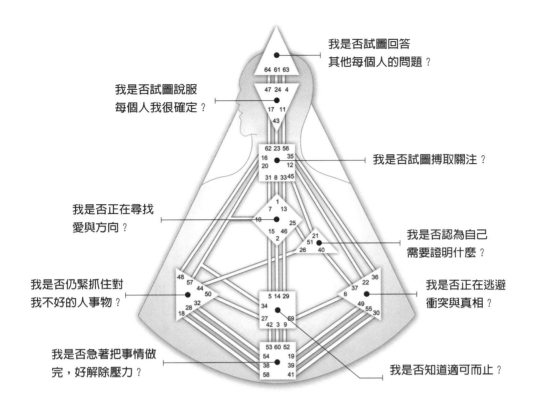

我是否試圖回答
其他每個人的問題？

我是否試圖說服
每個人我很確定？

我是否試圖搏取關注？

我是否正在尋找
愛與方向？

我是否認為自己
需要證明什麼？

我是否仍緊抓住對
我不好的人事物？

我是否正在逃避
衝突與真相？

我是否急著把事情做
完，好解除壓力？

我是否知道適可而止？

　　上圖列出了每個開放中心的非自己對話。我們可以問自己這些問題，來判斷自己如何運作，是真正的自己？還是非自己？接下來，我們會更深入探討每一個能量中心，以及屬於它們的非自己概念，不過，現在先花點時間，問問自己那些對應開放中心的問題，這練習既具啓發性，也非常有效，能讓你發現非自己制約是多麼難以捉摸，而又無所不在。

人體圖中的非自己關鍵字串連

人類圖的精確分析，讓我們能夠正確描繪出在過往生命中，整體思維被制約的過程，並且針對頭腦運作，提出驚人的細節和見解。串接我們的頭腦、早期的痛苦經驗，

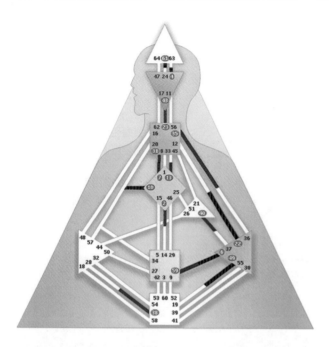

會發現與那些空白的中心，有非常強而有力的連結。左圖的範例，說明這個人一生中，最容易被制約的脆弱之處。就從未定義的直覺中心開始，因為這裡與安全感有關，也是此人制約之所在，為了感覺安全，會緊抓某些人事物不放（例如工作、關係、居住地和想法）。這個沒有顏色的直覺中心擔憂與生存相關的問題，容易引起恐懼，而這恐懼可能會讓人長久以來，滯留在一份不健康的工作或關係裡。至於那未定義的意志力中心，所帶來的制約是，習慣性不斷想證明自己的價值——是否夠好、夠性感、

夠忠誠、夠漂亮、夠聰明等等。為了證明自己的價值，容易做出無力信守的承諾，並試著遵守承諾（然後失敗），最終的結果就是自我價值低落。至於空白的頭腦中心，更是塞滿了不重要的想法，忙著解決別人尚未能解答的問題。至於空白的根部中心，則讓她時時感受到壓力，催促自己匆忙趕工，搞定事情，快速繼續進行下一件事，藉此擺脫壓力。

未定義中心的關鍵字串連，創造出的畫面，成為她的頭腦大半生專注的事情，與做決定的依據。當我們將以上所有訊息綜合成一個句子，拼湊出一個人的樣貌：她害怕失去人際關係或工作保障，所以非常認真工作，好讓事情迅速完成，並努力解決每個人的問題，以證明她的價值。

如果你正走向轉化與覺察的道路，你將會緩慢但堅定地，不再賦予頭腦權力，臣服於身體的內在權威。你會放下頭腦衍生的想法，包括它告訴你應該做和不該做的事情，以及人生應該要有的樣子。雖然臣服並非頭腦的天性，但頭腦能夠學會臣服於你的人生策略和內在權威，並且承認自己真正的位置僅止於是帶著察覺的乘客和觀察者，坐上那輛方向清楚的車子，踏上生命旅程。

「拉·烏盧·胡並不是我。拉是我在觀看的某個人。我不是由原子組成，而是由暗物質構成。這就是觀看的意義：透過以原子為介質的稜鏡來觀看。因為如果沒有那層稜鏡，『我』永遠是靜默的。那個非原子的我是乘客；乘客可以在生命中自由、而非於死亡中解脫。這就是關鍵所在。」——**拉·烏盧·胡**

定義（有顏色）、未定義（白色）與完全開放的能量中心

　　我們的能量中心所啓動的閘門，決定了能量中心如何運作，我們如何感受到它，以及我們如何與環境及周圍的人互動。

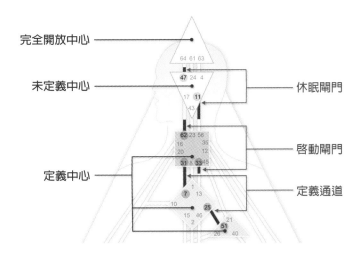

完全開放中心 ——

未定義中心 ——

—— 休眠閘門

—— 啓動閘門

定義中心 ——

—— 定義通道

　　定義（有顏色）的中心：上圖中，當一條通道兩端的兩個閘門連通在一起，就形成了定義。7 號閘門和 31 號閘門形成「創始者的通道」，啓動 G 中心和喉嚨中心；而 51 號閘門和 25 號閘門形成「發起的通道」，啓動意志力中心以及 G 中心，這些被啓動的中心便是有定義的中心。有定義的中心是我們體內的能量中樞，穩定而可靠。在被定義的中心內，單獨啓動的閘門（例如 33 號和 62 號閘門）是「懸掛的閘門」（hanging gates），這些閘門爲有定義的中心，提供值得信賴的閘門主題。總而言之，每個人被定義的部分，構成獨特的振動頻率，透過我們的存在，傳達給他人。

　　未定義（白色）的中心：未定義的空白中心是我們的脆弱之處，我們有機會在此學習，同時也在此受到周圍的制約與影響。圖中未定義的中心，擁有一個以上的休眠閘門。它們可能是我們設計中，潛意識（紅色）或意識（黑色）的部分。休眠閘門是通道中單獨的閘門；它們垂掛在那裡，等待與通道另一端的閘門接通，經由電磁連接而啓動。休眠閘門會過濾，或引導能量流向未定義中心，使我們能察覺它的存在。

　　完全開放的中心：雖然完全開放的中心，和未定義的中心，有許多共通的特質，但完全開放中心的現象卻很不一樣。完全開放中心表示沒有休眠閘門，這意味著沒有什麼可憑據；當能量接通開放中心產生作用時，不會有熟悉的主題或感受。完全開放的中心可能最爲脆弱，因爲沒有可以依靠的主題，注入這個能量中心的訊息可能帶來混亂，尤其當訊息被放大時。當然反之亦然。由於沒有休眠閘門來過濾注入的能量，或是將能量導向特定的主題，因此我們能夠體驗並學習該中心的所有潛能，當我們愈來愈成熟，這些經驗也會成爲智慧之源。

　　接下來幾頁，我們將探討每個能量中心的特質，及其能量如何在你生命中展現，還有眞正的自己與非自己主題。請同時參考你的人類圖，一起探索你的故事。

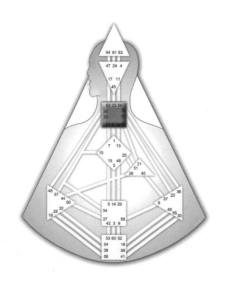

喉嚨中心

溝通與發起行動

透過與世界互動，達成蛻變和轉化

生物學關聯性

生物學中，喉嚨中心與甲狀腺和副甲狀腺相關。它們是負責蛻變與轉化的內分泌腺體。甲狀腺系統負責監管代謝過程：我們如何消化吸收食物、消化快慢的速度；我們如何消耗能量、動作很快或是慢吞吞；是大塊頭還是小個子、是胖還是瘦。草率而不受歡迎的發言或行動，或者在應該閉嘴時說話，都會使我們遭受阻力，而顯現在生理層面，對我們的聲帶和甲狀腺功能造成損害。

以溝通或行動來展現

喉嚨在其位置與結構上，產生關鍵的生理變化，伴隨大腦新皮質的同步發展，塑造了人類這個物種，在過去八萬五千年的演化，使我們有能力表達出自我反映的意識。這些改變讓我們可以透過言語溝通，或謹慎行動，充分顯示出生而為人的意義。無論喉嚨中心在人體圖中有沒有定義，關於我們如何表達自我、如何體現應有的人生，它都扮演了核心的角色。雖說其功能不見得有所察覺，單純僅是機械運轉，依然是人體圖中聚焦的關鍵點。

如果將人體圖想像成一幅城鎮的地圖，喉嚨中心就是城鎮的中央廣場。位於九大中心的核心位置，也是最複雜的一個能量中心，所有在人體圖中流動的能量，都承受強烈的驅動力，要往喉嚨中心移動，藉以溝通或展現行動。「條條大路通羅馬」這句諺語總結了一切。透過喉嚨中心所運作的生理歷程，流動於人體圖內的能量會在體內被代謝和轉化。

喉嚨中心的*主要功能*是透過溝通來顯化，傳達出我們是什麼樣的人，我們如何思考、感受、創造或學習，我們知道什麼、想貢獻什麼，以及我們看過或聽過什麼，能說出什麼樣的言語來激勵他人。喉嚨中心因為有顯示的潛力，與十一個閘門（聲音），天生就會吸引注意力，這樣的設計是為了提供顯示的舞台。我們並非生來離群索居。有效的溝通能力能確保人際關係的品質，以及確保我們得以生存。語言和溝通，並非告訴別人該怎麼做，而是以獨特的方式顯示自我，讓別人理解我們，這樣一來，他們就能回應我們的言行，與我們互動。藉由行動之前的溝通，我們可以預先看到接下來的行動是否可行。

我們獨有的聲音來自人體圖中，特定的啓動閘門或有定義的通道。在我們的設計中，每個經由被啓動的通道而與喉嚨相連的能量中心，形成我們特定的聲音（以及行動）來源，持續運作而且值得信賴。我們的言語和行動是有意義的，那代表真實的自我，非常重要。信任內在權威會引導我們，而人生策略會告訴我們正確的顯示時機，這是何等珍貴的恩賜。

由於喉嚨中心承受了各種表達和行動的壓力，許多人會有過早或太慢行動或發言的傾向。但只要了解自己的聲音，了解我們來到世上要表達或要做的事，並且知道哪些閘門會開放接收並放大訊息，我們就可以放鬆心情，等待適當的時機，以正確且令人滿足的方式，與他人交流。喉嚨中心的黃金指導原則是：「跟隨你的人生策略和內在權威，每一個時機都是完美的。」這樣一來，我們的言語和行為被別人接收時，就能完全發揮其影響力，而非遇到阻力、混淆或扭曲。

喉嚨中心的*次要功能*是透過行動來實踐。當動力中心連接到喉嚨中心時，實踐就變得可能。擁有這種定義的人是真正的實踐者，能夠發起行動，實現願景。注意：顯示生產者（薦骨動力中心連接到喉嚨中心的定義）是例外，因為他們要遵循生產者「等待回應」的人生策略，不能主動發起。這些區別將在說明類型的第四章進一步闡述。

這個社會和我們的非自己，極力要求我們貢獻生命，變成某種模樣，例如選擇一份工作或職業。然而，我們是否能夠活出自己原本的設計，端視我們能否揭露真實自我——然後把它活出來。

喉嚨中心在人體圖中居於要位，在體內肩負轉化的職責，因此能引發出生命中各個層次的轉化與突變。人類圖上喉嚨中心被啓動的特定頻率（閘門），顯示出改變如何透過我們，持續以不同形式展現，以促進人類的蛻變和演化。下頁是喉嚨中心的各個閘門。

喉嚨中心的閘門

62 號閘門—處理細節的優勢 細節的閘門	我是否思考 溝通細節與事實
23 號閘門—裂開 同化的閘門	我是否知道 溝通個人洞見
56 號閘門—尋道者 刺激的閘門	我是否相信 激勵人心的說故事者
16 號閘門—熱忱 技能的閘門	我是否實驗／認同 精通某項技能
20 號閘門—注視 當下的閘門	我是否在當下 瞬間的清晰／行動
31 號閘門—影響力 影響力的閘門	我是否領導 有影響力的民選領導者
8 號閘門—凝聚在一起 貢獻的閘門	我是否做出貢獻 獨特的自我表達
33 號閘門—退隱 隱私的閘門	我是否記得 分享過去的經驗
35 號閘門—進展 改變的閘門	我是否體驗／感受 透過體驗而進步
12 號閘門—靜止不動 謹慎的閘門	我知道我能否嘗試 社交上的謹慎
45 號閘門—聚集在一起 收集者的閘門	我是否擁有 以教育來領導的國王／女王

有顏色（定義）的喉嚨中心 —— 總人口的 72%

　　雖然我們都以為自己說話時，表達的是頭腦的想法，實際上我們溝通的內容是取決於喉嚨中心中，十一個閘門的主題。喉嚨中心是各種「訊息」的能量中樞，這些訊息來自人體圖的各個部分；喉嚨中心會轉化並引導這些訊息，透過溝通與行動，顯示於世。

喉嚨中心表達或行動的內容，有可能直接來自六個中心：邏輯中心、情緒中心、意志力中心、G 中心、薦骨中心和直覺中心。健康的喉嚨中心所表達的訊息，源於真實可靠的定義。舉例來說，當喉嚨中心連接到意志力中心，它所表達的訊息來自於「我」，像是「我想要這個，我擁有這個，我會這樣做。」如果喉嚨中心連結到邏輯中心，會說出頭腦的想法和概念；如果喉嚨中心連結到情緒中心，此人會透過言語或行動，表達情緒或感受；如果喉嚨中心連結到直覺中心，他會不由自主地說出當下的直覺認知；如果喉嚨中心直接連到薦骨中心，他的言語和行動就是對薦骨聲音的回應；如果喉嚨中心連結到 G 中心，他所說的話是源於個人的認知和定位方向，來自更高層次的自我。所以，有定義的喉嚨中心有個特徵：它會以穩定但有限的方式，忠實地表達自己。

喉嚨中心連結到動力中心的人，可能會一直「做」（也就是「顯示」），但這不表示他們應該一直這樣！喉嚨中心連結到動力中心，會讓人有衝動的欲望，情不自禁說太多或做太多，在每一次的衝動中分散了能量。當喉嚨中心有顏色的人，能放心而從容，單純信任自己的人生策略與內在權威，了解自己的聲音來源和使用時機，就可以自在、坦率而清晰地展現真實自我。

白色（未定義）的喉嚨中心 —— 總人口的 28%

白色的喉嚨中心，其非自己主題是「努力搏取注意力」。喉嚨中心白色的人恐懼別人忽略自己，所以他們的非自己頭腦會抓緊機會，想辦法吸引各種注意力。由於他們很容易屈服於過度放大的壓力，而不停說話、行動、打斷他人，刻意讓別人印象深刻，或渴望成為社交場合的靈魂人物。他們並不明白開放的喉嚨中心，自然就能吸引來注意力，他們只要等待，自然會受邀發言。這樣一來，他們便能在最適宜的時機點，得到適當的關注，無須浪費寶貴的能量多做什麼，或說些什麼來推動事情前進——只要他們的內在權威真的同意這是該說的話。渴望不斷發言的緊迫感會逐步降低，因而能減輕聲帶的負荷。

如果他們空白的喉嚨中心，接收來自別人有顏色喉嚨中心的制約，感受到放大的壓力，覺得自己非得說些什麼不可，那麼他們講出口的話常會出人意表，可能難以被人接受。久而久之，他們對開口說話會心生恐懼。在我們這個高度重視口語表達的文化中，最令人不安的，就是覺得自己無法控制，無法進行有效的溝通，這樣的困擾也有其解決之道，只要喉嚨中心開放的人，願意相信人生策略與內在權威會引導他們發言，並且學著了解，這個能量中心在自己的設計裡，在機制層面如何運作。

當置身於一群喉嚨中心有顏色的人當中時，他們可能會覺得不自在，絕大部分所說的話，都只是為了減輕額外的壓力。他們也會不斷思索接下來該說的話，在此耗費過多能量，結果卻說出完全出乎意料的言語，為此感到訝異又不安。他們的困境在於，無法計畫自己會說出什麼。

對喉嚨中心開放的人來說，最健康的方式是不再控制自己，該如何說話；他們的設計要讓言語自然流露，並享受不同的聲音或表達形式，經由他們而顯現。他們得知道，自己並不需要「做」任何事來吸引注意力。當他們與其他人在一起的時候，即使感受到想說話的壓力，還是在沉默中放鬆。他們知道只要等待，別人自然會邀請他們，這才是適當的參與時機。他們的智慧在於，辨識別人的言語和行動，是否發自真實的內心。

如果他們無法交由人生策略和內在權威來決定，可能會被以下的問題，占據所有的思緒：「我要怎樣才能吸引別人注意？」或是「我這輩子會成為怎樣的人？」但試圖以頭腦找出這些問題的答案，總是會錯失適宜的時機點，即使付諸行動，也會無疾而終，而對甲狀腺造成壓力。

完全開放的喉嚨中心

完全開放的喉嚨中心非常罕見，因為喉嚨中心有十一個可啟動的閘門。有這種開放結構的人，會不知道要說什麼，或採取什麼行動。舉例來說，喉嚨中心白色的小孩，可能會花比較長的時間學說話，大人應該鼓勵他們，讓他們以自己的節奏學習說話。無論是兒童還是成人，如果他們讓非自己來決定如何搏取注意力、如何說話和行動，就會發現自己或多或少，不自覺地模仿別人說話的語調，或是被別人所制約。導致自己總在不對的時機點，說出錯誤的話，或是完全被忽略。他們所遭遇的阻力隨時間而累積，最終將影響他們的自信心和甲狀腺功能。

一旦他們接受自己多變，同時出乎意料之外的說話方式，並且信任內在權威的導引，喉嚨中心的能量，與其隱藏的智慧就此顯現。除此之外，他們也很清楚誰的表達清晰而有力，誰是根據自己的歷程真誠發聲。

空白喉嚨中心的非自己對話

非自己頭腦是未定義中心的代言人，告訴我們該說什麼或該做什麼。留意這些對話，對於去制約是必要的。下面是非自己頭腦對話的一些例子，空白喉嚨中心的非自己頭腦對話，聽起來可能像這樣：我該去哪裡，才能得到我想要的關注？會有人注意到我嗎？如果我這樣說，就會被注意到。如果我主動開啟對話，就會得到應有的關注。我最好說點什麼，因為靜默讓我不舒服。我應該要發起什麼？我最好表現一下。我這輩子會成為怎樣的人？

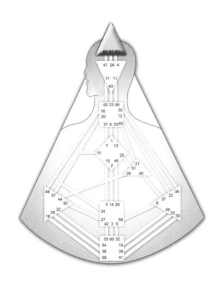

頭腦中心

頭腦壓力靈感

問題、懷疑與困惑

生物學關聯性

生物學上，頭腦中心與我們的松果腺相關，負責調節大腦灰質與新皮質（也就是頭腦中心與邏輯中心）之間的訊息流動。超過 90% 的頭腦活動，都發生在大腦灰質深處，在我們能夠察覺的意識層面之下，而大腦所處理的一切，皆是透過以往累積的經驗，進行過濾。這會產生一股壓力，讓我們渴望問問題以獲得答案，或是需要了解生命中的各種「爲什麼」。它會刺激或驅動我們的思考與概念，以及我們在意識層面的運作方式。

頭腦壓力與靈感

上下相對應，頭腦中心位於人體圖的頂端，帶有壓力，我們將之理解爲靈感；人體圖的底端，則是有腎上腺壓力的根部中心，我們將之理解爲緊張。頭腦中心有其壓力，那是一股想要理解、思考和了解世間萬物意義的壓力。壓力會推動我們，將疑問發展成規則和觀點，將我們的反覆思索，化爲解釋和洞見，將我們的困惑，變成領悟和想法，讓我們的思維在邏輯中心形成概念──然後前往喉嚨中心，在那裡轉化爲語言。人類圖把這種壓力稱爲靈感，這也是我們自意識的宇宙場域中，接收訊息的方式。

頭腦中心的靈感並非引發行動的動能，而是驅使我們頭腦活動的壓力。它刺激想像，以獨特的思考（頭腦中心）模式和形成概念（邏輯中心）的模式運作，不但啓動我們每天的日常想法，也引發了與存在奧祕相關的大哉問。簡單來說，這是一種提出問題，然後期待答案的壓力，也是我們每天經歷的過程。

我們的頭腦中心會施壓（也就是指揮）頭腦活動，沿著三條通道（代表三種時間架構）通往邏輯中心。它會擬定問題，將焦點放在確保我們未來的安全（63 號閘門）；也會接收並處理，當下值得思索的新訊息（61 號閘門）；還會整理過往偶爾令人困惑的混亂經驗，從中找出意義（64 號閘門）。這個路徑對三種靈感的來源極為重要：靈感會在路徑中開始運作和解碼，以便在到達喉嚨中心時，仍保有最大的潛力能完整溝通，並發揮影響力。這種打破砂鍋問到底的好奇心是頭腦非凡的天賦智慧，能夠穿透不可知、了解生命的意義，也能成為他人的靈感；如同永無止境的驚奇來源，讓我們取用不竭。

每一個決定，都能讓我們從腦袋的控制中解脫，若能讓頭腦放鬆，重新聚焦並釋放其豐沛的創造力，就能對理解、演化及全世界的生命品質，帶來重要的貢獻。遺憾的是，如果非自己奪取了個人內在權威的角色，頭腦中心會開始針對一些無關緊要的事情，創造一連串無意義的問題和想法。這可能會演變成一股持續想知道的壓力，充滿疑問與困惑，反而導致我們遠離真正的自己。如果壓力持續累積，卻無從釋放，就可能形成嚴重的頭疼，例如偏頭痛。若是放任非自己擾亂我們的頭腦中心，使它無法扮演適當的角色，還會造成另一個後果——頭腦無法發揮潛力；頭腦原本是智慧的真正來源。我們可以自頭腦中心學習靈感的本質，學習如何體驗壓力，而不失去好奇心，以及如何辨識出，真正能帶來啟發的人事物。

頭腦中心的閘門

頭腦中心只有三個閘門。每個閘門的壓力性質與主題，構築了靈感的範圍和模式。頭腦中心的壓力，將靈感推往邏輯中心，形成概念，然後再交由喉嚨中心溝通與表達。下表所描述的壓力會讓我們感到焦慮，直到我們放下，或找出解決之道。

64 號閘門—完成之前 困惑的閘門	抽象壓力：了解過去的意義，並解決混亂與困惑
61 號閘門—內在真理 神祕的閘門	突變壓力：認識新事物，理解神祕，知其所不可知
63 號閘門—完成之後 懷疑的閘門	邏輯壓力：透過懷疑來了解模式的意義；尋找邏輯或新的模式

有顏色（定義）的頭腦中心 —— 總人口的 30%

頭腦與邏輯中心之間的定義，造成一股持續的頭腦壓力，驅使人發問和尋找答案，並且試圖弄懂一切，以掌控自己的意識運作模式。要處理持續的靈感壓力很困難，也可能會增加頭腦的焦慮，因為靈感常是我們還無法完全掌握的事物——它只能勾勒出問題本身。頭腦中心有顏色的人，有固定的思考模式。他們特有的閘門和通道主題，會成為

別人可取用的題材或靈感來源。當他們身處團體中，他們的能量場，會迫使頭腦中心空白的人，陷入思考的壓力。頭腦中心有顏色的人只占世界總人口的 30%，但是他們能夠啓發（或者說施壓）70% 空白的人。

　　頭腦和邏輯中心並未連接至四個動力中心的任何一個，也因此，它們的想法和點子並不見得被賦予能量，而直接實現。如果爲此掙扎，只會換來沮喪、憤怒、苦澀或失望。當頭腦和邏輯中心有顏色的人，將他們的想法加諸外在的世界，渴求實踐時，由於世界尚未準備好，他們因而遭遇阻力；但是他們若能等待適當時機，以激勵人心的問題，提出各種可能性來鼓舞人們（例如那些能夠推動想法實現的人），前述的阻力就會消失。也就是說，仰賴自己的人生策略，來決定時機和聽眾的接受程度，能節省寶貴的能量，並減輕焦慮，增強自信心。對於頭腦和邏輯中心有顏色的人來說，他們天生感受到持續不斷的壓力，這些壓力迫使他們不斷解析自己的思考過程、理解自己的靈感，並回答自己的問題。然而，如果他們缺乏耐性，無法忍受這種懸而未決的狀態，轉而抗拒來自頭腦的壓力，就會感到極度焦慮、自我懷疑和沮喪。若企圖將壓力向外轉化成行動來紓解，則往往做出草率而不正確的決定，反而錯失得到眞正靈感的機會。他們的挑戰是，接受自己的頭腦會生出壓力，但是別試圖採取行動或逃避。困惑、懷疑和清晰都是自然的過程，有其內建的時間和解決之道。在內在權威的指導下，他們將形塑出獨特的特質，可以激發出各種耐人尋味的問題，以及帶出振奮、鼓舞人心，並且爲別人帶來力量的答案。

空白（未定義）的頭腦中心 —— 總人口的 70%

　　頭腦中心白色的人，沒有固定思考頭腦訊息的方式。如果正常的靈感變成放大的壓力，讓思維陷入不重要的事情之中，他們非常容易迷失在頭腦的自言自語中。無意義的非自己思考和質疑，最終將使他們遠離正確的決策過程。若愈來愈焦慮，他們將尋求能帶來靈感的人事物，讓自己得以聚焦，來減緩焦慮的感受。空白頭腦中心若不是逃離智識的追求，就是陷入一個又一個的謎團中。他們很容易一心只想決定或解決一些問題（甚至與自己完全無關），爲了解決屬於別人的疑問和困惑，而感到失落或不堪負荷。他們想盡快解決別人的問題，卻被這壓力壓垮，因此很難清空腦袋裡的所有「東西」，然後放鬆，結果這又造成更大的壓力，逼迫他們的頭腦試著理出頭緒，來回答永無止境的問題。追根究柢，非自己的頭腦製造出更多問題，而非解決它。脫離困惑與疑惑的關鍵，就是信任內在權威的導引，忽視那個忙於思考的空白頭腦中心。維持頭腦健康的祕訣是，對想法保持超然的觀察，以適當的方式運用頭腦，不再將頭腦所衍生的壓力，輕易付諸行動，讓內在權威來引導自己。

空白頭腦中心真正的潛力，是琢磨和探索生命的奧祕、人類的意識，以及在各式各樣的課題中，累積智慧的潛能。它能夠辨別出，哪些靈感值得認真思考、哪些人的頭腦讓人心煩意亂；誰能夠帶來啓發，誰令人困惑。擁有開放頭腦中心的人，可以利用自己從別人身上取得的訊息，成為很好的反射鏡，映照出他人的想法，並且幫忙分辨這些思想對人類的價值所在。他們能接受新的見解，喜歡自己的腦袋裡充滿來自四面八方的靈感和想法。他們享受想知道更多的壓力，而非讓壓力附身，或被壓垮。當感覺到困惑或懷疑，他們會放下想找到答案的慣性需求，因為他們知道，這種感覺會過去。最終，他們可以接受未知，體驗其中所蘊藏的美麗與深度，並且享受疑問和困惑，相信事情終究會變得清晰，或者相反，而這取決於何者對他們來說最為適宜。

完全開放的頭腦中心

　　對頭腦中心沒有任何閘門啓動的人來說，當某件事比另一件事更具啓發性或更有趣時，他們無法靠本能辨認出來。他們的頭腦壓力與其餘部分缺乏固定的連結，無法輕鬆進入原本熟悉的思考路徑，與他人進行對話。在這個資訊爆炸的年代，他們更不知道該專注於何者。他們不知道該想些什麼，何者重要、何者不重要，或是為什麼，面對思考本身，心懷恐懼。這焦慮可能會讓他們的腦筋短路，因而避免任何可能引發腦力激盪的談話。他們可能被壓力所迫，逼自己得想出答案，因而容易分心，或是放棄內在權威，反倒依賴別人來告訴他們，什麼事情才算有趣、有啓發性或者是否重要。頭腦中心完全開放的人，若要享受健康和無限的智能、了解問題背後的壓力，並分辨什麼能帶來靈感，就得讓那股不時放大的頭腦壓力流過，而不把這股壓力當成是自己的問題。隨著時間過去，當他們能夠悠然自處，就會變得非常敏銳，可以感受到頭腦中心的細微變化，和它真正的天賦，並且能判斷出，別人運用頭腦的方式是否有效。他們的敏銳度甚至能知道別人正在想些什麼。透過深入探索頭腦所得到的啓發，將讓他們驚歎不已。

空白頭腦中心的非自己對話

　　非自己頭腦是未定義中心的代言人，告訴我們該說什麼或該做什麼。留意這些對話，這是去制約必經的過程。下面是一些非自己對話的例子，未定義頭腦中心的非自己頭腦對話聽起來可能像這樣：我需要找些靈感。或許我去那裡，就會找到靈感。我有許多問題，我需要找到答案。我要去哪裡找答案？誰能替我解答？我得弄懂這些，還要搞清楚那些。我到底要去哪裡，或是跟誰談談，才能得到答案？這應該是有趣的吧？我應該要想些什麼呢？

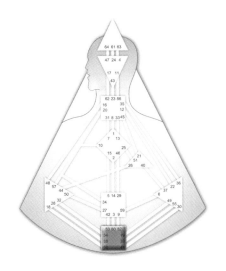

根部中心

身體的腎上腺壓力

維持生存的動力，壓力

生物學關聯性

生物學上，根部中心與腎上腺系統以及壓力荷爾蒙的生成有關。根據這個能量中心的背景環境，我們知道壓力僅僅是燃料。它能啟動我們內在深處的某些生化程序，這是為了幫助我們面對並主導生活中的各種狀況，以維持我們進步和演化的動力。壓力無可避免，我們不能去對抗這股重要的動能，否則就會付出代價。若無法明白體內這股壓力的運作機制，便容易把自己逼得太緊。若將這股壓力轉向內在，可能會因而感覺沮喪，為此深深受苦。反之，若能在過多與過少的壓力間，維持適宜且健康的平衡，就能得到它的副產品：感覺充滿活力，生活本身洋溢著喜悅。

腎上腺壓力（燃料）與動力能量

頭腦和根部中心都是壓力（燃料）的來源，壓力驅動能量前往喉嚨中心，用來溝通或實踐。這個共通性讓兩個中心，彼此有了深刻的內在連結。頭腦中心帶來頭腦壓力，呈現在外成為懷疑、困惑和靈感；根部中心帶來的壓力和燃料，讓我們得以演化並適應這個世界，可以通過最困難的挑戰。壓力提供我們最純粹、最強大的能量與動力，讓生命持續前進。

然而，根部中心與頭腦中心不同，它的獨特之處是，它既是壓力中心，也是動力中心。九種不同的生命程序，都被源於根部中心的能量所激發。儘管最後全都會通向喉嚨中心，但在此之前，這強而有力的燃料必須先經過消化或調和的步驟，而這要透過與根部中心相連結的幾個中心來完成，也就是薦骨中心、直覺中心或情緒中心。根部中心的壓力（腎上腺能量）過於強大，因此無法直接通往喉嚨中心。

根部中心的閘門

58 號閘門—喜悅 活力的閘門	修正而完美、讓事情更好的壓力
38 號閘門—對抗 戰士的閘門	尋找或掙扎於人生意義的壓力
54 號閘門—少女出嫁 驅動的閘門	達成目的、提升地位與轉型的壓力
53 號閘門—發展 開始的閘門	開始進行、開啟新事物的壓力
60 號閘門—限制 接受的閘門	突變、超越限制的壓力
52 號閘門—維持不動 靜止的閘門	集中能量、專注的壓力
19 號閘門—靠攏 想要的閘門	對基本需求敏感的壓力
39 號閘門—阻礙 挑釁的閘門	尋找人生熱情與精神的壓力 表達情感的壓力
41 號閘門—減少 收縮的閘門	感受、渴望新體驗的壓力

　　根部的壓力能確實地讓身體行動，是人生中顯化時不可或缺的要素。壓力本身無所謂好壞，而我們控管它的方式，會根據我們每個人獨特的根部中心配置（有顏色或白色的特定閘門）來決定。

有顏色（定義）的根部中心 —— 總人口的 60%

　　有顏色的根部中心，以持續運作並特定的方式處理壓力，這股動力讓我們持續前進。有定義的根部中心可連結到三個不同的中心：薦骨中心、直覺中心和情緒中心。

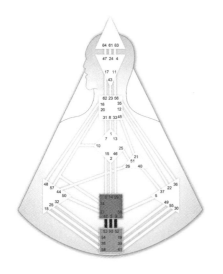

連接根部中心與薦骨中心的三條通道（如左圖所示）稱為「組織能量」（Format Energies）。它們決定我們在世界上運作的方式，是有邏輯且專注的、或者有週期循環，抑或是不可預測且帶來突變。擁有邏輯組織能量（52-9 專心的通道）的人，會以循序漸進的邏輯、精細而有系統的方式來生活；擁有抽象組織能量（53-42 成熟的通道）的人，生活在多樣體驗的循環中，且每個循環都有清楚的開頭、中間和結尾；而擁有個體組織能量（60-3 突變的通道）的人，生命中會間歇性爆發突變能量。這些組織能量強而有力，滲入擁有者的整體設計中，同時對於那些接觸他們的人帶來顯著影響。

根部中心連結到直覺中心的人，為了在物質世界裡保持健康，並蓬勃發展，會依靠持續運作的方式處理壓力，包括生存的壓力、階級提升的壓力，以及修正無用之事的壓力。根部中心以這樣的方式，激起對存在的察覺和生存意識，包括在軀體中存活的喜悅。

根部中心連結到情緒中心的人，會以持續運作的方式處理情緒壓力，面對新奇和渴望的事物，以及處理個人與社會的關係。這就是壓力所激起的情緒察覺，或稱為情緒／關係智能。

根部中心有顏色的人，也可能屈服於非自己的壓力。如果他們時時刻刻感受到的那股強大壓力，並非來自人生策略和內在權威的正確引導，便可能變得執迷。他們會主動發起，接著因為錯誤的壓力型態，而引發各種抗拒，最後對自己的健康造成損害，他們容易以不合理的期望，將壓力轉嫁到別人身上。

一旦他們與自己固有的內在壓力安然共存，就能敏銳地警覺到，根部中心空白的人，是否被其不健康且放大的根部壓力所驅動著。只要他們遵循人生策略和內在權威，源於內在的平靜和喜悅，那麼這段努力的歷程雖然充滿著挑戰或壓力，他們依然能靠著根部中心持續運作的能量，根植於地。

空白（未定義）的根部中心──總人口的 40%

空白的根部中心會吸收來自周圍環境的壓力。根部中心空白的人，自根部中心有顏色的人身上接收壓力。可是放大的壓力又讓人不舒服，他們會試著擺脫它，但一旦擺脫，又馬上被另一個壓力取代。他們東奔西跑，試圖完成三人份的工作，想解決無法解決的壓力。這循環看似永無止境，卻無法持續下去，最後讓人筋疲力盡。

空白根部中心會接收，並放大來自腎上腺的刺激與壓力，但是卻無法長久維持那股動能。久而久之，這種制約可能會演變成過動、難以控制的焦躁，注意力無法集中。孩子通常為此付出巨大的代價。他們開放的根部中心會放大來自別人的能量，當這股放大的能量被誤解為不守規矩、不聽話或是智能缺陷，他們往往會被懲罰、羞辱，或者被送去治療。想想所有根部中心開放的孩子，一直被施以藥物治療，好讓他們可以安靜下來。如果可以了解孩子的整體設計機制，就能尋求新方法，來處理這些能量的運作型態，而非繼續傷害我們的孩子。

大多數人皆是無意識地運作，讓外在的壓力來驅動自己。當根部中心空白的大人或小孩，開始了解他們感受到的壓力並非屬於自己，他們就能找出方法，避免被壓垮。當他們感受到壓力時，基本上有兩件事可以做。第一，走遠一點避開它，同時深呼吸，釋放出一些被壓抑的壓力；另外則是利用這股腎上腺能量。舉例來說，一個舞台上的表演者，他的根部中心若是空白，腎上腺素激增的熱情觀眾，反而能成為他的力量來源。外界的腎上腺素大量注入，還會造成另一種極端的反應，就是令人癱軟，感到恐懼或怯場。依賴腎上腺的壓力也可能會成為習慣或癮頭，讓人容易遭遇各種健康問題或意外事故。

空白的根部中心若能正確運作，便會等待內在權威，引導他們做決定。若他們無法迅速展開工作，或是乾脆不做任何事，也不會批判自己懶惰或無能。他們能夠分辨周遭環境的壓力是否健康，而不會依附在任何一種壓力之上——他們只會直接區分壓力，知道何時能正確運用壓力，來增加生產力，也知道何時這根本行不通。若正確做出承諾，他們會給自己所需的時間完成任務，並且真正享受它。

當他們不再認同或迷惑於被制約的習慣，就能從空白的根部中心得到智慧。他們就能觀察壓力如何運作，也能看出該如何正確地利用。他們會知道，何時利用腎上腺壓力是健康的，何時該避免。關鍵是，要認清那股壓力是否屬於他們。

完全開放的根部中心

根部中心完全開放的人，可以感受到來自各領域的壓力，從專注集中的深沉寂靜到激烈的躁動，但是他們並不明白這點。當他們忽略自己的內在權威時，很容易無意識地運作，讓放大的腎上腺壓力，和不正確的頭腦決策，推動生命向前。他們為了釋放壓力，會不自覺地接聽電話、允諾別人、加快速度，因而容易發生事故，也總覺得自己忙碌不堪，卻仍然相信這就是生活的方式。因為他們無法辨識壓力，也無法意識到這被放大的壓力，其實並不屬於自己，所以無法有效運用。他們的設計其實無法持續承擔不斷放大的壓力或動力水平，否則內在就會崩解。例如極端的怯場，或是恐慌症發作，在這種時候，他們完全無法動彈，也無法讓他們的人生繼續前進。他們可能會因而失去活著的喜悅。

大自然對他們來說，是一個平靜安心的地方，一個休息站，一個和平的緩衝地帶，讓他們暫時脫離這個要求很多、節奏很快的世界所帶來的壓力。一旦他們單純任由不屬於自己的壓力通過，讓自己的系統平靜下來，就能與自己內在那股舒服耐壓的壓力水平，重新連結。藉由運用自己的人生策略和內在權威，他們能在推動生命前進，與靜止不動，這兩股壓力之間，維持健康又有生產力的平衡。和平、耐心與平衡因而變得可能，同時伴隨著智慧，得以清楚地看見，並評估這股雖然重要，卻往往壓垮一切的壓力，如何在個人和全體人類身上發揮作用。

空白根部中心的非自己對話

非自己頭腦是未定義中心的代言人，告訴我們該說什麼或該做什麼。留意這些對話對於去制約是必要的。下面是非自己對話的一些例子，白色根部中心的非自己頭腦對話聽起來可能像這樣：我到底該做什麼，才能讓自己的人生好過一點？我的目標在哪裡？我這輩子總要完成些什麼，所以最好動作快一點，趕快把事情做完。我現在必須開始做點不一樣的事情。我該如何突破限制？我要專注在哪件事情上呢？我需要有件事可以專心投入。我必須被需要，有誰需要我呢？我要去哪裡才會被需要？我的熱情在哪裡？我到底對什麼充滿熱情？我渴望新體驗，我得趕快發起一些沒做過的事。我不想浪費任何時間，我要快點完成才行。

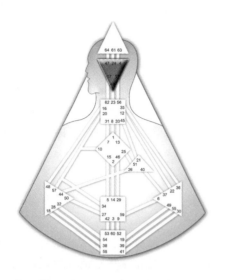

邏輯中心

頭腦意識

概念化，
將答案轉譯為意見、概念和理論

生物學關聯性

　　邏輯中心與三種生理功能有關：新皮質、視覺皮質和腦下垂體。微小的腦下垂體前後葉位於大腦基部，是維持我們身體恆定的中樞。腦下垂體會傳送荷爾蒙訊息到甲狀腺，下達指令維持生命，讓我們保持正常功能，和最佳的運作狀態。這些內分泌系統的主要腺體，緊密地連結到身體各個部位，因此，億萬年來，我們一直以頭腦來主宰生命，並不奇怪。雖然腦下垂體現在仍然監控我們整個系統，但身體的整體意識層級已經進化，而頭腦所扮演的角色也隨之轉變。

頭腦察覺，頭腦與決策的關係

　　我們人體圖中的九個能量中心裡，有三個是察覺中心：直覺中心（身體意識）有身體和求生的智能，邏輯中心（頭腦意識）有頭腦智能，而情緒中心（情緒意識）有情緒智能和新形成的精神察覺。透過這些察覺中心，我們能夠意識到活著的感受，以及與他人的關係。其餘六個能量中心都是單純機械式的，在我們自覺的意識層面之下運作。

　　頭腦中心與邏輯中心共同運作，就是頭腦。邏輯中心是一個處理中心，能轉化壓力，將來自頭腦中心的靈感，轉為實用的訊息，以供進一步檢視、研究與溝通。邏輯中心只負責轉譯；它跟頭腦中心一樣，無法實踐。邏輯中心的兩端是沒有動力的頭腦中心和喉嚨中心，它是人體圖中，唯一一個遠離能量的察覺中心。另外兩個察覺中心都能連結到動力中心，可以將覺察化為行動。直覺中心緊鄰接薦骨中心和根部中心，而情緒中心（它本身就是動力中心）則鄰接根部中心、薦骨中心和意志力中心。頭腦察覺是第二個進化的察覺（直覺察覺是第一個），主導了我們現今認知世界的方式。我們的感知來自兩個主要的處理過程：一個是視覺，一個是聽覺。視覺與視覺皮質的發展有關，關注的是過去已經發生和未來可能發生的事；聽覺則是關於純粹的靈感，和當下想知道的壓力。

　　邏輯中心的察覺頻率和直覺中心不同。直覺察覺與生存有關，只在當下自然發生；

而我們頭腦活動的頻率則是時時刻刻運作。頭腦所做的決定，效期很長，可能讓你反覆思量，直至死亡！這個意思是說，我們根據開放中心傳來的訊息，所做的任何決定，將一遍又一遍地陪伴我們度過餘生。我們會一直陷在它所編織的虛幻之網中。例如，如果你的非自己頭腦做出一個決定，之後證實行不通，它會自動建議你，再嘗試其他選擇。若再行不通，它會告訴你本來應該選用另一個選擇。但對你來說，這些選擇其實沒有一個是正確的，而且它們永遠都行不通。你只會困在充滿無效建議的死胡同。如果你想擺脫混亂與失望，不再做出錯誤的頭腦決策，唯一的辦法就是意識到，頭腦不是你生命中的權威。

頭腦以「非此即彼」的二元化模式，來評估或處理訊息——這是一項珍貴的天賦，能同時比較兩個以上的面向，來衡量任何概念。邏輯中心可以看出一項決定的正反兩面，然後建構出兩個彼此相對的論點。其中一個論點認為這個選擇「因為如此」，所以不好，而另一個論點則認為它「因為如此」，所以很好。不過，這就是頭腦所能做的一切了：反覆地來回辯論。可是它既不能判斷，也不知道哪個選擇最好，它知道的是，每一個問題有多少面向需要考慮。

想像一下，你和某個人有點誤會，希望能解釋清楚。你想跟當事人談談這件事，把心裡的話全都說出來。你可以利用頭腦善於分析的天賦，列出雙方的論點，但先不要打電話給那個人！讓你的人生策略和內在權威，引導你說話的時機和內容，否則，你將不斷地重複這些對話：「我做對了嗎？如果我這樣做或那樣說，結果會怎麼樣呢？」在錯的時間點作出反應，只會帶來痛苦和懊悔，卻無法解決問題，這是因為，二元頭腦不會放過任何問題的另外一面。頭腦的理性分析和比較，無法讓我們了解真實的自我。真實必定來自我們個人的內在權威。

成功面對恐懼之後，察覺就是最終的結果，而每個察覺中心皆有其對抗恐懼的形式。邏輯中心所體驗的恐懼，呈現出來的是頭腦的焦慮，這股焦慮來自對無知的恐懼，或是被人誤解的恐懼。這兩種恐懼若能驅使我們更了解自己的想法，並清楚地表達出來；那麼，這兩種恐懼是健康的。然而，當溝通失敗，焦慮就會浮上表面。我們處理焦慮的方式，若不是帶來控制和察覺，就是進一步地加深焦慮。不論我們的邏輯中心是否有顏色，我們每個人都帶有上述的恐懼，而空白的邏輯中心會放大這些恐懼。

「察覺」（或說是頭腦智能）的價值並不在於控制，而在於能夠分享我們獨特的觀點並激勵別人，且在對的時間和對的地點，帶給別人力量。我們來到世上是為了與彼此相遇，為了清楚傳達生而為人的體驗，而這是為了滋養和教育後代子孫，為他們保存歷史，同時仔細思考和探索生命的各種可能性。

邏輯中心的每個閘門，都在腦中夾帶特定的焦慮，焦慮的作用是使我們意識到，自己是否屈服於外界的期望；而這些期望會對察覺力造成干擾，對我們頭腦的健康狀態，造成危害。

邏輯中心的閘門

47 號閘門—壓抑 了解的閘門 *恐懼徒勞無功*	了解困惑的意義。焦慮於人生壓抑而徒勞無功，困惑不可解。
24 號閘門—回歸 體悟的閘門 *恐懼無知*	聽到一閃而過的答案。擔心自己永遠無法知道答案，靈感永遠不會出現，或無法解釋自己的覺知。
4 號閘門—血氣方剛的愚者 公式化的閘門 *恐懼混亂*	制定一個合乎邏輯的答案。擔心自己永遠找不到生活秩序，一直處於混亂當中，需要尋找和提供答案。
11 號閘門—和平 新想法的閘門 *恐懼黑暗*	有新想法可以分享。擔心沒有新鮮而令人興奮的想法可以思考或學習，對分享和表達想法感到焦慮。
43 號閘門—突破 洞見的閘門 *恐懼拒絕*	擁有獨特的觀點。擔心想法太古怪會被拒絕，需要讓別人理解。
17 號閘門—跟隨 意見的閘門 *恐懼挑戰*	有基於事實的意見。恐懼自己的意見被挑戰而不願分享，需要細節來支持意見。

有顏色（定義）的邏輯中心 ── 總人口的 47%

　　邏輯中心有顏色的人，大部分時間都以同樣的方式構思，因此頭腦是持續穩定運作、特定而可靠的。他們頭腦的偏好和傾向，由閘門和通道所決定，不太容易被別人的存在而影響。他們可以產生概念、激勵別人，並迫使別人思考。他們的頭腦是用來處理資訊、發揮創造力，並且作為他人的外在權威。他們透過這些方式，影響其能量場內腦袋運作的範疇，同時也對人帶來制約。

　　有顏色的能量中心總是處於「使用中」，所以邏輯中心有顏色的人會不斷思考，不斷處理訊息。他們可能很難靜心冥想，因為他們無法停止或控制自己的頭腦活動。另一方面，他們也很享受自己的頭腦總是處於興奮狀態。邏輯中心可以連結到頭腦中心，或喉嚨中心，變成有顏色的中心。如果邏輯中心連結到喉嚨中心，那麼他們隨時能根據人生

策略和內在權威，說出自己的想法。這兩種定義都可能造成強勢的頭腦，傾向用頭腦來做決定；但這往往讓他們感到力不從心，或覺得自己偽善，因爲無法說到做到。當邏輯中心有顏色的人，過於依賴自己的頭腦，就容易耗費很多能量，執著於未完成，卻已無法挽回的行動或決定。

空白（未定義）的邏輯中心 —— 總人口的 53%

如果圖中的邏輯中心沒有顏色，頭腦中心也不會有顏色。這兩個空白中心的啓動閘門所表現的主題，代表著頭腦如何運作，並影響與我們互動的人。

空白的頭腦和邏輯中心是開放而靈活的腦袋。這是頭腦智慧的象徵，代表的思想家或智者有佛洛伊德、榮格、愛因斯坦和居禮夫人。一旦頭腦從制約中解放，就能開放地接收全方位智識的刺激和創意。而關於頭腦複雜的運作模式，涵蓋了先天和後天的學習所融合的智慧。如果他們不堅持（或聲稱）那些概念、想法或意見，是屬於自己個人的眞理，或是過度認同其中任何一點，那麼開放的頭腦，就能運用自身聰明的天賦，深入思考，探索這個世界。

邏輯中心空白的人，能夠分辨何者是有價值的概念，並且爲目前正在討論的問題，辨識出誰可以提供深思熟慮的答案。他們有辦法從成千上萬的各種可能性中，篩選並收集重要的部分。而且經常在團體中的某人發表其言論之前，就已經猜到他的想法和觀點。

他們從小時候便開始，逐漸察覺自己的想法天馬行空，好像天外飛來一筆，又像來自四面八方，不著邊際或不正確。恐懼和制約讓他們認爲必須確定自己的想法，才會顯得聰明。因爲害怕看起來愚笨，他們只好假裝自己很確定某些無關緊要的事。久而久之，可能變成一習慣，他們甚至沒有察覺自己的慣性。

想像一下，某個邏輯中心有顏色的人指導一個邏輯中心白色的孩子。例如爸爸（或是媽媽）逼迫孩子用邏輯思考，但孩子本身的設計卻是抽象思考。這個孩子只要一用特定的方式思考，就會覺得感受到壓力，而且當他無法持續這麼做的時候，便會覺得自己不夠好。這樣的孩子會認爲自己有問題，因而在成長過程中，被制約出一種補償的做法：假裝自己很確定某些事，只爲了感覺自己是被接受的，而且值得被接受。

不過，一旦他們了解並接受到，自己的頭腦無法以固定方式運作，也永遠無法眞正確定任何事情，他們的頭腦就會恢復正確的角色，成爲一座遊樂場、一間教室，既是娛樂大家的歡樂源頭，也是別人的智慧寶庫。

完全開放的邏輯中心

　　邏輯中心和頭腦中心完全開放的人，很難知道自己該想些什麼，或是如何解釋想法、把想法化為概念，然而這些事情，對於我們這個頭腦導向的社會來說，卻非常重要。他們無法透過啟動閘門，或引導的通道來組織想法，因此沒有任何固定而可靠的理念可以依賴。這可能會讓他們感到無助和焦慮，甚至覺得思考徒勞無益。如果他們的非自己利用這種情況，加強對生活的主導性，就會取代他們個人內在權威的地位。

　　邏輯中心完全開放的人，可以思考各式各樣的理論、概念和見解，從中獲得很大的樂趣──他們不會緊抓住任何想法不放，或是陷入特定的思考模式。當他們得到適當的邀請，而受到啟發時，便能辨識出哪些是好主意或好概念，並有機會發展到下一階段。他們最實際的貢獻之一，就是幫助我們看見非自己和非自己頭腦如何引誘我們，使我們遠離自己真實的道路和使命。

空白邏輯中心的非自己對話

　　非自己頭腦是未定義中心的代言人，告訴我們該說什麼或該做什麼。留意這些對話對於去制約是必要的。下面是非自己對話的一些例子，空白邏輯中心的非自己頭腦對話聽起來可能像這樣：我最好搞清楚這一切，我們必須弄清楚。我這輩子該做什麼呢？我得想清楚這輩子要做什麼。我的下一步在哪裡？我很確定 _____（請自行填空）。我必須了解生命所為何來，它感覺只是一場空。我必須「知道」答案。為了擺脫混亂，我必須讓我的人生步上秩序。我一定要在生活中實現這個新想法。我最好不要告訴別人這個想法，因為大家會覺得我是怪胎、很奇怪。我不打算分享我的意見，因為我不想要被挑戰。我得準備好迎接挑戰。我接下來要說什麼呢？

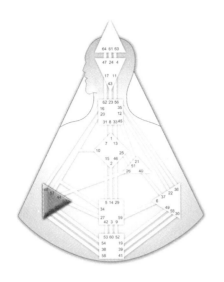

直覺中心

身體意識

全然為存在而活，
自發性，
健康與幸福，
價值觀，
免疫系統

生物學關聯性

　　直覺中心與我們的淋巴系統有關，包含脾臟和 T 細胞。淋巴系統的細胞，就像是遍布全身的小耳朵、小鼻子和小舌頭。它們總是保持警覺，不斷地透過聽覺、味覺和嗅覺，確保我們環境中的一切健康而平衡。如果有什麼不對勁，它們就會警告我們。這是我們免疫系統的中樞。當 T 細胞（脾臟的戰士，約占我們身體細胞的五分之一）被啓動，它們會攻擊並摧毀任何入侵身體的東西。它們的工作就是保護我們，免受疾病侵害。

　　直覺中心沒有顏色的孩子，很可能最先把外界的各種疾病（例如流行性感冒、一般感冒、麻疹或腮腺炎）帶回家。這是他們的身體對於常見的疾病，緩慢建立先天免疫系統的方式。要維持這些孩子的健康，關鍵在於生病之後要讓他們完全復原。幫他們向學校多請幾天病假，讓他們能徹底恢復活力。教導他們如何照顧自己，充分了解自己潛在的健康狀況。如此一來，當他們成年之後，便會對自己的健康和感受非常敏銳，知道哪些食物和健康療法適合他們，而哪些則應該避免。跟直覺中心有顏色的人相比，他們通常需要較爲溫和的健康療法。

　　直覺中心有顏色的人，往往認爲健康是理所當然的，定期檢查可以幫助他們，確保總是辛勤工作的直覺中心，並沒有隱藏潛在的問題。當不得不屈服於疾病時，他們通常需要一段漫長的恢復時間，在完全康復之後，才能返回滿檔的活動日程。

察覺源於對生存的恐懼

　　這個神奇的能量中心，對於生存和健康具有原始的恐懼，卻也是我們的心情開朗、歡笑，以及自發性和膽量的來源。它對生存的察覺（在當下的察覺）能夠確保我們能安全前進，同時也於內在深處，穩定淨化我們系統中所積累的毒素，以及負面振動／記憶所帶來的不良影響。（回顧：人體圖的九個能量中心裡，只有三個察覺中心 —— 直覺中心、邏輯中心和情緒中心。察覺讓我們意識到自己的生命經驗。其他六個能量中心則在

純粹機械的基礎上運作。）

關於察覺能力，已經演化了數百萬年，而這三個察覺中心各自代表著演化過程中的不同階段。直覺中心是其中最古老的。它為生存驅動的原始察覺，連結了我們和所有的生命形式——植物、爬蟲類、鳥類、昆蟲，還有我們的近親哺乳類（見下圖的各個設計）。作為最古老的察覺中心，以及所有生命中最普遍存在的中心，其主要功能是讓形體得以存活——確保我們不要變成別人或別種生物的午餐。

這個中心的運作模式是關於瞬間的本能與警覺，對任何威脅到我們健康的東西（包括負面的情緒振動），有一種本能的警覺。恐懼是它運作的模式，因為生存的恐懼會產生警覺。久而久之，這些原始的恐懼也演化成智慧，這是身體覺察（身體意識）的智慧，讓我們得以生存、適應和並在俗世中欣欣向榮。直到今天，求存的智慧仍存在體內，讓我們隨時保持警覺，堅守崗位。

在這三個察覺中心裡，邏輯中心（人類所獨有）比直覺中心強大兩倍，而情緒中心（尚未完全演化的察覺中心）又比邏輯中心強大兩倍。直覺中心背負攸關生死的重責大任，卻是三個察覺中心裡最弱的一個；這個事實顯示出，生命是如此脆弱。無論是邏輯或情緒中心的非自己聲音，都能將來自直覺中心的微弱警告，輕易掩蓋過去。

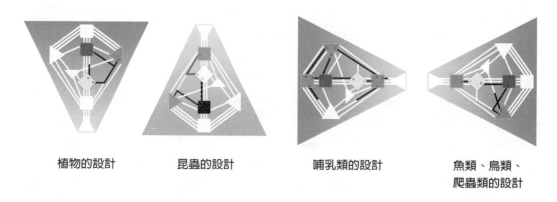

植物的設計　　　　昆蟲的設計　　　　哺乳類的設計　　　　魚類、鳥類、
　　　　　　　　　　　　　　　　　　　　　　　　　　　　　爬蟲類的設計

關於各種形式之設計，完整條列於第十一章。

所有察覺皆始於恐懼，三個察覺中心裡的每個中心，都有自己的恐懼頻率。直覺中心的每個閘門，各自代表著各種與生存相關的原始恐懼。直覺系統的察覺力是智慧，每當我們面對恐懼或挑戰時，直覺就會出現，好讓我們存活下來；而這些挑戰皆與生存、信心，以及健康福祉息息相關。

直覺中心的閘門

48 號閘門—井 深度的閘門 *恐懼不足*	察覺是否具備可行的解決方案。害怕自己沒有足夠的深度，追尋得以化解恐懼的深度。
57 號閘門—溫和 直覺清晰的閘門 *恐懼未來*	察覺是否能在當下聽到真相。害怕未來可能發生的事，因而退縮。
44 號閘門—聚合 警覺的閘門 *恐懼過去*	透過嗅覺來察覺別人是否有才華和潛力。害怕過去的包袱將帶來不好的影響。
50 號閘門—熔爐 價值的閘門 *恐懼負責任*	對於是否能負起責任保護他人的察覺。害怕承擔責任，或出於恐懼而承擔過多的責任。
32 號閘門—持久 連續的閘門 *恐懼失敗*	察覺蛻變是否能夠發生。害怕失敗而不敢放手做自己想做的事。
28 號閘門—偉大 玩家的閘門 *恐懼死亡／目的*	察覺到掙扎是否有其目的，出於恐懼而不敢冒險。害怕如果不冒險，生命缺乏意義。
18 號閘門—找出錯誤之處 糾正的閘門 *恐懼權威*	察覺到模式是否需要更正。害怕受到他人的評斷，或過度自我批判。

有顏色（定義）的直覺中心 —— 總人口的 55%

直覺中心負責求存，讓我們能健康地成長茁壯。它控管我們的本能、直覺和味覺，在分辨的過程中，區分出對於生存而言，哪些是健康或不健康的東西。這種非言語的識別工作在當下進行，就在「此刻」。這個重要的自發性訊息，就是我們所說的直覺、內在本能或預感，讓我們可以隨興做出值得信賴的判斷和決策。然而，無時無刻的察覺也意味著，直覺中心絕對不會重複其第一次的警告。我們在當下若錯過直覺微弱的警報，就

會錯過了，因為這些警告是出於當下的生存需求。

直覺中心有顏色，並以此作為內在權威的人，必須傾聽自己的直覺，照它所說的話去做，不要讓非自己或任何人的頭腦介入，使自己無法遵循本能，因為這是內在值得信賴，並能產生可靠結果的聲音。若聽從自己的直覺，他們就能保持警覺，受到保護，感覺舒服，且能享有強健免疫系統所帶來的好處。他們表現出的健康狀態，可以讓直覺中心空白的人非常羨慕，因為空白直覺中心的人無法如此自在。直覺中心有顏色的人能與存在本身諧調一致，他們能以無憂無慮，卻又謹慎的放任態度，完全活在當下。他們需要依靠軀體本身的察覺力（他們身體的智能），那麼他們一生中的每分每秒，都能受其引導和保護。

頭腦不是權威，即便它強大而合乎邏輯的思想，能輕易地壓過直覺中心微弱的訊息系統。當一個人收到突如其來的警告，其實根本無暇也無法弄清楚，直覺中心為何會發出這個訊息。生存的察覺無須理由，只需要被單純信賴。若要更全面地了解一個經驗的各種觀點，只能在事後回顧。而對某個人來說此刻不正確的選擇，也許過了三十分鐘或一天後，就是正確。對直覺中心而言，當下最重要，而這也是它所意識到的全部。

多年來，人們一直讓頭腦凌駕一切，將頭腦的判斷置於直覺中心的直覺認知和察覺之上，最後可能完全與自己的直覺脫離，讓生命暴露在危險中，並遭受不必要的疾病和不幸之苦。他們「認為」自己不敢順從身體的直覺智慧，但若不這樣做，結果可能是災難一場。

空白（未定義）的直覺中心 —— 總人口的 45%

有七種原始恐懼存在於直覺中心，當這個中心空白時，這些恐懼很容易被放大。空白直覺中心的人，需要一個接一個面對自己內在的恐懼，好讓他們終於能以健康的方式，成為無懼之人。這是他們發展察覺、尊重恐懼並從中學習的方式，而不是壓抑恐懼或假裝它不存在。面對並處理恐懼，能讓他們變得更堅強，而且當恐懼再度來臨時，害怕的程度也將大幅降低，最後才能獲得幸福與安適的感覺。然而，如果他們無法這麼做，受到制約的非自己，可能會被恐懼所壓垮。

直覺中心空白的人，帶著根本的恐懼來到世上，因為他們天生沒有在地球生存所需的裝備。他們是開放的，對於世界缺乏幸福感，也很敏感，而且他們會將此視為自己個人的狀況。當他們受到周圍直覺中心有顏色的人制約時，會覺得比較舒服與安全。他們從小時候開始，就會不自覺地尋求直覺中心有顏色的人來依附，因為他們需要安全和幸福的感覺，而那些人似乎可以提供——不管之後還伴隨著些什麼。他們通常會緊抓住對他們不好的人事物，形成各種不健康的依賴關係，尤其在家庭關係中，直覺中心空白的孩子，和直覺中心有顏色的父親或母親。即使這個人會虐待孩子，這些孩子還是會拚命抓住父親（或母親）不放，只為了靠近有顏色的直覺中心「感覺舒服」的制約頻率。如果被單獨送進房間，他們會感到恐懼，也經常覺得被拒絕和遺棄，害怕自己無法生存下去。這使他們更加依賴父親（或母親）帶來的安全感，最終產生不健康的依賴關係。源

於童年制約，當這些孩子長大成人，他們的非自己頭腦將說服他們，就算是對自己不好的人事物，也要緊緊抓住不放。

在成人階段，如果直覺中心空白的人和直覺中心有顏色的人在一起，但這段關係卻是不健康的，他們會說：「明天會更好。」「或許治療會有效。」或是「孩子要怎麼辦呢？」這就是許多回到施暴配偶身邊的受虐婦女，所面臨的困境。深層的生存恐懼，吸引他們跟直覺中心有顏色的人在一起，卻可能讓他們盲目，分不清對他們而言，哪些是好人、哪些是壞人，他們也不知道何時該抓緊一份關係，何時該放手。

當空白的直覺中心被有顏色的直覺中心或流日所影響，而暫時被啟動了，會體驗到安全感的假象。空白直覺中心的人有一句名言：「永遠別隨興做出決定。」依靠本能行事（可能有危害或威脅的情況例外）會為白色的直覺中心帶來風險，因為那股不斷變化的衝動感，不值得被信賴。空白直覺中心的非自己，深深被隨興所吸引，試圖讓自己感覺舒服，並且消除恐懼，卻往往得因此付出很高的代價。

當空白直覺中心的人，進入有顏色直覺中心的能量場時，他們會自然承受一股壓力，想要衝動做出反應。在大多數情況下，他們不會意識到這件事，但最後卻照著別人強迫他們的方式來生活。可是這對他們來說，並不屬於他們的人生，可能也並不安全。如果能依循人生策略和內在權威的指導，就能避免衝動的誘惑。同時，受制約的空白直覺中心，在當下所做出的衝動決定，也可能讓他們錯過原本有益的人事物。「噢，我再也不需要那個（他們）了。」然而，一旦斷開此制約的連結，他們就會意識到，自己犯了錯，放掉了對他們真正有益的東西。如果沒有依賴內在權威，而突然做出決定，可能造成影響深遠的後果。

空白直覺中心若處於健康的狀態，可以區別出他們自身的需求（從健康的某些面向來說），以及來自周圍環境的不適感。當他們跟不健康或非常不快樂的人在一起時，會發現自己感覺不適，此時他們知道自己可能吸收了別人不健康的振動頻率。當某個人或某件事對他們無益時，他們也能感覺得到。他們可以感應到自己的本能和直覺察覺，但也知道這並非他們做決定的內在權威。他們很注重自己的健康，願意培養身體的適應力。他們明白，面對自己的恐懼有多麼重要，也知道如何處理生存的恐懼。他們最終將在此累積智慧，知道直覺如何運作，也知道人們是否擁有直覺。最後他們會變得很敏銳。儘管如此，其空白直覺中心仍然永遠不會是決策的可靠來源，因為它太容易受到周圍環境的制約。他們只要透過人生策略和內在權威進入新的關係，其直覺中心就會在人生中，獲得正確的制約。

空白直覺中心隨時間而累積的智慧，讓許多專業治療師得以造福病人。當他們進入病人的能量場，自然能夠辨別出，這個人正處於健康或生病的狀態，以及可能是哪裡失去平衡。當空白的直覺中心學會區分，哪些能量是透過別人產生、哪些能量屬於自己，就會在此區塊湧現同理心。唯有不把別人當下的感受當成是自己的感受，空白直覺中心才能獲得與直覺相關的察覺力或智慧。

完全開放的直覺中心

我們所有人都有健康和正當程度的恐懼感。當直覺中心完全開放的兒童或成人，對於恐懼一無所知，無法確定何謂生存和健康的恐懼，他們可能會對一切皆缺乏安全感，並感到恐懼。然而就因為不知道要害怕什麼，因此也可能變成天不怕地不怕，而做出愚蠢、危險、不健康的事情。

透過這個能量中心的共振，他們能完全開放地，接收所有潛在的本能和直覺，因此更強化了直覺中心的智慧（如同上述空白直覺中心的智慧）。這察覺包含了法律、價值觀，以及我們在事業上的努力，以培育、保護並確保我們後代子孫的存續，進而促成社會的健全發展。

空白直覺中心的非自己對話

非自己頭腦是未定義中心的代言人，告訴我們該說什麼或該做什麼。留意這些對話對於去制約是必要的。下面是非自己對話的一些例子，空白直覺中心的非自己頭腦對話聽起來可能像這樣：我們不要做那件事吧，因為那讓我沒有安全感，我很害怕，每次想到都很恐懼。我們不要說出那件事，因為可能會惹毛那個人。我怕如果去做那件事，會感覺自己能力不足。我不打算去做，因為我可能會失敗。我害怕做那件事，因為我害怕面對結果，害怕未來會發生的事，害怕負責任或遭到別人批評。我不能那麼做，因為我可能會跟那個人失去聯繫。他們可能會離開。

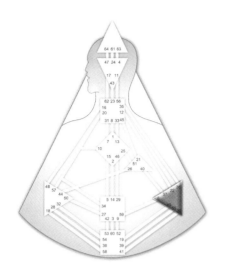

情緒中心

意識精神察覺

情緒和社交察覺，
熱情與欲望，
豐富的精神、感覺、情緒、感受力

生物學關聯性

情緒中心與肺臟、腎臟、胰臟、前列腺和神經系統相關。它的主題是感覺、情緒和感受力，主要功能是讓我們獲得情緒清晰，與健康的感覺。當一個人的情緒隨著時間的變化，不受拘束地運作，身體幾個主要器官系統的健康，會直接被影響。未解決的情緒壓力，會造成一些後果，常見的例子是水腫和體重增加。

情緒中心提供強而有力的能量，能驅動人生經驗的循環運轉；源於欲望的頻率，持續推動我們向前體驗各種感受，包括快樂，以及相對的痛苦。情緒中心與革命、詩歌、浪漫、慈悲、靈性與宗教有關。我們試圖延長情緒的高峰，希望能一直保持興致勃勃的狀態；同時也盡全力避免情緒低落、不願體驗期望落空，以及分離感。大致上，有一半的人會隨著情緒高低起伏，衝動行事，另一半的人則避免處理情緒，於是我們發現自己生活在一個情緒扭曲的世界。

這些扭曲滲透至生命的每個面向中。在我們這個時代，情緒中心對人類個體或地球整體的影響，比其他中心皆來得深刻。理解情緒中心的機制和化學作用，能讓我們釋放多年來的痛苦情緒模式，重新獲得身體健康，為生活增添新喜悅，並且對自己和他人產生正面的同情心。

情緒察覺與未來的意識精神察覺

三個察覺中心各有其獨特的頻率。直覺中心掌管免疫系統，自發性地在當下運作，與求存有關。邏輯中心掌管頭腦察覺，隨時運作。情緒中心既是動力中心也是察覺中心，掌管的是情緒，隨時間變化，以生理振盪波的形式運作。

情緒中心從幾千年前開始（在佛陀和耶穌誕生之間的某個時刻）進入突變的過程，帶領我們朝全新的察覺能力邁進，稱之為精神察覺（spirit awareness）。這個過程將於二○二七年開始受到宇宙法則的支持，而達到高峰。精神意識（spirit consciousness）是分化的相反面，因為它是關於合一，感覺我們自己就像單一的存在。當兩個人或更多人之間的情緒波彼此共振，就會產生出合一的意識。然而，身為高度分化的過渡期物種，我們甚至無法想像，與他人深刻共享的意識，會是什麼感覺。而這處於發展狀態的意識層次，潛藏在我們目前情緒系統的表面之下。

　　身為九個能量中心的人類，我們才剛剛開始探索，透過體驗，發現這個情緒中心突變的廣度、深度及其全面性的影響，我們所有人都是這突變的一部分。若我們能超脫頭腦的制約，活出真實獨特的自我，從而理解、接受也熱愛真正的自己，就能讓精神意識在此真正成熟，推動突變發生，在未來完成躍升。

情緒波的頻率

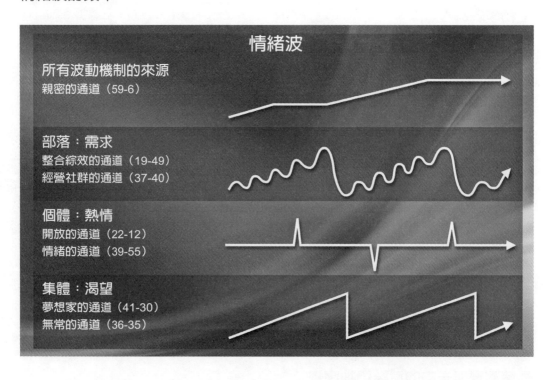

　　有顏色的情緒中心，以釋放情緒波的模式，將我們自情緒光譜的一端，帶到另一端。這是一種化學作用，我們以感受、需求和渴望來體驗。每種周期波都會從希望到痛苦，從期待到失望，從喜悅到絕望，周而復始。若想在人生中創造穩定的情緒，並擴及整個世界，我們必須理解、接受，最終超越此波動模式，但這些皆無法透過頭腦的控制來達成。要超越情緒系統，以及它可能對環境所造成的起伏震盪，關鍵就在於「等待」。當我們靜待並經歷情緒高低起伏，理解會加深，當波動開始平穩，最後清明將到來。情

緒中心有顏色的人，若了解這股持續不斷的波動，並等待清明來臨，就能停止對外在環境散播情緒，因爲過快反應出來的情緒是不成熟、混亂或有害的。

所有波動機制的來源（59-6 通道）來自 6 號閘門，因爲情緒波在這裡產生，接著延伸出去，與 59 號閘門具生產力的薦骨能量相會。需求、熱情和渴望在此生成，爲的是打破藩籬，深入我們內心，連結我們彼此，合跳親密之舞。這種情緒波感覺非常穩定，並且需要另一個人將它帶到表面。

以下三種情緒波是依照它們的頻率來分類。根據不同的定義，一個人可能體驗到單一頻率，或是多種頻率的組合。

部落波（通道 19-49 和 37-40）透過身體的接觸運作，對於需求很敏感。部落波會逐漸升高，直到爆發，然後歸零，接著再重新開始整個過程。讓我們舉個例子：有個男人的妻子正在做某件困擾他的事，但男人沒有告訴她自己的感受，所以這個狀況持續了好幾週。每當她做這件事時，他的情緒波就升高一階，直到有一天大爆發。妻子毫無預警，也沒看見任何徵兆，於是冷不防被嚇了一跳。這樣的情緒爆發對她來說可能難以承受，不過男子一旦釋放了累積的情緒，他就回復正常了；一切都很好。當雙方都明白這個部落波的機制——如何預測爆發，如何整理真正的問題，以及爆發對個別影響的差異——他們的關係就能達到更深一層的滿足與理解。例如，在漫長又辛苦的一天結束之際，只要有雙靈敏善感的手放在肩上，就能安靜而有效地釋放逐漸積累的情緒緊張，以及滿足對親密關係的渴求。對部落人來說，無須言語，觸摸即代表一切。

個體波（通道 39-55 和 22-12）的運作是透過喜怒哀樂、情感、憂鬱或熱情來表達（當他們感覺對的時候）。大部分時候，它都沿著一個平穩的主軸移動，兼或出現小而短的高低峰。對有個性波的人來說，知道何時該獨處、何時又該社交，非常重要；他們可能會有一小段時間感覺憂鬱，但當他們換到新的地方，情緒波和心情也隨之轉變。當他們的情緒波處於低點時，如果懂得適時花時間獨處，善加運用自己的創作靈感，就能舒緩關係裡的情緒緊繃。

抽象波（通道 36-35 和 41-30）是透過渴望和感覺運作，情緒從波峰移動至波谷。這是基於期望而生的情緒波，若渴望或期待沒有得到滿足，便會潰散。超越的訣竅在於，單純爲了體驗而投入，對於結果不要抱持任何期待。舉例來說，有個女人在約會了幾次之後，認爲自己戀愛了。她幻想這個男人有多棒，他們的未來有多美好，接著卻發現他根本不符合她的期待，對她也沒有相同感覺。像這樣重複的高峰和潰散很難應付，而且如果她沒有察覺自己情緒波的運作機制，時間久了，可能會成爲個人不穩定的因素。

了解情緒波的關鍵是：它只是不可避免的化學反應過程，讓波動持續不斷地運行。它的轉變和擺盪無法解釋。不幸的是，若沒有察覺到這點，情緒中心有顏色的人，會企圖合理化自己的情緒，試著解釋或編造原因，說明他們爲何在波動中起起伏伏。當他們難過時，他們的朋友會想知道理由，想做些什麼讓他們開心。如此一來也不過將情緒歸咎於某處，而非擁抱和接受化學反應本身的深度與美。將純粹的情緒化學反應，怪罪到某件事或某個人身上，可能會造成巨大的混亂，這個時候他們需要知道的是，一旦情緒波移動到別處，他們的感受就會截然不同。他們今天的情緒波位於某處，或許明天會移往他處，情緒無須理由。他們只需要隨著它起起落落。

　　普遍說來，無論我們的情緒中心有顏色，或是因爲空白，而受到別人的情緒波所制約，我們都必須小心，不要將自己與情緒波（的起伏擺動）畫上等號，彷彿它就等同於我們。堅持做一個客觀的觀察者：我們不等於情緒波動，這只是管道，將我們帶往內在深處。波的高峰和低谷皆是美好，別讓任何波動打擾自身內在的平靜，清楚明白什麼對我們而言才是「正常」。我們的社會一直認爲每個人應該時時刻刻感覺快樂。正因爲如此，大部分情緒中心有顏色的人，會在生活中不斷抗拒情緒波的低潮，誤以爲自己一定是哪裡有問題。當他們學會觀察、接受並擁抱情緒波的所有面向，以及其帶來的禮物，真正的解放就會來臨。

察覺與緊張

　　情緒中心當下浮現的察覺，伴隨著各種恐懼，感覺像是不確定的情緒所產生的緊張感。一個人永遠無法確切知道，該如何感受某事或某人，或根據什麼感覺來做決定。由於情緒中心的本質是社交與關係，而且會傾向從希望到痛苦之間，同時擴散其波動範圍，這種緊張可能非常強大，而且無所不在。當人隨著波動前行，緊張的感覺會放大或消失，存在或不在。基於情緒的不確定性，可能會扭曲我們看待事情的方式，而將事情看得很嚴重。

　　這種茫然而盤踞心頭的緊張，來自生命的不確定性，也是一種恐懼的形式，需要面對才能加以克服。當情緒中心有顏色的人穿越其情緒波，接近內在的真實，並等待清明，就能確認或消除，那原本藏在緊張背後的各種不確定與懷疑。透過適當地確認，實際面對自己的不確定性，他們就能走出情緒的恐懼（緊張），久而久之，甚至能超越恐懼。如此一來，恐懼就成爲情緒的智慧。

　　每個察覺中心都會產生特定形式的恐懼。在情緒中心裡，不穩定的生化波會導致情緒不穩，與他人建立關係時，恐懼便以緊張的形式顯現出來。下頁每個閘門的敘述，顯示出各種緊張與不確定的恐懼感。

情緒中心的閘門

部落波──需求 37 號閘門─家庭 友誼的閘門 *恐懼傳統*	基於部落的原則而提出協議。對於可能必須在生活中扮演傳統的角色感到緊張。
6 號閘門─衝突 摩擦的閘門 *恐懼親密*	藉由開放或拒絕親密來產生情緒波的一種隔膜。對於揭露真實的自己感到緊張。
49 號閘門─革命 原則的閘門 *恐懼大自然*	基於部落的需求,接受或反對原則的情緒波。對於拒絕、不可預測性和後果感到緊張。
個體波──熱情 22 號閘門─優雅 開放的閘門 *恐懼沉默*	如果心情好,願意開放聆聽。不確定有人會聽你說話,或是有任何值得聆聽的話語。
55 號閘門─豐盛 精神的閘門 *恐懼空虛*	屬於個人的憂鬱。緊張來自於不知道自己的熱情何在。
集體波──渴望 36 號閘門─幽暗之光 危機的閘門 *恐懼經驗不足*	被想要挑戰全新體驗的渴望所驅動。對於是否有充足的性和情感感到緊張。
30 號閘門─燃燒的火焰 感覺的閘門 *恐懼命運*	渴望更深刻的感受而產生一股非常強大的情緒波。對於可能發生或不會發生的事感到緊張。

有顏色（定義）的情緒中心 —— 總人口的 53%

「當下」看不見真實。隨著時間過去，真實會自行顯現。

對情緒中心有顏色的人而言，情緒中心是他們個人內在權威之所在，此察覺中心的運作需要時間。他們的設計是，在做決定之前，必須靜待並經歷情緒波的高峰與低谷。但對他們來說，保持耐心並不容易。情緒中心是尚未成熟的情緒系統，由動力驅動，蘊含了巨大的能量。他們的任務是隨著能量流動，學習帶著耐性駕馭這股能量，並發揮其潛在效益。他們很容易在情緒高點時莽撞跳入，又在低潮時隨意退出。在這兩種情況下，他們的情緒都過於衝動，無法清晰。唯有等待，經歷完整的情緒波，清晰才會浮現。在做重要的決定之前，情緒中心有顏色的人至少要先睡過一覺。

情緒中心有顏色的人，對「這個」或「那個」事物的感覺，會成為權威性的指引。這些感覺是指標，用來判斷正確與否。「做那件事的感覺對嗎？你感覺如何？」這些都是他們需要被問及的重要問題。關鍵在於，他們必須花點時間，充分體會所有感受，而非倉促行事。當一個決定不再充滿情緒，就是情緒獲得清明的時刻。不過要等到平心靜氣再做決定，卻是知易行難。興奮的時候，他們往往會縱身一躍，但是等到情緒清晰時，他們又會覺得後悔。若有耐心等到情緒清明再做決定，就能保護有顏色的情緒中心，避免做出隨興的決定，造成錯誤的選擇。

當他們完整經歷自己的情緒波，會有助於他們了解，情緒週期是動態的化學反應過程，希望和痛苦皆非察覺的終點。當情緒波的週期結束，清晰的察覺就會出現。他們無法抄捷徑，而是需要時間，理解何者正確。除此之外，情緒的清明並不等於確定。直覺中心可以在當下給出確切的答案，但是對不斷變動的情緒波而言，當下只是波動上的某個瞬間。由於情緒波會持續變動，所以終究無法保證能獲得百分之百的清明。然而情緒終有平靜之時，到時候他們會領悟情緒底層的真實，明白如何做決定。

情緒中心的能量豐沛、誘人而強大，那些以情緒中心為內在權威的人，如果能靜待情緒波流過，就能從中獲益。這有點像欲擒故縱。你讓別人等得愈久，他們會愈想得到情緒中心的溫暖與能量。在商業談判的過程中，與其很快達成協議，不如想清楚了再做決定，會更占上風。若情緒中心有顏色的人，在情緒尚未清明之前，對方已經打了退堂鼓，那麼這筆交易可能根本不應該開始。

情緒中心有顏色與情緒中心開放的人之間，會產生複雜的交互作用。情緒中心有顏色的人，為整體環境的情緒狀態負責，因為他們的情緒波動會對周圍帶來影響。他們內在的感受就能影響別人 —— 經由化學作用的純粹機械模式，以及能量場傳遞出去的方式。當情緒中心有顏色的人感覺好或壞，情緒中心空白的人就會感覺到非常好或非常壞，因為空白情緒中心的人，會放大情緒頻率。換句話說，空白情緒中心的人，只是反映了情緒中心有顏色的人的感覺，或是他們情緒起伏的過程。有趣的是，由於情緒中心有顏色的人對情緒極為熟悉，反倒不一定會注意到自己的情緒狀態，而那些情緒中心空白的人，往往會認為自己喜怒無常又情緒化。

空白與有顏色的情緒中心之間，具有強大的吸引力，在伴侶間很常見。雖然情緒中心具有溫暖而強大的吸引力，不過情緒中心有顏色的人，若要進入一段新的關係時，需要多花點時間。他們需要時間來分辨對方是不是正確的人。當他們學會透過情緒波來了解別人，其了解會非常深入。他們會看到自己的情緒可以如何影響別人，而別人又是如何處理他們情緒波的高低起伏。關於控制和被動反擊的行為，可能會出現在有顏色與空白情緒中心的關係中，而這些模式需要一些時間之後才會顯現。將追求期拉長不僅是明智的，更是關係成功的必要關鍵。

　　情緒中心有顏色的人占優勢之處在於，他們能夠深入任何主題。當一個人隨著情緒波起伏時，會經歷許多不同的觀點，而獲得深刻的見解。舉例來說，有個攝影師想要了解花朵的本質。直覺導向的攝影師會拍下一張照片，捕捉某個絕美的瞬間；但對情緒中心有定義的人來說，一張照片絕對不夠。他們會花一整天，拍攝一系列的照片，變換光線、拍攝角度和相機。他們會知道花朵在清晨看起來是什麼樣子，而在日落時分又是什麼模樣。他們熟悉花朵的芬芳，體驗花瓣的觸感，還有欣賞那迎風搖曳的姿態。若他們願意等待，讓情緒有時間運作而開展，就能獲得更深刻的感受，也因此得到智慧，在不斷變化的情緒和精神層次上，心領神會。

　　情緒中心有顏色的人，如果沒有等待，沒有經歷自己的情緒波，往往會隨著情緒波的高低起伏，衝動行事，貿然投入各種體驗和決定，之後又任意放棄，因而造成混亂和困惑。他們讓周遭的人感受到壓力，迫使別人跟著他們立刻做出情緒化的決定。他們心煩意亂的時候，會突然爆發，而不是等到情緒平靜下來，再表達或採取行動，之後常會後悔自己說過的話或做過的事。卻沒有意識到：情緒低落時，應該自己獨處。

　　情緒健康的人經歷情緒起伏時，等待波動流過的同時，也可以讓他們更了解自己的感覺。只要不衝動行事，或做出無意識的反應，他們便能慢慢走出自己的情緒波，直到感覺清晰了再做決定。他們會了解自己的情緒如何影響別人，不會急迫地將壓力強加別人身上。他們知道如何利用情緒誘人的一面，透過必要的「等待」仔細衡量，因而達成協議，滿足其中所有的渴望。

空白（未定義）的情緒中心 —— 總人口的 47%

　　空白情緒中心會吸收，並放大它周圍的情緒。這個能量中心帶有深刻的制約潛力，特別容易被別人的需求、心情和感覺所影響。情緒中心空白的人獲得幸福健康的關鍵在於，知道他們所感覺和表達出來的情緒，並不全然屬於自己，只要他們不認為那些情緒等同自己，就能釋放情緒，並保護自己。否則，他們將隨著別人的情緒波七上八下，察覺到自己的情緒失控，認為是自己有毛病。他們因重複地做出情緒化的決定而後悔，因為羞愧或自責而飽受折磨，但空白的情緒中心在基因上的設定，並非為了處理這些重擔。

開放的中心就像敞開的窗戶。情緒中心的設計是用來接收和體驗情緒場域，但也只是僅供參考。將情緒場跟自己畫上等號、貼上個人標籤，或當成自己的東西，都是不健康的，更何況，他們並沒有可靠的內建機制來處理它。他們會變得盲目，無法單純地將情緒反映給帶有情緒的人。

　　情緒中心空白的人可能會覺得，他們這輩子好像始終無法控制情緒。他們面對情緒衝突時，可能會感覺害怕、恐懼、震驚和憤怒。他們可能會突然從快樂跳到沮喪，然後把情緒貼上個人標籤，覺得這些情緒好像是自己的，但事實上，他們只是接收、放大，並扭曲了周圍人的情緒。別人認為他們情緒不穩定，他們也因而遭受懲罰和拒絕。他們常常覺得自己出了什麼問題。他們通常對情緒的氛圍非常敏感，因此長久以來，一直把情緒化的事件視為個人問題，對那些不屬於他們的情緒耿耿於懷、引咎自責。

　　情緒中心開放的孩子，會接收家人的情緒起伏，然後當成自己的情緒，進而加以放大，並且經常「表現」出他們的困惑。他們認為自己要為那些情緒負責，因此在很小的時候就斷定，與其承受父親（或母親）的情緒爆發，還不如說謊或隱藏內在真實的自我。如果情況正好相反，父親（或母親）的情緒中心開放，而孩子有顏色，那麼父母可能會放大孩子的情緒，變得失去控制，或反應過度。了解這些動態變化，可以幫助我們養育健康、穩定且獨立的孩子，同時享受當父母的樂趣。

　　情緒中心空白的人會因為衝突的場面而緊張。於是長大後，他們會逐漸發展出一套非自己的策略，藉由避免衝突迴避情緒層面的衝擊，因為害怕破壞現狀或惹人生氣。他們發展出某些特定的人格特質：「只要你不來惹我，我就不會惹你。」他們試圖閃避任何潛在的衝突，不敢表達真實的自己或需求，深怕衝突有可能隨之而來。雖然情緒中心開放的人永遠無法享受情緒衝突的過程，但他們的人生策略和內在權威，將引導他們面對正確的衝突。

　　對於情緒中心開放的人而言，所謂的恐懼，往往只是自己對衝突的想像而已。當他們根據自己的內在權威挺身而出時，真正的衝突可能遠比他們所想像的更輕微，最後的結果，往往可能會是最好的情況，因為那會是正確的衝突。若一直迴避衝突，就只能活在生命的表面。記得下面這個論點會很有幫助：痛苦的另一面是快樂，而恐懼的另一面，是做自己的自由。我們只要說出關乎自己的真相，不責怪別人，就能正確地處理衝突，促成健康的轉化。

不管情緒中心有顏色或空白的人，皆能享受情緒所帶來的，令人愉快的各種面向，像是性能量、食物、熱情、興奮、浪漫與音樂。不過，空白中心若要體驗情緒之美，就不能把自己跟情緒畫上等號。他們對情緒波的察覺，能讓他們放下那些不屬於自己的模式和情緒，而這就能帶來莫大的解脫。當他們理解情緒的課題爲何如此困難，就可以開始調整自己的生活，重新回到個人的內在權威。他們能夠分辨，別人的情緒對他們來說是否健康，也知道何時該以自己的眞相或需求來面對衝突，何時又該走開。他們會分辨哪些屬於情緒的恐懼，是他們必須處理，哪些不是，而且不會做出情緒化的決定。他們會了解，自己所接收及感覺到的那些放大版的情緒，其實來自別人，而不再依附那些情緒。

健康的空白情緒中心，是可以揭示旁人情緒健康與否的偵測器；它可以客觀觀察到周遭的情緒氛圍。它表現智慧的方式是分辨出，誰正朝向情緒健康、穩定和察覺的方向邁進。同時可以保持情緒冷靜，他們能夠依靠自身的人生策略。每當突然感受到不舒服的情緒，他們知道自己可以離開房間，離開其他人制約的能量場，直到恢復冷靜。對他們來說，爲了釋放從別人處吸收來的情緒制約，最好每天獨處，享受與自己在一起的時光。

完全開放的情緒中心

空白情緒中心的很多特性，也適用於完全開放的情緒中心，而不同之處在於，後者無法過濾或連結所接收的強大情緒能量。情緒中心完全開放的人，可能對自己的感受感到困惑，不知道該如何解釋。他們不知道要渴望什麼，何時該敏感，何時該熱情，或是該如何看見並處理別人的需求或情緒。他們經常覺得自己的情緒出了問題。他們的潛在智慧，是要認識和了解自己最純粹的情緒波動，不要帶著有色眼鏡或偏見來看待它。

空白情緒中心的非自己對話

非自己頭腦是空白中心的代言人，告訴我們該說什麼或該做什麼。留意這些對話對於去制約是必要的。下面是非自己對話的一些例子，情緒中心的非自己頭腦對話聽起來可能像這樣：我不想去那裡，因爲我不想處理那些衝突的場面。我們來這裡吧，這樣就不用處理任何衝突了。我們別講出來，不然可能會有人不開心。我們用這個方式說吧，這樣可以緩和氣氛，降低可能的衝突。我們要待人友善，笑容可掬，這樣他們才會喜歡我。我可能會失望或被拒絕，所以沒必要去那裡。這樣不值得。我怕這樣行不通，就別白費力氣了吧。我害怕跟她說實話，因爲我不想讓她受傷。

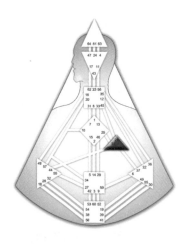

意志力中心

意志力

自我意識和物質世界

生物學關聯性

　　意志力中心在人體圖中看起來不大，位置也不顯眼，讓人誤以為它不重要，但其實它對我們生命的生理層面影響甚鉅。它的四個閘門分別連結到胃（40號閘門）、胸腺（26號閘門）、心臟（21號閘門）和膽囊（51號閘門）。不理解這個能量中心如何運作的人，比較容易罹患心臟和消化系統的疾病。而當心臟停止跳動，一切都將終止！

意志力與自尊心

　　意志力中心是強大的動力中心，驅動意志力和我執，為這世界帶來巨大的影響力。社會的基石源自於意志力——在社群中生存，並且在物質層面發展的渴望。意志力中心直接連接喉嚨中心，因此要為家族部落而發聲和行動。部落從一開始就是確保家族、社會和國家生存的支持系統，為社會和企業的生存方式奠定基礎。社會組織創造了安全、相互依存的環境，使人們能夠專業化，提升自己的獨特技能，發揮至極致，而帶來團體或個人的進步。意志力中心的四個閘門，確立了部落的分層結構，如果沒有這樣的支持結構，人類無法建立偉大的文明。

　　這些閘門決定了部落成員彼此間相互連結，可以有哪些不同的方式，接著成功實踐所謂的世俗之道。這些閘門關係到我們如何賴以維生、如何與他人連結和睦相處、生育小孩，以及創造社會、文化與宗教等基礎結構，以培養和支持我們所建立的事物。

目前部落正在經歷高壓的結構轉型，對企業和社會的基礎形成挑戰，也讓人質疑傳統和制度的權威性與穩定性。這些變化所帶來的恐懼，會放大意志力中心開放者的壓力，讓他們試著證明自己的價值，好在變幻無常的世界中生存。自尊心和自我價值的問題出現，並影響我們在生命中的各個層面，包括人際關係、工作、信念，以及我們是否允許自己投入，並享有生命的美妙。

底線是，自尊心是起點，讓我們有信心走進世界，每一個人都對社會帶來價值和貢獻，並且獲取所需的物質和支持，作爲回報。倘若沒有堅定的信念，以及對自己和自我價值的信任，我們不會有意志力來迎接生命的挑戰。如果自我無法在健康的狀態下獲得肯定，無法透過我們自己或別人來確認其價值，它就會停止運作，而自尊就變成自我厭惡。自我憎恨，讓人類付出慘痛的代價。

在這種情況下，爲何有那麼多心臟和消化問題，都跟非自己，不斷想補足自己的自卑感有關，爲了證明自己的價值，我們渴望自己達成有超乎預期的成就，於是做出承諾或協議，卻沒有持續的意志力可以遵守，這些超出我們心肌所能負荷的勞力，都是我們試圖證明自我價值的表現。如果我們可以了解，不斷評斷自己的對話是來自頭腦，以及頭腦如何運作，就能消除生命中許多不必要的痛苦和磨難。

意志力中心的閘門

21 號閘門—奮勇前進	控制
獵人／女獵人的閘門	掌控情勢
40 號閘門—遞送	供給
單獨的閘門	提供的意願
26 號閘門—偉大的馴服力	成爲頂尖
利己主義者的閘門	業務員／行銷者
51 號閘門—激起	具有競爭力
衝擊的閘門	成爲第一人

有顏色（定義）的意志力中心 ── 總人口的 37%

如果你的意志力中心有顏色，會想掌控自己的生活和資源，包括穿著、工作的時間地點，以及你想將時間運用在何處。你認同自己的價值，儘管有時會有自我膨脹的傾向。

定期做出承諾，並信守承諾，鍛練意志力，對意志力中心有定義的人是健康的。他們能夠持續運用自己的意志力，開口承諾或下定決心遵守，這對他們來說都不是問題。重要的是，他們必須說到做到。這是別人對他們建立一定程度信任感的方式，若他們承諾於自己做得到，並能遵守的事，就能強化自己與生俱來的自尊心。

　　他們享受工作，儘管他們傾向待在可以獨立自主的職位，讓天生的內在機制告訴他們何時該工作、何時該休息。他們享受成功、履行諾言的感覺，天生意志堅定，具有競爭力。當他們仔細聆聽內在的指引，就會知道自己強大的意志力可以在何時發揮最大的作用，同時在工作和休息之間維持平衡。

　　意志力中心有顏色的人，不應該讓任何人否定他們可靠而明確的自我和意志力。當他們充滿自信地說出「我、我的」，這樣的表達方式能強化心臟，但若是抑制他們天生的自我能量，則可能危害健康。他們不斷不斷證明自己，對他們來說，這極為重要，而且很正確，只要是依循自己的人生策略和內在權威，他們自然而然就會這麼做。只要這樣對他們來說是正確的，他們很樂意投入自己的意志力，為家庭和社會付出。不過，儘管他們很享受自己的工作，還是希望自己的貢獻能得到感激和回報。

　　意志力中心有顏色的人，很容易過於投入，而被認為太過強硬。若沒有人生策略和內在權威來引導，他們可能會對意志力中心空白的人，抱持著不切實際的期待，希望這些人跟他們一樣意志堅定而有競爭力。他們會試圖激勵別人，或逼迫別人做出超乎自己能力的表現，結果卻造成不必要的痛苦和誤解，處處受阻。這表示著他們這時候應該退後一步，重新取得力量中健康的內在平衡。

空白（未定義）的意志力中心 —— 總人口的 63%

　　意志力中心白色的人的設計，不具備堅定的意志和競爭力，但他們卻覺得自己需要鼓起勇氣來鍛練意志力，也常常被這樣的需求所驅動。他們會問：「為什麼我無法得到別人擁有的？」「為什麼我無法像別人一樣快或一樣好？我應該可以跟他們競爭才對。」雖然他們想要鍛練意志力，做出承諾並且遵守，但他們不明白的是，自己並沒有持續的能量可以支持這兩件事。

　　我們的世界不斷對我們發出一連串訊息：只要我們去做這個或那個，我們應該／可以／能夠更好、更漂亮、更有錢、更迅速，以及更成功。這樣的鼓吹對我們造成莫大壓力，迫使我們創造更多、做得更多、扮演更多角色。意志力中心白色的人會因此陷入惡性循環。如果他們辜負了別人的期待，或是沒有履行承諾和約定，他們甚至會做出進一步的承諾，來彌補自我缺陷的感覺，但卻只是再度失敗。每一次失敗都讓他們感覺更糟，自尊心也隨之更低落。

空白意志力中心會以一種過度成就的方式，來彌補自己無法持續意志力，以及內在無能為力的感覺。如果一開始低估自己，就會試圖完成比別人更多的成就，好證明自己的價值。他們用「意志力」驅使自己，進入棘手的情況，企圖做一些自己不可能完成的事。

空白意志力中心很容易放大在此區塊有顏色的人的意志力，可能自我欺騙，以為自己突然有了意志，可以承諾，並信守。然而，只要意志力中心有顏色的人一離開，這種「借」來的意志力隨即消失。這種情況在團體中很常見：某人身處團體之中，會帶著足夠的方向和熱情，堅持要完成目標，卻在回到獨處的狀態時，感覺到其強烈的動機和意志力逐漸消退。

意志力中心白色的人面臨的挑戰是，他們通常不認為自己有價值，而讓自己接受不足：愛、金錢、幸福或任何事，因為他們以為自己不值得。如果他們依賴的是自己的頭腦，而不是人生策略和內在權威，他們將會一直不停試圖證明自己。頭腦愈想要證明自我價值、證明自己值得，就愈容易失敗，而自我否定的循環也將不斷重複。解決之道是，解除頭腦所冒用的決定權，讓作決定的權力，回到它原本所屬的地方。

空白意志力中心的格言是：永遠不要對自己或他人承諾。不管在什麼情況下，開放的意志力中心永遠都不必向任何人證明些什麼。不需要證明自己的價值，是一件很棒的禮物。想像一下，若百分之六十三的人，都能跟自己和平共處，知道自己將透過內在權威的引導來做出正確承諾，而非為了要彰顯自我價值而承諾，這會有多大的不同。

這樣的領悟能帶來智慧和察覺。一個意志力中心空白的人，可以接收他人的自我振動頻率，成為有智慧的人，知道別人是否擁有健康的自尊心。他們得以辨識別人是否有能力履行承諾。他們了解自己不用跟任何人競爭，也不會僅僅為了證明自己的價值，就讓任何人說服他們該做什麼事，或承諾任何事。

完全開放的意志力中心

意志力中心完全開放的人，天生無法確切掌握價值為何、如何衡量，或是需要怎麼做才能獲得價值。如果沒有活在個人內在權威的範疇裡，他們很容易擺盪在自視過高，以及毫無價值的感覺之間。若陷於脆弱或反覆無常的自尊心，以及揮之不去的無力感裡，他們特別容易讓人操控和控制，透過彼此的交情，或是信仰某種說法，而讓那些保證會肯定自己價值的人所左右。

若要分辨一個人說話是否可靠，或是對於物質層面上，金錢和個人權力在如何運用，這些人很有智慧，並且值得信賴。當他們接受自己不需要證明什麼，並且依靠人生策略和內在權威來滿足自己的需求，就能獲得智慧。

未定義意志力中心的非自己對話

　　非自己頭腦是未定義中心的代言人，告訴我們該說什麼或該做什麼。留意這些對話對於去制約是必要的。下面是非自己對話的一些例子，未定義意志力中心的非自己頭腦對話聽起來可能像這樣：我最好做這件事，因為如果我不做，就會變成一個沒有價值的人。我要控制好。我必須要勇敢。我必須不斷替自己打氣，這樣我才會覺得自己很好、很有價值，然後別人就會看見我的價值。我必須很忠誠，別人才會知道我多有價值，這樣我就能向自己證明，我是個很有價值的人。如果我這樣說，並且許下承諾，他們就會看到我有多棒。如果讓他們知道我有多可靠，他們就會喜歡我。他們認為我做得到，所以我最好向他們證明我辦得到。如果我掌控一切，就能證明自己的價值。我不是一個好太太、好情人或好朋友，除非我可以證明這一切。

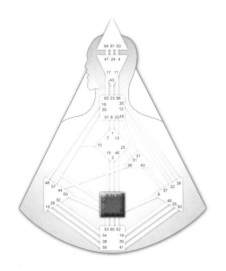

薦骨中心

生產的力量

生命能量，
可回應、可利用、
性欲

生物學關聯性

薦骨中心對應的是女性的卵巢和男性的睪丸。地球上所有生命，都是由這個中心產生的生命動能所培育的。它讓我們繁衍生命，驅動我們養育，和照顧年輕的下一代，使人類存續。薦骨中心的主題，是性欲、工作、繁衍、生命力、遷移和持續力。

身為人體最主要的動力所在，薦骨中心擁有巨大的力量，以生產或退化的方式運作。如果我們不了解如何正確地運用，並支持薦骨的運作機制，它會提前萎縮和退化，讓我們沮喪又不健康。這個動力中心內建的工作與休息周期，要求我們每天都用盡它所提供的可利用能量，如此我們才能好好睡覺。它休息時，會為它的電池充電。但如果遭受逼迫，去做自己沒有回應的事情，它的生產力就會很快衰退，而燃燒殆盡。薦骨中心的生產力，在男性約十八歲時達到高峰，女性則是介於三十三至三十四歲之間。

工作、繁殖、性欲與持續力

任何一個薦骨中心有顏色的人，其類型都是生產者。薦骨中心會產生有創造力的生命動能，擁有引導和維持生命的力量。它的頻率很容易接收訊息，這樣的設計是為了以一種有保護力、健康、誠實、有創造力且堅定的方式，來回應它所遇到的事物。這個中心和其他能量中心的差異，在於三個重要的層面：它的複雜度（僅次於喉嚨中心）、產生生命動能的能力，以及透過自身回應的喉音，來表達當下是否具備可供使用的能力。早在語言能力發展之前，我們可靠的內在導引系統，早就能發出薦骨的聲音。全世界有將近百分之七十的人，可以讓有顏色的薦骨中心來引導他們，所以人類還有巨大、但尚未開發的潛力，能使我們覺醒和察覺。

薦骨中心很容易接收訊息，其設計是藉由發出富有表情的聲響和聲音，回應生命及別人的請求。這種原始的聲音，並非源自我們的喉嚨中心，而是來自腹部的振動（像是橫膈膜的開合），讓我們知道，自己是否具備執行某事的能量。這些聲音告訴我們，我們是否喜歡自己的所見、所聞，或者被要求去做的事。如果每個人都能尊重自己薦骨的本性，及其聲音的導引，就能連結到自己內在的力量。

每個人和每種文化所產生的薦骨聲音可能不盡相同，但它們都很簡單，也很容易辨別。「是」可能有個開放的尾音，聽起來像是「嗯哼」（肯定的語氣），而封閉的「嗯嗯」（否定的語氣）則表示「不是」。如果一個問題的回答是「嗯 (hmmmm)……」（意即「我不知道」），那麼也許是時機不對，或需要換個方式來問。薦骨中心有顏色的人，在聽到自己的薦骨回應前，不會知道也不可能真的知道，何謂正確的選擇。重新與自己的聲音連結，並學習信任它，是活出真實自我，與建立個人轉化潛能的第一步。生產者孩童天生就會發出這些聲音，直到他們被制約，學習用語言回答；當被問到是或否的問題時，他們會發出細微的「嗯哼（ah-huh）」或「嗯嗯（uhn-un）」的聲音。如果父母詢問孩子問題時，可以鼓勵他們這樣的回應，並且尊重孩子的內在導引，就能培養他們的自信心。

薦骨中心連通喉嚨中心

由喉嚨中心連接到動力中心（意志力中心、情緒中心和根部中心）的能量，是顯示發起的能量，會向外推進，或朝向某個人事物移動。而薦骨動力中心會發出特定的、包覆性的能量，自然而然吸引生命和人們，投入它的懷抱，以便做出回應，因而被稱為回應的能量。這就是生產者嘗試發起時，會遭遇阻力的原因：他們企圖扭轉薦骨自然的能量流動。

不過，當薦骨動力中心連通喉嚨中心時（例如透過 34-20 通道），我們會遇到一個特殊情況：薦骨的生產力轉變為顯化的潛力。因此，這個有顏色的薦骨能夠馬上將回應轉化為行動。薦骨中心連接到喉嚨中心的人稱為顯示生產者，他們不只是薦骨發出聲音，還會經常感到自己的回應朝向（或遠離）某物或某人，並化為實質的肢體行動來展現。本書第三章將更詳細地討論顯示生產者。

薦骨中心的九個閘門描繪了我們可利用的生命動能，並顯示出薦骨中心所支援（或不支援）的許多過程。下頁表格描述了薦骨中心的各個閘門。

薦骨中心的閘門

34 號閘門—強大的能量 力量的閘門	賦予力量的純粹動能
5 號閘門—等待 固定模式的閘門	一股固定且重複的模式／儀式的動能,確保既定流程 持續運作
14 號閘門—執著於衡量 強而有力的技能的閘門	釋放能量(金錢、資源),賦予力量朝人生方向前進
29 號閘門—深淵 毅力的閘門	為了真正探索的可能性,做出完全投入體驗的承諾
59 號閘門—分散 性的閘門	與伴侶結合的性能量
9 號閘門—處理細節的能力 專注的閘門	建立模式的專注能量
3 號閘門—凡事起頭難 秩序的閘門	為突變的脈動頻率帶來秩序
42 號閘門—增加 成長的閘門	結束一個循環,將事物帶到終點
27 號閘門—滋養 照顧的閘門	滋養和保護物種存續

有顏色(定義)的薦骨中心 —— 總人口的 66%

　　薦骨中心有顏色的人在這個世界上,是這股旺盛動力的管理人。他們的薦骨動力中心,每天都會產生一定程度的能量,感覺像是不斷地在體內嗡嗡作響。這是一股真實的生命力,讓人感覺閒不下來、坐不住,或需要積極活動,燃燒能量。對他們來說,最重要的莫過於利用每天所擁有的能量,從事熱愛的工作或活動,尋求個人表現,和深刻的滿足感。

　　薦骨的回應非常強大。若以是或否的問題發出詢問,它會立即反應,顯示出目前是否有能量給供給自己和他人。如果回應是肯定的,或朝向某方面行動,薦骨就會全力支持這個決定。如果回應冷淡,或覺得能量被往回拉,則表示在不過度消耗薦骨能量的情況下,該行動將無以為繼。

舉例來說，當有人問你：「你想學怎麼打網球嗎？」而你聽到薦骨說「嗯嗯」（否定的語氣），那麼這就是事實。而且一定要尊重這個真實的回應，因為這是唯一的方式，可以得知有顏色的薦骨中心是否能供給能量，去執行這件事。換句話說，他們聽到的是自己薦骨的聲音，傳遞出目前是否可以取得能量來執行。每個否定的薦骨回應，都會畫出一條清楚而健康的界線，保護他們免於可能的傷害和麻煩，或僅僅只是避免他們過分使用薦骨的動能。如果他們沒有透過正確的回應，就無法完成承諾，堅持到底。薦骨的能量完全無法支持頭腦所做的決定。我們必須了解如何回應，以及如何以有效且令人滿足的方式，正確地運用能量。如果生產者讓頭腦的決定，取代了薦骨的立即回應，他們就會遭遇到阻礙，感覺疲憊、沮喪不樂，或是乾脆放棄。

　　生產者如果無法貫徹始終，就會得到「世界上最虎頭蛇尾的人」的名聲。要避免這種情況，首先要了解的是，為了精通一項技能，或獲得某種能力，薦骨頻率的本質是堅持到底，透過回應，正確地投入能量啟動，這股能量才會開始運作，並持續下去。不同於經由喉嚨中心所顯現的顯示能量，薦骨能量有一段高原期，因此必須有動力，持續穿越這些「卡住」的點，直到忽然間的突破（發起），推動他們升級至下一個階段。如果沒有薦骨能量，這些一再出現的高原期，可能變成難以跨越的障礙，以及沮喪、疲憊和想要放棄的根源。如果薦骨中心有顏色的人有所回應，堅定的薦骨能量會從一開始，就穩定支持他們，唯一的方法，就是得到薦骨肯定而確切的回應。

　　因此，薦骨中心有顏色的人，適用的箴言和人生策略是：「不要發起。」如果沒有人發出要求，好讓薦骨得以回應，永遠不要邁出第一步，或靠近某些事物。他們一旦開始發起，薦骨那股堅持的力量來源，就此被打斷了。唯一的祕訣是等待，讓薦骨保持在隨時可用狀態，才能對那些真正適合自己的事物，作出回應。聆聽薦骨回應的原始聲音，就會知道一個人是否擁有可用的能量。如果生產者知道自己擁有可靠的能量來履行承諾，就能從實踐的過程中獲得滿足，他們會有信心做出正確的決定，並且信任薦骨的聲音。

　　其他人可以感受到，有顏色的薦骨中心擁有強大可供利用的資源，因此會想利用這股能量。如果讓頭腦指揮薦骨，執行不適合的事，便會造成挫敗，以及一個有許多「奴隸」的社會，每個人都筋疲力竭地做著自己不喜歡的工作。我們必須尊重薦骨的限制，透過薦骨發出的聲音，遵從它的指引。

　　對薦骨中心有顏色的人來說，最困難的部分，或許是要接受事實：他們值得信賴的回應，其實是一種機械的過程，既沒道理也無從察覺。回應無關乎對或錯的判斷，也沒有理性或明確的詞彙可以解釋。回應如此純粹，因而完全避開意識層面的察覺。生產者常常形容，生命透過他們來做決定，事實上也確實如此。他們怎麼「想像」生命的形貌都無所謂，生命動能知道什麼適合他們，也知道他們的能量該用在哪裡。這就是他們的真理。他們的耐心和充滿期盼的等待，會讓宇宙將一切帶到他們面前，而他們則回應，讓自己順應人生道路的起伏變化，與自己的人生使命同在。

空白（未定義）的薦骨中心 —— 總人口的 34%

　　這個星球上大多數的人薦骨中心都有顏色，他們創造了強大的制約場（嗡嗡聲），而空白薦骨中心總是容易受其影響。空白薦骨中心的人，對別人與環境的能量高低，極為敏感，並會放大這些能量。薦骨中心空白的人，會讓升高的能量湧入身體，但他們無法處理這些能量。而經常把這種「借」來的能量當作燃料，過度驅使自己，在最後感到崩潰又疲憊。他們的設計並非透過回應而活，所以永遠不能依賴自己的聲音來引導決策，或決定何時該適可而止。

　　薦骨中心空白的顯示者、投射者和反映者，特別容易受到超額能量的影響。他們天生不知道何時該停止，或是如何為自己設定健康的界線。他們空白的薦骨中心裝滿了別人的能量，因此總是忙於工作和家庭，搞不清楚何時該停止。他們承擔了太多，感覺自己像奴隸，卻不知道該怎麼辦。當他們意識到自己累了，卻繼續努力向前，就會對自己的健康造成損害。他們不知道何時（也不明白怎麼做）該抽離開周圍薦骨的能量，重新回到個人的內在權威。

　　他們很難做出判斷，關於何時該進入某份工作或關係、何時又該等待、要停留多久，或何時該離開。他們不斷地接收別人的薦骨燃料，所以最好要確認那些燃料會適用於他們的身體。若要保持活力，維持開放薦骨中心的健康，關鍵會在於理解自己如何與周圍的人連結，而這只能透過人生策略和內在權威的實驗來達成。

　　薦骨中心是關於純粹、生產力、生命能量，尤其是性能量是否可供利用。白色的薦骨中心因為沒有固定的界限，因此很可能被嚴重制約，對於性的態度，可能從些微好奇到極端沉迷。空白薦骨中接受來自伴侶的正面或負面影響，因此每一次性經驗都是獨一無二的。這個訊息對於逐漸成熟的青少年來說，特別重要。這個空白中心的潛在智慧，是要學會健康的性和安全界限，並且能分辨何時該適可而止。這也包括學會依靠他們的人生策略和內在權威，以便一開始就正確地進入關係。

　　薦骨中心空白的人，不具有持續運作的能量，可用於生產和堅持到底；能量一會兒存在，一會兒消失。如果能夠理解並尊重這一點，當他們需要休息，就會給自己時間休息。他們不應該忽視自己的能量狀態。如果他們無法好好管理自己的能量，可能會造成嚴重的睡眠問題，導致睡眠不足，體力無法恢復。就像他們會放大有顏色的薦骨能量，他們也可能放大來自薦骨的疲勞，而誤以為是自己的。對薦骨中心白色的人來說，健康的就寢習慣是，在他感到疲累之前，就先上床睡覺，讓自己放鬆地進入夢鄉。他們需要這種安靜的獨處時刻，好釋放白天所接收的薦骨能量。

大部分薦骨中心白色的人會承認（如果他們夠誠實的話），他們其實並不想工作。他們喜歡悠閒過日，讓別人勞動。不過，當我們觀察薦骨中心空白的人時，通常並非如此，因為薦骨是最容易受到制約，也是制約得最深的能量中心之一。有顏色的薦骨中心數量之多，以及這個星球上整體生產者廣大的能量場，總是輕易淹沒空白的薦骨中心。

然而，當這三種薦骨開放的類型，與自身空白的薦骨中心和平共處時，他們能放鬆下來，擁有健康的界限，並且透過內在權威得知，何時該適可而止。他們會工作一陣子，然後花很多時間休息。他們尊重自己不斷變化的能量流動。他們享受接收別人生命動能的過程，但不會回應，也不認為那屬於自己。他們在工作與休息之間達到平衡，成為有智慧的人，了解薦骨中心那股有創造力、強大而反應迅速的能量如何運作，也知道這些能量要如何才能被生產者善加利用。

完全開放的薦骨中心

完全開放的薦骨中心，不知道該將能量運用在何處。它發現自己的能量四處分散，被各式各樣的東西吸引。不知何時該適可而止，只有被不當而過度的活動耗盡力氣，直到被擊垮，方能停止。

很多人會被薦骨的開放性而吸引，對於我們的存在和存在的理由，感到著迷。薦骨中心完全開放的人，像是克里希那穆提（Krishnamurti）、奧修（Osho）和拉‧烏盧‧胡，給予我們關於存在本質的深刻洞見。這個能量中心可以獲得的智慧是，讓人真正衡量生命動能，明白能量究竟用於何處，之後就能表達或描述，這股獨特的能量為人類所帶來的好處。

未定義薦骨中心的非自己對話

非自己頭腦是空白中心的代言人，告訴我們該說什麼或該做什麼。留意這些對話對於去制約是必要的。下面是非自己對話的一些例子，空白薦骨中心的非自己頭腦對話聽起來可能像這樣：繼續工作吧！我們真的需要完成這件事。我們必須答應那件事，不然可能會錯過什麼。我可以繼續，只要來杯咖啡就好。我們也可以做那件事，沒問題。我們還不累。我不想小睡片刻，也不想躺下來——有太多事要做了。我們幫他們處理那件事吧！我得自己做才行。我們來找個伴吧！我們可以照顧誰？生命如此多采多姿，誰會想拒絕啊！沒錯，我們是做了全部的工作，不過總得有人做啊！我不認為這樣就夠了。界限？什麼是界限？

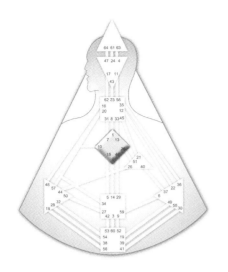

G 中心

愛、認同與方向

磁單極（駕駛座）、
更高的自我

生物學關聯性

　　生理上，G 中心與肝臟及血液有關。肝功能決定了我們血液的健康，而血液會攜帶養分和氧氣，到體內的每個器官和細胞。肝細胞一旦受損就無法替換。我們都知道酒精傷肝，也會使人喪失自我認同。這個能量中心的精神本質，源於印歐文化的傳統，認為輪迴是通過肝臟發生。而這也符合人類圖系統所認為的，磁單極在輪迴過程中的作用。它引領我們進入身體，而在肉身死亡時，帶我們離開。

愛、認同與方向

　　愛：G 中心是人體圖中最特別的能量中心，其重要又神祕的元件 —— 磁單極，是一個單極的磁體。（人類圖中其他的一切，都以二元的形式存在。）這個單極只負責吸引，所吸引的是愛與美。現在花點時間，看看你自己的人類圖曼陀羅。注意你有定義的輪輻，從外輪向內輻射至人體圖中央的菱形。G 中心的樞紐位置，說明了它在人類圖曼陀羅，及我們生命中的重要性，也說明了宇宙和行星的影響力，是如何繞著這個中心運轉，當位於其內的磁單極，將專屬於我們的人事物（根據定義）拉向我們，讓我們體驗自己的生命歷程。我們的設計是，從愛自己開始，享受那被吸引來的愛。

　　在我們輪迴轉世之前，磁單極和設計水晶完美地結合在一起。當胎兒的軀體在孕程中成形，設計水晶會移往邏輯中心，而磁單極則繼續停留在 G 中心，因此產生了分離的幻覺。它們的分離造成了彼此的渴望，於是我們感覺到自己好像一輩子都在追尋愛。而各種形式的愛，就是生命的真諦。這種分離的感覺驅使我們向外尋找愛，努力感受自己該往何處去，以及自己在人際關係中的定位。我們不斷努力著，好讓自己配得上那莫名追求的虛幻之愛。而頭腦利用這樣的追尋，透過我們的開放中心，放大了我們想認識自己的渴望和欲求。好笑的是，這所有的一切，始終都存在於我們體內；我們其實並不需要向外尋求自我，就能知道自己是什麼樣的人，或是要去哪裡尋找愛。G 中心承載著

愛。愛是一股力量，瀰漫整個宇宙，將宇宙凝結在一起，把所有人事物再度拉攏，合而爲一。臣服於身體的引導，回歸本質，就能體驗到愛是如此豐盈。

> 「我們來到世上不是爲了被愛，而是爲了成爲愛。」——拉‧烏盧‧胡

認同：磁單極負責我們生命經驗的許多面向，從出生之前到死亡之後。其中一個面向是，在量子上維繫人體圖中的個性和設計水晶，創造我們一生的自我認同。這個獨特而個人的藍圖，使我們有異於他人，彼此有所區隔。就算沒有自我意識或自我的持續感，還是能清楚知道其存在，也能在人體圖上確實地看到，其所在之處。

方向：另一個面向是磁單極所產生的內在拉力，讓我們在整體中各司其位，使我們在自己的道路上行走。這就像擁有自己的內建導航系統，這股拉力自然而然，會讓我們展現自己獨特的人生角色。如果沒有它，就不會有分歧的意識；我們會覺得自己跟整體合而爲一，而不是獨立的個體；由於分離的感覺，我們無法相互連結，也無法與宇宙中的其他事物相連。磁單極讓我們彼此有別而分離開來，其中那股神奇的神祕吸引力，被稱爲愛。我們的個性水晶和設計水晶結合在一起，就好像被一樁強迫的婚姻，將兩個人束縛在一起。一旦我們接受它們各自特定的角色，消彌這兩個面向於內在的衝突，就能達到自我接納、愛自己的狀態。直到那時候，我們才有能力接受和付出此生渴望的愛。

磁單極知道我們在哪裡、要往哪裡去，以及如何帶我們到達那裡。它吸引了我們這一生所有要遇到的人、環境和事件，決定生命本身如何被引導，並且透過我們，讓一切得以發生。我們將這種穿越時空的移動，稱爲生命的軌跡或方向。每一次正確的決定，都會推動我們，沿著這條軌跡前進。所以，任何尋找皆無意義，只要運用正確的方式生活，最適合我們的人生與愛，就會逐步出現。我們的司機會帶我們到達那裡，而我們唯一要做的就是安心坐好，透過人生策略和內在權威，讓磁單極來引導。

> 「從一開始，空間中的一切都是單向移動。所有存在的一切，無論任何形狀、狀態或形式，都是這個動向的一部分。根據這項重要的科學定律：『兩個物體不能同時占據同一空間。』所有正在移動的一切（而且所有一切都正在移動），都具有獨特的幾何軌跡。我們的生命和幾何軌跡有關。古人稱之爲命運。不過這個詞通常意味著一切都是預先安排好的。我們可以在兩種解釋死亡的方式中，清楚地看出命運和幾何軌跡的差異。命運，也就是預先決定論，認爲死亡的『時間』是固定的、已經寫好的。而幾何軌跡則認爲，只有走向死亡的『方向』是固定的。」
>
> ——拉‧烏盧‧胡

愛之船與人面獅身的輪迴交叉

位於人類圖曼陀羅內菱形的 G 中心，有八個閘門形成一組對稱結構，讓內輪的黃道十二宮，與外輪的 G 中心的八個閘門互相對話。人類圖曼陀羅指出，磁單極如何透過它，在我們體內的愛的核心，將生命從環繞、提供我們訊息的大宇宙中，拉向我們。

這個結構中表現了兩個關鍵的輪迴交叉。第一個是「愛之船」交叉，其中四個閘門代表了人類之愛（15 號閘門）、自我之愛（10 號閘門）、宇宙之愛（無有分別地愛所有

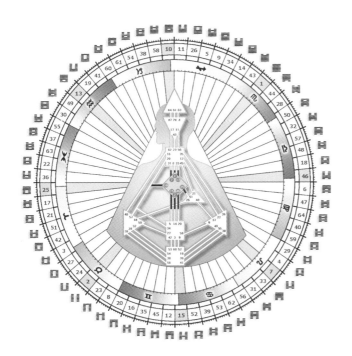

存在的能力，25 號閘門），以及身體之愛（46 號閘門）。磁單極會調控這些超越個人之愛的機制，及其構成整體所必需的反面——恨的形式。如果沒有磁單極與設計水晶分離而產生的渴求，或是沒有「設計」（紅色）和「個性」（黑色）之間的張力，在量子上維持我們的定位，我們就無從體驗愛與恨二元的推力與拉力。我們生活在二元的世界，若缺少其中一方，另一方就無法存在。我們追求的是兩者之間的平衡與和諧。第二個「人面獅身」交叉代表的是方向。因為有了分離和區別，我們需要

參考點，確定自己的位置，也就是一個比較的基準點。如果各個自我沒有區別，我們就不會、也不需要有方向。如果萬物即一，也就無處可去。人面獅身交叉四個閘門中的三個，其運作就像為我們指出過去、現在或未來方向的觀點。而第四個閘門是駕駛員（2 號閘門）。駕駛員可以注視現在所處的位置（1 號閘門），可以向後看（13 號閘門），也可以向前看（7 號閘門）。這四個閘門又被稱為角色閘門，而我們的人生角色，是根據幾何軌跡與方向的正確性，得到實踐。

關於這兩個輪迴交叉複雜又迷人的數學、美學與對稱，在進階的學習課程會更詳細地探討。但在這裡要注意的是，愛之船交叉如何圍繞著整個生命週期。它的四個閘門分別標記了四季的開端。春分發生在太陽進入第二十五號閘門的時候；而當太陽進入第十五號閘門時，我們慶祝夏至；秋分出現在太陽進入第四十六號閘門之際；而冬至（一年中最短的一天）則在太陽進入第十號閘門時開始。

G 中心的閘門

方向的閘門	
1 號閘門—創意 自我表達的閘門	我們現在的位置 創造的能力
13 號閘門—夥伴關係 聆聽者的閘門	回顧過去以指引方向 聽取別人的祕密
7 號閘門—軍隊 在互動中自我定位的角色的閘門	前瞻未來以指引方向 透過影響力來領導
2 號閘門—接納 自我方向的閘門	方向或願景 指導者或駕駛員
愛的閘門 15 號閘門—謙遜 極端的閘門	人類之愛，擁抱不同節奏與行為的極端
10 號閘門—前進 自我行為的閘門	自我之愛 做自己的愛
25 號閘門—天真 自我精神的閘門	宇宙之愛，無論任何情況都保有赤子之心
46 號閘門—推進 自我決心的閘門	身體之愛 決心執行到底

有顏色（定義）的 G 中心 ── 總人口的 57%

G 中心有顏色的人，擁有固定且可靠的自我認同，一種被愛而讓人喜愛的感覺。他們能夠安心地愛自己，也能愛別人，而不至於變得依賴。他們可以感覺到屬於自己的正確方向，或人生使命，而且天生就能為別人指引新方向（和可能發展的愛）。他們能深刻感受到與此能量中心的連結，因此能夠安撫那些擔憂人類發展方向的人，幫助他們了解物種的進化方式。

他們經常遭遇的困境是（尤其在沒有依靠內在權威的時候），期待每個人都前往他們要去的地方，即使有時候他們也不知道生命會將我們帶往何處，或是如何到達那裡。如果他們沒有等待別人的詢問或邀請，就試圖指導或引領別人，或是忘了，並非每個人都要跟他們走相同的路，爭議因而出現。他們並不知道自己無法改變，或控制其方向，所以若別人覺得不舒服，或無法跟隨，那麼雙方都需要自由地走自己的路。雖然他們的 G 中心有顏色，但如果屈服於別人強加在他們身上的期望，或是被別人的期待所制約，就是捨棄了自己的方向，而無法真正愛自己，那麼他們可能會經歷非常失落的人生，於是乾脆自暴自棄。

空白（未定義）的 G 中心 —— 總人口的 43%

G 中心空白的人沒有固定的身分認同。這不是缺陷，也沒有錯。只是他們很難理解，為什麼自己會活著，卻不知道自己是誰，也沒有一致而可靠的自我認同感。沒有人真正知道他們開放性的界限在哪——他們自己也不知道！他們會融入或適應於與他們有所互動的對象，也能適應任何環境。無論如何，他們總會受到周圍人們的能量場（定義）所影響。他們來到世上，是為了學習「存在」的許多面向。隨著時間過去，當他們處於正確而有助益的穩定關係裡，舒適的自我認同就會浮現。

他們非常容易開始一段關係，因為截然不同的人會互相吸引。能量中心有顏色的人，自然會被能量中心開放的人所吸引，反之亦然。G 中心開放的人，會從「借」來的身分認同與方向中，獲得安全感，而 G 中心有顏色的人，則看到被反射回來的自己，然後心想：「他們就像我一樣。」如果 G 中心開放的人回到自己的設計，他們會知道其他人看到的只是反射而已，而 G 中心有顏色的人則會意識到，他們的夥伴跟自己並不一樣。如果忽略這差異讓關係持續，有顏色的一方便會將自己的自我、身分認同和方向，強加在對方身上，並對此毫無意識。

空白 G 中心的人並非沒有方向。他們確實有個不停運作的內在定位儀，但運作方式不同於有顏色的 G 中心。空白 G 中心會被指引或帶往各處，也可能受他人影響而去很多地方。這是他們人生道路的一部分。嘗試各種方向，是他們決定何處才是適合自己的方式。他們會收集適合自己的地點，好讓自己能夠再次回到那裡，例如適合用餐、購物、工作和娛樂的地方。

空白 G 中心的箴言是：如果你處在錯誤的地方，就會和錯的人在一起。空白 G 中心擁有特殊的配備，當所處環境不適合他們時，他們可以偵測到。如果有人帶他們去一間感覺不對的餐廳、住所、商店或辦公室，他們會自動將那種不舒服感轉移到帶他們去那裡的人、在那裡遇見的人，或是在那裡所提出的各種提案或協議上。

舉例來說，你想將一位 G 中心開放的女子，介紹給可能合作的業務夥伴，於是你帶她去一間餐廳，如果這間餐廳對她來說，是個錯誤的場所，那麼這合作關係就無法建立。不妨換間餐廳，再試一次。當你找到一個適合她的地方，就能準確評估出合作關係的可行性。這就是 G 中心空白的人在自己的軌道上遇見他人的方式。一切皆與地點有關。當 G 中心空白的人待在對的地方，他們會有正確的人生方向，也會遇見正確的人。當他們的空白中心放大周圍人們的能量，由於反映出正確的能量，他們就會充滿活力，這就像是他們待在哪裡，就會變成怎樣的人。換句話說，錯誤的住所、工作或關係，可能會是他們極度痛苦的原因。

擁有開放的 G 中心，其美好之處在於，周圍的人經常成為樂於相助的盟友，提供各種建議，並熱心幫忙。新的方向和新的戀情，總是被帶到他們面前。朋友會告訴他們一切事物的所在位置，並且帶他們找到正確的人、地點和工作。空白 G 中心的非自己問題是：「我是否仍試圖找到方向和愛？」如果他們與自己的車輛同在，就不必憑一己之力去尋找任何東西。事實上，他們也無法幫自己找到什麼。這方法對他們來說並不管用。

就以找房子為例，一開始你會先打電話給朋友和仲介，說明你要找怎樣的房子。接著你可以休息一下，等著看他們會幫你找到什麼。藉由參觀他們為你找的每一個地方，去感覺哪間房子適合你。一旦找到那個地方，除了支付費用和表達感激，謝謝他們帶你看房子，你並不虧欠他們什麼。他們本來就要為你服務，這是他們在你生命中應當扮演的角色。同樣的策略也適用於愛情。當你停止追著愛情跑的那一瞬間，愛就會來臨。如果你能理解，並接受自己的設計，其實是要等待別人發起，並帶你到適合的方向和地方，就會為你帶來深層的解放。G 中心空白的人需要獨立性，也需要有人在身邊支持他們，讓他們自由地探索生命的廣闊。如果他們發現到自己身處錯誤的關係中，會覺得被困住而開始尋找出口。

如果孩子的 G 中心是空白的，請確保他們能安心舒適地待在自己的房間，或專用遊戲室，這關係到他們在發展階段這幾年，是否能單純活著，健康的愉快成長。如果環境中有任何讓人不舒服或不愉快的東西，盡可能改變並調整。這個做法也同樣適用於學校。如果學校環境感覺不好，孩子將無法良好地成長茁壯或學習。即便只是讓學生換個座位，也可能有所影響。

G 中心空白的人，想法中潛藏著強而有力的動機：「哪個方向會帶我找到愛？」透過與非自己的對話，頭腦所做的每一個決定，幾乎都經由這個問題來過濾：「這是我能找到愛的地方嗎？」非自己可能會執迷於自己前進的方向，以及尋找愛情的時機，這也迫使他們試著了解自己是誰，以尋求自我認同。他們可能會忙著爭取各種頭銜加在自己名字後面，這樣他們就可以宣稱：「我是醫生、教授、律師。」他們一次又一次地發起，只會不斷遭遇阻力。他們因為不知道自己是誰，因而覺得自己有問題，而這又促使他們去尋求虛幻的自我。生命若沒有固定的方向感，可能會令人不知所措。而地點彷彿是個難解的謎，因為它並不像我們頭腦所想的那樣。如果 G 中心空白的人試圖透過頭腦，了解自己，就會錯失愛情和正確的方向。人生策略和內在權威永遠是這個問題的解決之道。

當 G 中心空白的人能與自己和平共處，他們就不需要預期自己的下一步行動，或愛情何時會再來。他們只需安然靜待，讓環境中的人事物帶來啟發。他們會了解這並非自己所能決定，也相信道路會在對的時機點，逐一顯現在他們面前。他們不會依附任何人，期待有人會帶領他們前往正確地點或遇見所愛的人；他們只是簡單表達感謝，然後繼續前進。這讓他們能夠自在地面對所有類型的人，並且看出別人是否真實地活出自己。

G 中心白色的人能享受事物在他們面前展開，而不會感覺失落或迷惘；他們能夠隨遇而安，善用別人的指引。他們能告訴我們，何謂愛與方向，因爲他們接受所有愛的可能，也體驗了各種不同的方向。雖然可能永遠看不到自己的目的地，但他們很清楚只要活出自己，接下來的每一步都會逐步顯現。到最後，G 中心空白的人將會是生命中最好的嚮導。只要放下對自我認同和愛的需求，他們能與任何人銜接，並且給予別人眞誠而正確的指引。他們來到世上是爲了獲得智慧，體悟到所謂的自我認同，是如何透過一個人的行爲來展現。許多舞台和銀幕上的偉大演員，都有空白的 G 中心，因此他們缺乏固定的自我認同。他們可以將要扮演的角色（身分認同）深刻地內化，也可以將之反映出來，塑造成有說服力又吸睛的人物。

完全開放的 G 中心

　　完全開放的 G 中心，讓這個人缺乏清晰可辨的人格特質，也沒有與生俱來的方向感。如果不依靠個人的內在權威，G 中心完全開放的人會感覺漂泊，充滿不確定性，而請求別人認同和指引他們，確認他們值得被愛。這會讓他們很容易受到操控，並且被別人的要求所制約。一旦他們把自己的內在權威交到別人（有權力的人或是機構）手上，就再也無法活出自己眞實的潛能。

　　隨著時間過去，當他們對自己設計中的開放性感到自在，就會發現自己的道路或方向逐步展開，感覺到自己是獨特的存在。就像那些 G 中心空白的人一樣，他們擁有豐富的體驗，了解存在的本質、自我之愛，以及我們這輩子注定要走的道路，而我們所有人都能從他們所累積的智慧中獲益。

空白（未定義）G 中心的非自己對話

　　非自己頭腦是白色中心的代言人，告訴我們該說什麼或該做什麼。留意這些對話對於去制約是必要的。下面是非自己對話的一些例子，白色的 G 中心的非自己頭腦對話聽起來可能像這樣：我是誰？我應該去哪裡，才能搞清楚自己是誰？誰能告訴我？我會愛上誰？誰會愛上我？我要怎樣找到他們？哪裡可以找到他們？我這輩子該做些什麼？我應該去哪裡才能搞清楚我這一生要做什麼？是那裡嗎？還是這裡？到底是哪裡？我感覺失落嗎？往那裡去吧，我們可能會因此找到一些線索，從中得知我是誰，或我的人生該怎麼辦。跟這個人在一起吧，這樣我就能感覺到自己是什麼樣的人了。

「當你依循人生策略和內在權威而活，那一刻，會是你人生中第一次真實運作，同時與真正的方向有所連結，這就是過程的起始點。當一切就定位，而你往前，就會開始打開各式各樣全新的視野。首先，抗拒會消失，最直接的層面是你能回歸自己，並且做出決定，立即能移除人生中那些根深柢固的重擔。

你開始明白自己可以信任內在的決策過程。你開始坦然面對自己的內在權威──這是每個人一生下來就被剝奪的東西。我們被外來的權威所支配。同時，你若依賴腦袋介入，將會被空白之處的混亂所淹沒，這是一場困獸之鬥。」

──拉・烏盧・胡

第三章
內在權威
我們獨特的真實本質

第三章 內在權威

我們獨特的真實本質

本書第二章介紹過，你那強大又有才華的頭腦深信，它知道什麼對你最好，千方百計想成為你生命中的權威。你的頭腦會不擇手段，想盡各種辦法，保有控制的假象，而身為人類，每個人皆具備極大的差異性，於是頭腦反倒讓我們進退兩難。你可以讓頭腦當你的盟友，不過你要明白自己的內在權威，並且尊重它，並深入了解你所屬類型的人生策略。運用這些工具，就能解放頭腦，讓頭腦成為乘客，放鬆，安然觀看人生的風景，享受其旅程，並扮演其真正的角色——成為他人的外在權威。

人類圖體系教導我們，如何依循自己的內在權威而活，如何做出對個人而言正確的決定。雖然我們備受制約，而向外尋求認同和權威，並倚賴頭腦做決定。但我們其實擁有值得信賴的個人內在權威，在作決定時得以依循。當我們有意識地運用自己的人生策略和內在權威，就會與自己獨特的幾何軌跡（道路）結合，而我們的基因組成、輪迴轉世的原因，以及我們的獨特性，都會透過真實的自己得以展現。而居住的地方、工作與關係等，這些事情會自然而然步上軌道。

人體圖中有幾個中心，可以成為個人的內在權威，而每一個皆代表不同的決策方式或模式。各個模式的階層如下所列，接下來幾頁也會詳細說明。一旦頭腦被解放，不再承擔做決定的任務，它就能在我們的生命中發揮正確的作用，成為重要而寶貴的觀照者，以及成為別人的外在權威。

權威的階層

- 情緒中心（情緒型權威）
- 薦骨中心（薦骨型權威）
- 直覺中心（直覺型權威）
- 意志力中心（自我型權威）
- G 中心（自我投射權威）
- 環境（無內在權威）
- 月亮（月循環）

在你的人類圖中，會列出你個人的內在權威。以下概略說明每種類型的內在權威。

情緒型權威

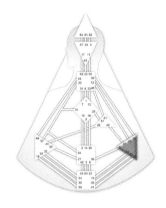

當情緒中心有顏色的時候，它的階級高於人類圖中，其他所有的權威中心。我們在第二章得知，情緒中心運作的方式是情緒波，而等待清明，則是其人生取得和諧的關鍵。在這個星球上，50% 的人，情緒中心有顏色，他們的設計是，等待經歷自己的情緒的周期，再做決定。他們的格言是：「當下看不見真相。」真相會隨時間而揭露，最終浮現出清明的感受。等待經歷完情緒周期，再做決定，耐心是關鍵要素。因為當下看不見真相，隨興而做出決定並不可靠，是基於非自己的決定。時間是此內在權威的關鍵，等得愈久愈好。時間，讓人在需要做決定的當下，與決定本身，拉開了些距離，儘管絕對的清明，或百分百的確定，非常罕見，但只要耐心等待，你就會獲得清晰。目標是盡其可能愈來愈清晰。

最好避免在情緒波的高點或低點決定，因為這會帶來混亂，通常會造成遺憾。當下立即的反應，欠缺深度。雖然要抑制當下立即反應的衝動，著實困難，不過最好還是等到平靜無波時，再做決定。請記住，你的真相（清晰）會隨著時間到來。當你臣服於不確定性裡頭所蘊藏的深度，就能超越「贊成或反對」這種一時的反應。你可以運用等待的內建機制來辨別，避免因為隨興而犯錯。情緒中心是強而有力的動力中心，也是溫暖而誘人的能量來源，讓人渴望靠近。等待清明到來，這讓你占優勢，當你請對方等待，花時間仔細考慮對方的提議，假如這對雙方來說，都是正確的提議，此時他們可能會發覺到，你或你的能力變得更加重要、更加吸引他們。多實驗幾次，你會學習和了解這種決策方式，並且你會發現原來等待的力量可以如此強大。

薦骨型權威

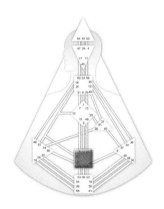

當薦骨中心有顏色，而情緒中心空白時，我們擁有的是薦骨權威 —— 這是屬於生產者的領域。當生產者被要求將其能量投注行動或關係中時，他們通常馬上會發出或感覺到薦骨的聲音，也就是我們常聽到「嗯哼」（好）或「嗯嗯」（不好）。如果有任何猶豫，像是「嗯……」，就代表著：「我現在不知道 —— 晚一點再問我，或是換個方式問我。」薦骨權威透過回應來告訴生產者，何者對他們來說是正確的，他們的界限在哪裡，他們現有的能量想支持或投入的是什麼。相較於情緒中心，必須靜待時間顯現真相，薦骨中心所表現的是當下的真實，薦骨僅在當下運作，無法預測未來。它的回應告訴你，哪些人的能量或要求對你來說是正確的，還有你的能量是否可以交由別人使用，或執行某項任務。當你

聽見薦骨給出放手去做的回應，你知道自己將擁有足以堅持下去的能量來源，直到任務或關係完成，或你再也不想在此灌注能量為止。薦骨回應是可靠、實在並值得信賴的指導原則，能夠減少阻力，並獲得最大的滿足感。

然而，經過多年制約，你會發現自己需要與自己薦骨的回應，再一次連結。有個好方法是，找個人來問你的薦骨「是」或「否」的問題。當別人問你時，讓薦骨即刻回應。你可能得花點時間，熟悉自己的薦骨如何回應，你愈常練習，回應就會變得愈來愈清晰。這個奇妙的方法可以重新喚醒，並再次強化你的回應能力，成功與那總是準備好要回應的內在導引系統，重新連結。

直覺型權威

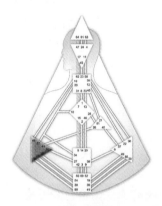

如果一個人具備有顏色的直覺中心，而薦骨或情緒中心沒有顏色，代表他具備直覺權威。直覺權威是一股內在的察覺力，就像瞬間對某件事或某個人產生共振或了解，知道對你而言是否健康。高度演化的生存智能讓我們面對眼前的環境、方向、機會時，保持警覺，同時能區分對方是否安全？相互連結是否有益？何者無益。

這類型的內在權威需要深層的注意力，留意許多細微的生理感受，還要有能力在必要且正確時，不顧一切展開行動。直覺的聲音輕柔，而且不會重複。為了生存，活在當下，接收身體告訴你的訊息，這對能否存活，至關重要。這是一個全然存於此刻的權威，其設計要確保你安全無虞。別讓頭腦或別人的情感需求、渴望和壓力，而讓你對來自直覺中心的訊息心存懷疑，或忽視它的存在。

直覺中心會持續且自發地，時時刻刻傳達關於身體健康的訊息，聆聽它的警告，能讓你獲得偉大的智慧。擁有直覺權威的人，無暇深入，也無法考慮其決定，將來可能衍生出更廣泛的影響。他們必須在當下做決定。若是等待，而那當下與訊息便一去不復返。

直覺中心所察覺的並非未來，對你而言正確的事，十分鐘、一小時或一天之後，都可能有所改變，而你的行動也會跟著改變。如果現在有某件事對你來說，是正確而安全的，你憑直覺就會「知道」，反之亦然。為了重新熟悉，並尊重直覺的引導，你需要實驗，也要深信你身體（車輛）的內在智慧，會安全地帶你前往要去的地方，以適合你的方式，與對的人同行。

意志力中心（自我中心）顯示型權威

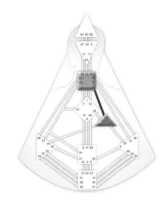

自我顯示型權威，受到意志力中心的動力所驅動，進而顯化。顯示型權威是有關表達。這個內在權威是透過喉嚨中心，以口語表達，所以爲了知道自己的眞實，就要聆聽自己所「說」的話，而非頭腦的意見，這對你很重要。身爲顯示者，你的告知必須在當下，以言語來表達，這並非你認爲自己應該說的話，而是當你不再費力控制時，說出口的話。非自己總試圖控制我們的話語，但實際上，你在當下脫口而出（沒有經過大腦）的每一句話，才是屬於你的眞實。如果你企圖以任何方式，預先編寫好要說的話，就會失去與內在權威的連結。你的設計天生就具有影響力，對你來說，重要的是，要相信自己所說的話，而不是讓頭腦凌駕其上。關鍵是，臣服於你聲音中的眞實，這是你的影響力來源。你有很多的開放中心，爭相吸引你的注意力，所以你不能信任非自己的頭腦來爲你發聲。你的聲音會發起，並主導你的人生。讓你的聲音領路，而你跟隨。信任自己的聲音。

意志力中心（自我中心）投射型權威

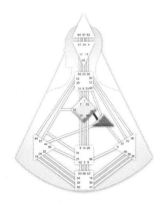

擁有自我投射型權威的人，其意志力中心會透過「發起的通道」（25-51通道）連接G中心。這是一種罕見的投射者形式。對這些人來說，人生策略和內在權威非常重要，他們唯一能信任的，就是等待邀請。這個非常強大的G定位中心，被好幾個空白的能量中心圍繞，因此你很容易迷失於這些開放的部分。由於缺乏連接至喉嚨中心的動力，所以關鍵在於，遵循你的投射者策略，等待別人看見並發出邀請。在人生中，你需要有人來到你面前邀請你。投射者的領導力，對別人的生命帶來重要的影響，他們來到世上，就是爲了指導我們。當邀請來臨，你具有非凡的能力，化爲一股蛻變的力量。不過，如果你迷失在非自己的開放狀態中，將無法取得投射者在人生中原本能獲得的成功。當你做決定的時候，請自私地問自己：「我想要什麼？這能帶給我什麼？」意志力中心是一個動力中心，做與不做，取決於你的意志（能量）。當你等待著，在別人認出你的才能之前，請利用時間做好準備，這很重要，學習整體系統的相關事宜，將幫助你指引他人。

　　無論是任何形式的自我意識權威，或甚至不是內在權威，有顏色的意志力中心都要承諾，同時完成，以證明其意志力能履行正確的決定，如此他們才能保持健康。當進入任何狀況，被要求長期投入能量時，爲了避免對心臟造成負擔，要做出正確決定。

　　此外，有顏色的意志力中心必須在工作和休息間，取得平衡。事實上，意志力中心的人工作，也是爲了想擁有玩樂的時間。不論在能量或生理層面，維持平衡有其必要。

自我投射型權威

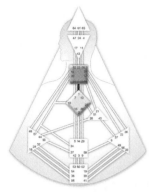

　　自我投射型權威，源自 G 中心，透過四條通道中的任何一條，連接到喉嚨中心。這個內在權威的關鍵是，聆聽你所說的話。你需要知道的一切，都在你的話語裡，而你擁有的 G 中心，是非常強大的自我認同聲音，它會為你發聲，以回應邀請。透過你的核心定位，表達出屬於你的真實。如果你並未表達真實的自己，成功就此遠離你。當你被邀請，請聽聽自己說了什麼。別試著以頭腦設想自己要說的話；你只需聆聽，並且信任那一刻自己所說的話。

　　這種類型的內在權威不帶動力中心，你可能完全迷失於開放中心所帶來的種種制約，容易忽略自己當下的聲音，而無法實現獨特的自我。你的設計須透過忠於自己，並根據為「你」帶來愉悅與喜樂的事物，進而引導你做出決定。問問你自己：「這會讓我快樂嗎？這能讓我表達自我嗎？我是否朝著正確的方向前進？」跟別人討論你即將面臨的決定，很有幫助，因為這樣你就能聽到自己的說法，感受此決定能否為你帶來滿足的感受。為了避免用頭腦做決定，你要專注聆聽自己所說的話，而非空想。G 中心有顏色的人經常能為別人指引方向，不過唯有聆聽自己當下所說的話，才能聽見屬於自己的方向。

環境（頭腦型投射者）

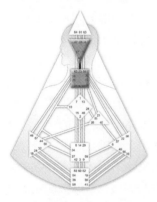

　　頭腦型投射者可能是邏輯中心連結頭腦中心，或是邏輯中心連結喉嚨中心，又或者是頭腦、邏輯和喉嚨中心彼此互相連結。沒有能量中心作為個人的內在權威，這是非常罕見而且獨特的設計。當喉嚨中心以下沒有能量中心有顏色時，這樣的設計會透過開放的能量中心，在環境之中所得到的感官訊息，獲得指引。如果環境感覺不對勁，那麼跟你在一起的人，或是在那裡交流的想法與達成的協議，皆不正確。你要問的第一個問題是：「這個環境對我而言正確嗎？」要注意的是，你要察覺頭腦的力量，以及其介入決策的傾向。若要決定哪種環境適合你，健康而有益的做法是，帶著疑問親自拜訪，留意並確認你的身體「感覺」如何。

　　雖然對你來說，有群值得信任的智囊團是件好事，不過最好不要為了聽取意見或建議，而去討論決定。最好的做法是，將你的智囊團當成聲音的反射板，這樣就能聽見自己對決定的諸多考量。

月亮權威（反映者）

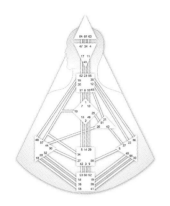

如果沒有任何能量中心有顏色，就是內在權威爲月亮的反映者；月亮權威由月亮通過人類圖曼陀羅的二十八天周期所決定，在這段期間，月亮會一一探訪六十四個閘門。反映者的設計是，在做重要的決定之前，要等待個人固定的月亮過境模式通過，而且每個月，這個模式都會重複一次。如果他們了解並遵循此模式，就能在決策過程中獲得清明，同時享受反映者的人生，持續享有驚奇與快樂。如果不尊重自己的月循環，他們可能會感到失望與不安。對反映者來說，關鍵是放慢腳步，別讓世界催促他們。

環境對反映者很重要，因爲他們反映環境。反映者的核心與空白的 G 中心息息相關，在對的環境裡，跟對的人在一起，對他們的健康產生重要影響。如果環境帶給他們不好的感覺或不健康，他們會覺得不舒服或不自在。相反地，如果環境帶來的感覺很好，他們就會覺得舒適。反映者必須擁有值得信任的智囊團或知心好友，跟他們討論，在月循環期間的各種情況和可能的決定。只要傾聽自己所說的話，隨著時間過去，反映者終有一天會獲得內在的覺知，那會是一種深刻的內在感覺，知道怎樣的決定適合他們。有關反映者的更多訊息，請參閱第四章。

解放頭腦，讓它化為外在權威

遵循我們的人生策略，可以連結自己個人的內在權威。當我們依照自己獨特的眞實自我來運作，空白的中心就會成爲智慧之所在。這些空白的中心非但不會以扭曲的方式造成制約，反而能清晰且準確地告訴我們，周圍世界發生了什麼事。一旦我們步上軌道，與自己正確的幾何軌跡並行，頭腦就會開始展現潛能，化爲他人的外在權威。表達我們的思維，也能與別人交流分享我們獨特的經驗和看法，以自己所學習的經驗，來啓迪眾人。頭腦是爲了思考、提問、解釋、教導、啓發、記憶、組織、識別和處理資訊。這些皆是我們分享頭腦天賦的方式，而有些人生來要接收引導，再本其權威來回應。我們愈能運用自己的人生策略和內在權威，就能讓頭腦卸下做決定的任務，進而獲得解放，如此一來，我們的外在權威對別人來說，就會愈來愈寶貴。一旦我們與自己眞實的本性連結，我們就等於順應自己的生命動力，以及眞正的人生使命。於是，我們的頭腦會自然浮現具有獨特價值的想法，而這正是別人一直期待聽到的。而獲得解放的頭腦，將重拾潛力，最終表達出我們投入輪迴的獨特原因。

將自己視爲答案而非問題 ——拉・烏盧・胡

第四章
四種類型與人生策略
活出我們的設計

第四章　四種類型與人生策略

活出我們的設計

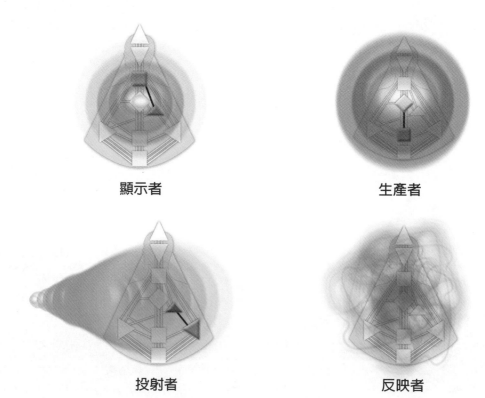

顯示者　　　　　　　　　　　　生產者

投射者　　　　　　　　　　　　反映者

　　一七八一年出現轉換期智人宣告了人類的轉換，也促使人類進一步區分爲四種類型：顯示者、生產者、投射者與反映者。類型構成了整個人類圖系統的基本本質，而人生策略跟內在權威則提供不同類型的人進行實際、激勵及轉變的資訊。在人類圖設計系統中，類型無關乎心理或個性，主要是與身體、基因以及能量場有關。不同類型的能量場各有其獨特振動頻率，跟血型一樣，可以清楚區分。了解不同振動頻率所形成的能量場，會造成每個人在本質上細微的差異。人跟人之間的溝通是透過能量場，而能量場是由身體的基因所構成，也就是在人類圖中，被定義的不同中心。定義決定類型，而類型則透過能量場展現。

　　四種類型的分類是根據他們是否具有穩定的生產或發起能量的能力。顯示者及生產者這兩種是屬於能量類型，而投射者及反映者則屬於非能量類型。非能量類型無法持續產生動力及展現，因此在工作上的持久力有限。不過，一旦選擇遵循內在權威的運用，將有助於激發最極致的能量潛能。

「能量場是人類的完整呈現，支配我們的行為表現，是我們和別人互動、給予別人感受的方式。」——拉・烏盧・胡

　　每個生命體都被所謂「磁場」或「能量場」所包圍。以人來說，能量場的範圍就是兩隻手臂長度所能伸展的範圍之內。當能量場彼此連結時，會產生非言語溝通但又無法忽略的影響模式。若能理解並尊重不同類型的人皆有不同的能量場，便可以創造出比較和諧的溝通與相處模式。能量場具有引發反應的本質，溝通出我們是什麼樣的人：生產者的能量場會挑動別人發出詢問，好讓他們能回應；投射者則是促使被認同及被邀請；顯示者是發起挑戰或行動；反映者則充分反映別人的狀態。每種類型只要允許並接受能量場運作，就可以輕鬆自在運用人生策略過生活。

　　人類身為高等群居生物，為達需求或目的，必須與他人互動。這代表每個人都要學習讚賞與尊重他人的獨特性，同時也了解並愛自己，在溝通上溫和地呈現自己的獨特性。不同類型之間能量場的溝通就從人生策略開始。

人生策略反應了每種類型獨特的能量場

　　當談及人類圖中不同類型的人生策略時，指的是一種沒有阻力、遵循自己人類圖設計的方法，並支持讓我們在整體的流動中，得以保持自己獨特的幾何軌跡，達到真我。人生策略並不是一種哲學，而是根據基因所構成的人類圖運作，是讓每個人活出完整設計的唯一方法，進而對健康、性關係、人際關係和人生目標的發展方向產生影響。

　　所有人類圖的分析都從類型開始，而每種類型都有簡單、易懂的人生策略，可以有效地運用在彼此之間的互動。人類圖曼陀羅（The Human Design Mandala）與人體圖分別提供了宇宙運行背景和藍圖，並依此決定了人生策略。一旦開始以人生策略過生活，不同類型的人將可體會他們追求的目標：平和（顯示者）、滿足（生產者）、成功（投射者）或驚喜（反映者）。你會發現自己的內在有某樣東西隱藏在層層制約之後。你將會觸及自己內在那個總是知道什麼是對、什麼是錯的自己、觸及那種不論生活遭遇到什麼，都能明辨對錯的內在境界。運用人生策略可以打破人與人之間比較的慣性，並且開啟一條發現獨特自我的道路，使得你樂於做自己。人生策略會讓你內在的本質自由發展，人生所追求的目標也將能自然顯現。開始運用你的內在權威與策略過生活，展開屬於你自己的經歷。你可以自行測試，看看你的人生策略對你是否合適。請以你的內在權威與策略，取代大多數人將外在權威加諸己身的盲目信仰。

顯示者

封閉且反抗型的能量場

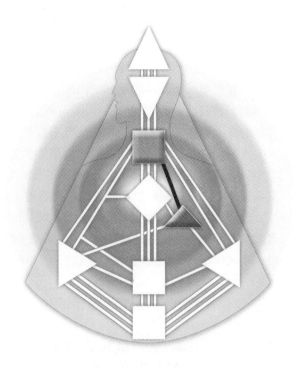

非自己主題：**憤怒**

人生策略：**告知**

目標：**平和**

顯示者類型

有兩大特點可以明顯區別出顯示者跟其他類型的不同。第一、顯示者的薦骨中心未被定義，這也說明了爲何顯示者是整體中的少數。第二、喉嚨中心與人類圖其他三個動力中心——意志力中心、情緒中心、根部中心——有直接或間接的通道連結。

顯示者很希有，在全世界的人口中少於 10%。

概論

顯示者不需要等待老天或是外力迫使他們行動，人類的冒險旅程就此展開。顯示者封閉且具反擊性的能量場所帶來的能力，經常表現在爲了捍衛生存或理想上，因此他們經常扮演領導統馭的角色，例如將軍或大祭司。身爲類型中唯一純粹的行動者，顯示者在不斷征戰防禦國土的同時，藉由建立法律制度以穩固權力。現今的宗教及世俗的階級制度，就是顯示者所企圖控制，而且避免被挑戰所留下的產物。

顯示者所扮演的傳統統治者的角色，大約在一七八一年結束。然而，人類也從七大中心轉變成為九大中心。如今仍屬於陽性代表（屬於先人力量）成員的顯示者，生活在代表陰性（屬於接收型）生產者所主導的環境中，他們不再夢想建立帝國或者主導社會文明的進程，而是尋求一種可以整合他們與生俱來、獨立、特有且不可或缺的力量，好對這個限制他們自由的社會產生影響力。

　　顯示者所展現的天賦，在於他們有能力獨立完成任務、發起行動並影響別人。但是，當這些特質讓其他類型感受到威脅或不可預期性時，反而使其他類型表現出想要控制顯示者的企圖。此外，顯示者喜歡自在享受獨處，並從中尋求期望中的平和感。他們從不覺得需要外人協助，也因此無法理解別人為何在意他們做了什麼，試圖想抗拒或控制他們，特別是來自父母的掌控。小時候對抗外界制約不愉快的經驗，讓顯示者呈現憤怒，也就是非自己狀態。這些非自己狀態有時會表現出生氣、叛逆或被動、不動。不管是哪種方式都會壓抑顯示者的內在力量，並讓他們貶抑自我價值，這也突顯出學習與了解人生策略的重要性。若能學習主動告知，將可降低來自他人反抗的壓力。而絕大部分顯示者所追求的人生，是得以平和去做他們想做的事。

　　顯示者與生俱來的獨立特質，使得他們以自己的內在權威為準繩而行動時，不需要他人詢問或邀請。他們是自成體系，獨立自主的個體。而他們前瞻性的特質，讓其他人宛如外星人一般，顯得落伍、無法自困境中脫離。他們經常需要等待世人跟上他們的腳步。

　　顯示者經常出現的疑問：「我會得到回應嗎？會有人因為我而受到鼓舞嗎？有人會回應我所發起的問題嗎？」這種產生影響力，促成事情發生的潛在壓力，是他們實踐人生目標的關鍵。他們喜歡獨自行動，而其他類型則等待顯示者的行動發起，如此一來，大家都可貢獻一己之力。然而，顯示者也要尋求其他人提供完成夢想的動力。因此，完美組合就是由顯示者來發動、投射者引導流程、生產者提供行動力去完成，而反映者提供願景。

顯示者的人生策略：告知

　　長久以來，顯示者都被認定是對穩定與秩序的威脅。他們獨立、封閉、具反抗性的能量場經常帶來誤解，被認為是想要掌控。然而，失控的顯示者確實會讓人想忽略他們的存在，或讓人害怕想逃離。反之，顯示者在害怕被控制的狀態下成長，於是會刻意做些對自己有害的事來反抗。顯示者反抗型的能量場會導致其他類型的能量場縮小，促使他們處於防禦或保護的模式。不同類型間人際的混亂與誤解，其實都是能量的影響，這比意識層面更深層，早在雙方口語溝通前就已經產生。

　　顯示者的人生策略就是，告知，打破既有高度主控的能量場，以開放態度澄清，進而產生具生產力與平和的溝通。告知可以讓顯示者在行動時，清除周圍的阻力。就技術上而言，顯示者需要在做完決定後，採取行動前，或至少採取行動時，主動告知。此外，當決定不再繼續做某件事情，也要做到告知。

告知絕非他們樂於去做或者本性會做的事，但若他們開始學習，人生道路會比較輕鬆，也會讓其他人處於舒適的氛圍中，不至於太消極或激進。顯示者在孩童階段，則要學習請求允許。然而，孩童時期的顯示者可能覺得告知太麻煩，或者擔心被拒絕或被控制，不常主動告知。

一旦顯示者開始認知自己的決定會影響到別人，告知就可成為實用的決策模式，這也將有助於修補關係並釋放自身能量。即使顯示者不在乎別人眼光，但對於會帶給別人衝擊仍然會訝異。因為在行動前先告知，可以讓人有所準備，他們也將感受到別人的支持與接納。隨著周遭阻力的減緩，內在憤怒感也將平息，進而充滿和平感受。而且，當其他人將他們當作自己人，主動告知他們資訊，顯示者會覺得受到尊敬。

以下的情境將說明何謂告知，以及對別人產生的影響。假設一個顯示者在上班時，忽然覺得這份工作再也做不下去了，最後在慌亂又激動的情緒下，做了離開的決定，於是開始打包東西，並寫了一封辭職信寄給老闆，然後就離開了。這時，周遭的人既未接到這個顯示者的正式告知，也沒有心理準備，無不陷入一團混亂，他的老闆可能覺得頓失助手，同事們則擔心自己是否不小心得罪了他，家人們會憂心未來的生計來源，這就是典型顯示者意料之外的行動，所帶給周遭人的影響與可能隨之而來的對立。

因此，當顯示者發起不需他人建議或協助的計畫時，無論如何，請都記得主動告知可能被影響的關係人，這將有助於減低阻力，得到支持，並讓他們的人生道路得以顯現，這是顯示者唯一的解決方案。

這樣的人生策略看似簡單，然而多數顯示者都自覺是獨行俠，對他們的天性來說，告知是最後才會浮現在腦海中的選項。建議顯示者，如果未來有任何想法或決定時，可以花點時間寫下這個決定會影響哪些人，他們會發現自己並非獨行俠，他們的任何決定的確會造成影響。一旦他們意識到自己的影響力，告知的合理性便會顯現，這樣的認知會改變他們。說到底，告知就是展現對他人的尊重。當顯示者不主動告知時，他人會有不受尊重與被忽略的感覺。相反的，主動告知能解除恐懼，建立信任感，解除雙方都想掌控的需求。

內在權威的重要性

事實上，和其他人生策略是內建機制的類型比起來，顯示者的人生策略比較像是刻意形塑出來，做為減緩阻力的工具。因此，遵循自己的內在權威顯得更重要。他們的行動必須發自於內在真實的聲音，而不是頭腦，才能充分表達他們認知的潛能，並產生適當的影響力。如果他們為了擺脫壓力，而用頭腦思考做決策，將會遇到阻力。

內在權威是情緒中心的顯示者

對於情緒中心有定義的顯示者來說，採取行動的時機非常重要。如果他們不等情緒週期走完，過度反應或浮躁做出決定，會遭受更多阻礙，導致事情無法順利進行。一旦尊重並接受情緒波的化學反應，他們將可運用這段等待期間，好好思考哪些人會被影響。時間帶來澄澈與清晰。花一些時間等待情緒週期走完，再度審視會受影響的名單，可能會徹底改變他們原本的計畫。內在權威為情緒中心的顯示者，要培養的就是耐心，如此一來，將有助於創造雙贏的人際關係。

由頭腦主導或由內在權威所展現的行動，兩者有很大的差別。舉例來說：如果顯示者過於急躁而執行某個想法時，這種衝動通常不是來自於內在權威，而是來自於某個空白中心被擴大反應後，由頭腦傳達出來的想法。對於情緒中心有定義的顯示者來說，等待雖然像是痛苦的懲罰，卻可避免因為急於行動，所帶來的不可預期或不受歡迎的後果。

顯示者在等待情緒週期轉換的過程中，他們要不發現自己想採取行動的感覺可能已經消退，這代表那個行動本來就不應該被執行；或者當他們在走完情緒週期之後，仍想要做此決定或採取行動，那也會等到對的時機，再做執行。這會讓做決定的過程不再充滿急切性或壓迫感。只要順著情緒週期，並且告知準備執行的行動，每件事都可自然發生。這也是內在權威為情緒中心的顯示者，能通往平和，達成其人生目標的唯一方式。

內在權威是直覺中心的顯示者

不像內在權威是情緒中心的顯示者，必須耐心等待內在聲音，直覺中心為內在權威的顯示者，只需隨著自然出現的直覺行動即可。然而直覺與必須主動告知，卻是顯示者的兩難，特別是當他必須採取立刻的決策或行動時。顯示者要隨時留意直覺中心的聲音，和直覺中心緊密、和諧地相處，同時也要有效地告知他人。舉例來說，顯示者跟朋友一同聚餐，當他一踏入餐廳時，無法解釋的直覺反應讓身體止步，他必須注意這個訊息，這是來自直覺中心難以言喻的警告：走進這家餐廳，對健康無益。這時他唯一能做的，就是誠實告訴朋友，他此刻的感受，並留意這個突然的決定帶給大家的影響。

顯示者的人際關係

儘管他們完全有能力可以對家庭展現愛與忠誠，但對於一個習慣獨來獨往的顯示者來說，經營人際關係仍不是件容易的事。他們與生俱來封閉式的能量場，並不容易接納別人。同時其他人也很難看透顯示者在想什麼。這對於一個母親或情人來說，特別容易在親密關係中感到困惑。但只要了解人生策略好好運用，與其他類型互動時，比較容易產生同理心，並且減少因差異的誤解所帶來的痛苦。

此外，在關係經營上，顯示者不論男女，都必須發起對的行動。舉例來說：當顯示者喜歡某個人，最好是由他們主動追求，而非期待自己會受到別人注意或被追求。他們需要採取主動，讓對方知道他們的感受，即使這樣做會有風險，他們可能會被拒絕而感到受傷，然而身為一個顯示者，就是要打破傳統的束縛。他們必須面對及克服這樣的恐懼才能繼續前進。雖然他們是獨行俠，不表示他們不渴望或無法擁有一段溫暖及長期的情感關係。

一段平和的關係，是建立在練習互相尊重與主動告知上。如果顯示者出門前能主動將目的地告知伴侶，例如：「我要去商店，馬上回來。」如此一來，之後就不必面臨伴侶不斷詢問「你去哪裡了？」「去做了什麼？」「為何沒有告訴我們？」顯示者的另一半通常認為他們的獨立中帶有「不要打擾我」的訊號，但這並非事實。通常，如果其他人也做到告知，顯示者會感受到被尊重。這種互相告知將可減少雙方相處上的磨擦、消除憤怒，並加強關係中的互相尊重。其他人不能告訴顯示者該做什麼，或要求他們像生產者一樣，甚至誘導他們活得像投射者。不過，你若通知他們：「家裡沒咖啡了。」他們的內在權威自會引導他們，採取適當且正確的行動。

孩童時期的顯示者

也許因為希有，所以顯示者孩童更容易被誤解，他們與生俱來的強烈反抗能量，從出生就讓父母進入警戒狀態。即使只是孩童，父母仍需要像對待成年顯示者般尊重他們，並給予足夠的自由表達空間。做父母的必須及早讓他們學習，何時應該有禮貌地請求允許，這會讓他們在安全與不為別人帶來衝擊的前提下，在自己想做的事情上，獲得父母更多支持與允許。如果對顯示者孩童控制過多，將促使他們行為變得更叛逆，或者反之變得非常被動。

顯示者的非自己呈現

當顯示者以頭腦或非自己做決定時，會遭遇很多阻力。他們會覺得自己是被控制或懲罰下的受害者。他們完全無法感受其內在力量，甚至會覺得無力，這也是大多數顯示者深層憤怒的來源，並內化成沮喪或絕望的情緒，甚至覺得人生是如此不公平。因此，為了避免被控制或拒絕，非自己的顯示者易於表現出放棄原本力量，假裝自己軟弱無能。他們表現得像是個等待回應的生產者，而非發起者，他們會變成浮躁且完成度很低的工作狂，完全不像顯示者，或者選擇發起行動但不告知，最終將事情搞砸或引發各種阻力。在這種情況下，無力感將逐漸取代他們原有的力量，讓他們感到筋疲力竭且無效率。

他們忘了自己是顯示者，任何在顯示者人生中有價值的事情，都必需要由顯示者發起——如此一來，才能主動與他們的生命再度連結，與內在權威連結。他們的存在就是為了帶來影響力。

當顯示者開始試驗他們的人生策略——告知，並仰賴內在權威做決定時，為了成功，他們也將面臨以下的恐懼：

- 擔心讓別人不高興
- 擔心主動告知後會帶來抗拒
- 擔心主動告知後，會有人想要控制他們
- 擔心主動告知後，會被拒絕
- 擔心他們自己的憤怒

顯示者健康的睡眠習慣

對一個薦骨中心未定義的顯示者而言，最好在體力完全消耗殆盡前，就上床休息。並在進入熟睡前至少一個小時就能躺下或放鬆，好讓身體可以完全伸展。如此一來，他們就有足夠時間，釋放不屬於本身的能量，為他們帶來平和放鬆、得以重新充電的優良睡眠品質。

標誌／目標：平和

顯示者最渴望的就是平和，一個沒有阻力的地方。其實只要他們願意依循內在權威與告知的人生策略，去追求自己的夢想，做他們想做的事，而且現在就去做，跳脫深沉的冷靜和內在靜默。當他們發現自己處於平和狀態，便能了解實踐告知的人生策略，他們已與內在權威連結，被賦予力量，顯示他們的獨特，以及對這世界所帶來的重要影響。

顯示者名人錄

希特勒、天文學家開普勒、德國總理科爾、生死學大師伊莉莎白・庫伯勒・羅絲（Elisabeth Kubler-Ross）、靈學大師克里希那穆提、小說家赫曼・赫塞、演員傑克・尼克遜、搖滾歌手布魯斯・史普林斯汀（Bruce Springsteen）、毛澤東、民權領袖傑西・傑克森牧師（Jesse Jackson）、詩人馬雅・安哲羅（Maya Angelou）、歌手亞特・葛芬柯、演員翠絲・奧曼（Tracey Ullman）、企業家馬莎・史都華（Martha Stewart）、幽默大師喬治・卡林（George Carlin）、拉・烏盧・胡、演員勞勃・狄尼洛、演員珍妮佛・安妮絲頓、演員蘇珊・莎蘭登、演員提姆・羅賓斯、美國前總統喬治・布希。

生產者

開放且環繞的能量場

非自己主題：挫折

人生策略：回應

目標：滿足

生產者類型

生產者最獨特且重要的特性是，他們的薦骨中心孕育了世界上的生命模式。當一個人的薦骨中心有定義，便是純種生產者或是顯示生產者。這兩者最大的區別是，純種生產者的喉嚨中心未直接與有定義的動力中心連結，而顯示生產者的喉嚨中心則與動力中心相連結。顯示生產者並不是獨立的類型，而是生產者的一種變形，其微妙的差別在於兩者能量頻率的不同。顯示生產者是生產者的一種，其策略也是遵循生產者的策略——回應。

世界上約有 70% 的人都有具定義的薦骨中心，因此生產者具創造力的生命能量主宰了世界的頻率。純種生產者約占人類的 37%，顯示生產者則約 33%。

概論

綜觀人類歷史，生產者具創造性的精力和耐力，使得他們變得有價值且吸引人。同時，也因為他們常忽略本身的潛能，讓他們的天賦成為有心人的囊中物，輕易被利用。生產者常常羨慕顯示者擁有實踐想像的能力。因為生產者在模仿或與顯示者競爭的過程中，總會遭遇阻力或失敗，於是勉強降服於顯示者，被他們所控制，為其建立強大帝國。生產者被迫成為勞工，成為我們現代文明的偉大建造者。

直到今日，生產者仍維持建造者的角色，即使他們現在已擁有可任由他們使用的工具，以覺知、覺醒的方式生活、不受壓迫，且充分了解自身驚人的薦骨潛能。他們確實了解此時此刻的任務，樂於工作，並且以合作和互利的方式，與其他三種類型的人共事。生產者對於自己定位的理解和認可，正逐漸進入新的階段。當生產者放鬆地進入回應狀態、顯示者發起、投射者引導、反映者照映出滿足的層次，才是世界運作應有的真實狀態。

所有的生產者都是天生來工作並熱愛自己所做的事，每天用盡具創造力的薦骨能量。在所承諾的事情完成之前，薦骨動力中心不會放棄。這股動力帶來對生活深沉的滿足，並在夜間透過睡眠獲得修復。其他三種類型總是外求：顯示者專注於影響，投射者著重於理解其他類型如何使用自身能量，而反映者專注於理解周遭環境。然而，只有生產者專注於了解自我及其運作方式。生產者透過工作、透過回應每天能量供給的使用方式，了解自己的生命。適切的工作，確實轉化了他們的人生，並減緩身體的退化。

生產者的設計是，透過聲音，以薦骨中心做回應，這回應可能是從中間部位發出至喉嚨的共鳴（純種生產者），或是實際行動投入活動中（大多數是顯示生產者）。回應是根據薦骨能量，去從事他們被詢問的事情。一旦純種生產者發出回應，且投入某一項活動，他們會按步就班地執行每一個階段，這也會涵蓋發展的每一個階段。他們的喉嚨中心未連結動力中心，因此將會在過程中遇到能量成長停滯期。每當遇到這樣的瓶頸時，他們需要新的投入、洞察或更進一步的指示，再次被啟動之後，才能重新回應。為了避免在過渡期半途而廢，他們的薦骨必須在一開始就忠誠地投入運作。純種生產者的天賦，展現在他們完成或掌控一項任務、專案或技能的能力。

顯示生產者與純種生產者相反，顯示生產者的喉嚨中心連結到動力中心，使他們可以用行動快速回應。這讓他們可以理解哪些步驟必要、哪些可以省略，因此他們具有高效率的天賦。不過，效率同時也形成矛盾，顯示生產者經常流於沒有耐性，且因為行動得太快，容易漏失一些步驟。因此他們經常得回頭補完這些被漏失的步驟，因而感到挫折。這些挫折是可以避免的，只要他們放慢速度、隨著程序陸續展開，更專注於他們的回應，進而增加效率。顯示生產者比純種生產者沒耐性，也較積極。因為顯示生產者的喉嚨中心連結動力中心，他們容易忽略薦骨的聲音。顯示生產者通常要花更多耐心練習，如何重新和他們的薦骨建立連結與信任。

生產者的人生策略：回應

「如同希臘古都達爾菲（Delphi）的女祭司，你必須詢問生產者；否則你無法得到任何東西！」──拉‧烏盧‧胡

所有的生產者都擁有環繞式的能量場，可以轉化來自薦骨中心的創造力，他們在周圍建立起一個「可供運用的」能量場域。要使用生產者無盡的能量或力量寶庫，你必須請求，才能讓生產者的薦骨得以回應。生產者必須等待，直到事情找上他們，薦骨可以接受或不接受。當薦骨發出「嗯哼」代表具備充足的能量，完成任務或實踐要求，當薦骨發出「嗯嗯」則是說「不」，代表無法承諾的警示。

這種清楚、具體、誠實且時時刻刻產生的回應機制，直接連結著生產者和他們真實的自我，揭示出他們是怎樣的人、喜歡和重視什麼。他們具創造力的生命能量，透過能量場散發出堅毅的力量，像磁鐵般吸引別人接近他們，而他們的薦骨則劃定了清楚的人際界線，對他人做出回應。對生產者而言，生活在每一次的回應後重生，因為每一個決定，都讓他們朝著完成獨特潛能的道路上前進。

生產者常將「等待回應」誤解為「不做任何事」，或把兩者劃上等號。他們不可能不做任何事，因為他們總是不斷地忙於生產。如果他們正在做自己喜愛的事，或因為狗吠而退縮，或因為鳥叫而微笑，或跟著旋律哼唱，或受邀參與對話，這都表示：他們正活在回應當中。生產者被設計來等待、相信生命本身會自行找上門。從早晨起床的那一刻起，直到晚上躺回床上，他們只需要回應。生產者完全透過回應式的生活循環，改變世界的頻率，讓挫折變成滿足。這就是為什麼屬於生產者的神祕道路和對人類的貢獻，來自喚醒其薦骨，並臣服於它的主觀回應。

其他三種類型的人必須明白，當生產者投入任務時，他們無法快速換檔。對顯示者來說，生產者緩慢而沉重，而投射者提供指導時，會覺得生產者沒在聽，若你再問他們一次，生產者才會回應、他們才能從此刻所在之處中斷，重新和其他不同事物連結。當有人詢問，生產者才能回應，如此一來，不同類型的人之間才會有更清楚、更直接和具建設性的交流。學會詢問生產者適切的「是非題」，能讓一切變得不同。

大多數生產者天人交戰於，是否該接受自己無法在人生中顯化自己想法的事實。他們必須放棄自己頭腦裡「應該如何」生活的想法。而慾望和幻想，常來自於開放中心的比較，這促使他們行動，為的是讓夢想成真。然而，這樣的發起行動只會遇到阻力，而非滿足。挫折感是指標，提醒生產者回到他們獨特回應人生的方式。

以下關於生產者與顯示者的陳述可以說明回應和發起的不同。藉由他們扮演的角色，你將認清他們的人生策略。場景是灰塵瀰漫的西部小鎮，警長坐在他的辦公桌前。鎮民一陣騷動，因為聽說有一名持槍匪徒正朝小鎮而來。每個人都試圖要警長有所行動、保護他們。但警長只是坐著等待。當持槍匪徒抵達小鎮、下車，走向街道中央，這引起警長的注意了。警長有了回應，他走出辦公室、朝街道前進，面對持槍者。持槍匪徒掏出槍，而警長在沉著等待後，直射他的頭部。這個故事的啟示是，生產者因為等待，而蓄積足夠能量，再完美而明確地投入回應。人們會發現生產者的行動時機很精

準，直擊目標。

內在權威是情緒中心的生產者

內在權威是情緒中心，提供了生產者另一個等待的面向。他們溫暖、熱情的能量對別人來說具有無窮價值，使得他們的等待變成微妙的誘惑元素，並讓生產者以他們的方式形成結果。沒有人有權力可以立刻獲得生產者的能量。如果他們放任自己缺乏耐心地催促時程、發起行動、付出與收穫不成正比，或是貿然地進行承諾，生產者最大的敵人將會是自己。有一些簡單的步驟能給予生產者一些時間，等待他們經歷完整的情緒週期，同時也保持選項開放：「這是一個好提議，但我需要考慮一下。有些因素需要考量，我可以花些時間想想看嗎？」——一個非情緒定義的人可能認爲這樣的回覆是拒絕，但如果這個提議是對雙方都有益的，那麼他們的能量場會把雙方再拉回來，甚至會更有力，並適切地完成整個過程。

情緒中心有定義的人，不需要因爲繞行等待而感到沮喪。對生產者而言，順從他們的情緒週期，就會在不同時刻產生不同的觀點，對於決策或情勢找出新的願景。第一反應通常是正確的，但透過等待，得到的清晰回應，可以讓生產者有充足的時間，發掘出所有重要但可能被忽略的因素。一旦生產者有時間檢視所有透過等待才會展現的資訊和細節，有時「是」的回覆最後會變成「否」。跟隨著情緒週期，不要急切地做決策，將可豐富人生。然而，爲了覺察過程中所展現的資訊，生產者必須有耐心。

生產者的人際關係

對於旁觀者來說，兩個生產者在一段關係中要做出決定時，往往是笨拙而可笑的。女方也許會陳述一個想法或可能性，並詢問男方的反應。因爲這想法是從她腦海中出現，而不是從薦骨發出，對方必須再問她這是否眞的是她想做的事。如果她的薦骨回答「嗯嗯」，他們就必須重新來過，可能是調整原本的想法，或是試試新的想法。不論是業務或人際關係，生產者可以用此方法來確認這件事最終是否會爲他們帶來愉快和滿足。如果生產者以正確的方式開啓一段關係，最後的結果也會是正面的，不會有責難或內疚。如果以不適當的方式展開關係，他們將無法妥適地退出，說不定內心還會帶著傷痕，得花七年的時間才能平復。這個傷痕可能會對未來關係造成負面影響。生產者的成功祕訣是透過回應的方式，開啓及建立一段關係。

孩童時期的生產者

當生產者小孩用薦骨的聲音發出「嗯哼」或「嗯嗯」時,通常會被說是不禮貌。他們被迫停止發出聲音,而是說出字句。此時,通往薦骨的眞實大門（Sacral truth）關閉,他們也中止了發展自尊,與愛自己切斷關聯。父母必須學會尊重,並鼓勵小孩發出薦骨的聲音。生產者小孩的設計是,在薦骨能量完全用完之前,會忙碌和活動不已,直到能量耗盡後,才想上床休息。若在他們疲累之前,要求他們小睡,他們會抗拒,雙方因此感到挫折。對此理解的父母需培養出對生產者小孩能量和內在韻律的敏感度。

認知生產者的非自己行為

若生產者以顯示者方式生活,便容易處在挫折、不滿足的狀態中。從孩童時代開始,生產者被要求「走出去,讓事情發生」。但當生產者發起行動時,能量會卡住,且無法前進。爲了補償,他們的頭腦會督促自己往前,或是執著於他們以爲是自己想要的結果。不但無法得到滿足,他們甚至無法結束自己起頭的行動。結果感到筋疲力竭、不滿足,工作變得沒有意義,人際關係也無法爲他們帶來快樂,生活不是他們想要的。這情境也解釋了爲什麼他們會變成大放棄家,他們最後要學會的是等待、回應。

許多生產者一出生即被制約,壓抑或否認他們最原始的聲音,取而代之的是依賴頭腦對開放中心的非自己評論,以此爲引導。當生產者習慣活在不滿足的非自己狀態之中,要重新活化生命,或重新連結他們的薦骨回應會變得更困難。他們害怕聽不到薦骨回應,或是恐懼薦骨的回應會帶來改變。他們不知道若以眞實自我生活,會過什麼樣的人生。例如,多年茹素後,可能聽到薦骨對於牛排有正面回應。

生產者必須了解:只要他們等待,凡事必有時;而且他們可以針對任何迎面而來的事情做出回應。例如,他們的頭腦無法決定吃什麼,他們必須被詢問,或聽到菜單上有什麼,才能有所回應。這對於初學者特別重要。詢問自己問題、對著鏡中的自己說話,或是回答自己寫下的問題,這些作法和對外界迎面而來的事情做出回應,截然不同。這樣的捷徑無法引領生產者了解他們眞正的內在,必須由別人提出清楚的問題,才有效果。

生產者最根本的問題是:「我會被詢問嗎?」或「如果我等著被詢問,眞的會發生任何事嗎?」他們開放且圍繞的能量場,原本的設計,就是會吸引別人前來詢問,了解這項設計的奧妙將會讓他們得以關照和等待,並且放鬆地生活。

當生產者開始遵從他們的人生策略時，需要面對一些心理恐懼，例如：

- 擔心沒有人會來詢問他們，或是沒有事可讓他們回應
- 未知的恐懼
- 擔心在生命中，沒有任何事會發生，或是他們的生命將處於危難之中
- 擔心失去掌控生命的能力
- 擔心失敗

生產者健康的睡眠習慣

對生產者而言，當他們完成工作，並且耗盡整天的精力，才有可能真正休息。當他們筋疲力竭地躺上床，會睡得比較好，隔天一早才會感到精力充沛。然而，顯示生產者應該在他們精力耗盡前上床，然後工作、閱讀或看電視直到動力用完。他們需要讓精力先緩和下來，持續運作直到耗盡。

標誌／目標：滿足

生產者終其一生追求滿足。回應輕易便為生產者帶來強烈的滿足感，這是頭腦所沒有辦法理解的。在工作上或在人際關係中得到滿足，就是生產者最大的鼓勵。

生產者名人錄

純種生產者：達賴喇嘛、愛因斯坦、榮格、莫札特、居禮夫人、帕華洛帝、達斯汀‧霍夫曼、葛麗泰‧嘉寶、瑪丹娜、貓王、華特‧迪士尼、安東尼‧柏金斯（Anthony Perkins）、桃莉‧芭頓（Dolly Parton）、梅爾‧吉勃遜、梅莉‧史翠普、艾迪‧墨菲、羅賓‧威廉斯、席琳‧迪翁、蓋瑞森‧凱勒（Garrison Keillor）、拉姆‧達斯（Ram Dass）、強尼‧卡森（Johnny Carson）、歐普拉‧溫芙蕾、艾倫‧狄珍妮、保羅‧賽門、楚門‧卡波堤

顯示生產者：德蕾莎修女、梵谷、尼采、愛羅斯‧阿茲海默、路易十六皇后瑪麗‧安東娃妮特、瑪塔‧哈里（Mata Hari）、凱特‧溫絲蕾、李小龍、卓別林、比爾‧寇司比、巴瑞‧曼尼洛（Barry Manilow）、川普、湯姆‧漢克、艾爾頓‧強、比利‧喬爾（Billy Joel）、麗莎‧明尼利（Liza Minnelli）、安潔莉娜‧裘莉、妮可‧基曼、阿洛‧格里斯（Arlo Guthrie）、西德尼‧波帝埃（Sidney Poitier）、葛妮絲‧派特洛、莉莉‧湯姆琳（Lily Tomlin）、約翰‧丹佛（John Denver）

投射者

專注且吸入型的能量場

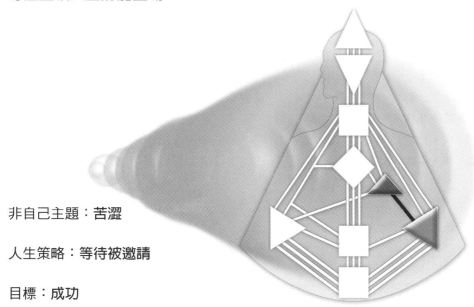

非自己主題：苦澀

人生策略：等待被邀請

目標：成功

投射者類型

投射者的人體圖有兩大特色。首先是薦骨中心沒有定義，其次是喉嚨中心沒有與任何動力中心連結，這代表投射者本身不具有生產動力，或顯化的潛質。他們不具備顯化或生產能量一致而可靠的方式，因此投射者與反映者被歸類在非能量類型。這兩種類型的人需要在生活上實際體驗，以增加對顯示者及生產者的了解。投射者的圖，少則只有兩個定義中心，多則可能擁有八個有定義中心。他們約占全世界人口 21%。

概論

投射者是在一七八一年後誕生的新的能量原型。在人類圖體系來臨前，沒有方法可以完整理解投射者獨特的能量場，或者他們在四大類型中扮演的角色。直到上一個世紀，這世界仍是由顯示者及生產者占據領導及權威的角色。然而，在未來，投射者將轉變為擁有力量的定位，在新發展方向中具有領導角色。一旦能量型的人認同投射者與生俱來的潛能並賦予力量，主動邀請投射者來帶領他們時，這一切就會發生。當顯示者自由地發起行動，生產者也重新調整他們充滿創新建造者的力量，此時，投射者將會成為新秩序的管理者。

投射者具有專注且探索的能量場，並以複雜又充滿深度的模式與人互動，這讓他們有別於其他三種類型的人。基於他們天生的光采與開放狀態，投射者很容易承接別人的期待與能量，使得他們開始成功模仿顯示者及生產者，在這個過程中迷失了自己。然而，隨著投射者開始審視自己複雜又獨特的特質，他們將重塑自我、發現自己在整體中的重要性與正確位置。

一般而言，投射者對人生抱持開放態度，他們的能量場能吸收其他類型的能量，精力充沛地體驗。他們具有綜觀全局，覺察他人的才能與天賦、整合團隊的能力，這使他們成為傑出的顧問、管理者、社交高手及協調者。投射者天生具有組織能力，能夠洞察別人忽略的事情，並且將能量及資源運用極大化。他們能看出如何善用每個人的能量，這並不代表他們能夠告訴其他人該做什麼。他們來世上所扮演的特定角色與人生目的，是懂得問對問題，以此來引導其他人。因此，投射者需好好發展自己與生俱來的社交能力。

雖然投射者未來會自然成為四大類型的領導者，但對他們來說，仍是漫漫長路，也需依賴具有覺醒與察覺能量的顯示者及生產者而運作。投射者對於理解他人設計的興趣遠高於自己，他們通常會找出一套可以幫助他們了解個人、群體，以及讓團體運作更有效率的系統化方法。

被賞識，是投射者運用人生策略與內在權威的關鍵。就某方面來說，賞識之於投射者，如同回應之於生產者一樣。被賞識具有策略上的力量，亦即投射者在接受邀請的同時，是有選擇性的，這讓他們保有與外界的界線。投射者的能量場與別人連結的特殊設計有二：一是在展現在辨識出別人的能力上，二是讓自己獨特的天賦可以被別人賞識。因為投射者的能量場呈現出「我是開放接受邀請的」，會自然吸引其他人靠近，並主動提出邀請。然而，通常也是別的類型在肯定他們的能力時，所提出的一份正式邀約，因此，這對投射者來說也是榮耀與鼓勵。

如同生產者，等待是投射者運用人生策略的特質，然而他們無法透過薦骨的回應及時得到內在聲音的答案。為了更進一步了解這些細微的差異，投射者可被區分為三種基本類型，後續將以圖型說明。

三種類型投射者

頭腦型投射者（Mental Projectors）

　　頭腦型投射者指的是有定義的頭腦、邏輯及喉嚨中心，可能以各種方式組合，但喉嚨中心以下，完全沒有任何有定義的中心。他們擁有開放的設計，並且高度仰賴頭腦運作。他們透過那些沒有定義的中心，得以感受環境帶來的能量。頭腦型投射者是外在權威的原型，能夠提供別人寶貴的資訊與引導，他們可能很難接受自己睿智的心靈無法成為自己個人的內在權威。對頭腦型投射者來說，他們若能先從別人的事情中抽離，就可以聽到自己的聲音，這將有助於他們做出明智的決定。他們所處的環境，會對決策過程產生很大的影響，所以了解自己如何被環境影響也很重要。他們的設計因對外開放，暴露於外在環境，因此試著理解別人如何對他們造成影響，可以成為最有用的工具。透過理解別人，頭腦型的投射者開始了解彼此運作模式的異同。他們變得覺知與覺醒，將可在運用自己的人生策略下，活出自己的設計。

能量型投射者 (Energy Projectors)

　　這一類型的人，至少擁有一個以上有定義的動力中心（但不包括薦骨）。他們需要非常留意來自內在權威的引導，並對周遭正好填滿他們開放中心的人，所提出的邀請保持警覺。即使這種類型的投射者不斷處於壓力之下，渴望釋放自己的能量中心所累積的動能，但對他們而言，最重要的還是做他們喜歡的事，或從事那些被賞識且收到正式邀請的事。此外，他們累積的能量，所產生的壓力可能衍生出兩種誘惑行為：首先就是為了釋放壓力，而發起行動。其次，是毫無察覺地許下承諾，結果成為勞動者，而非可以指引方向，帶來效率與成功的人。

經典型投射者 (Classic Projectors)

　　經典型投射者就是在喉嚨中心以下，擁有任何一個有定義的中心，但不包含動力中心。他們的設計中，動力中心沒有定義，所以他們可以檢視或感受來自其他人動力中心的能量，並分辨哪些人對他們有幫助，哪些人沒有。這使得他們對於外在邀請能更客觀、更有選擇性。舉例來說，投射者吸收、體驗並擴大了他人薦骨中心所產生的創造力能量。這能量可能是令人振奮的，但也可能讓他們趨向有毒或有害的頻率。就像不小心吃了毒藥，扼殺或摧毀其動力，最終將影響身心健康。投射者所作的每一個決定，決定他們與什麼樣的能量有所連接，是激勵或奴役，取決於他們在人生中與什麼樣的人互動，察覺他人所散發出的能量狀態，這會是影響他們健康的關鍵。

所有的投射者

投射者的困境在於，需要等待被邀請。他們想要（也必須）被認得，以及被邀請出來，以完成他們的使命，成爲管理者及引導者。而其中的成功關鍵取決於周遭健康且精力充沛的人，這些人看見投射者的技能，並提供己身能量與他們一起工作。

當投射者呈現非自己狀態時，會急切地想要取得認同，並試圖滿足別人的期待，因此成爲非自己的狀態。他們感到困惑，並且想要緊貼著任何人，即使某些人可能對他們造成傷害。健康的投射者會藉由自我認同及了解自身能力的限制，避免陷入這種陷阱。一旦他們不再依靠外來形式的肯定，透過運用其策略，投射者懂得辨識的天賦，將回歸至正確並得以完全發揮的位置上。

對投射者來說，最基本卻必要的辨識機制與愼選身邊的人息息相關。這些人與投射者的人生步調和目標必須一致。投射者能深刻看透其他人的本質，他們深深受別人的能量場影響，所以他們必須仰賴連結其他人的能量與資源，完成自己的人生目標，因此投射者需要知道誰是對的人，也就是誰是能夠認得並看到他們眞實自我的人。

這也適用於其他社會層面的運用。例如，若你是一位古典吉他演奏者，不會安排一場觀眾想隨著搖滾樂輕鬆起舞的演出，除非你有辦法讓喜歡聽熱門音樂的聽眾轉而欣賞古典吉他，前提是這也要在被邀請的情況下。倘若事先沒被邀請，投射者珍貴的才能形同浪費，而且因爲沒有被認同而離開，反而留下一段苦澀的經驗。這不是用錢可以彌補的損失。

投射者一旦受到肯定，就會感受到莫大的鼓舞，反之，受到冷漠以待，心情就會低落沮喪。當投射者試圖讓別人看見自己，別人會認爲他們既索取又苛刻，其他類型的人會感受到他們「索求」的能量，心生反抗。倘若投射者自行扮演發動者，並邀請自己的話，情勢將對他們不利，因爲他們等於是把內在的力量給了別人。這通常發生在家庭關係上，因爲他們從一開始就沒有被正確對待，所以要開始拿回自己的力量，是困難的，但是當他們開始轉變焦點，專注且堅定的覺察自己的才能，然後等待自身能量場所發出的訊息被清楚接收。此時，會讓周圍的人認出他們眞正的才能，並邀請他們進入關係之中，這才是改善關係的根本之道。

投射者的人生策略：認可，等待被邀清

　　投射者生來就是要被看見。他們總是吸引目光，但問題是如何被真正注意到，而且是否是自己真正的才能獲得賞識？當投射者真正被認得，毫無遲疑，從心裡是可以感受得到的。投射者的人生策略及決策過程，就是等待被賞識，然後等待被邀請。賞識與邀請都發生於靜靜等候。靜候可以為投射者帶來蓄勢待發的能量，他們可以觀察自己強大的能量場如何吸引其他人，並帶來肯定。他們只要被適度的讚許和鼓勵，就會像得到一股醞釀許久的能量加持，激發了原本的天賦與技能。這股能量並非與生俱來，比較像是通過身上的電流，但只要源源不斷的鼓勵，他們就會把這股能量發揮得淋漓盡致，嘉惠旁人。

　　這裡指的等待邀請有其特定的意義，不同於生產者的等待回應。生產者在人生中時時刻刻都得等待著，藉由回應來引導他們行動。投射者的等待是一份正式且長遠的邀請。他們在等待伯樂的賞識，要求他們展現特殊技能，好讓他們換取豐厚的報酬。這些來自他人的讚賞，可以讓投射者有效連結其他人的能量與資源。這就是投射者的人生使命，藉由才能被肯定與發揮，體驗成功，達到他們人生所追求的境界。投射者與生產者的關係是重要且互相依存，彼此都需要對方的力量去實踐他們人生的目標。

　　這些邀請通常（但不必然是）運用在人生四大決定：愛、工作、人際關係、居所。一旦邀請被接受，投射者將依邀請所設定的條件，運用他們的能力妥善處理，只要這些邀請者仍然保持開放與接納，並願意扮演他們的角色。這樣的邀請可以持續數週、數月、數年或一輩子。當進入所謂長期承諾的狀態，投射者需要刻意遵循他們的人生策略與內在權威。

　　對投射者而言，下一個重要步驟是保有選擇性。只因他們終於收到正式邀請，並不表示那是正確的邀請。此時，內在權威將會引導他們前往對的能量交換。每一個投射者的決策過程都是獨一無二的，因此，判斷正確邀請的最好方式就是，當他們開始執行時，觀察內心抗拒的程度。隨著時間流逝，投射者判斷對與錯的認知能力也會提升，決策過程本身會隨之修正。當他們被認得，並被邀請，可以迅速連結穩定的能量，並隨之釋放自己所擁有的才能與外在權威。耐心與謹慎的觀察再次成為重要的關鍵。

　　所有的邀請都有賞味期限。如果一份邀請已經失去應有的能量與活力，可能表示這個邀請已經被撤回，或者工作在沒人發現之前，就已經完成。此時，投射者可能感受到事情無法像以前一樣順利運作，不管是金錢來源、共同興趣、外在支持或合理時程都顯得不足。在這種情況下，主動找邀約人討論，將有助於釐清邀請的內容與現狀。一旦整合內在的力量，投射者將可讓自己的能量場溝通出他們是怎樣的人。默默等待是吸引正確邀請最有效的方法。漸漸地，來自並非真正肯定他們的人的邀請將會減少。如果投射者相信靜候的神奇化學作用，他們根本不需自行邀約，機會將主動降臨。

當投射者理解己身能量的神聖，他們將開始學會保護自己的能量場。藉由在家創造一個清靜的獨處空間，能為他們帶來放鬆，有助於釋放他們整天在外面吸收的能量。此外，獨自就寢對他們來說也是必要的，因為 70% 的人口都擁有薦骨能量。為了進入深層放鬆的睡眠，投射者必須花時間釋放所接收的過多能量。創造健康平衡的生活來自於學習適可而止，在活動與休息之間取得平衡，並知道何時該釋放來自他人多餘的能量，何時該獨處。

內在權威是情緒中心的投射者

情緒中心有定義的投射者，即使對邀請已經經過一段時間沉澱，仍容易對第一個出現的機會緊抓不放。不幸的是，當他們情緒處於亢奮時，所認為的完美選擇，卻會在情緒處於低潮時，立刻變成可怕的決定。因為人們經常被社會上需要禮貌及立即回答的觀念所制約，因此對於工作或出席活動的邀約，經常不經思考就回覆。情緒中心的投射者也容易受他人能量場影響而感到困惑。他們需要的就是一次次的等待、討論、等待，然後再討論。藉由等待讓一切盡可能地清晰，事實上，若他們這麼做，他們甚至會收到更甜美的邀請。他們的內在權威就是需要一兩天的思考時間。假如一兩天後，仍舊覺得答案不清楚的話，他們應該毫無顧忌的要求需要更多時間，或者進一步釐清細節。他們可以試著觀察，在等待答案時，他們的能量場是如何吸引別人再次提出邀請。

投射者的人際關係

在建立關係上，投射者必須被賞識，正式被邀請，以及在展開的關係中，被賦予一個重要的角色。他們不願理解，也不認同自己是處於依賴和弱勢地位，這會讓他們感覺苦悶，生活與關係都失去快樂。最好的建議就是不管跟任何類型的人交往，從一開始就要正確地建立關係。

孩童時期的投射者

對於極度敏感的投射者孩童，很重要的一件事是，他們的父母必須注意自身能量場的運作。父母的支持包括及早認知投射者小孩與外界能量互動的方式。此外，他們需要教導投射者小孩懂得自己，分辨什麼是來自別人的賞識，感受何謂正確的邀請，如此一來，將協助他們置身於成功的跑道上。鼓勵他們練習人生策略與內在權威，並欣賞自己身為投射者的獨特性。

父母若能邀請並認得投射者孩童的才能，將賦予他們機會，能夠發展、表達並感受到「做自己」的力量。投射者若從小被好好教導懂得自己的長處，等待正確且願意接受自己的觀眾，長大成人之後就會是正確的狀態，當他們被邀請時，才得以清晰而忠實地，把自己的天賦發揮出來。

情緒型的投射者孩童一樣需要被邀請，但不需施予立刻做決定的壓力。這將有助於他們體驗內在情緒週期的變化。當他們身處於一個可以認出他們才能的團體，有助於他們成長並充滿活力。然而，若他們還沒有機會思考什麼是正確的選擇前，便處於得接受邀請或做決策的壓力下，將容易使他們感到混亂、痛苦並導致失敗。

投射者的賞識與非自己

當投射者理解自己的類型後，他們會立即對「邀請」這個關鍵字產生共鳴，並且突然意識到過去經常扮演邀約者的角色！這是因為來自於內在的焦躁與不安，促使他們以自己希望被對待的方式來對待他人，這種情況自然會遇到阻礙。當一生中持續感受到不被認可或無人邀請，就算有人對他們表示出真正的興趣時，他們也容易變得消極又悲觀。

當投射者渴望能量時，很容易在妥協或勉強下接受邀請，導致錯誤的能量交換。然而，正確的認可與適當的邀請，將使投射者的天賦得以展現，並可提高他們之於其他人的價值。例如：當有人對情緒型的投射者說：「我喜歡你運用內在感覺去做決策的過程。」這讓投射者知道他們被看見了。這也讓他們能夠接收乾淨的能量，同時有極大的可能性，對方會願意開放聆聽投射者充滿洞見的引導與建議。

當一個適當的邀請被完成或撤回，投射者的工作也就完成了，因為他們已經不再擁有那份能量。然而，這可能讓他們的非自己陷入恐慌，進而干擾了他們退出或前進的決定。他們的非自己對於採用人生策略沒有信心，或對於自身的能量場信心不足，導致他們緊抓著人們不放、不懂得適可而止，試圖證明自己，接受錯誤的邀請，並且害怕不會有人邀請他們。

投射者通常透過了解他人，而更了解自己，如果他們日常接觸到的人帶著期待而來，他們將會得到注意與認可。然而，過程中當然也會遇到阻力。就像其他類型的人一樣，他們必須覺察到自己底層的目的，與潛藏的期待。

投射者非常聰明，他們喜歡學習與接受資訊，因此，通常深深地受頭腦制約，使得他們透過開放中心的非自己，試圖掌控生活與環境。他們很容易會覺得無法得到自己真正想要的生活，因此會妥協或勉強自己，接受那些自認為僅能得到的關係或工作。安於現狀對投射者來說，是個需要克服的大問題，特別是當他們有經濟壓力的時候。

投射者的健康睡眠習慣

對於薦骨中心沒有定義的投射者來說，他們最好在體力完全消耗殆盡前就寢。在有睡意前一個小時就躺下或放鬆，好讓他們的身體可以完全伸展，也讓能量場有時間釋放不屬於他們的能量，好帶來平和放鬆、重新充電的一晚睡眠。

標誌／目標：成功

成功能消弭投射者的苦悶，帶來最大的幸福感。投射者的天賦就在於可以認知他人的獨特性與潛能，並跳脫個人日常習慣，問出正確問題引導他人。這些對的問題終將打開頓悟之門，帶來轉變並喚醒每個人獨特的真實。追求成功的人生目標，讓他們就算被稱之為非能量類型，也不再是問題。等待一份帶著尊敬、正式的邀約，並提供合理報酬與資源，是投射者做人生重大決定時所需的人生策略，有助於減少過勞或身心俱疲的可能性。在不斷追求成功的過程中，投射者需要學會如何聰明運用有限的能量。

投射者名人錄

曼德拉、約翰·甘迺迪、伊莉莎白二世、卡斯楚、史達林（Josef Stalin）、馬克思、奧修大師、米克·傑格、芭芭拉·史翠珊、瑪麗蓮·夢露、伍迪·艾倫、史蒂芬·史匹柏、黛安娜王妃、湯瑪士（Thomas Gottschalk）、布萊希特、拉爾夫·納德（Ralph Nader）、凱蒂蓮（K.D. Lang）、克麗絲·艾莉（Kirstie Alley）、琥碧戈柏、喬治·克隆尼、邦喬飛、黛咪·摩爾、丹佐·華盛頓、歌蒂韓、朗霍華、梅麗沙·埃瑟里奇（Melissa Etheridge）、凱薩琳·赫本（Katharine Hepburn）、喬許·葛洛班（Josh Groban）、黛安·基頓、林哥史達、坎娣斯·伯根、莎莉·麥克琳（Shirley Maclaine）、歐巴馬。

反映者

體驗型的能量場

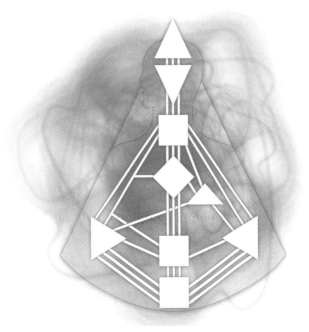

非自己主題：**失望**

人生策略：**等待月循環週期**

目標：**驚喜**

反映者類型

反映者的人體圖很好辨認，他們的九大中心都是空白的。反映者沒有固定被啟動的部分，被啟動的只有閘門。當他們和其他人的能量場接觸，或是因天體運轉，當被啟動閘門之對應閘門開啟了，便形成通道。反映者運用能量的方式和其他類型不同，他們擁有不同的生命規則。他們在許多面向都十分特別，大約占世界人口的 1%。

概論

反映者非常獨特，他們的能量場展現方式並不引人注目，但他們扮演的角色十分特殊。他們的天賦是調和 (attunement) 宇宙環境與微中子對人類的影響。就像是金絲雀之於煤礦坑^(註)，他們每天都在體驗、反映和評斷周遭環境。反映者能夠充分調和轉化的過程，也可以評估別人轉化的結果。他們可以察覺誰是活出真我、誰在轉換過程中被制約，進而變成受害者。當愈來愈多人在轉換過程中被制約，就愈來愈無法運用自己獨特的潛能。而反映者可以辨別出，誰已經準備好活出真我。他們可以感受到所處環境、社群或團體的物質、心靈和情緒狀態，判斷一切是否適切運作著。當人們開始覺醒及覺察，反映者將會客觀地分享或反映出他們所體認到的一切。這個過程使得反映者逐漸成為團體的中心、並被別人「看到」。

註：十七世紀時，英國人將金絲雀放在煤礦裡，檢測礦坑裡的有毒氣體。

反映者可以讓人生氣勃勃並提升能量。更特別的是，反映者可以把別人的能量增強後再反射回去。這項獨特的天賦，使得他們可以以不帶評估判斷的方式、透過體會別人的所見所知，提高對自身經驗的察覺。反映者的能量場本質並不顯眼、不具侵略性，因此他們能夠有效地促進團隊運作。然而，當反映者活出自我時，這些潛能才能發揮，否則不過是放大這世界的影像而已。

　　現今許多反映者所凸顯出來的特性，與過去人類祖先配合宇宙運行、與大自然共存與彼此共生，有許多共通性。長期下來，他們在大自然求生的本能，有系統性地被積極、策略性的意識型態所取代。一旦頭腦的優越感主導一切、產生統治階級，溫和不顯眼的反映者便無法在其中占一席之地。

　　然而，嶄新的階層正在興起，因為反映者代表最終的公平正義，將會在新的階層中扮演敏銳的角色。他們在社會中有一席正確的位置，運用他們安靜、不顯眼的能量場，反射出長久存在於人類社會中不公平的事物。他們將會促進人類朝向合作、正義、和平、公正的社會、為二○二七年後出生的人類儲備未來的精神覺醒。其他三種類型必須表裡一致、有所察覺，並以開放的態度，來面對反映者的意見或判斷，讓反映者達到上述的地位，實現這個角色。

　　顯示者、生產者和投射者都是太陽類型（solar type），也就是說，他們會顯露出自己的目標。反映者是唯一的月亮類型（lunar type），像月亮默默地反映太陽的運行和其微中子所產生的影響。就如同月亮一樣，反映者只是隱約地發光，卻會產生顯著的影響，特別是當這樣的光芒被別人發現或察覺時。

　　反映者沒有定義的九大中心，可以嘗試並放大他們周遭所有人事物的振動頻率，這讓他們具有察覺周遭的潛能，這是其他類型做不到的。他們獨特的開放性能平靜完美地反映出身邊所有事物，這讓他們開放的本質，成為通往智慧的窗口。即使九大中心都呈現開放狀態，反映者與其他類型相比，並不見得比較脆弱，或更容易被制約。事實上，反映者被具抵抗力、試驗型的能量場所保護，反而在四大類型中最具彈性。這樣不尋常的能量場，使得他們可以分辨一個人是否已經準備好展露自己的獨特性，而不會繼續接收這同質化世界中所充斥的非自己。

　　當反映者清楚地了解自身的設計，不再屈服於符合社會的壓力之下，他們的能量場會保護他們，避免反映者其開放能量場被接受到的外在事物混淆。他們可以睿智地看待整個運作，同時對於進入他們能量場的一切保持開放。他們的天賦之一是察覺外界或是周遭不尋常之事。透過不間斷、深刻的方式，他們可以輕易與天體連結，特別像是月亮，他們擁有大部分人無從得知的神祕生活。

在許多方面，反映者都是我們了解及參與宇宙意識的關鍵，他們極端開放的特質，不斷過濾人類的意識層面。他們在這裡的任務就是嘗試，並融入群體。

反映者不見得有興趣研究自己，也不會過於關心他們對別人的影響。對反映者來說，每天都是不同的，所以他們腦海中最主要的問題是「我今天是誰？」「我會感到驚喜、被接納或是被忽視？」如果他們活出自我，就會感到無拘無束、時時刻刻充滿喜樂並活在驚奇中。反映者最不可思議的表現就是，他們每天都可以體驗到新奇、新鮮和驚喜，並且察覺有更多等著他們去體驗。可惜的是，大部分反映者的生活環境同質性太高，總是試著成為別人，只因為他們尚未理解，或從未被好好鼓勵而接受自己的特質。反映者在感到不被接納、冷漠和沮喪之後，他們不再反抗，只求生存。若能開始欣賞自己的獨特，並試著跳脫（或是不再認同）他們所反映出來的事物，比較不容易迷失、困惑或陷入身邊的混亂。他們將會接受自己處於團體的核心位置，而不是感到自己被忽視、像個局外人一樣。

團體中的位置是反映者快樂的關鍵

獨特性對反映者而言，是他們必須處於社會或團體的核心位置，這讓他們可以自由地經驗及反映周遭的能量場。這是他們最適切的位置，他們必須在這個位置才能達到目的。他們的使命是被他人所接受、反映真實的狀況、教導我們所謂的好壞不過是顯示人類的多元性。所以，反映者必須在所處環境，或是參與集會中，能無拘無束地移動，當他們發現不需要反映時，也可以自由離開。他們運作的方式和其他類型不同。反映者要尊重他們所處的位置和目的。對他們來說，最重要的決定是在社群中，找到一個適合自己、像家一樣的環境，以及如何在其中自由移動。雖然他們 G 中心未被定義，他們要理解那些 G 中心被定義的人，是來啟發他們、引導他們認識新朋友和環境的。只要反映者被引薦，接下來的任務就是察覺他人。當反映者被帶到新的環境或認識新的人，應該避免依賴或依附著帶他進入新環境的人，這是非自己的表現。

假如反映者一直待在不健康的環境，不論待多久，他們可能會接收到那些導致自己生病的能量、使他們元氣大傷。擁有一個專屬、具創造力的自我空間是不可或缺的。在這個空間裡，他們可以獨處，抖落每天暴露的制約。不這麼做的話，他們很容易會依賴身邊的能量；因此他們更要慎選自己親近的家人與朋友圈。

反映者的人生策略：等待二十八天月循環週期

反映者沒有固定被啓動的區塊，也沒有穩定運作的內在權威。當他們在做人生決策時，內在沒有可信賴的資源，給予「是」或「否」的答案。反映者的策略是和月循環週期連結，月亮繞行曼陀羅一圈約是二十八天，這循環之輪包括六十四個閘門。穩定且重複的循環模式，提供反映者較爲一致的模式，雖然這與擁有被定義的中心，並不相同。

反映者其人生中重大的決定，來自外在的發起。當他們接到重要的提議或是邀請時，他們的月循環週期（決策過程）便會被啓動，換句話說，他們無法自行發起。當他們隨著月循環週期運作時，內在愈發透徹清晰，而身爲反映者，他們的觀點會改變，在這期間，他們會想和別人對談，不是爲了得到建議，而是爲了清楚表達自己的想法，聽見內在潛藏的眞實心聲。基於周遭人際關係的層次，反映者的能量場會過濾所處的環境，隨著時間過去，精煉出他們的決定。他們必須從容地進行，避免處於被壓迫或是倉促的情況下；他們會突然自內心深處得到答案，知道這是不是正確的選項。然而，如果他們遵循月循環週期但仍然不確定答案，最好還是繼續等待清楚的答案到來，理解到這或許需要花超過一個週期的時間。

反映者以月循環週期爲基礎的決策模式非常獨特，但了解月亮循環和轉變對生活所帶來的影響，仍能讓所有類型的人都獲益。檢視月循環週期如何對自己的人類圖帶來影響，是很棒的過程。（本章最後部分，將有完整的月循環週期和流日圖結合的圖例。）

反映者的人際關係

反映者極端開放的特質，會讓他們受制於另一半有定義的部分，也使得整段關係有自戀的成分。反映者反映並放大另一半有定義的部分，並回饋給對方，因此另一半看到的只是自己的倒影，或者可以說是不知不覺與自己墜入情網，但其實愛上的不是反映者本身。不喜歡自己的人常透過他人來愛上自己，而這樣的自我探索過程往往因爲反映者開放的設計，而被引發出來。若沒有互相了解、表裡一致忠於自己，和清楚的界限，反映者內在根深蒂固害怕被忽略、害怕眞正的自己無法被看見的恐懼，將會再度顯現。

當反映者不斷被催促做決定時，或是對自己的決策過程缺乏安全感時，他們很可能會愈來愈依賴那些擁有穩定內在權威的人，這對他們來說充滿風險，如此一來，他們可能會套用伴侶的決策模式，以決定性愛的表現方式、飲食和睡眠習慣、職業、居住地和在家庭中的地位。反映者可能任由周圍的人所擺佈。假使反映者讓自己受制於呈現非自己狀態的人，將會放大對方於能量上的扭曲，進而對自己的人生經歷感到失望。反映者沒有時時刻刻能倚賴的決策模式可遵循，他們唯一的內在權威是等待完整的月循環週期後，清楚的答案才會浮現。這樣的決策方式對其他類型來說很陌生，若沒有理解這一點，會造成雙方的爭執，也對反映者造成困擾。處於被催促或壓力下的反映者，長期下來可能會有健康上的問題。

對反映者來說，一段關係最大的價值就在於孕育後代。大部分的反映者都喜歡小孩，因爲小孩的存在可以讓他們再度與反映者單純一致的設計連結。他們喜歡這樣的關係，喜歡能對生命充滿敬畏與驚喜的人相互「映照」。只是當小孩長大後，反映者很難眞的放手讓小孩獨立。

孩童時期的反映者

若父母了解月循環週期對反映者孩童的重要性，可以鼓勵他們依循個人的節奏成長。其中的關鍵是，讓反映者孩童依自己的步調成長，不要催促他們。長期下來，小孩將學會耐心地等待，直到月循環週期過後，才做重大決定。很重要的一點是，父母必須幫助小孩尋找容許他們自然發展的師長，以及支持他們的學習環境。反映者孩童需要積極融入學習團體中，但不能背負過多的期待。如同自由的靈魂，以不同的規則運作，不同的個體接收資訊的方式也不一樣。反映者孩童會吸收並反映出他們的家庭或課堂上的一切。一個生氣蓬勃健康的反映者孩子，與一個病奄奄難過的反映者孩子各自反映出其所處環境的眞實狀態。和反映者成人一樣，反映者孩童需要屬於自己的空間，必要時可以遠離其他人而獨處。透過耐心練習，父母可以教導反映者孩童如何保護自己，即使可以感受到他人的痛苦，仍能避免接收到痛苦的能量或受其影響。

反映者會提出的問題和非自己呈現

反映者最深層的擔憂是被忽視、被阻絕在外，沒有參與感。爲了減緩這樣的憂慮，即使他外在的制約並未黏附在他們的能量場，他們還是會呈現非自己的狀態，以博取關注。若反映者不明白自己的能量場和宇宙韻律，會感到困惑，並讓擁有動力能量的太陽類型的人凌駕其上。在試圖發起或顯示的過程中，會遭遇抵抗，因而感到氣餒，並對別人失望。最後，反映者會想離開社群，而非處於核心中。他們會不停地接收並認同別人的恐懼、情緒、壓力和焦慮。反映者的關鍵在於保持中立，避免認同他人的痛苦，稍做嘗試但仍保持旁觀者的角色。當反映者對沒有固定運作模式的人類圖設計開始安然以對，與月循環週期共舞、檢驗周遭人們的能量場時，他們將反映出眞實的狀況，而不只侷限於他人的痛苦。他們可以發展出睿智的潛能，專注於「我現在是誰？」「我今天是誰？」，而不是被他們所擁有的開放性所干擾。

當反映者開始活出自我時，需要面對的恐懼：

- 我現在是誰？我可以做自己嗎？
- 我會繼續被忽略，或是有人會發現我的不同、接納我以及我的反思？
- 我是否能在所處的環境中自由地移動，找到自己的位置？
- 我沒有固定的運作模式，該如何避免承擔周遭的世界，源於非自己所呈現出來的焦慮、恐懼、緊張與不健康的情緒？

反映者的健康睡眠習慣

對於薦骨中心呈現開放的反映者，最好在體力完全耗盡前就上床就寢。在熟睡前至少花一個小時，躺下或放鬆，好讓身體可以完全伸展。如此一來，他們才有足夠的時間釋放不屬於本身的能量，為自己帶來平和放鬆、重新充電的睡眠。

標誌／目標：驚喜

反映者的非自己主題是失望。對同質化的世界中，充斥扭曲的非自己互動模式和人際關係感到失望。當反射者可以品嚐諸多差異，體驗敬畏與驚奇的時刻，才有活著的感覺。若能有智慧地與周圍能量保持著不依附且獨立的關係，他們本身具嘗試性的能量場，就會帶來驚喜的回報。這意謂著他們不再只是觀察者，而是被接納為參與者。當有人發起，邀請或詢問反映者，說出他們所見的差異，或要求他們分享意見，反映者會深受激勵，感到活力充沛。

因為，他們可以察覺不同類型的人是否走在自己的人生道路上，因此他們可以為那些想要打破既有模式，找回獨特、真實自我的人指點迷津。這是反映者可以帶來的特殊貢獻，喚醒某人未來的可能性，並體驗他們的人生，這將為反映者帶來驚奇與喜樂。

反映者名人錄

吉米‧卡特的夫人，羅斯琳‧卡特（Rosalyn Carter）、德國詩人艾德華‧慕瑞克（Eduard Mörike）、德國心理學家與密教文學作者索沃德‧戴勒菲森（Thorwald Dethlefsen）、印度教精神領袖阿瑪（Ammachi）、奧林匹克溜冰金牌選手史考特‧漢米爾頓（Scott Hamilton）、迪克‧史慕瑟（Dick Smothers）、杜斯妥也夫斯基、珊卓‧布拉克、理查：波頓、路易斯‧韋恩、尤伯‧連納、《A Million Little Pieces》一書作者詹姆士‧弗瑞（James Frey）。

月循環圖

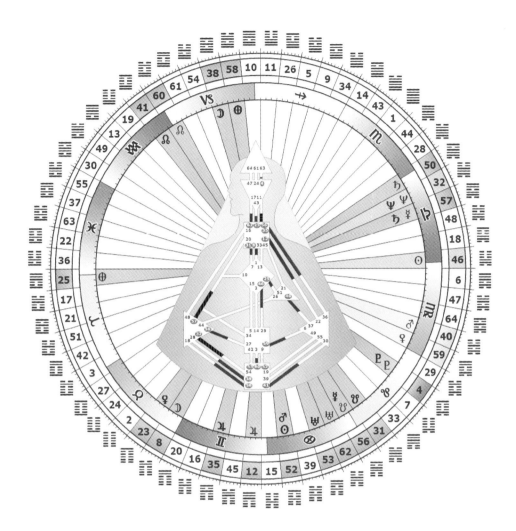

反映者的曼陀羅與人體圖

在上圖這個曼陀羅中，反映者的人體圖有很多啟動，或未啟動的閘門。每一個都像接收器，在尋找通道另一端的相對應閘門。月循環以逆時鐘方向運轉，穿過易經六十四卦（大約每二十八天），這樣的行星運轉將會啟動不同的閘門，使得反映者原本未串接的通道被連結，帶來了暫時被定義的區塊。雖然每個被短暫定義的中心可能只維持半天，但時間久了，每個月固定的運作模式，將可成為反映者可仰賴的決策模式（請參閱後面的圖表）。月循環模式是反映者反映月亮與地球繞行的頻率，同時提供並定義反映者對自我的認知。因此，反映者的特質是依照完整月循環的節奏與週期逐步顯現，而不是時時刻刻都能展現。

依循月循環啓動閘門

前一頁的圖，我們提到月循環會啓動反映者不同的區塊。除了反映者，他們還可以體驗投射者，顯示者跟生產者各自不同的能量頻率。每當月亮移動並啓動新的閘門，就可能為他們的設計帶來新的定義。月亮繞行地球一圈約二十八天，然而，從這個滿月到下個滿月則需要三十天。

這些暫時呈現定義的狀態，並不代表反映者會成為生產者、顯示者或投射者，但他們可以體驗到其他三種類型特殊的能量。每個反映者的月循環都是獨特的，而且每隔二十八天，同樣的模式就會重新再來一次。

日期	時間	天體	閘門	定義中心	類型
6/19/2011	00:27	月球	41	無	反映者
6/19/2011	07:27	月球	19	無	反映者
6/19/2011	18:03	月球	13	無	反映者
6/20/2011	11:57	月球	49	無	反映者
6/21/2011	00:40	月球	30	情緒－根部	投射者
6/21/2011	11:40	月球	55	無	反映者
6/21/2011	19:03	月球	37	意志力－情緒	投射者
6/22/2011	11:48	月球	22	喉嚨－情緒	顯示者
6/23/2011	00:56	月球	36	喉嚨－情緒	顯示者
6/23/2011	04:42	月球	36	喉嚨－情緒	顯示者
6/23/2011	23:36	月球	17	邏輯－喉嚨	投射者
6/24/2011	09:04	月球	21	無	反映者
6/25/2011	11:33	月球	42	薦骨－根部	生產者
6/26/2011	08:15	月球	27	薦骨－直覺	生產者
6/26/2011	19:27	月球	24	無	反映者
6/27/2011	01:02	月球	24	無	反映者
6/27/2011	17:39	月球	23	無	反映者
6/28/2011	06:25	月球	8	無	反映者
6/28/2011	13:40	月球	20	喉嚨－直覺	投射者
6/29/2011	04:01	月球	16	無	反映者
6/29/2011	12:53	月球	35	無	反映者
7/1/2011	16:36	月球	39	無	反映者
7/2/2011	02:39	月球	53	無	反映者
7/2/2011	17:34	月球	62	無	反映者
7/2/2011	20:52	月球	56	無	反映者

日期	時間	天體	閘門	定義中心	類型
7/3/2011	01:47	月球	56	無	反映者
7/3/2011	11:34	月球	31	無	反映者
7/4/2011	05:22	月球	7	喉嚨－G	**投射者**
7/4/2011	11:47	月球	4	無	反映者
7/5/2011	16:29	月球	40	無	反映者
7/6/2011	03:35	月球	64	無	反映者
7/6/2011	16:14	月球	47	無	反映者
7/7/2011	03:17	月球	6	薦骨－情緒	**生產者**
7/7/2011	09:36	月球	46	無	反映者
7/7/2011	17:29	月球	18	直覺－根部	**投射者**
7/8/2011	01:23	月球	48	無	反映者
7/8/2011	10:52	月球	57	無	反映者
7/9/2011	02:42	月球	32	無	反映者
7/9/2011	09:03	月球	50	無	反映者
7/10/2011	10:32	月球	1	喉嚨－G	**投射者**
7/10/2011	21:45	月球	43	邏輯－喉嚨	**投射者**
7/11/2011	02:35	月球	43	邏輯－喉嚨	**投射者**
7/11/2011	10:38	月球	14	無	反映者
7/11/2011	21:58	月球	34	薦骨－直覺	**生產者**
7/12/2011	06:05	月球	9	薦骨－根部	**生產者**
7/12/2011	14:15	月球	5	無	反映者
7/13/2011	05:02	月球	26	無	反映者
7/13/2011	06:41	月球	11	邏輯－喉嚨	**投射者**
7/13/2011	16:37	月球	10	G－直覺	**投射者**
7/14/2011	02:37	月球	58	無	反映者
7/14/2011	14:21	月球	38	無	反映者
7/15/2011	10:44	月球	61	無	反映者
7/16/2011	09:10	月球	41	無	反映者
7/16/2011	16:09	月球	19	無	反映者
7/17/2011	02:43	月球	13	無	反映者
7/17/2011	20:31	月球	49	無	反映者
7/18/2011	09:08	月球	30	情緒－根部	**投射者**
7/18/2011	20:03	月球	55	無	反映者

體驗完整的過境場

　　除了受月循環的影響，反映者也會因爲每天的星象變化，而擁有不同的體驗。星體運轉與他們自身的人類圖設計相互連結，爲自我探索提供源源不絕的變化，總會帶來潛藏的驚喜。

流日舉例

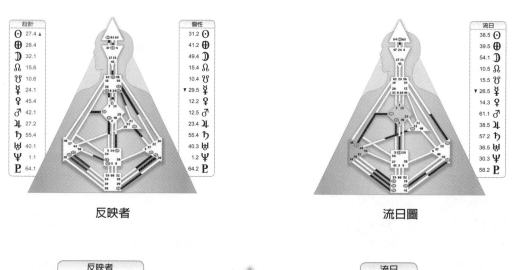

反映者　　　　　　　　　　　　　　　　　　　流日圖

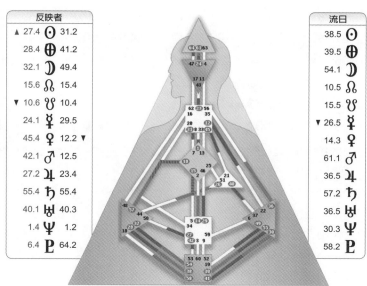

非個人微中子制約能量場——影響人類

左頁三張圖分別是反映者的人體圖、流日圖（非個人微中子制約能量場）以及結合上述二者的合圖。以下將描述結合的方式。

等待的奧妙：在這特定的一天，反映者將不預期地（來自不預期的輪迴交叉）產生了渴望的情緒（來自 41-30 通道），使得他們有極大的壓力想隨興地（來自直覺中心）採取行動（來自根部中心）。這種對新奇體驗（36 號閘門）的渴望（情緒中心），可能隨興而為（直覺中心）而轉變成一次危機（36 號閘門），或許會將反映者推向新的非自己，不斷試著想更完美地呈現自己（57-10 通道）。

此外，他感受到極大的精神壓力（頭腦與邏輯中心），想要理解生命的奧妙（61-24 通道）；如果反映者順從此精神壓力（頭腦與邏輯中心），而立刻（直覺中心）採取行動（頭腦與根部中心），他可能會感到沮喪、情緒低落（39-55 通道）。此外，他會陷入困頓掙扎（通道 38-28)，經歷錯誤的轉變（54-32 通道），或是投入錯誤的體驗（41-30 通道）。

若善用此流日所帶來的影響，反映者應該要等待，及觀察自己體驗到的轉變感受，看看大環境正在發生的事件。透過觀察，探討若與此能量結合，對自己來說是否正確。還是這股迫切想採取行動的壓力，會隨著月循環週期流轉而消退。經由不斷地觀察己身的體驗，循環的模式將會顯現，便可以此為依據，最終成為外在權威的智慧，成為充滿創意的表達方式。

轉換意識型態，最大的難題，在於試圖以頭腦合理化，這過程或許有趣，
但不應該主導你人生的方向。這是極大的挑戰。

——拉・烏盧・胡

能量動態（ENERGY DYNAMICS）

我們繼續來探討，人們是如何被不同方式所制約，接下來進入五大定義，也就是與真實的自己互相抗衡的另一種制約元素。記住，若遵循策略與內在權威，就能臣服於我們體內的智慧，就能繞開所有的制約因素，並將這一切轉換成參考的資訊，與潛藏的智慧。五種定義的方式透過人類圖來展現，更可以透過生活來體驗。

- **無定義**：沒有任何定義中心的反映者。（約占總人口的 2%）
- **一分人**：所有被定義的中心與通道，可以串連成一個區塊。（約占總人口的 41%）
- **二分人**：有定義的中心，區分成兩個區塊，且兩大區域並無連接。（約占總人口的 46%）
- **三分人**：有定義的中心區分成三個區塊，且三個區域並無連接。（約占總人口的 11%）
- **四分人**：有定義的中心區分成四個區塊，且四個區域並無連接。（約占總人口的 0.5%）

幾分人以及我們對他們的體驗

除了一分人以外，其他人的人類圖中，有定義的中心與通道沒有連續性的相連，且被分成兩個、三個或四個區塊。因此，若你的人類圖可以區隔成不同的區塊，那麼可以把不同區塊串連起來的閘門或通道，就是所謂的壓力點（motivating factor）。你會不自覺地追求這些壓力點所代表的特質，誤以為這是在人生中，讓你不完整或錯誤的地方，又或是你自認為需要補足或修正的特質。

這些開放的閘門或通道創造了非自己行為，促使你不斷想填滿這些未啟動的閘門或通道。請記住，這些開放的閘門與通道並不是真正的你，但是他們會代表某些不斷與你相遇的人，由於這些人擁有特定的通道或閘門，於是你會被他們的能量場所吸引。這樣的吸引力就字面上的解釋，如同磁性一樣，只要遵循你的策略與內在權威，你將會自然而然，以正確的方式，遇到足以填滿自己壓力點的人。事實上，對於這些開放的缺口，不必刻意做些什麼。如果你有好幾個單一閘門，都可以串連起分裂的區塊，那麼它們就是以上述的方式影響你。不幸的是，大多數人處於非自己的狀態，他們一直追求壓力點所代表的特質，誤以為這就是自己人生中不完整之處。如果你進一步去看這些未被串連的閘門或通道的內容（詳見第六章），就會注意到自己曾經追求過的重要主題，來自想感覺到完整的渴求。

以例子說明定義（單一分裂二分人）

　　舉例來說，如果是二分人的設計，串連兩個區塊的閘門會成為我們人生中主要制約的來源。在本頁的這個例子，有定義的邏輯與喉嚨中心，與直覺、G、薦骨、根部、情緒中心是區隔開來的。其中 16、8、20 號閘門是能將兩個區塊串連起來的壓力點。這個人擁有 48 號閘門，但缺少通道另一端相對應的 16 號閘門。因此，在喉嚨中心的 16 號閘門就成為這個人所追求的主題。這也表示，他會自然而然遇到擁有 16 號閘門的人，因為他的 48 號閘門總在尋找另一端「相對應的閘門」（harmonic gate）。每個閘門都有其對應的閘門。在通道的另一端與之共振，當兩個閘門同時被啟動而連結，就會形成火花，創造動力與能量。

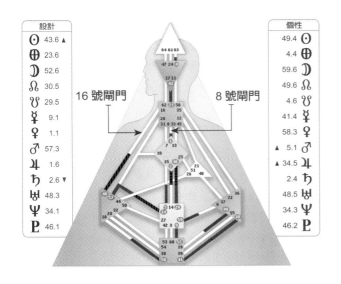

　　48 號是深度的閘門（Gate of Depth），16 號是技能的閘門（Gate of Skills）。當他需要透過喉嚨中心表達其深度時，需要 16 號閘門。她可能從不覺得自己有足夠的技能，因此不斷向外尋求發展技能的方法。事實上，她的設計就是要與有 16 號閘門的人相遇，當他們一起工作時，對方便可以有技巧地，展現出她的深度。

　　8 號閘門代表貢獻，也是其中一個壓力點，會驅使她認為自己必須有所貢獻。在現實中，她的非自己會試圖填滿這誤認的空缺。她很想成為空缺的那部分，然後會以頭腦試圖去執行。二分人通常會感到人生少了某部分，直到這空缺透過關係裡的另一個人來補滿。不論好壞，這是建構許多關係的狀態。

　　而所謂的遠距型二分人（wide split），代表需要一條完整的通道，或多個閘門串連不同的定義中心區塊，對這樣設計的人，若有問題通常會覺得都是別人的問題，或者都是別人造成問題。而產生責怪或受害者的感受，但這並不是真的。換句話說，若能視為一個學習潛藏智慧的機會，他們將成為獨立、客觀的觀察者，而不再落入責怪別人的遊戲中。一旦停止追求填滿壓力點，你將開始感受到那些能為你接通分裂區塊的人，有多重要。很多成功夥伴的組合，就是來自於兩個人彼此的閘門互相串接，成就了彼此。例如，約翰‧藍儂（48 號閘門）與保羅‧麥卡尼（16 號閘門）。了解幾分人如何健康地運作，是其中的一種方式，讓我們了解彼此為何會形成一段關係。在這種觀點下，「你使我完整」這種說法是深刻而真實的。然而，唯有正確地運用人生策略與內在權威開始一段關係，才能擁有健康及有益的人際關係。

根據不同形式的分裂型人，有不同的制約順序。根據幾分人的類別，被制約的非自己思維，會針對開放的閘門、通道或中心，形成作決定的公式。以二分人來說，將兩個不同區塊串連起來的閘門會是最強的制約因子，其次才是中心。若是三分人，沒有定義的中心則是最強的制約因素，接下來才是閘門或通道。而四分人橋接的閘門則是最強的制約，然後才是非定義中心。

　　對於多分人來說，最大的問題就是沒有花時間等待內在權威與策略，就急著發動不適當的行動、失去耐心、衝動行事或發表不成熟的言論。多分人其實需要更多時間消化資訊，因為他們有定義的區塊沒有被串連。除非他們各個區塊被串連起來，否則很容易感覺不自在或不完整，而無法做出明確的決策。因此，他們一定要慢慢來，有點耐心，等待那個完整的感覺產生。若為了尋求完整，主動尋求特定夥伴，而非等待，這也是一種非自己的行為。如果你是屬於多分人的設計，自然會有人進入你的人生，為你串連起不相連的區塊，請記得讓你的人生策略與內在權威來引導你。

　　花點時間置身於公共場所，有助於消化與整合的過程，在公共場所總會有人提供中立的橋結閘門。當你要做一個困難或重大的決定時，最好的方法就是，讓自己置身在公共場所，例如：書店、咖啡廳或是走進大賣場。這些公共熔爐的設計，能提供中立的能量場及制約，將有助於你吸收資訊的過程。這種來自公共場合，開放式的連接，將提供思考決策的新觀點；反之，若在決策的過程中，經常與朋友或夥伴處在一起，會受限在他們的設計，成為你的制約。

　　回到內在權威與策略，將有助於你避開多分人設計中潛在的陷阱，解決你急於填補不相連的焦慮感，進而帶來平靜。請放慢你的腳步、放輕鬆活出完整的自我，臣服於你的策略與內在權威，這些需要串連的部分，將會自行運作。最重要的是，不管你屬於哪一種定義，記得給自己足夠的時間消化資訊，並且信任你的人類圖設計，會帶來你所需要的。

　　接下來，讓我們看幾個例子。

一分人案例 1

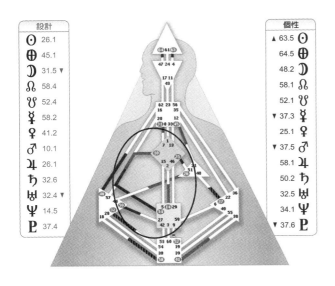

以英國維多利亞時代的英國詩人伊麗莎白‧巴雷特‧布朗寧（Elizabeth Barrett Browning）做為一分人的第一個案例，並與下面科西瑪‧瓦格納（Cosima Wagner）的圖一同做比較。

從一分人的圖可以看出，能量可以連續不中斷的，在所有被定義的中心與通道間流動。可能像伊麗莎白的圖，只有一條通道；或如下個案例，有多條通道。一分人在某種程度上來說，屬於自給自足型（self-contained），因為他們的定義中心呈現單一、連續、穩定、永續存在，而且是可以信賴的能量。這樣的設計非常單一聚焦，並不像其他幾分人，需要去反應不同的觀點。一分人也不需他人協助吸收資訊，或讓他們感覺到完整性。他們可以迅速消化資訊，除了情緒中心有定義的人以外。

一分人案例 2

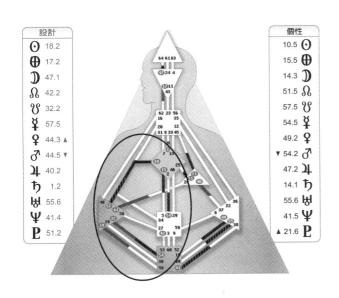

在匈牙利鋼琴演奏家和作曲家李斯特的女兒科西瑪‧瓦格納（Cosima Wagner）的人體圖中，我們可以看到是多個（三個）定義中心的一分人，她的設計是由兩條通道串連起來的三個定義中心：根部、直覺及G中心。因此，她的資訊消化速度非常快。

簡易型二分人（simple-split definition）

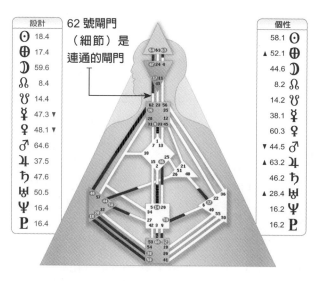

美國作家亨利·米勒（Henry Miller）的人體圖是簡易型二分人（可透過單一閘門連結二個有定義的區塊）的範例。

簡易型二分人是指兩個有定義的區塊彼此沒有連結，使得能量無法持續流動。因為能量流被中斷，為了追求完整，他總是在尋找連結頭部和喉嚨中心這兩個充滿能量的分離區塊的橋梁（缺少的閘門）。喉嚨中心的 62 號閘門——重視細節的閘門——即可接通分裂的這兩個區塊。62 號閘門會在他的人生中扮演十分重要的角色，連接他的大腦思考模式和直覺洞見。終其一生專注於細節、鑽研細節及可提供細節的人。在亨利的著作中，他的確十分重視細節的陳述。

遠距型二分人（Wide-Split Definition）

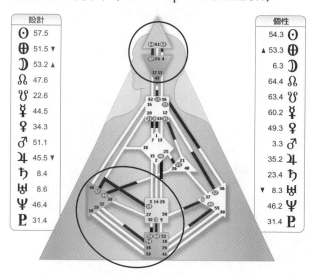

相較於亨利的簡易型二分人的圖，英國物理學家史蒂芬·霍金（Stephen Hawking）的圖是屬於遠距型二分人。在他的圖中，可看到透過多個閘門，或是一條貫穿喉嚨中心的通道來連結。在這裡是指 20 號閘門和 43 號閘門。因為常覺得是「別人的問題」，而非自己的問題，讓史蒂芬感到不完整或缺少什麼。他可以也的確善用這樣的二分設計，成為潛在智慧的來源，客觀地觀察並研究這個世界（或宇宙）。

三分人（Triple-Split Definition）

　　如同提摩西·利里（Timothy Leary），三分人的人體圖有著三個分開、互相沒有連結的有定義區塊。這些個體需要好幾個橋梁來連接所有有定義的通道。沒有定義的中心是他們主要的制約因子。在提摩西的圖中，主要制約他的是沒有定義的意志力中心和情緒中心。連結分裂區塊的閘門也是制約因子，但影響力不及未定義中心來得大。三分人主要的課題是沒耐心，也經常貿然行動；他們可能看起來急

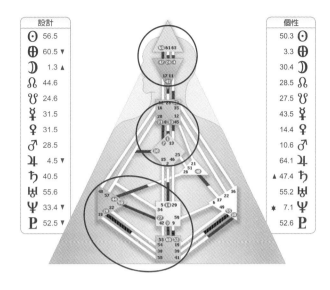

切、有企圖心、武斷。對三分或四分人來說，比較健康的方式是和不同的人（數種不同的能量場）互動。假使他們持續被某人制約，會感覺被困住。

四分人（Quadruple-Split Definition）

　　美國兩性關係專家菲爾·邁格博士（Dr. Phil McGraw）的人體圖有四個分開、未互相連結的有定義區塊，是四分人的代表。這類型的人體圖不是擁有八個有定義中心，就是九個中心全部都有定義。四分人主要是受到未被定義中心，或是連接分裂區塊的閘門所制約。四分人的發展進程可能顯得緩慢，因為彈性和快速決策對他們來說都是困難的。強迫他們迎合別人的期待，對他們來說不具有建設性，他們必須按自己的節奏，從容不迫地吸收資訊。

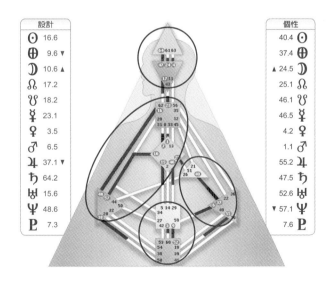

在這一刻，量子存在著各種可能性，整合起來的能量，比其他各個小部分的總和來得強大，其整體超越各個部分，成爲我們所說的生命的動力。

——拉·烏盧·胡

第六章
迴路、通道與閘門
生命動力的電路板

第六章 迴路、通道與閘門

生命動力的電路板

迴路代表能量在人體圖通道間流動的方式。若把迴路圖解成下方圖示，人體圖就好比是電路板。了解迴路就等於了解生命力的運作方式，揭示了生命之間的不同，以及如何互動的方式。迴路由通道組成，而通道則由兩個閘門組成，連接兩個中心。閘門是能量流入或流出中心的出入口。中心是轉化振動頻率的樞紐。能量在通道間的流動，建立起兩個中心之間的交流，激盪出生命的活力。這種基本的交流形式就叫作「生命的動力」（life force），其中潛藏著成長和進化的可能性。

因為通道被啟動所產生的生命動力，透過我們的能量場投射出來，與外界溝通，同時對身邊的人帶來影響與制約。在人類圖中所啟動的部份，決定了我們的天賦與終其一生的限制。每一個人與每一種形式的生命動力都是如此獨特，與其他人大不相同。我們被啟動的部份，代表了此生輪迴的原因，必須透過我們表裡一致地表達出來，不能被非自己的制約所扭曲。在人類圖體系的這張人體圖上，總共有三十六條通道與六十四個閘門，而迴路將一切連結起來，賦予這張人體圖堅實的基礎架構。而這整體架構是由整合型通道，以及三個迴路群所組成，共同繪製出各具特色卻又相互串連的網絡，表達能量在不同中心之間如何流動。迴路創造出明確的解讀架構，來詮釋每個人複雜的設計。每一條通道，皆有兩個閘門，為整體架構增添了各自不同的主題。

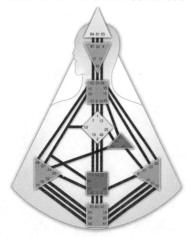

整合型通道和三個迴路群組

在第二章中，我們已經知道來自頭腦和根部中心的壓力，驅動能量流向喉嚨中心，然後表達。當能量在人體圖中流動時，通道和相對應的閘門會串聯起來，形成六個基本迴路以及整合型通道。六個基本迴路組成三種主要的迴路群組：個體人迴路群組、社會人迴路群組和家族人迴路群組。整合型通道形成一股既獨特，又融合為一體的能量。當我們從通道的角度來切入，每一張人類圖上所啟動的部份，展露出來的是我們最底層的本性、價值與原則，以及如何與人連結，如何影響他人。而往往就在迴路與通道的部份，才揭露出原來人與人之間的抗拒與衝突，其來有自。也因此屬於每個迴路的關鍵字，意義重大，這傳遞出獨特的洞見，讓我們得以了解每個人所投射出來的能量場，其獨特的震動頻率，或綜合的頻率，是如此不同。

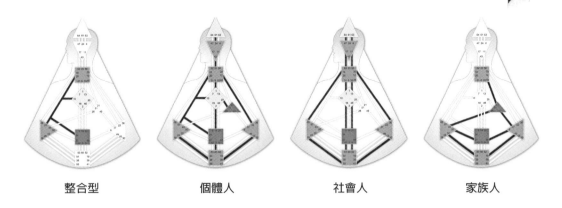

| 整合型 | 個體人 | 社會人 | 家族人 |

接下來的內容，你將會看到關於三十六條通道和六十四個閘門完整的描述。下面的索引表可以幫助你找到說明各通道和閘門的頁數。在閘門的描述中，RAC 是指右角度交叉輪迴（Right Angle Cross），JC 是指並列交叉輪迴（Juxtaposition Cross），LAC 是指左角度交叉輪迴（Left Angle Cross）。更多輪迴交叉資訊請參考第八章。此外，各個爻（Hexagram Line）的名稱也列在各閘門中。更多關於爻的資訊請參考第十章。

通道／閘門索引表

整合型通道

主軸關鍵字：我賦予自己力量（self-empowerment）

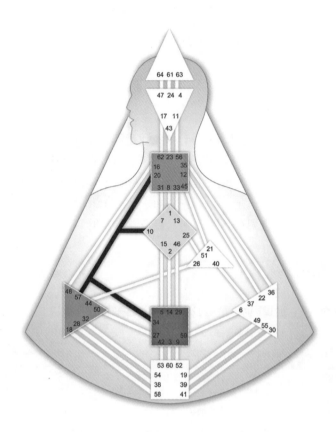

通道：

34-57：力量的通道
　　　　人的原型

57-10：完美形式的通道
　　　　求存

10-20：覺醒的通道
　　　　承諾去追尋更高層真理

34-20：魅力的通道
　　　　即知即行

整合型通道自成一格，並且與其他三種迴路群組，共同組成人體圖的基本架構，它是所有通道組合中最複雜的一種。這四條通道的組合在人體圖是類似脊椎的構造，扮演主要的防禦機制。整合型通道是形成每個人差異化的主要元素。假使沒有它，我們跟祖先就沒有差別。整合型通道點燃了人類人性的演進，而且完整的，充滿活力地傳達出生命動力的型態。

基於所謂「自我激勵」的關鍵字主題，整合型通道完全專注在自我保護，以及激勵個人發揮本性，包含表達，理解，方向／自我認同以及自我行為。 個體人的求存，以及為了展現其獨特性的驅動力，是帶來突變的必要元素，如此才確保家族與整體社會找到生存之道。

自然而原始的反射能力，存於整合型通道群中，以確保我們能信任內在的生命，透過回應而賦予力量（34 號閘門），被直覺所引導（57 號閘門），採取正確的行為（10 號閘門），以及在當下彰顯出來（20 號閘門）。當以個人行為呈現時，若運用整合型通道的關鍵字，所表達的是：「我愛自己，當我現在聆聽內在直覺，就能賦予自己力量。」或者「透過回應，我擁有敏銳的直覺，只要活在當下，不管處於任何環境下，我都能展現出正確的行為，找到生存之道。」擁有整合型通道的人，很在意自我激勵的特質，通常會表現出可以自給自足的自信，不會主動尋求別人的幫助，也不會輕易接受別人的指引。他們應當被允許，並鼓勵成自給自足的人。

整合型通道中的通道與閘門將在後續篇幅中討論。

力量的通道：34-57

人的原型的設計

通道：整合型　通道類型：生產

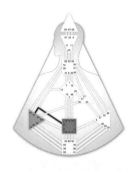

　　力量的通道透過 57 號直覺的閘門，與 34 號力量的閘門，連接直覺中心到薦骨中心。34 - 57 通道代表人類的原型設計。透過回應，帶來直覺反應的求存能力，透過對危險的警覺，讓我們得以生存。

　　背景：力量的通道，來自於充滿生命活力的薦骨，賦予直覺在當下的察覺力（求存的本能智慧），讓我們的身體對於環境所帶來的威脅，能時時保持警覺。34 號閘門具有強大的力量，具備持續埋頭苦幹的動力。57 號閘門則透過內在的聲音與振動頻率，持續滲透並過濾周圍環境。當兩個閘門串連成通道，根據原始哺乳類動物為生存而戰的本能記憶，人類的原型因此誕生。若缺少了這自發性的防禦本能，我們將不能也無法保有個體性，也無法促進物種進化。透過 57 號閘門，人類整體覺醒過程開始流通。直覺源自直覺中心的覺醒，並且在瞬間發生，不受智識或情緒察覺的限制。換句話說，能保護我們的從來不是頭腦「想」到的好辦法，而是在當下回應周遭各種人事物的振動頻率，所產生的直覺反應。

　　個人：為了能夠清楚明快的反應，或在瞬間做出決定，像是躲避超速行駛的汽車以挽救生命，你必須保持穩定，持續地與身體意識連結。這通常表示，對別人所散發的振動頻率，極度敏銳，總是用右耳聆聽，能夠聽見他們真正想說的話。遵循你的生產者策略，能徹底釋放直覺與薦骨中心的力量，在生命中的每一刻，帶來安全感。下定決心保持獨立、充滿活力，敏銳地傾聽周圍環境，以及保持身體健康。這是你可以學習，並且完全信任的驚人能力。好好磨練你的求存本能，這本能照顧的是你自己，而非他人的要求與需求。這股偉大又持久的力量，為這條代表人類原型的通道奠定了穩固的基礎。是你身為一個覺醒與獨特個體的經驗。一旦能夠自我激勵，你的存在將成為鼓舞人心的範例，這意謂著，享受充滿活力的生活、獨特，單純且去制約，時時刻刻活在當下的回應中。若你發現自己陷入憂鬱，不要試圖修正或搞清楚這些情緒，只需擁抱你的情緒。

　　人際：擁有力量通道的人具有一種潛能，能透過直覺反應，完美展現他們的求存本能。對於膽敢侵擾他們幸福領域的人，他們通常不會給好臉色，必要的話，會變得充滿防禦性以捍衛自己。當演化的過程已經超越了弱肉強食（eat-or-be-eaten）的求存階段，他們會運用警覺的能力，以維持健康的活力，這會讓他們活得夠久，來體驗及領會我們身而為人，不斷成長的覺察力，這是一項獨特的天賦。

34 號閘門：強大的能量（大壯卦）－力量的閘門

當力量被展現及運用在共同利益上，才會顯現其偉大

中心：薦骨　　四等分：突變　　主題：透過蛻變，達成目的

右角度交叉之沉睡的鳳凰－並列交叉之力量－左角度交叉之二元性

　　34 號閘門是強而有力的能量來源，讓我們朝個體化發展，並且在這個世界上展現我們的獨特之處。34 號閘門具備兩種特質，讓此閘門與薦骨其他八個閘門截然不同：無性別之分，以及力量無法爲他人所用。如果與 G 中心的 10 號閘門相連，這股能量會展現在社交行爲，或扮演支持你強烈信念的角色。如果與位於喉嚨中心的 20 號閘門相連，你的力量將完全施展在自己的行爲之上，將想法立即轉化爲行動，旺盛的實踐力會帶來繁榮與興盛。如果與直覺中心的 57 號閘門連結，你的直覺將賦與你聆聽的能力，讓你聽見在每個當下如何完美存活的方式。若缺乏直覺中心的直覺來引導，這股連續不斷想採取行動的力量，可能會變得不健康、多管閒事以及呈現誤導的狀態，你會感覺自己失去動能，耗盡力氣卻無人受惠。即使受人欽佩，甚至受歡迎，你的能量就是無法被別人所用。你必須維持力量的純粹，善用這股力量去尋求自己的獨立與獨特、貫徹自我信念、獲取勝利，而也是你的求存之道。

| 第 6 爻－常識 | 第 4 爻－勝利 | 第 2 爻－氣勢 |
| 第 5 爻－殲滅 | 第 3 爻－男子氣概 | 第 1 爻－霸凌 |

---

57 號閘門：溫和（巽卦）－直覺洞察力的閘門

非凡清晰的力量

中心：直覺　　四等分：二元性　　主題：透過人際連結，達成目的

右角度交叉之滲透－並列交叉之直覺－左角度交叉之號角

　　因爲擁有清晰的直覺洞察力，57 號閘門具有當下透視核心的能力。底層能與聲音共振，讓他們能持續地對來自外在環境，不論是身體、情緒及心靈層面的振動頻率，保持警覺。你的直覺時時刻刻都能敏銳察覺，哪些對你來說是安全、健康或是好的，而哪些不是。57 號閘門代表右耳。如果你想知道對方真正想傳遞的言語，請善用本能，以右耳傾聽。你必須警醒並專注於當下，才能聽清楚直覺中心傳達給你的訊息，否則你可能會忽略了，與生存息息相關的資訊。有時候在別人眼中，你像聾了一樣，或是備受責備，認爲你只是選擇性地聽取別人的話，但你的直覺是你唯一的導引，讓它來決定哪些行爲對你是好的。降低對未來恐懼的唯一方法，就是專注於你那出於本能的直覺、傾聽那只說一次的微小聲音，並根據直覺，立刻採取行動。當你在當下專注聆聽自己的直覺，沒有明天，又有何懼。

| 第 6 爻－使用 | 第 4 爻－指導者 | 第 2 爻－淨化 |
| 第 5 爻－進展 | 第 3 爻－敏銳 | 第 1 爻－困惑 |

魅力的通道：34-20

即知即行的設計

通道：整合型　　通道類型：顯示生產

魅力的通道透過力量的閘門（34）及當下的閘門（20），連結薦骨中心到喉嚨中心。這是典型的顯示生產者通道，透過薦骨的回應來引導，進而以行動去實踐。換句話說，戰士（顯示者）必須臣服於佛陀（生產者），等待外在刺激，並予以回應，才能適切地引導出充滿魅力的力量。

背景：有三條通道其閘門在曼陀羅輪軸上，兩兩相對，魅力通道就是其中之一。（其他兩條是 43 - 23 以及 37 - 40）。當 34 號閘門的原始力量：一種純粹的生理能量，透過甲狀腺系統運作時，將構成啓動人類生存的關鍵能量。薦骨施加壓力的方式讓 20 號閘門保持忙碌，督促一切要在「當下」發生。而薦骨產生力量到實際發生的速度，非常迅速，甚至迅速到連回應都省略下來，這可以解釋爲何有這條通道的人，總是很難坐得住或保持安靜。雖然他們的影響力及成就令人驚豔，但若缺乏與薦骨的內在引導連結，同樣的能量可能會造成困擾，或者不由自主突然爆發，宛如方向錯亂的飛彈，還爲此感到得意忘形。

個人：34-20 通道的能量是整合（自我激勵）過程中的一部分，由於擁有長時間持續活動的動能，因此如何運用這股能量，在你眞正喜愛的事物上，就變得非常重要。其他人可能會羨慕你的行動力，但這股能量無法被他人所用。你的想法必須轉化爲行動，這是來自於 34 號閘門充滿生產力的動能，需要在當下立即表現出來。每日維持在忙碌的狀態之下，從事可以帶來自我滿足的活動，對你來說是正確且健康的方式。然而，這通常也不適用於其他人。運用這種方式，你純正的活力會爲自己帶來力量，同時也會自發性的，自然對他人帶來啓發。這就是魅力的眞實本質。當你的薦骨回應被頭腦的「應該」或「可能」的想法所取代，你強大的個人力量會變得發散，容易被誤導，如此一來犧牲的是你的健康，以及原本足以成爲典範的能力。

人際：大部分有魅力通道的人，看起來沒空，非常忙碌。因爲有這樣潛質的人，需要在當下採取行動，或直接執行。他們經常發現自己做個沒完。而他們的難處就在於，總是忙於自己的忙碌，無法分辨自己其實非常需要引導。迅速確實的行動，對社會帶來莫大的助益；然而混亂發起則會造成深刻的破壞。若一個擁有 34-20 通道的人，無法從他們自身的設計中，例如代表內在直覺的 57 號閘門，或者代表自我行爲的 10 號閘門，得到有效的引導，來緩和其忙碌的狀態。那麼他們就會很自然地且健康地，願意開放於 43-23 通道的覺知與洞見，從中得到指引與意見。

34 號閘門：強大的能量（大壯卦）－力量的閘門

當力量被展現及運用在共同利益上，才會顯現其偉大
中心：薦骨　　四等分：突變　　主題：透過蛻變，達成目的
右角度交叉之沉睡的鳳凰－並列交叉之力量－左角度交叉之二元性

34 號閘門是強而有力的能量來源，讓我們朝個體化發展，並且在這個世界上展現我們的獨特之處。34 號閘門具備兩種特質，讓此閘門與薦骨其他八個閘門截然不同：無性別之分，以及力量無法為他人所用。如果與 G 中心的 10 號閘門相連，這股能量會展現在社交行為，或扮演支持你強烈信念的角色。如果與位於喉嚨中心的 20 號閘門相連，你的力量將完全施展在自己的行為之上，將想法立即轉化為行動，旺盛的實踐力會帶來繁榮與興盛。如果與直覺中心的 57 號閘門連結，你的直覺將賦與你聆聽的能力，讓你聽見在每個當下如何完美存活的方式。若缺乏直覺中心的直覺來引導，這股連續不斷想採取行動的力量，可能會變得不健康、多管閒事以及呈現誤導的狀態，你會感覺自己失去動能，耗盡力氣卻無人受惠。即使受人欽佩，甚至受歡迎，你的能量就是無法被別人所用。你必須維持力量的純粹，善用這股力量去尋求自己的獨立與獨特、貫徹自我信念、獲取勝利，而也是你的求存之道。

第 6 爻－常識	第 4 爻－勝利	第 2 爻－氣勢
第 5 爻－殲滅	第 3 爻－男子氣概	第 1 爻－霸凌

---

20 號閘門：注視（觀卦）－當下的閘門

當下的識別與覺察，將理解轉化為適切的行動
中心：喉嚨　　四等分：文明　　主題：透過形式，達成目的
右角度交叉之沉睡的鳳凰－並列交叉之當下－左角度交叉之二元性

20 號閘門是純然存在的閘門，使你專注於當下，支持你發揮能力，得以自己的方式生存。當你在適切的時間點表達，你的覺察將轉化為足以影響周遭人們的文字或行動。這樣的能量頻率是——而且必須是——完全在當下展現。它可以為 57 號閘門發聲，說出充滿求存意識的直覺，給予 10 號閘門的行為模式，承諾於更高的原則，或是採取行動，往個體化的方向邁進，進而顯現 34 號閘門薦骨的力量。20 號閘門展現的是，存在於當下的全然面貌，從「我現在是……」到「我知道自己正在做什麼」，但並不考慮過去或未來。是覺醒並覺知的，才得以求存，你必須完全在此刻活在當下，表裡一致做自己。你沒時間以腦袋來考量，或控制內心會冒出什麼樣的想法，你所說或所做的一切就是突然出現在所有人（包括你自己）眼前。事實上，即使沒有親眼所見，你也能看見，沒有耳聞，依然能聽見。這就是在每個當下，你的存在本身，所蘊藏的進化潛能。當你依循人生策略和內在權威生活時，將會活出典範。你的直覺認知、個人生存和突變、愛自己的行為將會影響並為他人帶來力量。

第 6 爻－智慧	第 4 爻－應用	第 2 爻－獨斷者
第 5 爻－現實主義	第 3 爻－自我覺知	第 1 爻－表面化

完美形式的通道：57-10

求存的設計

通道：整合型（創造力的通道）　通道類型：投射

完美形式的通道，透過直覺洞察力的 57 號閘門，和展現自我的 10 號閘門，連接直覺中心和 G 中心。這是整合型通道中的創造力通道——生存的藝術。透過直覺的導引，以愛自己和欣賞自己為出發點，帶出有品質的行為。此行為是人類物種求生的核心能力。

背景：直覺主要在確保身體安康。通道 57-10 支援 10 號閘門，致力於如何與他人互動，以確保個體的生存。為了全人類的演化發展，自我導向和潛在突變行為對個體來說是必要的。個體的行為是獨特的，他們為了求生存，可以完美適應環境，而改變其形式，是活在當下的最佳範例。57 號閘門擁有敏銳察覺當下周遭聲音的特質。通道 57-10 重新連結我們最古老的直覺型式，專注於別人說話的語調，而不是說出來的話，這不同於思想和情緒，是一種與生俱來、內建的直覺智慧。此通道賦予人極度的清晰，能自動自發、適切地對周遭環境的失序做出反應。

個人：當你時時以深層直覺的脈動，導引自己的行為時，你會自動釋放自己對未來莫名的恐懼。這些恐懼會讓你無法全然地愛自己、擁抱自己的生命。你本身具有的潛能，應該要能體現自在、無負擔的生活。這種思慮敏捷的能力，能讓你完美展現，確保你當下得以生存。在這過程中，與生俱來的美好，會使你感覺快樂，充滿愉悅。這種自然產生的創造力本質，和大腦進行反省的創造過程並不相同，也有別於透過情緒中心所產生的各種深度、多樣化的情緒。只要活出真我，你就可以為自己的生命創造健康與美好。這樣的特質會吸引且影響你身邊的人，對其他人來說，你就是最好的例子，引導大家發現自己的生命價值。

人際：擁有完美形式通道的人，會創造他們所愛的事物，並且愛他們所創造的事物。得到認同並非他們的動機。他們充分擁有愛自己的能力，可以保持真正的自己，直覺式的行為表現方式，則可以確保他們在社會上的生存。這自私且利己的過程，無須辯解，透過他們的生命，這是屬於創造和完美呈現其獨特性的旅程。他們以一種看似明顯但微妙的方式影響周遭環境，使其變得比剛開始時更健康而美好。許多擁有這條通道的藝術家、建築師、設計師及醫生，以展現自己為實例，不經意地形塑出他們身邊的環境。這是活出表裡一致的生命，自然而然所帶來的成果。

57 號閘門：溫和（巽卦）—直覺洞察力的閘門

非凡清晰的力量

中心：直覺　　四等分：二元性　　主題：透過人際連結，達成目的

右角度交叉之滲透—並列交叉之直覺—左角度交叉之號角

因為擁有清晰的直覺洞察力，57 號閘門具有當下透視核心的能力。底層能與聲音共振，讓他們能持續地對來自外在環境，不論是身體、情緒及心靈層面的振動頻率，保持警覺。你的直覺時時刻刻都能敏銳察覺，哪些對你來說是安全、健康或是好的，而哪些不是。57 號閘門代表右耳。如果你想知道對方真正想傳遞的言語，請善用本能，以右耳傾聽。你必須警醒並專注於當下，才能聽清楚直覺中心傳達給你的訊息，否則你可能會忽略了，與生存息息相關的資訊。有時候在別人眼中，你像聾了一樣，或是備受責備，認為你只是選擇性地聽取別人的話，但你的直覺是你唯一的導引，讓它來決定哪些行為對你是好的。降低對未來恐懼的唯一方法，就是專注於你那出於本能的直覺、傾聽那只說一次的微小聲音，並根據直覺，立刻採取行動。當你在當下專注聆聽自己的直覺，沒有明天，又有何懼。

第 6 爻—使用　　　　第 4 爻—指導者　　　第 2 爻—淨化

第 5 爻—進展　　　　第 3 爻—敏銳　　　　第 1 爻—困惑

---

10 號閘門：前進（履卦）—自我行為的閘門

行為的基本守則，無入而不自得，確保互動成功

中心：G　　四等分：突變　　主題：透過蛻變，達成目的

右角度交叉之愛之船—並列交叉之行為—左角度交叉之預防

10 號閘門是 G 中心裡最複雜的閘門，也是輪迴交叉愛之船的四個閘門之一。這是愛自己的閘門。六個潛在自我行為或角色（如下述）受到 57 號閘門的直覺導引、薦骨中心 34 號閘門賦予力量，並透過 20 號閘門來顯現或表達。在這些角色的架構下，人類正在探索何謂以九大中心的方式來生活、帶來覺醒的潛能，形塑自我意識，並且體驗何謂真正愛自己。順應你的人生策略和內在權威，10 號閘門讓你發揮潛能，臣服於真實的自己。當你了解、接受並愛自己所具備的特質時，你也將引導別人愛他們自己。真正的覺醒並不是要成為某樣東西，而是成為你自己。10 號閘門非常重視愛自己、接納自我，並將為人類如何進化、邁入二十一世紀產生深刻的影響。你將認知到覺醒，必須先接受自己。當你以自我覺察的方式，擁抱探索生命帶來的榮耀和喜悅，將會激發大家的按照真正的潛能過生活，在當下覺醒。

第 6 爻—人生典範　　第 4 爻—機會主義者　　第 2 爻—隱士

第 5 爻—異端者　　　第 3 爻—烈士　　　　第 1 爻—謙遜

覺醒的通道：10-20

承諾去追尋更高層眞理的設計
通道：整合型　通道類型：投射

覺醒的通道透過自我行爲的 10 號閘門和當下的 20 號閘門，連結 G 中心和喉嚨中心。覺醒和覺察是指，每一刻都是體悟的機會，原則是將個人的覺知轉化爲正確的行動（20 號閘門）。以確保與他人成功互動爲前提，所採取的行動，有其行爲上的基本準則（10 號閘門）。

背景：覺醒的通道說：「我在！現在，我活著！」這是對生命本質最完整、最深刻、利己及原始的陳述。這是人類意識的奇蹟：「我活下來了；我是倖存者！」佛陀代表「覺醒的人」。生命覺醒的兩大主軸，是愛自己和信任自己：「我是，而且我可以，因爲我愛（自己）。」以最簡單的人類圖語言來說，覺醒代表作出屬於自己的決定，並依此生活。當你能依循自己的設計生活，不計代價，不論平凡與否，都熱愛原本的自己，你就如同佛陀般覺醒了。

個人：G 中心並非察覺中心，所以 10-20 通道只能做到一件事：爲自己發聲。它完美地表達了生存、豐盛和體驗生命之愛的智慧，你必須發揮自己的潛能，成爲愛自己、接受自己以及信任自己的覺醒者。當人生在你面前展開，你總是持續處於覺醒、被別人認可、保持自我覺察的狀態。生存與自我激勵是時時刻刻擁抱、愛、接受自己且做自己的結果。透過你的決策、話語、互動和行爲，別人可以見證這一切。爲了對周遭的人產生影響力，你要發揮潛能，傳達整合型通道中，關於領導力的聲音，別人必須在你身上感受到某種層次的清明與覺醒，因爲你無法看清楚自己的狀態。只要簡單做自己，就可以影響並啓發身邊的人，朝做自己的方向前進，即使大部分的時候你並不自覺。你會發覺周圍的人開始提出適當的邀請，這樣的邀請將可減少抗拒、避免你個人遭受批評，並減少因爲自己的獨特性，與傾向自溺的本性所帶來的負擔。

人際：10 號閘門的六條爻代表擁有 10-20 通道的人會有的行爲原則。第一條爻代表，此人不論在任何情境下都知道如何反應，擁有當下覺醒的潛能。第二條爻是指專注於自身事務的獨立行爲，當外在環境的制約，讓他偏離眞實本性時，他會抽離而孤立。第三條爻的嘗試錯誤，反覆試驗的過程，將發現什麼行得通，什麼不行，最終可以爲人類帶來極大的價值。第四條爻則在等待對的時間和機會，將所知向外擴散，進而影響及喚醒身邊的人。第五條爻將直接、公然地挑戰目前大家所接受的社會傳統，進而帶來覺醒及改變。第六條爻以自身爲典範，而非文字，透過展現眞實的本性，以行動落實在日常生活之中，爲眾人帶來覺醒。

10 號閘門：前進（履卦）－自我行為的閘門

行為的基本守則，無入而不自得，確保互動成功
中心：G　　四等分：突變　　主題：透過蛻變，達成目的
右角度交叉之愛之船－並列交叉之行為－左角度交叉之預防

　　10 號閘門是 G 中心裡最複雜的閘門，也是輪迴交叉愛之船的四個閘門之一。這是愛自己的閘門。六個潛在自我行為或角色（如下述）受到 57 號閘門的直覺導引、薦骨中心 34 號閘門賦予力量，並透過 20 號閘門來顯現或表達。在這些角色的架構下，人類正在探索何謂以九大中心的方式來生活、帶來覺醒的潛能，形塑自我意識，並且體驗何謂真正愛自己。順應你的人生策略和內在權威，10 號閘門讓你發揮潛能，臣服於真實的自己。當你了解、接受並愛自己所具備的特質時，你也將引導別人愛他們自己。真正的覺醒並不是要成為某樣東西，而是成為你自己。10 號閘門非常重視愛自己、接納自我，並將為人類如何進化、邁入二十一世紀產生深刻的影響。你將認知到覺醒，必須先接受自己。當你以自我覺察的方式，擁抱探索生命帶來的榮耀和喜悅，將會激發大家的按照真正的潛能過生活，在當下覺醒。

第 6 爻－人生典範　　　第 4 爻－機會主義者　　　第 2 爻－隱士
第 5 爻－異端者　　　　第 3 爻－烈士　　　　　　第 1 爻－謙遜

---

20 號閘門：注視（觀卦）－當下的閘門

當下的識別與覺察，將理解轉化為適切的行動
中心：喉嚨　　四等分：文明　　主題：透過形式，達成目的
右角度交叉之沉睡的鳳凰－並列交叉之當下－左角度交叉之二元性

　　20 號閘門是純然存在的閘門，使你專注於當下，支持你發揮能力，得以自己的方式生存。當你在適切的時間點表達，你的覺察將轉化為足以影響周遭人們的文字或行動。這樣的能量頻率是——而且必須是——完全在當下展現。它可以為 57 號閘門發聲、說出充滿求存意識的直覺，給予 10 號閘門的行為模式，承諾為更高的原則，或是採取行動，往個體化的方向邁進，進而顯現 34 號閘門薦骨的力量。20 號閘門展現的是，存在於當下的全然面貌，從「我現在是……」到「我知道自己正在做什麼」，但並不考慮過去或未來。是覺醒並覺知的，才得以求存，你必須完全在此刻活在當下，表裡一致做自己。你沒時間以腦袋來考量，或控制內心會冒出什麼樣的想法，你所說或所做的一切就是突然出現在所有人（包括你自己）眼前。事實上，即使沒有親眼所見，你也能看見，沒有耳聞，依然能聽見。這就是在每個當下，你的存在本身，所蘊藏的進化潛能。當你依循人生策略和內在權威生活時，將會活出典範。你的直覺認知、個人生存和突變、愛自己的行為將會影響並為他人帶來力量。

第 6 爻－智慧　　　　　第 4 爻－應用　　　　　　第 2 爻－獨斷者
第 5 爻－現實主義　　　第 3 爻－自我覺知　　　　第 1 爻－表面化

個體人迴路群
覺知與中央迴路（Knowing and Centering Circuits）
主軸關鍵字：賦予眾人力量（激勵眾人）

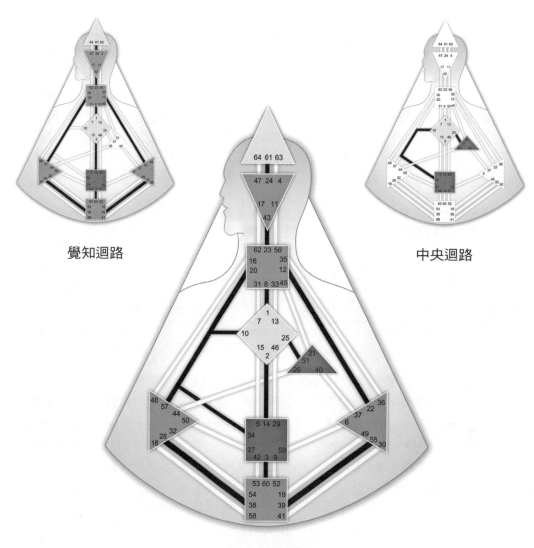

覺知迴路

中央迴路

個體人迴路群

我們從個體人的迴路群組開始，因為它跟整合型通道的核心緊密連結，雖然還是有顯著的差異。個體人同時具有改變世界的能力與責任，他們要為家族人及社會人帶來突變。而他們的挑戰來自如何不被其它兩大族群拒絕，順利完成任務。

個體人迴路群是三個迴路群中最複雜的，包含了九大中心的頻率。他們必須在當下專注傾聽內在的頻率，宛如聆聽內在的鼓聲，然後決定遵循自己的方向。個體人追求獨特性的驅動力，將成為人生典範並能鼓舞他人、賦予他人力量、或是喚醒其他人內在的潛質。突變與激勵，是連結個體人迴路的主要關鍵字，也是整個人類圖體系與演進的核心。對個體人而言，此關鍵字所衍生出來的意思是：忠於自己的熱情、想法，在每個當下皆保有其獨特性，獨立於既定常規去生活。當個體人的覺知愈來愈清楚，準備好帶來靈感或引發其差異，這是他們活出自己的方式，成為真正的典範。認知到每個人與每件事蘊藏著突變的潛能，以直覺去感受，激勵進而引發其可能性，就是他們與生俱來的天賦。

個體人的認知並非來自實證，或透過經驗學習而來，他們比較仰賴直覺及（或）當下的靈感，這就是個體人不太容易融入社會的原因。個體人若能從孩童時期就開始學習如何自我解釋、說明，對他們來說是必要並且有幫助的。他們必須學習如何溝通出當下的靈感，以及他們內心真實的答案。身為帶來改變的媒介，良好的自我解釋能力，會讓他們更有效率，並減緩他們格格不入的感受。

個體人會吸引注意力，但個體人需要也喜歡獨處，以探索他們充滿創意及憂鬱的內在世界。他們總能抓住當下的重要時刻，卻聽不進關於經驗談或分析原因這類的聲音。這是因為他們來到這世上，要真實反映出當下新的事物，型塑它，然後採取行動或溝通。為了讓個體人對所處的位置感到自在，準備好與他人連結，在珍貴且虛幻的片刻啟迪眾人，他們個人必須與內在權威密切連結，並且遵循人生策略。

個體人迴路群組是由一個主要的覺知迴路，以及另一個次要的中心迴路所組成。

覺知迴路

關鍵字：賦予他人力量

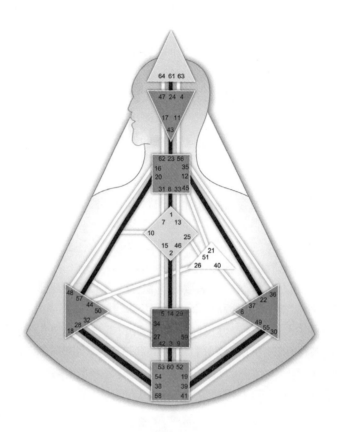

通道：

61-24　察覺的通道
　　　　思考者

43-23　架構的通道
　　　　個體性

38-28　困頓掙扎的通道
　　　　頑固

57-20　腦波的通道
　　　　滲透性的覺知

39-55　情緒的通道
　　　　多愁善感

22-12　開放的通道
　　　　社交人

60-3　突變的通道
　　　　能量開始與流動，脈搏

14-2　脈動的通道
　　　　掌管鑰匙的人

1-8　帶來靈感，啟發的通道
　　　　創意的典範

擁有覺知迴路的人需要激勵，他們要活出自己。他們成為獨立且獨特的典範，賦予別人力量。他們重整生命的秩序，並反映在自己的生活型態，他們需要觀眾，這是他們為這個世界帶來突變的方式，他們的獨特性需要被看見，被認得。

正如其名，這個迴路的特質是，每個當下所帶來的啟發與覺知，都緊密連結著情緒週期裡的熱情、或憂鬱的種種情緒波動，然後以一種突變的形式，影響個體人的想法與行為，並進一步影響其他人。這造就了個體人時時刻刻以覺知激勵眾人，以及讓他們看來是如此難以預期、充滿創意與獨一無二。個體人的存在並非追求完美、或主導及組織某些事情，這些是社會人通道所帶來的貢獻。個體人只要帶來全新的事物，並帶給更多個體及周圍環境蛻變的潛能。

屬於個體人的覺知，就本質上來說，來來去去有時出現、有時消失。個體人要等到覺知突然出現，才會發現它的存在。覺知可能帶來答案、可能是對的方向，但也有可能並不是。普遍來說，個體人所帶來的突變，其價值及正確性需要經過一段時間才能驗證。這種突變的力量，普遍存在於個體人迴路群組中的所有通道及閘門，但覺知是突發性的，無法持續穩定運作，有時開啟有時關閉。突變無法預期，更難以控制。對於保守型的社會人迴路，以及具階級性的家族人迴路來說，他們自有一套固定的時間與節奏，會自行避開個體人式的、突發性的靈感或突變，但這兩個群體，都需要個體人的引導，才能帶來改變及蛻變，推動他們進化，協助他們不再停滯不前。這是一股嶄新的能量。所以社會人及家族人，會謹慎審視個體人帶來的覺知，並開放接受大家公評，這也就是為什麼，對於個體人來說，具備清楚表達自我的能力，極為重要。

我們欣賞個體人如此不同，也忌妒他們總是吸引眾人的目光，這是一條脆弱，非常個人，有時候極其孤單的人生旅程，而他們可能永遠不會知道，自己已經激勵了許多人。

接下來將探討覺知迴路的通道及閘門。

突變的通道：3-60

能量開始與流動，脈搏的設計
迴路：覺知　通道類型：生產

突變的通道透過接受的閘門（60）及秩序的閘門（3）連結了根部及薦骨中心。這個不可預期，蘊藏著突變而且帶來憂鬱的通道中，潛藏著進化改變的潛能，取決於一個人接受限制（60號閘門）以及面對全新開始時，超越困惑的能力（3號閘門）。

背景：60號閘門是樞紐，集結所有進化的可能性，3號閘門總在試著尋求那一個全新且可行的可能。這條興奮刺激的突變通道，由底層流動的電流或頻率所主宰，它是個體人迴路群的組織能量 ^(註)（format energy）。這股強大、伴隨憂鬱、可瞬間開關的能量，穿透擁有這條通道的人，讓他們活出自己的本質。而這股強大的能量，也會同時制約或深刻地影響著，在他們身邊的每一個人。

個人：面對這憂鬱且情緒化的過程，關鍵就是別試圖合理化這一切，最好保持耐心與覺察，等待全新的蛻變透過你而發生。當蛻變的脈動關閉時，花點時間獨處，等待靈感降臨，這能讓你的內在之旅，更深入而豐富。雖然你不一定能看見，但是的確有些東西正在底層蘊釀著，時機未到，尚未浮現，逕自成長與成熟著。這自混亂到秩序，再回歸混亂的無止盡循環，正是這股能量的本質，其中蘊藏著巨大的可能性，可以為世界帶來全新的改變。你只需接受這先天的限制，那就是無法得知改變（停頓之間）何時會發生，唯有投降於你來自薦骨的回應，就能為我們所有人帶來這股改變的能量。

組織能量

人際：就像音樂，蛻變就在脈動或音符的空拍中，一瞬間，突然無預警地發生了。它促使所有人適應、改變，否則便落伍。擁有這條突變通道的人，不斷承受壓力，要為自己的人生、工作、家庭以及周遭的世界，帶來創新與改變。當脈動的開關關閉時，周遭看起來似乎沒有任何事情發生，根部中心既定的壓力，將造成內在的緊繃。此時體內的化學變化，就是所謂憂鬱的體驗。身為蛻變與改變的媒介，個體人會發現自己試圖為情緒化找理由，感覺不暢快，還深陷在平時極力想避免的陰暗情緒中。如果他們放棄了，被陰影所吞噬，或者沒有等待正確的回應，這股要為世界帶來改變的壓力，將會讓他們個人深感挫折與沮喪，同時也會對周遭的人，帶來不穩定與混亂。

註：組織能量對迴路中的每一條通道，以及整體設計發揮強大的影響力。在根部與薦骨中心之間，不斷運作的組織能量，有三條通道：53-42（社會人/抽象）、60-3（個體人）及52-9（社會人／邏輯）。家族人迴路中則沒有所謂的組織能量。

3 號閘門：凡事起頭難（屯卦）－秩序的閘門

發起時所面對最根本的挑戰，來自於如何超越困惑，並建立秩序
中心：薦骨　　四等分：初始　　主題：透過心智，達成目的
右角度交叉之律法－並列交叉之突變－左角度交叉之希望

　　3 號閘門的功能是超越困惑，建立秩序。如此一來，將為世界帶來嶄新及潛在可行的事物。你擁有獨特的個體人認知、個人創新能力以及帶來重要貢獻的潛質。等待著突變會在對的時刻發生，感覺像是遙遙無期。你需要耐心，接納 60 號閘門會有偶發性爆發出來的能量，在無法事先得知的時間點，釋放出有限的潛能。創意宛如脈搏的跳動，在跳動與停頓之間發生，隨即帶來了非邏輯，也並非來自過往經驗的全新潛能。如果你沒有等待對的時間點，如果不是一個架構亟需突變的時刻，你對改變的熱忱，並不會激勵或影響周圍的人，反而只會讓一切動盪不安。若感覺自己無力實現潛能，也無法帶來改變，你可能會體驗到憂鬱甚至沮喪。然而，這才是深入自身歷程的時刻，花些時間與創意靈感獨處，你無法預測、控制或加速突變的時刻到來，一切有其時機。當對的時間點到來，你無須大費周章，任何人只要進入你的能量場，就會改變。

第 6 爻－投降　　　　第 4 爻－魅力　　　　第 2 爻－未成熟
第 5 爻－受害　　　　第 3 爻－生存　　　　第 1 爻－綜合

---

60 號閘門：限制（節卦）－接受的閘門

接受限制，就是超越的第一步
中心：根部　　四等分：突變　　主題：透過蛻變，達成目的
右角度交叉之律法－列交叉之限制－左角度交叉之分心

　　60 號閘門帶來壓力，能讓純粹的能量化為突變，得以成型。根部中心源生限制，對每個可能性施壓。創意突變的過程，發生於脈搏跳動的瞬間，無法預測何時何種突變會降臨。當既定的限制，被 3 號閘門所帶來的秩序所引動，可行的突變會超越原本的限制，因而誕生。60 號閘門有其脈動，在開與關之間，突變就在「音符與音符間的空白處」出現了。來自根部中心的壓力，讓你在前進時，底層焦躁不安，任何限制都感覺宛如路障一般。如果你對這不可預期的突變過程失去耐心，60 號閘門的內在憂鬱將會加深，演變成長期的低潮。當你覺得無力改變周遭時，向內看。接受突變過程如此奧祕，因為你活在自己的世界中，相信內在蛻變正在發生，混亂中充滿潛能。3 號閘門是帶來秩序的關鍵因素，突變得以發生。少了它，你會感到無法前進，動彈不得。

第 6 爻－剛硬　　　　第 4 爻－足智多謀　　第 2 爻－果斷
第 5 爻－領導力　　　第 3 爻－保守主義　　第 1 爻－接納

脈動的通道：14-2

掌管鑰匙的人的設計

迴路：覺知　通道類型：生產

脈動的通道透過強而有力的技能（14 號）閘門及高我的覺知（2 號）閘門，連結薦骨中心及 G 中心。14 號閘門聚焦於足以點燃突變的可用資源，2 號閘門則是駕駛的座位（磁單極），將大家凝聚在一起，穿越時間與空間，引領我們向前移動。兩者集結在一起，即成脈動的通道，蓄勢待發，帶領我們前往全新的方向。

背景：14-2 通道是人體圖中，三條譚崔通道^{（註）}其中的一條（個體人譚崔通道），並且具備所有個體人的特質，如：突變、創新、不尋常、新奇、獨特以及憂鬱。薦骨中心是產生純粹動力的來源，賦予地球生命，並延續其生命力。G 中心代表自我認同、方向與愛。當代表高我覺知的 2 號閘門，與強而有力技能的 14 號閘門相連結，所集結的強大資源將孕育創意，其旺盛的生命力，將在人生方向的層面上，引發改變。

個人：身為掌管鑰匙的人，你可以取得重要的必要資源，將蛻變的衝力，實質蛻變成物質世界的具體方向。你只需單純去聆聽，並信任薦骨的回應，便能為其他人帶來創新與全新的方向，即使你並不知道，這一切帶你去哪裡，或在其他人身上產生何種突變性的影響。你要能保有自己的創造力，或提供實質上的支持，激勵他人步上其創意的方向。透過既有的典範，個體性才能備受激勵，你的第一個任務是忠於自己，活出自己的使命、方向和目的，進而激勵別人。如果你試圖追逐命運，終將感到失落與挫敗。信任生命將透過你而做決定，你會全然在整體運轉的層面上，激勵別人。若你呈現健康運作的狀態，當人們進入你的能量場，他們就能被引發，自覺找到方向感，或者他們得以掌握了全新的方向。而你需要做的，就是對人生保持開放並回應。

人際：社會人及家族人重視安全及現狀。而 14-2 為個體人帶來那把鑰匙，為地球帶來新方向，在渾沌狀態中注入全新觀點，好讓我們能持續進化，並且不斷迎接現存的挑戰。最終，社會人及家族人也會測試並適應這些新觀點，善加運用。在 14-2 通道中，突變在脈動的瞬間突然發生了，這是對人生、自我定位以及更高覺知的方向，所產生的深刻回應。存在於這瞬間，下個瞬間又消失了。我們永遠無法得知新方向何時會來，將帶領個體人往何處走，又將如何為社會與家族帶來改變。

註：在薦骨及 G 中心之間有三條譚崔通道（Tantric channels，5-15，14-2，29-46），讓薦骨中心豐沛的力量，得以與 G 中心的自我定位、方向與高我的愛相互連結。

14 號閘門：執著於衡量（大有卦）－強而有力的技能的閘門

透過有技巧的互動，伴隨優雅的掌控，來累積並延續力量
中心：薦骨　　　四等分：突變　　　主題：透過蛻變，達成目的
右角度交叉之傳染－並列交叉之激勵－左角度交叉之不確定

經由分配可用資源，14 號閘門激勵個人及整體人類，找到方向。這個閘門具備強而有力的技能，支持突變得以發生，並且示範如何投入資源，以拓展我們的視野。有定義的薦骨中心可提供能量，支持長時間具創造力的活動，而 14 號閘門在最佳的狀態下，洋溢著豐沛的力量。它就像汽車的油門，掌控釋放資源的時機與方式。當你與你的設計合一，並從事自己喜愛的工作時，你將會產生財富與力量。這些資源不單單是提供給你使用，而是要讓你可以激勵更多人、支持個體的創意及慈善活動，或者啓發對人類未來深具遠見的領導者。若僅投入金錢支援某人或某事，是糟糕的投資。要保護自身深具價值的生命動力，避免被他人所誤用或濫用，遵循內在權威，嚴守分際以帶來對的突變走向，當 2 號閘門適切帶來引導，你的資源將會成爲舉足輕重的催化劑，致力於世界上的改變。

第 6 爻－謙遜　　　第 4 爻－安全　　　第 2 爻－管理
第 5 爻－傲慢　　　第 3 爻－服務　　　第 1 爻－金錢非萬能

---

2 號閘門：接納（坤卦）－自我方向的閘門

無論決定如何回應，接納是最根本的基礎，也是行動的根源
中心：G　　　四等分：文明　　　主題：透過形式，達成目的
右角度交叉之人面獅身－並列交叉之駕駛－左角度交叉之挑戰

2 號閘門的「高我」覺知源於自我，透過磁單極引導，如同汽車駕駛員，朝向愛與美前進。駕駛會注意我們如何在時空中移動，方向感不僅限於實質的地理位置，而是在你的設計之中，自有一套內建的方向感，你不能透過自己的頭腦或意志，就此改變方向，倘若其他人無法與你的方向相同，你只能分道揚鑣。2 號閘門像是汽車的鑰匙，讓駕駛員可以啓動引擎。來自薦骨中心的 14 號閘門則是馬達與燃料，好讓車子得以前進。你甚至會發現，當別人致力創造時，你還能引導他們找到所需的資源，或發現，當你與自己的方向合一時，自然而然，你就能夠激勵別人，或確認他們內在原有的方向感。你是一個夢想家，可以提供計畫或縱觀全局，看見眼前全新的道路。但你不是來執行，或讓事情發生的人。你要與 14 號閘門結盟，才能擁有力量與資源，落實自己的願景。

第 6 爻－定格　　　第 4 爻－隱匿　　　第 2 爻－天才
第 5 爻－靈活應用　　　第 3 爻－耐性　　　第 1 爻－直覺

啟發的通道：1-8

創意的典範的設計

迴路：覺知（創造力的通道）　通道類型：投射

　　啟發的通道連結了在 G 中心自我表現的閘門（1）與位於喉嚨中心貢獻的閘門（8）。1 號閘門是一扇門，讓個體人充滿創意，表達其具突變性質的觀點。不論是透過他們自身的能量場，或是以某種形式宣傳及展示，讓大眾得以體驗。鶴立雞群需要勇氣，要激勵眾人，要有膽子。對這條通道而言，活出獨立個體的精神，是一門藝術。他們天生就能博得眾人的注意力。

　　背景：1-8 這條通道為覺知迴路裡，潛藏的創意（1 號閘門）和領導力（8 號閘門）提供了公開的出口。透過人生典範而發聲，對於團隊中不斷進化的目標，志在必得，它說：「我知道我可以（或無法）施展創造力，有所貢獻。」擁有這條通道的人，如果能充分展現及活出自己的獨特性，就能夠對身邊的人產生影響力。這樣的影響力不必透過文字或說明，而是以身作則，朝著自己個體人的方向，活出典範。他們實踐，並依此而活。當通道 1-8 連結到動力中心（好比透過 2-14 通道），他們的貢獻將會更加顯著。

　　個人：所謂個體人的方向，其本質是走向美，每個當下都打好基礎，被自己內在的真實所激勵。你的設計就是要表現自己，並成為具有創造力的個體，才能實至名歸，吸引眾人的目光。一旦你這麼做，就有可能改變他人的觀點。你能啟發他人看見全新的方向，讓他們重獲自由，充滿創意表達出自己的獨特性。就像一位鋼琴家，做了一場了不得的表演，因而啟迪了台下某位觀眾，想開始學習鋼琴的渴望。對於個體人化為典範，因而展現領導力的模式，若要發揮真正的影響力，需要處於不被輕忽、安全並且不受制約，不被影響的前提下，讓他們可以表裡一致地，展現自己的內在權威。另一項不可或缺的要素是，認同自己具備啟發與激勵他人的潛能，尤其當你致力活出自己的個體性，就更能創造出激勵他人的結果。而你的個體性自然會吸引注意力，讓更多人認識你。1-8 通道的人，缺少內建的社會適應模式，為了有效將你所要貢獻的一切，好好溝通出來，你必須發展出一套有效的溝通技巧，這包括：培養耐心，等待對的時機再行動。你大放異采的關鍵在於，你的個體性與所傳播出來，極具創意的影響力，必須受到眾人認可、接受與喝采。

　　人際：充滿個人風格的領導者（身為典範，帶來突變或激勵）藉由影響人們的觀點、行為、人生觀、真理與美的天性，以吸引追隨者。我們都了解，基於他們對整體社會的貢獻，無遠弗屆，影響了所有人。那些擁有啟發通道的人，知道如何充分發揮自己的獨特性，而在這個過程中，他們也因此激勵更多人，活出獨特性，充滿啟發，以及成就與眾不同的自己。

1 號閘門：創意（乾卦）－自我表現的閘門

創造力是原始的力量。沒有限制，充滿潛力，足以啓動靈感的能量。

中心：G 四等分：突變 主題：透過蛻變，達成目的

右角度交叉之人面獅身－並列交叉之自我表達－左角度交叉之挑戰

1 號閘門有股衝勁，深層渴望能以獨特具創意的方式表現自我。若與社會人的特質相比，你在意的並非成爲最棒的那一個。你只是單純想活出充滿創意的本性，表裡一致展現其個體性。當你愉快沉浸在「做自己的事情」時，不會知道自己正吸引他人的目光。當你眞正投入創造的過程，不管你正在做什麼，如何做，在這過程中，你會擁有最大的影響力。當你表裡一致，以新的方式來表達自己，你就是典範，能啓發他人也以新的角度和方式，重新思考如何活在這世界上。你甚至能改變別人的創意方向。你的創意將成爲實例，啓發他人。爲了讓別人能正確接收你的影響力，你必須讓其他人看到或聽到你，進而欣賞你。爲此，你需要和世界進行互動，而且要等待被邀請。一旦缺少 8 號閘門，你可能會對行銷自己的作品意興闌珊，你會發現自己容易被 8 號閘門的人所吸引，因爲他們有辦法能宣傳你的作品，這是他們的天賦和優勢。

第 6 爻－客觀性	第 3 爻－持續創作的能量
第 5 爻－吸引社會大眾的能量	第 2 爻－愛是光
第 4 爻－孤獨爲創造力之媒介	第 1 爻－創意獨立於意志之外

8 號閘門：凝聚在一起（比卦）－貢獻的閘門

當個人致力爲團體目標做出貢獻，其基本價值便得以展現

中心：喉嚨 四等分：文明 主題：透過形式，達成目的

右角度交叉之傳染－並列交叉之貢獻－左角度交叉之不確定

8 號閘門的人說：「我知道我能或不能有所貢獻。」你的貢獻往往來自你公開呈現自己個體人的生活方式、方向和創作，或者以激勵以及公開爲他人宣傳（1 號閘門）的方式。你會被新穎與創新的事物所吸引，而且會發現自己也正在吸引眾人注意全新的事物，就像畫廊的老闆或藝術經紀人。一旦你吸引了他人的注意，你唯一能做的就是以身作則。如果別人有意願追隨你，他們會來到你身邊。這是你透過時間累積，默默地影響社會人及逐漸改變家族人的序位。個體人若想持續創新與貢獻，就得以某種形式獲得社會人及家族人的認可與合作。這條指出蛻變與獨特性的領導者之路，很可能會走得非常孤獨，首先，要有人看見你，認出你的才能，接著才會獲得邀請，讓你得以表達並確立自己的看法，指出未來價值之所在。若沒有獲得邀請，社會的關注很有可能是負面的。如果你的人類圖設計缺乏自我表現的 1 號閘門，你會試著加強自己帶來靈感的特質，但你的主要角色並非藝術家，而是替藝術家宣傳全新觀點的經紀人。

第 6 爻－交誼	第 4 爻－尊重	第 2 爻－服務
第 5 爻－達摩	第 3 爻－虛假	第 1 爻－誠實

察覺的通道：61-24

思考者的設計

迴路：覺知　　通道類型：投射

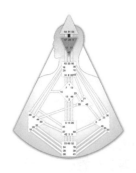

　　察覺的通道是從頭腦中心神祕的閘門（61），連結至邏輯中心體悟的閘門（24）。個體人的心智能力，是由啓發靈感的 61 號內在眞理的閘門，與體悟的 24 號「回歸」的閘門所組成。這條在腦袋層面的通道，帶來的是瞬間覺知的體驗，宛如頓悟。

　　背景：察覺的通道創造出獨立自主的思考家。頭腦中心理解未知的壓力，需要透過邏輯中心，讓概念成形爲合理的答案。運用這個通道思考，並非爲了探索，而是處理腦中的聲音。當思考的過程中出現空白，新的思維可能在此時進入，於是產生突變的可能。在突變和頓悟的時刻來臨之前，頭腦會不斷地反覆思考，當突變發生，你在當下就知道。個體人的思考跟過去經驗無關，也無法像抽象思考通道（64-47）那樣，能以反思的方式呈現。它無法辨認既定的模式，也無法如邏輯思考通道（63-4）那樣，基於衡量而預測未來。察覺通道的存在，是爲了知道什麼是可得知，並且是有價值的，什麼又是可得知，卻沒有價值，同時了解到我們的設計就是無法了解全部的事物。（不可知）

　　個人：你頭腦的設計是以獨特的覺知，啓發他人，並爲大眾提出潛在的可能，以一個全新的角度來看待人生。你腦中自發性所聽到和知道的，與現實之外的事物連結。你帶來突變的覺知，不但打破了舊有的抽象週期，也瓦解了諸多邏輯模式，以全新的領悟爲我們帶來啓發。你無法控制自己的思想，也無法運用此思維在任何地方或得到任何東西。你只須明瞭，覺知會在該發生的時候發生，但突變可能會發生，也可能不會。當你的頭腦被 61 號靈感的閘門，其靜態的干擾聲響與低頻的雜訊所占據，24 號閘門將在適當的時機，以突變的方式顯現此刻命定的眞理，而你必須臣服於此。你的頭腦能眞正連結神祕的事物。因爲你的腦袋永遠都忙著思考，所以你喜歡安靜也需要安靜。聆聽或創作音樂，往往有助於抒發因不斷思考所造成的壓力。

　　人際：神祕之處在於，擁有 61-24 通道的個體無需「做」任何事情。靈感從一開始就在腦中，只需等待適當的時機被啓動或邀請。當他們的心智接到邀請，就能將覺知聚焦，當沉浸在當下的意識中，新的思維，悄然誕生的想法，就會出現。覺知有其出現的時間點，擁有察覺通道的人，所要面臨的挑戰在於，捕捉那些看似虛無飄渺，卻能激發個人內在潛能的眞理或見解，並且向他人傳達，什麼是眞正鼓舞人心且值得深思的洞見。他們的成功關鍵在於，能否區分出何謂可知與不可知，以及什麼需要知道，什麼又不是。

61 號閘門：內在真理（中孚卦）－神祕的閘門

察覺普世運作的基本原則

中心：頭腦　　四等分：突變　　主題：透過蛻變，達成目的

右角度交叉之馬雅－並列交叉之思考－左角度交叉之朦朧

　　61 號閘門是一股壓力，希望能知道、解開神祕，以及在完全被認得的特定時刻，帶來啟發。這樣的覺知，使我們走向更深層的自我接納。在那裡，我們能夠擁抱自己與他人的差異。你喜歡花時間沉思以及探索心靈層面的未知。當你「知道」自己具有獨特的見解，並且願意等待對的時機才表現，你會感到自由。當你的理解得以啟蒙並激勵他人，或引發他人蛻變，你會因此受到鼓舞。相較於社會人的頭腦專注於過往所發生的，或預測未來可能發生的，你的腦中更渴望當下的靜默，渴望所有的聲音和對話都能夠停止。如果你受限於強大的壓力之下，讓未知困擾著你，你的靈感可能會產生錯覺，進而感到困惑，並使你陷入極大的不確定感和焦慮之中。其祕訣在於享受你的思維，讓內心的覺知和真理，能在其獨特時機自然顯現。若沒有 24 號閘門，你的設計並非解開奧祕，而是單純享受奧祕本身。

第 6 爻－感染力　　　第 4 爻－探究　　　第 2 爻－天生耀眼

第 5 爻－影響力　　　第 3 爻－相互依存　　第 1 爻－奧祕知識

---

24 號閘門：回歸（復卦）－體悟的閘門

自然的、自發性的蛻變及更新的過程

中心：邏輯　　四等分：初始　　主題：透過心智，達成目的

右角度交叉之四方之路－並列交叉之體悟－左角度交叉之輪迴

　　24 號閘門的功用，在於將 61 號閘門獨一無二的靈感，轉換成合理的概念，並傳達給他人。它會在同一個領域，不斷反覆著思量它認為能激勵人心的想法，直到此想法完全成形。然而，你的頭腦並不能按照靈感行動，也無法倚賴邏輯或運用過往的經驗證明。這是一個自然的、自發性的蛻變過程，帶來更新的思維與獨特的覺知。前一刻，靈感還未成形，下一刻卻能立即現身。為了充分發揮你的個體性頭腦，享有其優勢，你必須給自己足夠的時間反覆檢閱、審視。這個過程包括一次又一次，不斷觀看和聆聽某些東西。如果能讓頭腦自然機轉與蛻變，不要試圖控制它，答案往往會自動顯現。你會在某個靜默的片刻聽見它，就像在夜深人靜時，腦中一閃而過的頓悟。24 號閘門的恐懼來自於無知。當你無法確實知道，或者無法向他人說明你的覺知，就會為此焦慮。當你試著用頭腦做決定，就會引發焦慮。少了 61 號閘門，你會陷入壓力，而做出非自己的決定，於是不斷尋求並解決下一個能啟發靈感的奧祕。

第 6 爻－挑剔　　　第 4 爻－隱士　　　第 2 爻－認可

第 5 爻－告白　　　第 3 爻－上癮者　　第 1 爻－疏忽之罪

架構的通道：43-23

個體性的設計（從天才到瘋子）
迴路：覺知　通道類型：投射

架構的通道透過洞見的閘門（43）及同化的閘門（23），串連邏輯中心到喉嚨中心。43 號閘門承接了來自於 61-24 通道所帶來的啟發與覺察，在此自發性地突破，並產出洞見，透過 23 號閘門吸收，並表達出來。當新的觀點及創新的思維，得以清楚地表達出來，並且被接受時，便能為這世界帶來力量與革命性的改變。

背景：當頭腦透過個體人通道連接到喉嚨中心，是為了提高效能，而產生突變及質變的過程。架構的通道將概念具體成形，表達出獨特且具原創性的觀點，進而改變人們的看法與想法。舉例來說，運用關鍵詞（或關鍵字），就是超級有效的敘述方式。為了激發改變有效地產生，運用內在策略與權威非常重要。擁有這條通道的人，若沒有等待適切的時機，那麼就算他們完整地表達了獨特的見解，也很難讓其他人了解或感受到其價值。他們若能按照內在權威與策略而決定表達的時間點，那麼，所有外在的心智權威，就會順流而回應。

個人：你的挑戰是放手而不再操控，讓頭腦所產生的想法，依自己的方式及時機去運作。你需要發展的能力是要能清楚並簡捷地，解釋自己所知道的。一旦你有此能力，別人便能認出你的才能，而你也才有機會傳達獨特的觀點或天才型的想法。你無需事先準備，事實上你也沒能力先想好自己要講的話。要知道你的頭腦為什麼會說出這樣的話，並為發言的時間點找出附加的意義，並不必要。你的頭腦不只需要接受自己的見解，還要持續探究未知的領域。你這樣的人，思維宛如飛越光年般前衛。你只需順著自己獨特的設計去生活，才能擁抱你的天才。當你確實遵循著自己的人生策略與內在權威，等待適當的時機，與他人分享自己的想法，你不但不會被當成瘋子，更重要的是，你的個人覺知會擴散，並引發社會人或家族人有所突變。但是，當屬於你的時機消失，你會缺乏存在感，或者感覺疏離，甚至有時會排拒自己獨特的覺知。表達你的外在權威是一段過程。你需要花時間學習如何溝通自己創新的想法，因為人們不會輕易改變。你甚至需要多溝通幾次，直到新的概念產生，你的天賦才能獲得真正的肯定。

人際：架構通道的天賦是，具有發展技巧與理念的能力，用以提升效率。這樣的頭腦可以檢視過去事情如何被執行，或現在正如何執行，接著，突然想到了一個更好更快的方法，可以達成同樣的結果。這些創新的想法，將帶來跳躍性的進展，進而讓整體組織的效率，大幅提升，為求盡善盡美，到達全新的層次，並為世界帶來智慧。為了忠實呈現其內在的覺知，擁有這條通道的人可能對其他人的意見，表現得充耳不聞。（請參閱 43 號閘門）。「**個體人的頭腦總覺得自己像是站在門外的局外人，等待著邀請，好提出自己獨特的覺知。**」——拉·烏盧·胡

43 號閘門：突破（夬卦）－洞見的閘門

完善地建立新秩序，才能延續既有的成就

中心：邏輯　　四等分：突變　　主題：透過蛻變，達成目的

右角度交叉之解釋－並列交叉之洞見－左角度交叉之奉獻

43 號閘門代表的是內在的耳朵，只聆聽自己獨特的內在聲音。透過自發性的突破，找到新的觀點，它將合理的內在覺知，轉化為個人的洞見。你所提出的觀點沒有事實佐證，但仍可被清楚的論述，雖然這些論點乍聽之下，可能很可笑，並且完全超乎社會人及家族人所認知的範圍。但只要在對的時機，你是有能力可以在智識上，將這個獨特並且能引發突變的覺察，塑造成形。當概念完整以後，必須透過位在喉嚨中心的 23 號閘門，讓潛藏的突變得以發生，這可能是一個前所未有，全新的觀點。對你來說，最困難的莫過於傾聽，或真正用心聆聽別人所說的話。這不是你的錯，也不需要修正，這一切只因你與生俱來的遺傳因子，為了避免過度被外界影響，所產生的自我保護作用。43 號閘門恐懼被拒絕。特別是在當你無法解釋自己的想法，或者擔心太過怪異，而遭受拒絕，你可能在腦中會感覺焦慮。因此，若缺少了 23 號閘門，如何表達出自己的突破，就成為你的難題。

第 6 爻－突破　　　第 4 爻－死腦筋　　　第 2 爻－奉獻

第 5 爻－發展　　　第 3 爻－權宜　　　第 1 爻－耐性

---

23 號閘門：裂開（剝卦）－同化的閘門

超越道德。察覺與認知，得以接納多元性

中心：喉嚨　　四等分：文明　　主題：透過形式，達成目的

右角度交叉之解釋－並列交叉之同化－左角度交叉之奉獻

23 號閘門將內在的覺知，翻譯成語言的方式來表達。它超越道德，接納多元性，有能力穿越精神層面的容忍度，為這世界打開了突變的可能性。透過同化閘門所表達的，可以引發我們產生新的想法。在此，你終於可以透過獨特的聲音，說出「我知道」。不管你知道或不知道，你所表達出來的一切，總會吸引別人的注意力，同時也讓你身處在外向內看。那些可能很不同，即將帶來蛻變的洞見，需要你清楚地將其精髓溝通出來。若你獨特的見解，對別人來說真有其價值，你必須等到對的時機再說，同時以簡單清楚、可以被理解的方式來表達。要不然你可能會被誤解成瘋子或怪物。此外，還有一個重點是，你只能講自己真正知道的事。假以時日，大家會認出你的天才之處，而你也會得到他人的肯定。若缺少了 43 號閘門概念化的過程，你會對自己可能無法清楚傳達，備感焦慮，進而被誤解或拒絕。

第 6 爻－融合　　　第 4 爻－分裂　　　第 2 爻－自衛

第 5 爻－同化　　　第 3 爻－個體性　　　第 1 爻－傳教

困頓掙扎的通道：38-28

頑固的設計

迴路：覺知　通道類型：投射

困頓掙扎的通道，連結位於根部中心戰士閘門（38），與直覺中心玩家閘門（28）。這條通道代表著，尋找生命的目的和意義，為此掙扎，以及在生命的困頓中，找出意義與目的的能力。28 號閘門能察覺到這掙扎是否適當，並且分辨什麼才有價值，值得為之而奮戰。38 號閘門所產生的壓力，是為了保存個體人的誠信與操守——對於會讓人偏離內在真實的外力，奮以抗之。

背景：38-28 通道所帶來的體認，使得智人得以超越其始祖。也就是說，人生除了活著之外，還有更多。由於根部中心的動能帶來刺激，這條通道其設計中有能力可以尋求與找到目的，只要能對生存賦予意義，就會選擇投入，不論過程會有多艱辛。知道如何掙扎，以及要掙扎什麼，對個體化的過程而言，非常重要。

個人：就算成功機率微乎其微，你也會秉持頑強的決心，堅持自己的人生道路，在自己獨特的路途中，一路掙扎，從中發掘其目的和意義。若正確運用，那麼不管是義無反顧、頑強對抗、冒著失去安全感的風險，又或者為你認定是值得的原因而奮戰，都能為你帶來前所未有的滿足感，並且有益健康。掙扎的形式賦予你人生的意義，而你獨特的奮鬥過程會成為激勵他人、指引他人的典範，鼓舞他們開始有所掙扎，渴望步上屬於個人的歷程，並追求更深層的人生意義。這對你而言，並不見得舒服，別人也有可能感到不以為然，所以，與其讓你的頭腦選擇，你需要運用策略和權威，來選擇屬於自己的戰役，才能掙扎得有價值。一旦你無法完整說明，或正確地體現你所投入的掙扎，內在會累積壓力，在身體層面製造出過多的能量，規律的運動能幫助你釋放壓力。運動不只有助生理上的健康，也能讓你與清晰的直覺相連結。

人際：通道 38-28 是一股驅動突變發生的動力，迫使個體將其獨特性表達至極致。擁有這條通道的人，執意聆聽自己在當下的察覺，以改變方向的方式扭轉現狀，帶來突變。雖然要說服人們，進化是一段永續且值得掙扎的過程，本身就是一場硬戰，但掙扎的通道本身也是頑固的通道，能藉由腎上腺素所產生的能量和決心，將個人的生命發揮得淋漓盡致。

閘門38：對抗（睽卦）－戰士的閘門

反抗有害勢力，保存個體獨特個性的能力

中心：根部　　四等分：突變　　主題：透過蛻變，達成目的

右角度交叉之張力－並列交叉之對抗－左角度交叉之個人主義

　　38號閘門的特質，在於發現自己生命的價值，雖然這對自己和周圍的人帶來壓力。存在必須要有理由、有目的、有其所熱愛，爲此掙扎會昇華，不僅爲了求存而已。以這股蘊藏反抗的動力爲後盾，面對困境，你擁有強大的能力，甚至可以說，你熱愛來場奮戰。只要對你來說是正確的，當你挺身而出，爲那些無法替自己站出立場的人而發聲，生命的目的會更加彰顯。別人會體驗到你整個人的能量，散發出激烈的獨立性，面對挑戰時，異常專注執著，就算會死，也會正面迎擊。事實上，你只是單純得找到一個活下去的理由。你的決心與堅持將激勵更多人，讓他們得以分辨自身的掙扎有無價值。知道什麼值得去奮鬥，才不會將精力浪費在不正確的戰役中。你會希望28號閘門帶來察覺的潛能，人類圖體系中，總共有三個充耳不聞的聲子閘門，而38號閘門便屬其中之一，這作用是爲了保存其完整的個體性，不被別人所影響。面對需要妥協的外在勢力，你會起而抗之，如此一來，才能保有完整的個體獨立性。

第6爻－誤解	第4爻－調查	第2爻－彬彬有禮
第5爻－疏離	第3爻－結盟	第1爻－條件

閘門28：偉大（大過卦）－玩家的閘門

短暫的力量與影響力

中心：直覺　　四等分：二元性　　主題：透過人際連結，達成目的

右角度交叉之不預期－並列交叉之風險－左角度交叉之校準

　　28號閘門最深層的恐懼在於：在自己找到此生值得存活的原因與意義之前，生命已嘎然而止。這是一股頑固的能量，專注並帶著覺察去聆聽，擁有最準確的直覺，得知自己要冒什麼樣的險，才會更有活著的感覺，才能經由掙扎，爲存在找到目的。你擁有穩定運作的直覺意識，讓你對危險有所警覺，你願意冒一般人不願意冒的險，就算這場遊戲攸關生死，最終你將自發性地開始面對自己死亡的恐懼。你所具備的能量，能夠重新引導擁有57-20通道的人，刺激他們從原本的自我中心，轉變成可以讓你，或讓更多的人運用其直覺的洞見。你所擁有的察覺力，能協助38號閘門的人決定將一己之力投資於何人或何處，讓他們能夠更健康也更安全地運用自己的心力，爲值得的人事物而奮戰。若沒有38號閘門的存在，你很容易成爲受害者，承接不必要的壓力，莫名掉入奮鬥或掙扎的狀態。你需要具有38號閘門的人，透過他們在生命中探索何謂有價值的掙扎，爲你提供線索。

第6爻－榮耀之光	第4爻－堅持	第2爻－與魔鬼握手
第5爻－背叛	第3爻－冒險主義	第1爻－準備

腦波的通道：57-20

滲透性的覺知的設計

迴路：覺知　　通道類型：投射

　　腦波通道透過直覺的清晰（57號閘門）和當下（20號閘門），連結直覺中心和喉嚨中心。它能在當下清楚傳達直覺的洞察力。人類最非凡的能力之一就是透過這條通道來表達「現在，我知道我活著」，這是深入的自我覺知，闡述我們存在的真實。

　　背景：在57-20通道中，來自直覺中心的直覺，在當下以一種急於溝通的頻率，直達喉嚨中心。這屬於個人的洞見，源自人類長遠的原始本能所蘊含的聰明與智慧，同時連結即時的直覺性覺知。這條腦波通道最奧妙的功能是可以激勵更多人，讓他們對自己與生俱來的生存智慧，有所覺醒。直覺中心是攸關身心健康的核心，並非能量的來源，不見得能落實成行動，而是當我們可以意識到直覺，同時能將有益健康的策略，明確溝通出來。

　　個人：生命際遇將引導你善用自己的直覺，在每個當下因此獲益，為真實發聲，說出每一刻屬於自己的真實。「我是我，我知道如何做自己。」本著內在的覺知，引導出敏銳的振動頻率與以聽覺為主的覺知，你常會發現自己於當下的直覺，隨興突然說出口的話，會比周圍的人更快速地，直指情境中的真實核心。這就是所謂的思慮敏捷，如同擁有七步成詩的能力。你帶來蛻變的可能性，如果在正確的時機發言，就能深刻地影響周圍的人。你能靈活地接收別人的狀態，只要回到內在權威與策略，才能減少無謂的誤解與抗拒，讓你生來俱足，讓關於存在的覺知有機會轉化為智慧，與眾人分享。

　　當你呈現最佳狀態，堅定活在當下，你就能與內在的求存能力相連結。從這個觀點來看，對明天無所畏懼。你不加思索便能知道該怎麼做。你的直覺與身體融合為一股能量，頻率合拍。若要連結腦波通道蘊含的適應力，需要時時刻刻克服對未知的恐懼，學會聆聽、行動，並且完全信任在當下所閃過的直覺。如果你忽略當下本能的覺知，瞬間的覺醒會一閃而過，你也可能因此而受苦。請將能穿透當下，有所覺知的能力極大化，然而，這也代表著你需要將注意力，專注在每一個當下，如此一來，要同時也聽見別人的「覺知」，就變得很困難。從另一個層面來說，你並不喜歡別人告訴你該怎麼做。

　　人際：57號閘門有利於28號閘門，28號閘門帶著恐懼與質疑的態度，掙扎於生命是否有其意義，總能吸引57號閘門的注意力，將57號閘門從獨善其身的狀態中拉出來。這股找尋生命意義的精神，能刺激57號閘門不再掙扎，不再對自己隨興的言語與行動而感到不確定，為了找到28號閘門所尋求的答案，他們便才能將其直覺的覺知與真實，真正傳遞出來。若遇到正確的時間點，具有57-20通道的人將引發改變，足以帶來突變。

57 號閘門：溫和（巽卦）－直覺洞察力的閘門

非凡清晰的力量

中心：直覺　　四等分：二元性　　主題：透過人際連結，達成目的

右角度交叉之滲透－並列交叉之直覺－左角度交叉之號角

　　因爲擁有清晰的直覺洞察力，57 號閘門具有當下透視核心的能力。底層能與聲音共振，讓他們能持續地對來自外在環境，不論是身體、情緒及心靈層面的振動頻率，保持警覺。你的直覺時時刻刻都能敏銳察覺，哪些對你來說是安全、健康或是好的，而哪些不是。57 號閘門代表右耳。如果你想知道對方真正想傳遞的言語，請善用本能，以右耳傾聽。你必須警醒並專注於當下，才能聽清楚直覺中心傳達給你的訊息，否則你可能會忽略了，與生存息息相關的資訊。有時候在別人眼中，你像聾了一樣，或是備受責備，認爲你只是選擇性地聽取別人的話，但你的直覺是你唯一的導引，讓它來決定哪些行爲對你是好的。降低對未來恐懼的唯一方法，就是專注於你那出於本能的直覺、傾聽那只說一次的微小聲音，並根據直覺，立刻採取行動。當你在當下專注聆聽自己的直覺，沒有明天，又有何懼。

第 6 爻－使用	第 4 爻－指導者	第 2 爻－淨化
第 5 爻－進展	第 3 爻－敏銳	第 1 爻－困惑

---

20 號閘門：注視（觀卦）－當下的閘門

當下的識別與覺察，將理解轉化爲適切的行動

中心：喉嚨　　四等分：文明　　主題：透過形式，達成目的

右角度交叉之沉睡的鳳凰－並列交叉之當下－左角度交叉之二元性

　　20 號閘門是純然存在的閘門，使你專注於當下，支持你發揮能力，得以自己的方式生存。當你在適切的時間點表達，你的覺察將轉化爲足以影響周遭人們的文字或行動。這樣的能量頻率是──而且必須是──完全在當下展現。它可以爲 57 號閘門發聲、說出充滿求存意識的直覺，給予 10 號閘門的行爲模式，承諾於更高的原則，或是採取行動，往個體化的方向邁進，進而顯現 34 號閘門薦骨的力量。20 號閘門展現的是，存在於當下的全然面貌，從「我現在是……」到「我知道自己正在做什麼」，但並不考慮過去或未來。是覺醒並覺知的，才得以求存，你必須完全在此刻活在當下，表裡一致做自己。你沒時間以腦袋來考量，或控制內心會冒出什麼樣的想法，你所說或所做的一切就是突然出現在所有人（包括你自己）眼前。事實上，即使沒有親眼所見，你也能看見，沒有耳聞，依然能聽見。這就是在每個當下，你的存在本身，所蘊藏的進化潛能。當你依循人生策略和內在權威生活時，將會活出典範。你的直覺認知、個人生存和突變、愛自己的行爲將會影響並爲他人帶來力量。

第 6 爻－智慧	第 4 爻－應用	第 2 爻－獨斷者
第 5 爻－現實主義	第 3 爻－自我覺知	第 1 爻－表面化

情緒的通道：39-55

多愁善感的設計

迴路：覺知　　通道類型：投射

情緒的通道透過代表挑釁的閘門（39），及精神的閘門（55），連結根部中心及情緒中心。容易陷入多愁善感、易變、挑釁及情緒化的狀態。突如其來，上下脈衝的情緒波，底層是個體人情緒機制裡的熱情與憂鬱，在快樂與悲傷中，無盡的循環。

背景：情緒的通道其定義為，由挑釁的方式，引發精神意識層面的覺醒。在二○二七年來臨之前，我們都會被這條情緒化的通道所影響，席捲全球的會是一股深遠的創造力，帶來突變。

如何詮釋情緒化，個體人的情緒波並非風平浪靜，而是在高點與低點的尖峰之間移轉，有其狂喜的愉悅片刻，也有令人感到不舒服、不確定與悲傷的憂鬱時光。基於原本的設計，我們並不需要為任何情緒化找理由，而是活在這宛如煉金術般，帶來突變脈動的瞬間。表裡一致地活著，完全懷抱情緒周期的波動，有這條通道的人能深入探究其靈魂與真實的深度。「**真實的靈性將自正確中揚昇**」—拉‧烏盧‧胡。當一個人能看見杯子裡頭，一半空一半滿，同時是空也是滿，就能在靈性上回歸平衡。

個人：如何梳理與辨別某個人或某團體的精神，透過你與他們的互動，誰的精神或情感可以與你共振，你就能知道誰對你來說是對的人。這也讓你從別人身上，得到你想要的，或你所需要的，你被引發的情緒可以是愉悅而非痛苦，喜悅而非悲傷。假以時日，你將學會如何挑動並引發他人，激發其內在所渴望的精神，然後找到那些對你來說正確的人。同時，你的挑釁，也感染了更多人，身為個體人的突變特性會發揮其影響力，於是也將引發眾人身上全新的可能。你的影響力，你所激發出來的精神，取決於你的情緒，或你所處的情緒波。你的情緒必定得是對的，才能帶出對的精神。不要當自己情緒的受害者，也不應該讓別人因為你的情緒而成為受害者。若了解人生中的每件事，都有其正確的時間點，也有其應當的情緒，你便能被眷顧。如果不想與人互動，就享受獨處的時光，與內在的靈感作伴。花時間與自己同在，能讓你連結熟成的情緒，其中所帶來的創造力、深度與真實，都屬於你，你能把這一切帶到這世界上來。

人際：當擁有這條情緒通道的人，隨著察覺力提升，愈來愈能表裡一致，就能讓自己自在去體驗全部的情緒，以及情緒所帶來的衝擊。他們便能減輕在關係中潛在的情緒張力。對個體人來說，若情緒不對，就不該做愛、進食、工作或玩樂。如果明明情緒不對，還強迫自己去做，不但無法體驗到原本想追求的愉悅，還會大幅減弱他們原本能發揮的影響力，而無法激勵更多人在精神層面活出熱情。若能真誠活出情感的深度，就能透過音樂與藝術、在舞台上的表演，這也包括人生的舞台，轉化為動人的溫暖，或者充滿激情的憂傷。如果以不健康的方式來呈現，喜怒無常就成為操控的方式，同時沉迷於歡愉，於是 39-55 這條通道的人可能帶著憂鬱而轉向性、食物或藥物，以尋求慰藉。

39 號閘門：阻礙（蹇卦）—挑釁的閘門

阻力的價值就在於引發分析、評估及重新評價

中心：根部　　四等分：文明　　主題：透過形式，達成目的

右角度交叉之張力—並列交叉之挑釁—左角度交叉之個人主義

39 號閘門的燃料來自根部中心，這是一股挑釁的張力，使情緒的察覺力在精神上進化，進而揭露。情緒的察覺是人類註定要達成的目的，這是個體人經由 39 號閘門，挑動 55 號閘門裡所蘊藏的突變潛能，將情緒中心的靈性獲得釋放。透過情緒，意識到心靈，你會有堅持下去的能量。透過挑釁，將揭露出誰才能在精神上與你相契合。如果他們被激怒了，對你而言，他們就不是對的人。面對你的挑釁，人們可能會產生負面的反應，但這就是你獨特的天賦，你得訓練自己臉皮厚一些。藉由挑釁的方式，也是你碰觸與學習自我情緒的過程，如果你心情不好，容易引發旁人的悲苦面。需要花時間學習，才能知道誰可以成功被引發，誰不行，只有在精神或心情好的時候，才能夠影響群體或家族，真正引發突變。突變具有傳染性，是經由整體來推動察覺的潛能。39 號閘門屬於三個充耳不聞的閘門之一，其設計不容易受到外來的影響，若缺乏 55 號閘門帶來釋放情緒的能力，來自根部的壓力可能會讓你產生過度的行為，像是藥物濫用或是飲食失調。在這條走向靈性的旅程上，請對自己與情緒週期多些耐性。

第 6 爻—解決麻煩者　　第 4 爻—節制　　第 2 爻— 對抗

第 5 爻—專心致志　　第 3 爻—責任　　第 1 爻—脫離

---

55 號閘門：豐盛（豐卦）—精神的閘門

豐盛純粹是心靈層面的問題

中心：情緒　　四等分：初始　　主題：透過心智，達成目的

右角度交叉之沉睡的鳳凰—並列交叉之情緒—左角度交叉之靈魂

精神意識並非概念（來自邏輯中心）或直覺（來自直覺中心），而是感受（來自情緒中心）。豐富是精神上的感知，你如何感受，以及在當下你對情緒的體驗。55 號閘門很易感，容易受情緒週期的憂鬱所影響，經常在希望與痛苦中循環。你像一只杯子，這一刻覺得有一半是空的，下一刻又覺得有一半是滿的，你的心情在不同時間點，會決定何者才是正確。如果沒有心情吃飯、工作、做愛、社交或創作，卻勉強自己去做，這是不健康的行為。若你想獨處，無須解釋或找理由，只要單純尊重自己的感受，擁抱當下，接受深具創造力的自己。最深刻憂鬱的時候，也是最具創意的時刻。當你無心社交，如實告訴周圍的人，他們才不會對你的情緒能量妄加揣測，莫名對號入座。你能接受 39 號閘門帶來挑釁，這讓你感受到自己。不管情緒如何起伏，任何感覺與情緒，都無須比較、爭辯或被外人所影響。杯子一直存在，而精神上的察覺宛如奇蹟般昇起。你最恐懼的是情緒上的空虛感，或缺乏對人生的熱情。

第 6 爻—自私　　第 4 爻—同化　　第 2 爻—懷疑

第 5 爻—成長　　第 3 爻—無罪　　第 1 爻—合作

開放的通道：22-12

社交人的設計

迴路：覺知　通道類型：顯示

　　開放的通道透過開放的閘門（22）及謹慎的閘門（12），連結情緒中心與喉嚨中心。22-12 通道的開放性，取決於心情或情緒週期波的高低起伏。由個體人的情緒周期轉折，所有的心情變化、多愁善感，熱情、浪漫與戲劇化，衍生出充滿創意的聲音或行爲。12 號閘門會約束 22 號閘門的開放性，讓社交層面僅限於與具備突變潛能的人有所互動。

　　背景：在 85000 年前，喉嚨（12 號閘門）產生突變，爲言語發音的本質帶來了奇蹟般的進展。這讓人類不僅能溝通彼此的智慧，同時也能以聲音中的各種聲調，在情感層面上影響他人。這是個體人迴路中的社交通道，這條開放的通道，源頭來自於「當我感覺對」（情緒波），其焦點並不在於社交或友善。個體人通常對於親密（家族）或分享（社會集體）沒太大興趣，他們只想創造一種特定的環境，願意接受他們的潛能，爲家族及社會群體帶來蛻變性的全新覺知。對於擁有這條顯示通道的人來說，關鍵在於等待，等到自己真正想與人互動，若在情緒低潮時，勉強自己與人社交，容易引發誤解，感到生氣或突兀，如此一來，也就無法激勵他人。如果不斷重複失敗的社交經驗，可能會導致反社交的行爲，並變得孤僻。

　　個人：你懂得抓對時機，察覺觀眾的開放狀態，知道何時展現熱情與社交技巧，吸引眾人的注意力，貼近他們，將言語化爲催化劑，讓他們渴望自己的人生有所改變。你擅長以抑揚頓挫的聲調來感動人，碰觸其內心，進而教化、帶來突變與完成溝通的目的。若你在對的時機點真情流露，透過公開演說、表演、詩歌或音樂等媒介，你就能引發更多人對愛感同身受，完整體驗其中的每一種情緒。情緒中心是你的內在權威，所以切記莫衝動行事，培養耐心仔細衡量，當你愈能聆聽自己的情緒波，就愈能體驗這感受所帶來的創意，有其深度，而這也會決定你身爲個體人，能爲這個世界帶來多大的影響，是否能引發突變發生。

　　人際：個體人天生與眾不同，因此很容易吸引注意力。而其結果通常是，他們也很矛盾，恐懼活在鎂光燈下，害怕自己的獨特性會被視爲異類，被他人排斥。22 號閘門以左耳傾聽，這些個體人只聽自己想聽的。若要他們了解全貌，必須重複說好幾次，讓他們聽上好幾遍。當他們有心情聽的時候，能真正的聽見別人想說的話，可以是真正的聆聽者。當他們以自己的情緒爲準則，來決定自己社交的方式，障礙消弭了，而他們的恐懼也不見了。若社會的環境是開放的，當下一切皆俱足，那麼個體人的神奇之處，如突變般的不同，就能夠發揮得淋漓盡致。

22 號閘門：優雅（賁卦）－開放的閘門

在處理世俗瑣事時，展現出極具質感的行為

中心：情緒　　四等分：初始　　主題：透過心智，達成目的

右角度交叉之解釋－並列交叉之洞見－左角度交叉之奉獻

　　22 號閘門若是情緒對了，就能透過聆聽，以優雅又迷人的特質，對別人散發強烈的吸引力，在情緒層面具有打動別人的潛能。然而，當心情改變了，你會體驗到自己戲劇化的反差，甚至揭露出完全不願社交的那一面。請順應自己的情緒波，體驗內在的深度，經歷一段時間後，你會明白自己在情緒上獨特的覺察力。若能讓自身的深度或真實逐步醞釀，隨著歲月逝去，益發醇厚，與自己極具創意的靈感長相左右，就能有更純熟的能力，足以判斷何時才是正確的時機，何時這個社會才真正準備好了，可以聽得見你，如實傳遞自身的真實。唯有尊重你的情緒擺盪，才能認出對的時間點，並且採取行動。你願意為他人而開放，接受必要的新知，是恩典也是天賦，甚至可以影響陌生人。當你先聆聽，完整聽完別人要說的話，再自然地表達自己的意見，舉止優雅是關鍵，能讓你更有力量。事實上，善用社交聆聽的能力，是你的責任與特權，如此一來你就能為別人帶來改變。若沒有 12 號閘門，你可能懂得自己的感受，卻無法真正說出口。而沉默讓你緊張，你最怕的就是再也沒有任何事，值得你聆聽。

第 6 爻－成熟	第 4 爻－靈敏度	第 2 爻－禮儀學校
第 5 爻－直接	第 3 爻－魔法師	第 1 爻－次等艙

---

12 號閘門：靜止不動（否卦）－謹慎的閘門

克制的本質、沉思的重要性，以及面對誘惑時不為所動

中心：喉嚨　　四等分：文明　　主題：透過形式，達成目的

右角度交叉之伊甸園－並列交叉之發音－左角度交叉之教育

　　個體人的語言、充滿變化與情緒化的表達方式，在此閘門謹慎的本質下有所侷限。謹慎會讓你保持沉默，直到感覺對了，你的情緒會讓你明白自己是否真的想說，能否以獨特且具變革性的方式來傳達。你的聲調，其振動頻率與語氣，遠比你所選擇的字眼，更具煽動力。靜止不動，或沉默思考自己獨特的觀點或感覺，靜待感覺對了，再以創意的方式表達，透過詩句或音樂的形式，讓你想傳達的訊息，有充足的時間得以熟成。你對別人產生巨大的影響力，像是表演者對群眾所造成的渲染力，你能演繹並以創意的方式，表達出生命與愛的快樂與憂傷，然後離開。如果你處於不對的情緒之下，觀眾無法聽見你想傳遞的訊息，無法體驗蛻變，互動時也無法收到你所帶來的啟發。唯有在正確的時機點，才能讓你對社會／文化規範的影響極大化，改變我們在這世界上的互動模式。你知道如何表達自己，但是若缺少了 22 號閘門，你會無法釐清自己的感覺。

第 6 爻－質變	第 4 爻－先知	第 2 爻－淨化
第 5 爻－實用主義者	第 3 爻－自白	第 1 爻－修道士、僧侶

中央迴路

關鍵字：賦予他人力量

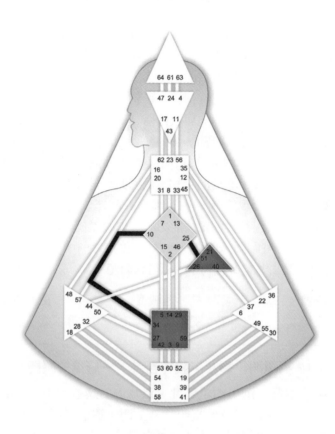

通道：

34-10：探索的通道

　　　遵從自己的信念

51-25：發起的通道

　　　想要成為第一人

人體圖中有兩個較小卻重要的次要迴路，中央迴路就是其中之一。34-10 通道轉化我們在這世界上的生活方式，而另一端的 51-25 通道，則讓我們利用世界的方式，有所轉變。中央迴路位於 G 中心，代表自我的定位與方向，焦點在於激勵眾人愛自己，當他們遵循薦骨的回應過生活，就能走上自己獨特的人生道路。只需做對自己來說正確的事，就能帶來啟發，激勵別人也開始做自己。

內在健康且表裡一致的人，能對其周圍的人帶來啟發，朝健康的方面邁進。唯有回歸中心，並且整合自我的人生典範，才能為社會群體與家族帶來蛻變。若突變在此並未持續進行著，那麼任何層級皆無法進化。對於那些擁有中央迴路通道的人，若無法成為一股力量，對別人的行為帶來健康的改變，便常會陷入憂鬱與孤單之中。然而，倘若他們能堅定遵照策略，落實自己獨特的設計，就能奧妙地成為激勵人心的典範，展現何謂愛自己、何謂徹底展現其個體性，同時表裡一致地過生活。

你將發現此迴路並未連結任何覺察中心，也沒有連結頭腦、喉嚨或根部中心。這個迴路完全是關於回歸中心點，如同回應生命。

接下來將會探討中央迴路裡的通道和閘門。

探索的通道：34-10

遵從自己的信念的設計

迴路：中心（創造力的通道）　通道類型：生產

　　探索的通道透過力量的閘門（34）和自我行為的閘門（10），連結薦骨中心與 G 中心。10 號閘門是行為（像是角色）的開端，以深層內在為起點，引領我們接受、尊重與愛自己。34 號閘門則提供穩定的力量或內在實力，支持我們用來建構信念與自我接納的準則，34 號閘門是純粹的力量，用以自我激勵與促進個體化的過程。唯有透過薦骨的回應，才能正確與人互動。

　　背景：34-10 通道提供動力，驅動我們去探索，促使個人的行為臻於完美，得以在社會中求存。擁有 34-10 通道的人，生來要愛自己，遵循薦骨的引導與個人的內在權威，明確信任其內的準則。這裡是中央迴路裡的創造力通道，它的影響力遍及其它所有迴路。但是我們無法強加這股能量在他人身上，必須遵循個人所認定的準則，以專注的創造力，持續回歸其中心。如此專注力，將引領他們到達大師的境界，甚至能鼓舞那些具有強烈家族特質的人，讓他們與愛連結，為自己感到光榮，儘管家族人總會以愛與服務社群，為優先考量。

　　個人：你此生要遵循自己的準則，不論這看來有多不尋常，都要獨立去做你想做的，無視任何阻礙。遵照薦骨回應的指引與時機點，就有可能能讓你不帶愧疚，心滿意足放手去做。表裡一致去生活，別人便能透過你的展現看到，何謂趨近完美地愛自己，並為此獲益，何謂透過回應在行為上互動，從中所產生的好處。這會激勵更多人，開始重新愛自己，也以此為準則。擁有生產者覆蓋式的能量場，加上這條探索的通道，會吸引大量的注意力。先不論這注意力正面與否，這是個體人獨有，所蘊藏的巨大潛能，若你有耐性，願意根據自己的回應來調整，就能夠賦予更多人力量，也將帶來突變的可能。但當你反其道而行，你還有你周圍的人會很快了解到，這條通道顯露出的非自己模樣，僵化，不滿足，並且聽起來自私與自我中心：「不管你喜不喜歡，我就是要這樣，你想怎樣都好，就是別管我，別擋住我的路。」

　　人際：中央迴路的設計是，與人互動時，基於對自己的愛，鼓勵獨立自主，自力更生，而探索通道所詮釋的世界觀，就是個體人最想要的生活方式，那會是一個人人都能活出其獨特性，無須抗爭，也無須理會別人的干預。若是兩個人相互引發火花，讓這條通道在這段關係中接通了，那麼個體人的風格，就會被帶進這段關係之中，他們可能會打破舊有或傳統的模式，探索全新的領域。若具有強烈社會人或家族人特質的人，彼此產生火花，以這樣的通道相結合，卻不了解回應的力量，那麼這段關係接下來，將面臨無法預知的挑戰。

34 號閘門：強大的能量（大壯卦）－力量的閘門

當力量被展現及運用在共同利益上，才會顯現其偉大

中心：薦骨　　四等分：突變　　主題：透過蛻變，達成目的

右角度交叉之沉睡的鳳凰－並列交叉之力量－左角度交叉之二元性

34 號閘門是強而有力的能量來源，讓我們朝個體化發展，並且在這個世界上展現我們的獨特之處。34 號閘門具備兩種特質，讓此閘門與薦骨其他八個閘門截然不同：無性別之分，以及力量無法為他人所用。如果與 G 中心的 10 號閘門相連，這股能量會展現在社交行為，或扮演支持你強烈信念的角色。如果與位於喉嚨中心的 20 號閘門相連，你的力量將完全施展在自己的行為之上，將想法立即轉化為行動，旺盛的實踐力會帶來繁榮與興盛。如果與直覺中心的 57 號閘門連結，你的直覺將賦與你聆聽的能力，讓你聽見在每個當下如何完美存活的方式。若缺乏直覺中心的直覺來引導，這股連續不斷想採取行動的力量，可能會變得不健康、多管閒事以及呈現誤導的狀態，你會感覺自己失去動能，耗盡力氣卻無人受惠。即使受人欽佩，甚至受歡迎，你的能量就是無法被別人所用。你必須維持力量的純粹，善用這股力量去尋求自己的獨立與獨特、貫徹自我信念、獲取勝利，而也是你的求存之道。

第 6 爻－常識	第 4 爻－勝利	第 2 爻－氣勢
第 5 爻－殲滅	第 3 爻－男子氣概	第 1 爻－霸凌

---

10 號閘門：前進（履卦）－自我行為的閘門

行為的基本守則，無入而不自得，確保互動成功

中心：G　　四等分：突變　　主題：透過蛻變，達成目的

右角度交叉之愛之船－並列交叉之行為－左角度交叉之預防

10 號閘門是 G 中心裡最複雜的閘門，也是輪迴交叉愛之船的四個閘門之一。這是愛自己的閘門。六個潛在自我行為或角色（如下述）受到 57 號閘門的直覺導引、薦骨中心 34 號閘門賦予力量，並透過 20 號閘門來顯現或表達。在這些角色的架構下，人類正在探索何謂以九大中心的方式來生活、帶來覺醒的潛能，形塑自我意識，並且體驗何謂真正愛自己。順應你的人生策略和內在權威，10 號閘門讓你發揮潛能，臣服於真實的自己。當你了解、接受並愛自己所具備的特質時，你也將引導別人愛他們自己。真正的覺醒並不是要成為某樣東西，而是成為你自己。10 號閘門非常重視愛自己、接納自我，並將為人類如何進化、邁入二十一世紀產生深刻的影響。你將認知到覺醒，必須先接受自己。當你以自我覺察的方式，擁抱探索生命帶來的榮耀和喜悅，將會激發大家的按照真正的潛能過生活，在當下覺醒。

第 6 爻－人生典範	第 4 爻－機會主義者	第 2 爻－隱士
第 5 爻－異端者	第 3 爻－烈士	第 1 爻－謙遜

發起的通道：51-25

想要成為第一人的設計

迴路：中央　　通道類型：投射

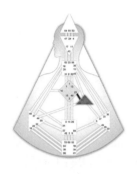

發起的通道連結 G 中心的自我精神的閘門（25）與意志力中心的衝擊閘門（51）。51 號閘門好競爭，需要成為第一的能量，充滿我執，連接至 25 號閘門，是宇宙之愛，有能力等同高我，不論是否有其生命，都能去愛、去欣賞萬物平等。

背景：在 51-25 通道，發起是一門藝術。這條通道的能力在於，辨識出一個人是否具備發揮其個性的潛能，於是，當獲得邀請時，便能提供「驚嚇」以啓迪別人，激勵他們往前。競爭的本性，在此自然流露，挑戰人們往前走，成為第一或贏得勝利，就此也轉換了我們所活著的物質世界。這條通道是意志力迴路（Ego Circuit）裡唯一不屬於家族迴路的通道，它代表家族人與個體人之間的緊密連結，中央迴路裡的 34-10 通道和 51-25 通道都是強大的突變力量，能對人性施加壓力，使其在意識層次持續進化，更加深入而逐漸成形。控制自己與控制外界，攜手並進。

個人：你生性好強、好勝，而你好勝的個性也可能因此激發他人的競爭心理。若是正確的開始，一旦你參與競賽、測驗，就會竭盡全力前進，超越原有的創意極限，甚至克服體能上的障礙，每次突破都令你大為振奮，並且對自我靈魂也會有更深一層的體悟。伴隨每一次勝利，都會增添你的個人色彩，神祕又獨特，成為勇氣的楷模，引發更多人追隨。你甚至會發現，自己無所畏懼而達成的個人目標，也同時激勵了團隊。要記住，個體化的啓蒙，等同於突變的核心，這是一段神祕的過程，完全無法受控。如果這是你的路，只要真實活出自己，其餘的一切就會伴隨而來，自然發生。你不必尋求，強求不可得，讓起始點來找到你，你只需臣服就好。若別人沒有邀請你，而你卻試圖帶頭來引發別人，他們可能會失敗，而你則陷入忿恨不滿之中。你這一路走來驚濤駭浪，而策略與內在權威，會是你所擁有最神祕而有力的工具，不管身體或心靈層面，你都得滿足內在需求，順心而為。

人際：個體化的啓蒙過程，讓人從「我們是」轉變為「我是」。真正的巫師／法師（shamans）是具有純真天賦的人，需要具備個體性與超越的本能，讓他們得以縱身躍入虛空（未知），而他們也因而巧妙地啓蒙了更多人，進入更深層的自我覺察。不論是以戰士之姿或者是傻瓜的樣貌縱身一躍，落地時都將承受衝擊。起始或驚嚇就像交通意外一樣，我們無法選擇，一切不請自來。生命本身具備最奧妙的神祕力量，帶來啓始，激勵我們在行為或方向上，有所改變。這些發起通道的人，此生是要來感受自身獨特的靈魂（高我），在這過程中激勵並改變社會與家族。透過策略與內在權威活出其本質，完美地與他們獨特的途徑相應，這讓 51-25 通道的人能夠帶著宇宙意識的力量，在面對超自然的遭遇時，能夠順利存活下來。

51 號閘門：激起（震卦）－衝擊的閘門

透過了解與適應，回應混亂和衝擊的能力

中心：意志力　　四等分：初始　　主題：透過心智，達成目的

右角度交叉之滲透－並列交叉之驚嚇－左角度交叉之號角

　　51 號閘門是關於驚嚇，是個人採取主動的能量。由意志力與勇氣所支撐，體現其競爭力，驅動你要領先所有人一步，成爲第一人。爲了追尋或創造一席之地，願意冒險前往沒人去過的領域。你天生的設計能承受衝擊，同時也會爲別人帶來驚嚇，如此才能讓他們跳脫原本自滿的舒適圈，引導他們在個人層面有所超越，更愛自己。熱愛生命本身，持續的競爭力是爲了掌握物質世界，這能激發你，也能激勵你。相對於充滿能量的勇氣與意志力，你也可能過於勇而無謀，不論在生理或精神層面，損傷你脆弱的心。如何讓心保持健康，祕訣就是要回到你的內在權威與策略，不斷自我調整，回歸中心點。體察自己的內心，何時湧現投入作戰的意志力，何時沒有。這就足以指引你，適應任何迎面而來的驚嚇與失序，也能讓你的心在與這世界交手之後，能夠獲得足夠的調養與休息。若少了 25 號閘門，你可能會發覺自己在精神的層面上，不斷尋求指引或方向。

| 第 6 爻－分割 | 第 4 爻－極限 | 第 2 爻－退縮 |
| 第 5 爻－對稱 | 第 3 爻－適應 | 第 1 爻－參考 |

---

25 號閘門：天真（無妄卦）－自我精神的閘門

行動的完美之處，在於沒有事先計畫與自發性的本質

中心：G　　四等分：初始　　主題：透過心智，達成目的

右角度交叉之愛之船－並列交叉之天眞－左角度交叉之療癒

　　25 號閘門的愛，會在接納與投降於自我的形態後，全然湧現。這是一個高我的閘門，而其關鍵的角色，就是讓人們朝個體化的方向前進。你的天眞，其設計並不是要你以任何特定的形式，將愛帶到世界上來，而是沒有分別心，平等的愛。你有這樣的潛能，也能引發別人同樣的潛能，一起熱愛生命，相信眾生平等。而一朵花與一個人無異，都應該被深深愛著，這種愛的品質往往被視爲冷靜又冷淡，其實並非如此。這樣的愛蘊藏著神祕的潛能，超然且普世通用，你純眞的靈魂將不斷接受考驗，你有能力可以面對生命中的起伏，宛如心靈的戰士。不管環境如何變化，你都準備好火力全開，爲自己的靈魂（你的個體性）而奮戰。於是，當 51 號閘門的戰士或「愚者」刺激了你，讓你一躍跳入未知的領域，或者面對生命發下戰帖時，你都能站穩腳步，將天眞深化爲智慧，激勵別人也走上自己的旅程。經歷衝擊起伏時，你可能會受傷，但最終會獲得勝利，並且找到求生之道。這將豐富你的靈魂，同時也能在精神層面，滋養你周圍的人。到最後，你會活下來，而你的存在本身，就是奇蹟，就是愛。

| 第 6 爻－無知 | 第 4 爻－生存 | 第 2 爻－存在主義者 |
| 第 5 爻－休養 | 第 3 爻－感性 | 第 1 爻－無私 |

社會人迴路群組

理解及感知迴路
主軸關鍵字：分享

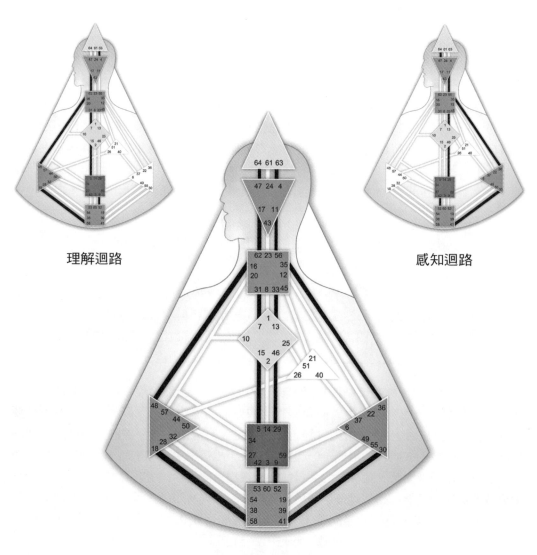

理解迴路

感知迴路

社會人迴路群組

社會人迴路群組是由兩組主要迴路所構成：理解／邏輯迴路及感知／抽象迴路。在這群組裡的每條通道與每一個閘門，都包含了分享這部分。對社會人迴路來說，分享近似驅動力與社會義務，他們需要告訴你他們在想什麼、經歷了什麼、他們的判斷是否具有價值。社會人可以迅速地分享意見、困境、解答、批評、期待、幻想、創作、醫藥突破性的發展或更多，所分享的一切非關個人。社會人與生俱來的社會取向是客觀的、非個人、也不見得對等互惠，針對社會人的分享，最好別對號入座，他們不是針對你，即使讓人感覺如此。

若是缺乏覺醒，任由非自己的心智狀態主導，像不速之客一般，胡亂發表自身言論，會變得非常討人厭。舉例來說，引發危機的緣由，往往是他們在不知不覺中，與身邊的辦事員、郵差或在公車站牌前一起等車的人，開始分享自己的處境。要學會等待，在分享自己的故事，或給出意見之前，等別人問再開口說。如此一來，對別人的接收度才能愈來愈敏銳，而這也是分享能否帶來滿足、有效與轉化的關鍵。人性中對於相互關係與社交的本性，伴隨著追求和諧與整齊劃一的需求，是社會群體的內建機制。透過分享實驗與體驗之後，所得來的學習，這個迴路群能驅動集體意識層次向前。聚焦於社會，社會人建立多數人獲益的體系，而非著眼於任何一個特定的個體。「我為人人，維持既定行得通的模式」這樣的思維就是來自於社會人的迴路群。這可能在你個人的層面很糟，但是以整體考量為重，所以你選擇忍受，就像同一國家裡的每個公民，都分享了同樣的法律、幣制以及公家機關。

若沒有社會人的聯合協力，少數服從多數，以及分享的義務，今日龐大的社會體系便無法成立；人們依舊封地集居，競奪相同的資源。回顧近代史，在社會人的掌舵之下，知識分子或精英階層已進入地球村的新紀元。我們幾乎已經發揮最大的潛能，達到社會人迴路群組的目標。社會人對於不遵守一般公認規則、魯莽的個體人心存質疑，也從未信任家族人與生俱來的忠誠度，及其協商讓利的能力。

從圖中可以看到社會人迴路群組，如何形成類似外殼和內在支柱，兩者結合並鞏固整張人體圖，極具反差的對稱性中，存有不尋常的平衡與美感。這就像昨日（感知／抽象）與明日（理解／邏輯）共舞，週期與模式間共舞，以及體驗與證明間共舞。生命建構於邏輯之上，卻透過抽象的週期而活。感知（抽象）迴路試圖在體驗中歸納準則，或找出過去的意義，而理解（邏輯）迴路則試著想預料未來。社會人與個體人不同，個體人的貢獻是聚焦於當下，這個社會迴路群組，其內在的抗衡像是蹺蹺板，在過去和未來之間擺盪，造成保守或是維持現況的形象。「如果沒有壞，就不必修理或改變。」這個迴路群組也具備某種程度的穩定性，並引以為傲，「我了解，我知道事實就是這樣。」或是「我經歷過。我曾經到過那裡、做過那件事。你們只要聽我的就對了。」邏輯是具實驗性質的，關乎事物運作的方式。抽象的感知迴路則是根據經驗，得以處理渴望和出乎預料的一切。

理解（邏輯）迴路

關鍵字：分享

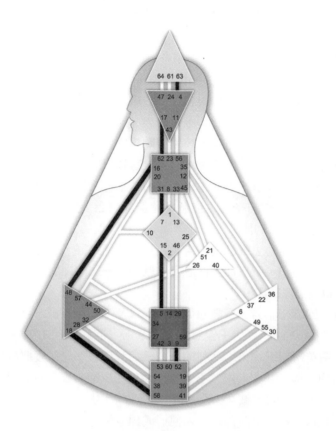

通道：

63-4	邏輯的通道	52-9	專心的通道
	頭腦充滿疑惑		專注
17-62	接受的通道	5-15	韻律的通道
	組織化的人		順流
58-18	批評的通道	7-31	創始者的通道
	不知足		不論好壞，領導力
48-16	波長的通道		
	才華		

理解迴路的主題是邏輯，冷靜且極具魅力的智識能力，透過專注細節，而辨識出運作模式。經由分析流程或常規，挑戰其中不適用的部分。邏輯讓人得以預測，自行動的起因來預測未來，具備某種程度的可信度。

　　理解的過程需要時間，需要財務上的支持、有紀律地重複進行，以及科技或技術的發展，才能讓模式完善並具體化，讓資質、計畫或公式掌握得更加完美。通常與迴路以外的資源相結合，加上反覆不斷地練習，才能發揮邏輯中所蘊藏的潛能，有所貢獻，引領人類穩健地邁向未來。只要邏輯不被制約，就能分享理解迴路中所闡述的假設和觀點，以及對未來的推論與質疑，帶來深刻的影響。

　　理解迴路相對應的是以抽象和體驗為主的感知迴路，兩者卻截然不同。理解迴路並未連結溫暖又熱情的情緒中心，它通常指的是人體圖上冷靜的那一面，儘管邏輯的穩定性會帶來深層的滿足感，這是體驗那一面無法提供的感受。當一加一永遠都會等於二，知道具有可信賴的模式，就足以讓社會人的喜悅油然而生。當邏輯運作得宜，一切井然就緒，宛如放進最後一塊即完成拼圖的愉悅感，對社會整體來說，這就是邏輯的魅力。

　　接下來要探討的是，邏輯迴路的通道和閘門。

專心的通道：52-9

專注的設計

迴路：理解　通道類型：生產

專心的通道透過維持不動的閘門（52）和專注的閘門（9），連接根部中心和薦骨中心。9號閘門的設計專注於細節和事實，而52號閘門提供被動型式的能量，讓一個人得以靜下來，不為所動不分心。52-9這條通道有其潛能，透過注意力集中，就能讓一個人心靜而後定，足以評估所有相關因素。

背景： 為了改進某事或為世人服務，邏輯必須保持專注，在模式中處理所有細節。專心的通道屬於組織型能量，具備理解迴路中所有其他通道的特質。若以薦骨的回應為引導，就能以其專注，挑戰、糾正或讓任何模式、形式或投入其承諾的活動，具備更臻完美的能量，這股能量會影響一個人整體的設計。邏輯是一步一腳印的過程，必須徹底了解程序，才能花時間驗證其真偽。社會若要維持對整體的影響力，邏輯的過程具有舉足輕重的地位。

個人： 當你全心投入之後，就會持續評估所有相關細節。你會體驗到一種靜止下來的壓力，並非緊繃，比較像是一股讓你留在原地的張力，就像靜止於某個姿勢的瑜珈動作。你讓身體和對外的感官靜止不動，好精準並專注地運用你的精力，所以你很不喜歡同時進行很多事，這會分散了這股強大的能量。你就像佛陀端坐菩提樹下，聚精會神、等待薦骨的回應。你的回應會揭露你該專注於何者，哪一個才是你要致力尋求完美的模式，以及何時分享。當你遵循自己的回應，你真正適合的工作，與人生的焦點也將浮現。在人生中，你可能會將大部份的時間深入並專注於某一項活動，或者在生命的過程中，會有多樣且截然不同的重心，如果你擁有這條通道，卻找不到任何值得專注的事，沒有任何一件事情，讓你的內在權威認為值得追尋，值得將精力投注其中，那麼，這將讓你感到焦躁又沮喪。

組織能量

人際： 從能量場的觀點來看，52-9通道所散發出來的組織頻率（format frequency），能將能量穩住或聚集於某處，讓群體得以專注，對某樣專案進行深入的檢驗，或針對某部分的流程再做評估。如果你的設計中沒有這條通道，在某些狀況下，坐在有這條通道的人旁邊是好的，他們將協助你靜下來，並提升你的專注能力。

註：組織頻率對迴路中其他所有通道及整體設計發揮影響力。組織通道連結根部及薦骨中心：53-42（社會人／抽象）、60-3（個體人）、52-9（社會人／邏輯）。家族人迴路中，沒有組織通道。

52 號閘門：維持不動（艮卦）－靜止的閘門

於短暫的時間內，自制而不行動，以評估其效益

中心：根部　　　四等分：文明　　　主題：透過形式，達成目的

右角度交叉之服務－並列交叉之靜止－左角度交叉之要求

52 號閘門是在壓力之下，專注評估，這是一股專心的原始力量。從根部中心上接 9 號閘門為出口，這條通道充滿被動的張力。一旦 52 號閘門對某件事深表認同，值得在此灌注這條通道的能量，那麼來自根部中心的壓力，會驅動人往前，而 52 號閘門的力量會協助你靜止而專注，兩者將形成平衡。然而在達成平衡之前，你會發現自己在沮喪與焦躁之間，搖擺不定，從這端移轉至另一端，無法自律，不能抽離而再一次，回到內在靜止與專注的狀態中。52 號閘門所蘊含的這股消極張力，無法在生理的層面有所出口，無法引導也不能釋放，唯有專注於此。若沒有 9 號閘門，缺乏薦骨的回應，便很難了解，到底應該聚焦於何種活動或細節之上。

第 6 爻－平和	第 4 爻－自律	第 2 爻－關心
第 5 爻－解釋	第 3 爻－控制	第 1 爻－先思而後言

9 號閘門：處理細節的能力（小畜卦）－專注的閘門

詳細注意所有相關細節，就能充分發揮潛能

中心：薦骨　　　四等分：突變　　　主題：透過蛻變，達成目的

右角度交叉之計畫－並列交叉之聚焦－左角度交叉之指認

9 號閘門的作用宛如漏斗，能將 52 號閘門龐大的力量，集中於對你而言有意義或值得的事物上。9 號閘門帶有的頻率，是勤於細節或具備全神貫注的能力。身為人類，許多在邏輯上的成功模式，來自於注意細節，因而能儲備珍貴的能量。你能決定如何匯集這股來自根部中心，被動卻強大的能量。9 號閘門具備來自薦骨堅持的動力，能長期保持專注，處理專案或議題上的諸多細節，並詳盡地測試或評估其運作公式。這一切都可以與社會群體分享，或應用於自身的生活之中。然而，若少了 52 號閘門，你可能無法長時間靜下心來，以致於無法專注，而缺乏決心與毅力，可能就會成為你此生挫敗的源由。當你清晰並專注，你的能量場便能引發周圍的人，讓他們不論在生理或心理層面的能量，都能更有效率地運作。

第 6 爻－感激	第 3 爻－壓垮駱駝的最後一根稻草
第 5 爻－相信	第 2 爻－同病相憐
第 4 爻－貢獻	第 1 爻－感受性

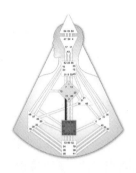

韻律的通道：5-15

順流的設計

迴路：理解　　通道類型：生產

韻律的通道透過固定模式的閘門（5），與極端的閘門（15），連結薦骨中心和 G 中心。5 號閘門維持固定的習慣與儀式，而 15 號閘門則有愛包容人類各種極端的行為，整合並匯集社會裡的多元性，建構公平的競爭環境。在此我們找到生命的節奏，放諸四海皆準，神奇地足以涵蓋單細胞生物至複雜的人類，將所有的生命形式結合在一起。

背景：韻律的通道是所有生物進程的基石，面對自然世界的流動，每一次薦骨所做出的回應，就能讓我們緊密連結在一起。不被頭腦的傲慢所影響，也不被情緒週期的高低起伏所惑，磁單極位在 G 中心，在分離的幻覺之下，以其奇特的引力，吸引萬事與萬物聚集在一起。15 號閘門代表的是社會群體的磁力，這是來自磁單極的投射，代表的是普世（而非個人）之愛，愛的是人類與其所蘊藏的潛能，以這樣的方式吸引我們往前。其頻率宛如磁力一般，吸引每個人依循其韻律，以一種非關個人的方式，分享其生命之流。生命的韻律很自然，建構於不斷重複，同時進化中的邏輯模式之上，其設計能導引每個生命體邁向未來。

個人：順應生命之流，你不斷前進，充滿活力並且與之密不可分。在別人的眼中，你有自己的時間表，完全取決於屬於你的內在韻律。如果這些模式與例行公事，對你來說是自然並且正確的，那麼就不該讓任何干擾介入。由薦骨所產生的回應，將指引並微調讓你找到屬於自己的時機點，若是你與自己內在的回應脫節了，就無法與整體韻律的模式相連結。若你順流而行，你會感覺每件事情自然而然都對了，毫不費力，同時你的存在也會巧妙地，讓周圍的人活出自己所屬的韻律，同時找到其時機，因而獲益。然而，如果你身處非自己的扭曲狀態，節奏錯亂，你會發現不僅是自己，也會連帶擾亂了所有人的節奏。在你周圍的生活將陷入困惑又混亂的狀態中。

人際：這條通道本身所散發出來的能量場，其設計是將人們帶入具有彈性，並且連綿不斷的生命之流中，讓人類得以順流前進，迎向安全並可行的未來。而人類整體的社交律動，提供給我們沒有邊界，許許多多相互連結的機會。理想化的邏輯運作模式，是基於平等、去制約與表裡一致的前提之下，人與人之間得以交流，有機會相互連結。邏輯就是確認所有自然且正確的韻律與模式，不論多固定或多極端，不過就是各種延伸的方式，在這個世界上彰顯出愛。而 5 號閘門與 15 號閘門交接所產生的火花，極具挑戰，由於一方將固守其既有模式，而另外一方會帶著自身韻律的各種極端，需要維持彈性。當兩方相遇，他們將一起體驗到這整條通道的潛能，創造新的韻律，帶領他們周圍的人，甚至引發整個團隊順流前進。5-15 通道會吸引環境中的人，隨順其韻律而運作，同時決定團隊接下來將運行的軌道。

5 號閘門：等待（需卦）－固定模式的閘門

從根本來調整，以符合自然的韻律，等待是充滿積極的察覺

中心：薦骨　　四等分：突變　　主題：透過蛻變，達成目的

右角度交叉之意識－並列交叉之習慣－左角度交叉之分離

　　對 5 號閘門來說，等待並不是停止，它就像懷孕，是一種積極的狀態。5 號閘門是一股享受固定韻律和節奏的能量。它帶來韌性，讓你保有自己內在真實的韻律，進而充滿活力、健康並順著你的節奏過生活。你能在世俗的儀式與例行公事中，找到滿足，這讓你與所有生命的頻率得以同調。若被迫背離原本自然的韻律，可能會對你帶來生理上、精神上與情緒上的不穩定，也可能引發缺乏安全感、不健康的行為或者生理上的紊亂。不要質疑你天生的規律或韻律，或受人引誘而輕易放棄，舉例來說，一個具備 15 號極端閘門的朋友，可能無法理解，你為何對自己的儀式與日常模式異常堅持，而他們的韻律也會自動化的，干擾你健康的既定習慣，甚至引發你試圖想放棄自己的習慣。相對來說，你也會發現自己帶著既定的模式，不斷想影響對方不可預測性的行為。要記住，他們的彈性與適應力，或許對你來說難以預測，卻能讓他們長保健康。了解並欣賞每一個人，為整體生命之流所帶入的貢獻，就能協助你接納並超越這與生俱來的挑戰。

第 6 爻－屈服　　　第 4 爻－獵人　　　第 2 爻－內在的平和

第 5 爻－喜悅　　　第 3 爻－強迫症　　　第 1 爻－毅力

---

15 號閘門：謙遜（謙卦）－極端的閘門

在諸多極端之間，於行為上展現平衡，舉止得宜

中心：G　　四等分：文明　　主題：透過形式，達成目的

右角度交叉之愛之船－並列交叉之極端－左角度交叉之預防

　　15 號閘門是人類之愛。有能力接納、並為人類在社會上，形形色色的諸多行為找到定位。由於不具備固定模式，才能讓我們每一個人都得以貢獻，讓愛以多樣性存在。15 號閘門所展現的愛，並不是我們如何相互連結，而是關注人性的多樣化，超越個人之愛。這一切皆起始於，愛你自身的韻律與極端的行為，舉例來說，這一晚連續睡了十個小時，隔一晚卻只睡兩個小時。你可以不帶評斷，接納其他人各種極端的行為，為生命之流帶來多樣性，磁單極將放大你的能量場，吸引各種人來到你身邊，讓你確認其多元性。若由你的內在權威來引導，15 號閘門會提升你的潛能，對極端的韻律或模式發揮影響力，以謙和的態度看待，在社會中取得平衡與整合。若了解並接納人類有其多元性，而各種節奏是組成元素之一，那麼你就能完整地擁抱所有，並向我們推廣身而為人的要義。若缺少了 5 號閘門的自律與其固定的韻律，你可能會發現，自己持續改變的節奏容易失焦，而無法專精於人生中的某些特定領域，並且有所成就。

第 6 爻－自我防衛　　第 4 爻－壁花　　　第 2 爻－影響

第 5 爻－敏感性　　　第 3 爻－自我膨脹　　第 1 爻－職責

創始者的通道：7-31

好或壞，領導力的設計

迴路：理解　通道類型：投射

　　創始者的通道透過自我角色的閘門（7）和影響力閘門（31），連結 G 中心和喉嚨中心。這是具備集體邏輯性，且擁有前瞻性領導力的設計。邏輯性的領導型態，建構在已經試驗過、被建立並且可穩定遵循的模式之上。31 號閘門是社會型領導者，其聲音帶有影響力的特質，而 7 號閘門則是以邏輯的方式，來指引並領導眾人的角色，常被稱為王位背後的實質權力，其六條爻各自代表不同的領導型態，也是我們與人互動時常運用的角色，像是獨裁主義者、將軍和管理者。

　　背景：身為世界公民的一員，我們對於社會人的民主型態或共用領導十分熟悉。首先，創始者（Alphas）是領導者，必須贏得眾人的信任。對於以邏輯模式來運作的領導者來說，必須讓自己的領導能力更臻完美，適時展現以符合社會的滿意度。人們必須看到他們有足夠的能力，可以掌握當今的運作模式、了解趨勢，並觸及人民的需求。最重要的是，他們必須被大多數人邀請（選舉）出來而領導，其任期的長短，由選民評估他們任期內的表現而決定。少數服從多數，由此賦與社會型領導模式的正當性，這與家族型的專制模式，或以個人樹立典範的個體化領導模式，截然不同。

　　個人：不是每隻老虎都能在山中稱王，但畢竟一山難容二虎。你可能不會成為社群或國家的領導者，但還是會自然而然找到屬於你的山頭，發揮自身的影響力。一旦你找到自己的定位，就會關注必要的重點，讓整體社會於正確的軌道上運行無虞，但是你只能為眾人指引出方向，你無法為他們而做。領導力的起始點是從影響力出發，而非來自威權，這就是你邁向成功，同時也是讓你保持身心健康的關鍵。

　　人際：對於這條通道而言，所謂的領導力，更適切的說法應當是影響力。由於這條創始者的通道並未連接至動力中心，同時焦點放在未來。當領導者說：「這樣做，或者那樣做，就會行得通。」若多數人不願意站出來，沒有選擇你領導大家一齊去執行，那麼什麼事情也不會發生。社會型的領導者說：「我會代表你們，我會與你們共享領導權，只要你們去做我要大家做的事——因為我是對的。」換句話說，若是他們能在對的環境下，領導一群對的人，那麼有領導力通道的人，其成功的機率的確會比較高。若他們能讓社會立場相符，具有同樣運作模式的群眾所認可，並且受其邀請出來，他們就會更加成功。依循邏輯所獲得的答案，很少放諸四海皆準，也很難持久，既定模式隨時都可能被挑戰，或變得脆弱，或被打破，每一步都是過程，都是臻於完美的一部分，讓人類不斷向前，邁向更安全的未來。

7 號閘門：軍隊（師卦）－在互動中自我定位的角色

聚合點，為了引導和指揮社會，對領導的需求

中心：G　　四等分：二元性　　主題：透過人際連結，達成目的

右角度交叉之人面獅身－並列交叉之相互影響－左角度交叉之面具

　　7 號閘門屬於未來導向，有能力辨認出，何時該糾正社會當今的方向，以便順利走向未來。這個邏輯的閘門是關於方向，也是構成右角度輪迴交叉人面獅身的其中一部分，透過 7 號閘門的六條爻所各自代表的領導角色，對社會帶來實質的貢獻：獨裁主義者、民主主義者、無政府主義者、退位者、將軍和管理者。這些角色源於基因層面的設定，各有其功能性，為社會帶來強大的制約力。透過你的角色，加上你對人類未來方向的理解，來說服眾人跟隨你的領導模式，進而影響那些位居重位，特別是 31 號閘門深具影響力的人。你可能會是評估或調整既定模式，或者質疑方向的那個人，你也能成催化劑，就此創造出全新的方向。在此，以幕後實質掌權的方式，來展現其影響力。換句話說，若是沒有 31 號閘門，你可能會是一個公眾領袖，卻不一定會成為檯面上，對社會而言舉足輕重的領導人物。

第 6 爻－管理者	第 4 爻－退位者	第 2 爻－民主主義者
第 5 爻－將軍	第 3 爻－無政府主義者	第 1 爻－獨裁主義者

---

31 號閘門：影響力（咸卦）－影響力的閘門

不論積極或消極，都會產生轉換並產生影響的摩擦定律

中心：喉嚨　　四等分：文明　　主題：透過形式，達成目的

右角度交叉之不預期－並列交叉之影響－左角度交叉之創始者

　　31 號閘門生來就具有影響力，社會型的領導力屬於合議制，而非來自階級。對新方向有其願景，向大眾展現如何達成，而不是替他們完成。透過選舉的方式，31 號閘門得以展現潛能，以說話來發揮影響力。當金錢取代眾人合作的意志，搖身一變成為主流的能量，使人獲取權力，那麼社會確保人類行向未來的整體能力，很容易會被扭曲。若沒有得到絕大多數人的能量為後盾，你透過 31 號閘門所傳達出來「我來領導」的聲音，將不會被聽見。人們必須照你所說的話去做。若少了眾人之力，確實進入公領域來推動，即使你對社會有遠景，其影響力將無法被轉化，也無法感染別人。你的領導力必須顧及追隨群眾的渴望，以整體利益為考量。「我來領導」代表的是影響眾生，不論順境逆境，都能有效地轉化你的願景，提供值得驗證的全新模式，讓眾人得以實行。若少了 7 號閘門，你所說的話有可能會變得過於空洞。

第 6 爻－應用	第 4 爻－意圖	第 2 爻－傲慢
第 5 爻－自以為是	第 3 爻－選擇性	第 1 爻－顯化

批評的通道：58-18

不知足的設計

迴路：理解　　通道類型：投射

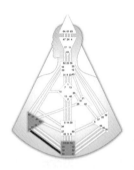

批評的通道透過活力的閘門（58）及修正的閘門（18），連結根部中心及直覺中心。邏輯需要證實這是最好的解答，而隱藏於邏輯推演的過程底下，是一股迫切想挑戰、糾正並且讓模式更趨完美，感到不滿足的動力。58-18 通道宛如燃料，成就大師的藝術。

背景：58 號閘門點燃我們對生命的愛與活力，驅動我們渴望延續這股能量，58-18 通道中的不滿足感，其實是美好感受的副產品。就如同 58 號閘門所說：「更多更好，更多更好。」這是屬於邏輯性的衝動，讓我們得以活著，而 18 號修正的閘門，則順應這股衝動來提醒我們，不健康的是什麼、失衡的是什麼、又或者需要修正的是什麼。批評的通道就像哨兵，不斷評斷究竟是什麼，讓群體社會無法在生活中感到愉悅。他們的評斷是基於測試模式，將目前是正確或行得通的現況，與過往曾經行得通或行不通的結果，對照比較。這一個需要糾正的意念，促使社會得以順利在軌道上運行，只因為 58-18 這條通道想要每個人在完美的運作模式之下，得到滿足。而這條批評的通道底層的目的，也等同於人類圖的目的：在同質化與制約的人生中，讓每個人得以從中恢復，重新把喜悅與愛拿回來。

個人：即使對真正的完美主義者來說，完美從未真正存在過，因為模式不斷在改變。當你開始不滿足，或感覺需要去挑戰某件事，你就會展現出批評的能力，以及對修正的渴望。然而，若這段追求完美或糾正的過程，開始偏向個人層面，轉向內在，或直接針對關係中的某些人，最後就會變成持續找碴，大致來說，對自己與人生的一切都感到不滿。你會發現自己不斷挑戰父母、老師、政府、任何人與每件事。對於邏輯而言，沒有不能承擔的巨大挑戰，更無法抵擋你那火力充沛的根部中心，試圖要讓模式更近於完美的需求。若無人邀請你，你卻不請自來，脫口說出批判性的評斷，面對錯誤的部分，就是一連串看似無止盡的砲轟，自然沒人想聽。相反的，當有人詢問你「有任何錯誤之處嗎？」並邀請你分享，這代表著對方已經準備好要聽，並對你的答案抱持著開放的態度，這才能為你帶來真正的喜悅。

人際：為了避免浪費寶貴的精力，有智慧地運用你的天賦，建議你要仔細挑選屬於自己的戰役，首先，要等待別人詢問，才分享你的解決方案，並且要以能實際運用於整體社會為前提，來制定解決方案。若是如此，你只需挑戰那些最開放，並且準備好要解決，最有可能會是對的那群人。在此，舉個詼諧又有趣的例子，來說明如何運用邏輯的方式，有效率地來調停分歧：有兩種擠牙膏的方式，照邏輯上來說，擠牙膏要從底部往上，而個體人則認為，他們愛從哪裡擠就從哪裡擠，而調停的方式，無關乎個人，同時也是相當務實的社會化解決方案，那就是發明出一個能夠自動擠出牙膏的小工具，得以與眾人分享，如此一來，雙方就能採用同樣的解決方案，因而重獲和平，拯救彼此的關係，也一併協助許多面臨相同處境的人，得以解決問題。

58 號閘門：喜悅（兌卦）－活力的閘門

鼓舞是通往喜悅的關鍵

中心：根部　　四等分：突變　　主題：透過蛻變，達成目的

右角度交叉之服務－並列交叉之活力－左角度交叉之要求

當某件事情呈現頹勢或不健康的狀態，58 號閘門有能力分辨。你活出喜悅，並且富有同情心，有膽量去挑戰既定模式或其背後的權威。你不吝與眾人分享自己對美的欣賞，對事物充滿驚喜的眼光，而你熱力四射過生活的方式，自然而然散發吸引力，讓人充滿愉悅的感受。你最想滿足的渴望，就是能將一己之力，貢獻於有價值的事物上。爲此你將生命中的活力與喜悅，專心投注於糾正與改進社會，讓整體社會持續有所成，持續提供福利並健全運作。58 號閘門提供邏輯所需的動力，去驗證既定模式、規範、韻律與方向是否可行？能否驅動人類走向未來？這是邏輯體系之中最珍貴，也最需要的能量來源。你總能提供能量，讓人們不僅止於空談，而是眞正落實執行。爲了正確運用自己的能量，愼重並適切運用於最需要的議題上，你期待找到 18 號閘門的人，也常被他們吸引。他們既定的察覺能力會協助你看清楚，找出該如何改進，以及如何執行。如果沒有 18 號閘門，你的服務之心會迫切地想找出口，卻因爲看不清楚，而用力過度。

| 第 6 爻－忘形 | 第 4 爻－調焦 | 第 2 爻－變態 |
| 第 5 爻－防禦 | 第 3 爻－電流 | 第 1 爻－生命之愛 |

---

18 號閘門：找出錯誤之處（蠱卦）－修正的閘門

對於維護與捍衛基本與基礎人權，保有警覺並有其決心

中心：直覺　　四等分：二元性　　主題：透過人際連結，達成目的

右角度交叉之服務－並列交叉之修正－左角度交叉之動盪

18 號閘門的人面對需要糾正的一切，很能享受這段發現、重新命名與挑戰的過程。當你對某事不滿足，代表這件事情本身已經失去了動能，隱藏於不滿足底下的，是對人權深刻的關懷，是擔憂如何能讓社會維持健康與和諧。具批判性的察覺力是你的天賦，引領你直指任何缺失或不完美之處，並且專注思考該如何糾正、重組或找出替代方案。這就是你的方式，來清理那些已經不健全的，同時面對已然腐化的一切，重新注入新活力。你的天賦透過不偏不倚的公正判斷，加上邏輯層面的驅動力，這將讓你在批判性分析的技巧層面，不斷微調，愈來愈趨近完美。透過找出何處需要修正，對事物會得到全新的理解，這將是經歷這過程所帶來的意外收穫。18 號閘門也代表了對權威，以及挑戰權威的恐懼，由於這是一個社會型的閘門，其設計就是要在社會整體的範疇中，找出需要糾正之處，但是若用於個人私領域中，往往會造成反效果，若沒有 58 號閘門樂於糾正的原動力，你的不滿足感僅止於找出錯誤，如此一來，這有價值且極具關鍵的察覺力，就只能鎖定於個人的習性與弱點，而無法專注於形勢、既定模式或制度之上。

| 第 6 爻－成佛 | 第 4 爻－無能 | 第 2 爻－絕症 |
| 第 5 爻－治療 | 第 3 爻－狂熱分子 | 第 1 爻－保守主義 |

波長的通道：48-16

才華的設計

迴路：理解（創造力的通道）　通道類型：投射

　　波長的通道透過深度的閘門（48）和技能的閘門（16），連接直覺中心和喉嚨中心。48 號閘門總是密切關注重要資訊，16 號閘門則總是想找出新的驗證方式，讓技巧更趨完善。當與批評的通道（58-18）相連結，聯合其挑戰與指認出行不通之處的能力，這條充滿才華的設計，就能運用其深度與技能，找到解決問題的可行辦法，或鼓勵、糾正與調整某些區塊，讓一切得以更完美。

　　背景：48 號閘門的深度，來自於頭腦無法掌握的內在智慧，唯有完全臣服於身體層面的自然本能，眾人才得以汲取這智慧。所謂的才華，或精進其技能，讓既定模式更加完美，意思就是當一個人深刻認定，並著手操練 16 號閘門所帶來的技能，於是逐漸蛻變，愈來愈精準與卓越的過程。這裡所說的技能，可以是任何才能，包括彈奏樂器、歸納出科學公式，是你在這世界上，卓然有成的獨到之處。對於擁有 48-16 通道的人來說，他們可以在邏輯範疇的任何領域中，成就大師的境界，他們以改善人群的生活為己任，為更寬廣的目的而服務。

　　個人：你天生的設計結合了直覺性的深度，經由反覆實驗與操練，才能讓天生的技能更臻完美。若要成功培養自身的才華，其關鍵在於，你必須先找到自己真正熱愛，並且願意完全投入的某件事，專心致力於此，持續反覆去練習，才能成就大師之路。將自身的深度帶進純熟的技藝之中，或讓技巧愈來愈完美，你就能從中蛻變，將技巧轉變為才華。當你抱持熱忱，加上長時間始終不懈的努力，不斷焠鍊自己的才能，專精於既定的模式，有一天終將超越模式本身，讓你得以自由自在展現自己獨特的才華。從細胞的層面來看，身體需要七年的時間，才能在技術層面上轉化，或許要以畢生之力，才能探索屬於你的深度。

　　人際：擁有 48-16 通道的人，需要被看見，需要有人認出他們的才能，並請他們將自身的才華展現出來，與眾人分享。他們因而得到回饋，才能獲得資源，繼續支撐自己練習下去，邁向追求完美的修業之路。他們自己可能無法直接取得資源（動力中心的能量），舉例來說，如果父母沒有買樂器或付學費讓孩子去上音樂課，孩子的才華要萌芽，要有機會能專注練習，好好發展讓技藝更完美，就著實變得困難。人類整體不斷追求，並探究模式如何運作，所謂的模式可能是已證實可行或是有效率的方法，讓我們足以採用相對安全的形式，來面對共同的未來。金錢是認可的形式之一，透過賞識與實質上的報酬，灌注能量，讓才華得以開花結果。當藝術家開始發展社交才能，通常能協助他們成功爭取到實質所需的資源，得以繼續精進其才華。48-16 這條通道也代表師徒關係，大師監督或教導年輕有天分的學生，持續指點其技能，並傳授專業的知識。在這個階段，焦點通常放在技術層面。天才是百分之一的天分（啟發），與百分之九十九的努力（汗水）。透過這種方式，既有的模式得以傳承，而這將是一段持續調整的歷程，因為每一位新的大師都會加入獨特的觀點，在具有邏輯的創意過程中，提升技藝的水平。

48 號閘門：井（井卦）－深度的閘門

建立共同利益的先決條件，須有必要性與本質上的基礎

中心：直覺　　四等分：二元性　　主題：透過人際連結，達成目的

右角度交叉之張力－並列交叉之深度－左角度交叉之努力

48 號閘門提供了強而有力的覺知，根植於深層的本能記憶中，提供極具深度的潛能，讓你能為社會問題找出具有邏輯，確實且可行的解決方案。你最強烈的渴望就是想表達並分享你的深度，來協助大家了解、修正，好讓我們生活的世界能更完美。然而，若沒有 16 號閘門，你可能會體驗到不足，恐懼自己無法好好解釋解決之道，或有段期間感到沮喪，因為你了解必須等自己的深度被別人看見，才能分享看法。你可能會過度擔憂，試圖想學會那些你自認缺乏的技能。積極（期盼）等待著，同時也放輕鬆，如此一來，才能吸引對的人來到你身邊，引發你將自身的深度顯現出來。以這樣的方式，你潛在的解決方案將自然浮現，並且很明顯會成為衡量、追求完美與督導別人技能的基礎。

第 6 爻－自我實現	第 4 爻－重建	第 2 爻－退化
第 5 爻－行動	第 3 爻－單獨監禁	第 1 爻－微不足道

16 號閘門：熱忱（豫卦）－技能的閘門

藉由和諧的能量導引，得以豐富人生的偉大藝術

中心：喉嚨　　四等分：文明　　主題：透過形式，達成目的

右角度交叉之計畫－並列交叉之實驗－左角度交叉之指認

擁有 16 號閘門的你，終將會在這世界留下印記，像是犀利評論家、技巧純熟的表演者，或是透過你的才能和熱忱來謀生。然而，你的生命一開始並不是這樣的。你需要先認同一項或多項技能，願意投入於重複操演的模式，並專注於練習，直到你達到專精的程度，就能讓技能得以轉化成藝術。全世界都在等待舞者成為舞蹈本身，或是將自己的生命活成一件大師之作。你尋找最完美的形式來表達你的專長。然而，若沒有 48 號閘門，你可能會變得自我批判，也不認為自己具有足夠的深度。你也需要找到物質上的支持，讓你專注於自身的才華、你的理論、你的解決方案，務求盡善盡美，讓世界上其它人也能為此獲益。你需要有 48 號閘門的人，為你的技能帶來不同以往的深度與角度，同時對於你自律的操練，也能適切給予指導、糾正與鼓勵。

第 6 爻－輕信	第 4 爻－領導者	第 2 爻－憤世嫉俗的人
第 5 爻－聖誕怪傑	第 3 爻－獨立	第 1 爻－妄想

邏輯的通道：63-4

頭腦充滿疑惑的設計

迴路：理解　　通道類型：投射

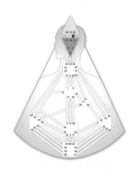

邏輯的通道透過懷疑的閘門（63）和公式化的閘門（4），連結頭腦中心和邏輯中心。這是充滿懷疑的頭腦。懷疑絕對是邏輯的必要元素，因為在公式裡看來無懈可擊的邏輯推斷，仍有可能是錯的！63-4 通道持續檢視既有的運作模式，確保一切運作無虞，若模式無法連貫，壓力會逐漸加劇，最後演變成質疑，需要得到解答。

背景：邏輯通道存有的恐懼，會以懷疑的形式，時不時在問題和答案之間冒出來。懷疑論者必須自邏輯的實驗中得到驗證。他們對於未經證實的信念，接受度相當低，每個答案不過只是個答案，除非能於其中找到穩定、值得信賴、實際並且「可驗證」的模式。集體社會恐懼個體人帶來突變所造成的影響，突變本身是一段蛻變的過程，會瓦解既定模式。舉例來說，對於 63-4 這條通道的人，若沒有經過實驗證明，無法在邏輯層面接受人類圖體系，它的可行性必須有其邏輯，同時也必須在邏輯上可行。

個人：你的頭腦極有邏輯，面對生活總是帶著合理性的質疑。「下週會下雨嗎？嗯，根據每年此時的天氣狀況，目前的氣壓和雲層狀態的確有很大的可能性，但是……」你擅長提問、找出可辨識運作模式、根據現有資料歸納成不同因素、為了服務整體社會，針對未來，以教育的角度提出預測，若是這樣，或者那樣做，能確保明天安全無虞嗎？你總是一併提出問題與解答，不論別人是否有興趣，願不願意對你開放，你都想立即與大家分享。若是你嘈雜的腦袋無法解答某些問題，無法順暢釋放腦袋裡的壓力，你可能會變得焦慮。要記得，既然邏輯的通道是屬於社會人的通道群，為了理解模式所產生的壓力，適合用來替他人謀福利。你腦袋的設計，並不是用來回答關於自己的生命，或與未來有關的諸多疑惑，就讓它好好認真思考別的事情吧。

人際：好比電磁連結，63-4 通道創造了兩個人在心智上充滿樂趣的連結。63 號閘門的人想分享自己的質疑，而有 4 號閘門的人則樂於分享自己找出的解答。當雙方都了解，分享本身就會帶來滿足感，那麼這樣的連結，就會呈現最佳的狀態。63 號閘門不能期待 4 號閘門所提供的解答一定會很實用，而 4 號閘門則不能期待 63 號閘門每一次都能提出值得回答的問題。到最後，運用策略與權威來決定何時該分享，就能確保彼此的交流能成功而契合。

63 號閘門：完成之後（既濟卦）－懷疑的閘門

人生是一場迴旋，所有的結束都是開始

中心：頭腦　　四等分：初始　　主題：透過心智，達成目的

右角度交叉之意識－並列交叉之懷疑－左角度交叉之支配

63 號閘門的猜疑或懷疑只是壓力，這個閘門隨時準備好，會注意並且質疑任何讓人感到不安全的人事物，除非能充分了解並做出評估，確保眾人能共同擁有安全的未來，否則不會停止。當既定趨動生命往前走的模式，出現缺失或任何與之前不一致之處，你的質疑會立刻升起。邏輯代表世界上所有生命體的共通之處，它流經並串連起一切，這是理解／邏輯過程中，不可或缺的元素。63 號閘門的質疑可以指向外在世界，或專注於內，若用於你的人生或個人的選擇上，並不適當。你的質疑將充滿急迫性，以問題的形式展現，開始在你不清楚的領域裡鑽牛角尖，如果針對你的問題，無法得到一個適當、有邏輯並且可行的答案，壓力會以懷疑的形式逐步加溫。你的焦點放在未來，你有能力看見當下既定的運作模式，這意味著若經由你的邏輯審查後發現不符，或出現缺失，或無法確認社會未來的安全，你會捨棄既定模式，開始朝另一個模式發展。當你加入某個團體投入長程規劃，你的能量場所帶來的貢獻，是在腦力激盪的過程中，形成施壓的動力，得以將疑問梳理成有條理的答案，找出通往未來的可能性。若沒有 4 號閘門，腦袋層面會充滿焦慮，讓你把人生塞滿急迫的疑問句，而你亟需找到答案。

第 6 爻－懷舊之情　　第 4 爻－記憶　　第 2 爻－結構

第 5 爻－肯定　　　　第 3 爻－持續　　第 1 爻－沉著

4 號閘門：血氣方剛的愚者（蒙卦）－公式化的閘門

儘管無知，卻能矇騙過關的能量，免於處罰的自由

中心：邏輯　　四等分：二元性　　主題：透過人際連結，達成目的

右角度交叉之解釋－並列交叉之公式化－左角度交叉之革命

4 號閘門察覺到問題所在，而這些問題源於對未來的質疑，找出公式，形成具有邏輯的解答。每一個答案、公式僅代表潛藏的可能，最後必須被測試，以事實為佐證。這也代表著你的答案可能是，或可能不是人們正在找尋的解答，你善用自己的智力與察覺力，評斷可疑的部分。質疑或懷疑的壓力，終其一生都會持續，然而，你需要倚賴你的權威為引導，才能讓自己的精神投注在正確的問題上，同時等待適當時機點，才分享答案。到最後，你所找出的公式與答案，都是要回答來自周圍人群所產生的疑問，你鮮少為自己的人生與問題找出答案，提供解答。如果了解並接受事實就是如此，就能自在地讓答案在腦中來去，直到對的時間點出現，問題自然會浮現，也自會有人來問你，而你的分享會讓別人獲益。如果你沒有 63 號閘門，你可能會花上很多時間，不斷尋找深具啟發性的問題來解答，或覺得自己的人生會永遠混亂，而變得焦慮。

第 6 爻－超越　　　第 4 爻－騙子　　　第 2 爻－接納

第 5 爻－誘惑　　　第 3 爻－不負責任　第 1 爻－愉悅

接受的通道：17-62

組織化的人的設計

迴路：理解　通道類型：投射

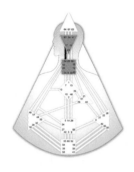

接受的通道透過意見的閘門（17）和細節的閘門（62），連結邏輯中心和喉嚨中心。邏輯影響人類思考的過程，形塑人類理解的方式。接受在此指的是基於已證實的細節，在智識層面組織其資訊。這是一段持續內化的過程。

背景：17 號閘門就像是右眼，將運作模式圖像化，而 62 號閘門則透過語言，將之轉化並顯現細節。62 號閘門負責語言創作，藉由語言，我們命名、組織、評估及溝通，對我們所見與所經歷的一切賦與意義。透過 17-62 通道成功整合出來，組成內部遠景的一切，便很容易理解，相對的，若無法以這樣的方式整合成獨到的觀點，人們就無法理解。哺乳類動物與人類連結的閘門有三個，而 62 號閘門是其中之一，在此與 17 號閘門相連結。如此跨越物種的連結，讓人類得以馴養動物，進而演進出可延續的社區組織，而這特定的連結，透過思考，提升認知的層次，也加強了對動物的訓練方式。

個人：你的大腦不停忙著將細節整合成自己的歸檔系統，融入別人所想或所說的，不停調整修正，彙集成你的「全景圖」，這讓你維持並堅守內在運轉的模式。所有新的資料必須邏輯化地組織並整合起來，以符合你的觀點。當你對某人說：「我就是不了解你。」你其實說的是：「我還無法整理好，要以什麼樣的觀點來看待你（或你所說的話，所想的事），才能符合我看待這個世界的方式。」你的喉嚨中心一直承受著要說話的壓力，你發現當自己分享細節，或是解釋你了解或不了解的某件事時，會感到滿足與放鬆。在這兩種狀況下，注意你發言的時機與聽眾的接受度，尤其重要。你具有眾人稱羨的天賦，能有邏輯，條理分明地管理人事物，像是商業團體、活動、專案與他人的空間。即使你並不一定會在意，自己的房間是否常保整潔。

人際：擁有接受通道的人，內建與生俱來的基礎，想教導或展現資訊給別人。他們的特質是可以有效地將複雜的視覺模式，轉譯為語言、公式、理論或是假設，如此它們便得以被測試是否可行。等待被邀請才發聲，可確保分享的成功時機、有效性和清晰度，減少遇到抵抗的可能性，或者發言中的細節只是讓別人覺得很無聊。邏輯自會為其站出立場。辯論和爭論無可避免，這兩者也是批評和磨擦的基本模式，在辯論與爭論中，邏輯得以檢視既有的運作模式，儘管這會讓人和人之間引起有壓力的互動，特別是在針對個人的時候。

17 號閘門：跟隨（隨卦）－意見的閘門

古有明訓：治理天下之人，須知如何為民服務

中心：邏輯　　　四等分：初始　　　主題：透過心智，達成目的

右角度交叉之服務－並列交叉之意見－左角度交叉之動盪

17 號閘門想在諸多想法之中，找到一個概念或意見，能通過測試與批評，撫平我們對未來的恐懼，足以讓眾人信任。17 號閘門的設計是將答案建構成概念、可行模式或一套可能行得通的解決方案，為 62 號閘門所提出的具體細節做鋪排。邏輯的流程走到這裡，你的頭腦對未來發出質疑，制定出可能行得通的解決方案，然後感受到壓力，想轉化為意見的型式來表達，而接下來則需要 62 號閘門的能力，將概念翻譯成語言，帶入事實與細節來佐證，公諸於世，讓大眾得以檢驗與分析。你的右眼所瞥見的世界，是一系列可辨識的視覺模式，如果這個模式或意見，無法在邏輯的檢驗下屹立不搖，就會或應該要被推翻。不幸的是，你不見得每一次都能將視覺的影像，或你所了解的一切轉換成語言。若沒有 62 號閘門，你會發現自己不斷在找適當的名稱，為自己的概念命名，也不斷收集各種實例，來支持自己的意見，這一切都是為了能有效地溝通你所提出來的建議。腦袋層面的焦慮源於恐懼，你害怕無人能了解，或看重你所投入的一切。

第 6 爻－ 菩薩　　　第 4 爻－人事經理　　　第 2 爻－歧視

第 5 爻－無人是孤島　　　第 3 爻－理解　　　第 1 爻－開放

---

62 號閘門：處理細節的優勢（小過卦）－細節的閘門

謹慎、耐心和細節，得以超越極限、創造優越

中心：喉嚨　　　四等分：文明　　　主題：透過形式，達成目的

右角度交叉之馬雅－並列交叉之細節－左角度交叉之朦朧

62 號閘門說的是：「我想」。其設計是為了命名、具體化與溝通出一套可行的運作模式。擅長選出並組織細節構成事實，解釋複雜的概念或處境，讓一切更能被理解。當與 17 號閘門相連結，借重其架構概念的能力，而 62 號閘門以細節相輔，讓概念得以具體化、有其意義並且可被理解，如此一來，才能長期複製並驗證。理解是邏輯層面的天賦，也是你的天賦。當你面對複雜的情況，以清晰、適當且有條有理的細節來陳述，你所提出的意見，會增進我們對世界的理解。當你等待邀請到來才發言，對於你所分享的一切，大眾接受的機率將大幅提升。也可避免因為話說得太快，而說出別人不想聽、不必要的事實與細節，而帶來困窘，或招致不必要的誤解。你的意見高下與否，取決於你對事實的解讀，但是所有事實並不相等。要記住，你可以掌握所有的細節在手上，但是若沒有 17 號閘門，你可能無法隨時在完整架構之下，暢所欲言。

第 6 爻－自律　　　第 4 爻－苦行主義　　　第 2 爻－抑制

第 5 爻－質變　　　第 3 爻－探索　　　第 1 爻－例行程序

感知（抽象）迴路

關鍵字：分享

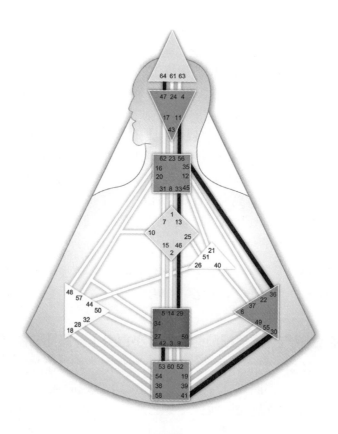

通道：

64-47　抽象的通道
　　　　腦中充滿著疑惑與解答

11-56　好奇的通道
　　　　追尋者

41-30　夢想家的通道
　　　　充滿能量

36-35　無常的通道
　　　　雜而不精

53-42　成熟的通道
　　　　平衡發展

29-46　發現的通道
　　　　好勝心強

13-33　足智多謀的通道
　　　　見證者

在社會人迴路群中，與邏輯迴路共舞的是感知（抽象）迴路。感知迴路與抽象的體驗過程緊密相扣，透過感知迴路，我們體驗並反映人生，分享人類在情緒與精神層面的體驗。這是身而為人的體驗之路，前方不斷鋪排出現各種機會，讓我們得以探索，雖然有時驚險，依然是一段喜悅的旅程，讓我們累積並分享彼此生活的經驗。若是能單純並清晰地開始每一段體驗，我們就能深刻感受到成就感，活得精彩，感覺自己在這個世界上適得其所。若以更寬廣的層次來說，生命透過我們完整展現出來，而我們從自身體驗中所得到的反思，對別人來說，會成為珍貴的學習。

以建立社群和諧為考量，「邏輯」順應理論與規則而立。但是「抽象」這一端則認為，若限制了任意與隨興，也可能就此遏止了體驗，而體驗卻是人類進化中必要的過程。基於渴望專精的需求，驅動邏輯的模式往前推演，而經由成就並完成不同的階段，驅動抽象的體驗不斷進展。這也代表著，完成某件事情，才能進行下一件事情，就變得很重要。邏輯層面無法顯化，而抽象層面可以做到。然而抽象層面得以彰顯的，則取決於情緒周期，隨著情緒轉換，開始因渴望而期待，接著因為失望無聊而停滯，情緒周期的兩端成功地推動人類進展，朝著下一個新啟點邁進。

理解迴路持續運用來自直覺中心的求存意識，以及運用邏輯，經由測試，驗證，然後與大眾分享得以提升未來的運作模式。這過程通常與科學息息相關。然而，感知迴路則是出自於對經驗的渴望（經常伴隨著性意味），因此帶動情感／關係的成長與發展。這樣的經驗不見得合理，但的確有其存在的必要性，從開始到結束都能與另一個人分享。而這抽象的體驗過程，經常與人類學或文學領域相關。從邏輯迴路的觀點來看，抽象迴路的體驗方式是麻煩又不必要的過程。

感知迴路在體驗抽象的過程中，無法得到直覺中心所提供的穩定及安全感，體驗源自搖擺不定的情緒渴望，渴望與另一個人一起做些新鮮刺激的事情。若沒有任何改變，無聊與不安就會湧現。而引發危機，就是另一種讓事物得以前進的方式。這也讓抽象迴路成為所有過程中，最具人性的一環。從經驗中反省，就是整體社會在這個世界上，驅動生命進化最強大的力量。若少了這股力量，我們人類就無法進化到現今的意識層次，無法演進成如此深具差異性，與複雜化的物種。

社會人對過往經歷的反思，建構成我們歷史的根基。雖然具有感知迴路的人，無法在事情正在發生時，完全理解生命本身，但他們天生的基因設定，讓他們成為人類智慧的儲存庫。這是人類具有的獨特能力，得以篩選、記憶並引用歷史的觀點向前延伸。我們從過往中，選擇並認定有價值的部分，將過往發生的事予以濃縮，清楚以言語表達，讓我們可以在當下分享，並照亮未來，這是一門藝術。每一個觀點，每一個學到的課題，都是為持續開展的人生劇本裡，再加一句台詞。重述人類的歷史，讓後代無需重蹈覆轍，飛快加速我們學習的過程。

接下來要探討的是，感知迴路的通道及閘門。

成熟的通道：53-42

平衡發展的設計

迴路：感知　通道類型：生產

　　成熟的通道透過開始的閘門（53）及成長的閘門（42），連結根部中心及薦骨中心。成熟過程是（抽象）人類體驗方式的核心，這過程需要進入並完成一個全新的循環或體驗，並且從中反省，以獲得箇中智慧。

　　背景：在感知迴路裡的任何一條通道，不管是一項專案、一段關係或一輩子，其本質都是從承諾到完成，在不間斷的循環中運行，自開始到中途然後走向結束。自人類所學習到的一切，抽象層面的體驗過程，創造出集體的歷史。為後代集結並儲存各種經驗值，讓我們在智識上的發展，遠比生理上的進展更為迅速，就是體驗所帶來最棒的禮物。從過往經驗的歷程中學習，找出行得通的方式，不再一次次重蹈覆轍，非常重要。每個新的體驗都建立在上一個經驗之上，如果一個循環尚未成熟卻戛然而止，就得重來一次，直到整個循環完成。這整個過程並非目標導向，同時也展現出人生中的每一個體驗，都值得珍惜，都是這趟無盡旅程中的一部分。從經驗中成熟，是身而為人的關鍵之一，我們每個人都想尋求新的體驗，這是內在的驅動力也是壓力，讓我們獲得自身的深度。透過反映自己的深度，就能將體驗轉換成資訊，提供給更多人。

　　個人：你的每個體驗都必須步向一個令人滿意的結論，如此一來，在開始另一個循環之前，你才能轉身回頭再回顧。與人分享這過程中的反思，將協助你揭露，並從中看見自己從體驗裡所學到的課題。若是如此，建立於既有的體驗之上，新的體驗得以展開。而每一段體驗是否開始，都運用你的策略與權威來決定，這非常重要，否則，你很容易將深陷於某種循環之中，很快就會感到無趣，也無法完成。要能在此範疇中順利運行，重要的是要了解期待的本質。當你抱持期待，你也迎向了挫折、失望與情緒化的崩潰。無所期待，單純體驗你的體驗，對你來說才健康。

　　人際：身為感知迴路中的組織能量^{（註）}，成熟的通道創造出一種循環性的頻率，影響著感知迴路中的每個閘門及每條通道。這包括了他們看待事物的觀點與體驗生活的方式，如何與人互動，以及如何影響別人。開始一段嶄新的體驗，並對此承諾，啟動了成熟的過程。這樣的過程可能會花上數小時到一輩子，長度不等。具備成熟通道的人，偏愛歷史，同時能調整自己，適應人生中各個階段：生理上、社會層面與星球運轉。若他們經由內在權威而決定開始一段體驗，自然就會具備啟動的能量，也會在發展的過程中感到滿足，最終也會獲得成功的結論，當他們回顧這段為期不短的歷程，與眾人分享其收穫，將會讓人類整體獲益良多。

組織能量

註：關於組織能量，請見第十一章檢索。

53 號閘門：發展（漸卦）—開始的閘門

發展是具有結構性，穩定而持久的進化過程

中心：根部　　　四等分：文明　　　主題：透過形式，達成目的

右角度交叉之滲透—並列交叉之開始—左角度交叉之循環

53 號閘門帶有壓力，開展成熟的循環，也啓動了從生到死的發展歷程。這是一股可運用在所有生命型態的組織能量，包含關係、想法、專案、趨勢，甚至是國家及文明的週期循環。你帶有一股不得不啓動新事物的動能。若你給自己充分的時間，做出正確的決定，清楚在何處投入能量，當時機點來臨，你將能啓動新的循環，也會看到它開花結果，並爲未來留下種子。你的角色是提供原動力，促使循環滾動。遵循你的策略與內在權威，就能讓你避開那些無法承擔，或沒有興趣完成的專案或關係，你也不會苦於找不到 42 號閘門的人，來協助你完成。如果你總在開始時遇到阻力，或者在一切成熟前就被迫停止，你的失望會落入憂鬱的迴圈。若承諾開始某件事情，而這對你是正確的，那麼你就不會強迫自己完成，你會發現自己能適時自壓力中抽身，從經驗中學習，享受與他人分享智慧的樂趣。若沒有 42 號閘門，你無法完成每一件開始的事，若不理解這一點，會以爲自己非得有始有終，然後爲此感到沮喪。

第 6 爻—逐步進行	第 4 爻—確保	第 2 爻—氣勢
第 5 爻—主張	第 3 爻—實際	第 1 爻—累積

---

42 號閘門：增加（益卦）—成長的閘門

資源擴充，讓潛能完全發揮，發展至極致

中心：薦骨　　　四等分：初始　　　主題：透過心智，達成目的

右角度交叉之馬雅—並列交叉之完結—左角度交叉之限制

42 號閘門有股韌性，能支撐自己完整度過每個階段，將與生俱來的潛能極大化。抽象的周期過程會帶來成長，善用人類集體經驗爲基底，爲未來的發展做鋪排，讓一切得以均衡發展。你所開始的每一個循環，都建立在上個循環所學習到的課題之上。當一個週期接近尾聲，你會決定什麼才是眞正必要的、最後的定論。在你開始全新循環之前，前一個循環必須自然走向完結，否則那些未結束的，或尚未完成的，就會在新的循環中再度出現。關於關係的課題更是如此，那些讓你舉步維艱，或有所保留的行爲模式，通常能一路回溯至童年時期所帶來的影響。你會把焦點放在如何善用精力，來完成一個循環或過程，但是若一開始的支援薄弱或不足，會讓你緊張不安。所以對你來說，正確的承諾很重要，因爲一旦你承諾了，很難抽身而退。例如，一段不幸的婚姻。只有透過策略與權威，等待對的時間點，才承諾將精力投注其中，你就能獲得眞正的自我滿足。若沒有 53 號閘門帶來點燃起始點的火花，你可能會發現自己缺乏耐力，也就無法完成整個過程，或者是一直試圖想開始，卻總是徒勞無功，而深陷挫敗之中。

第 6 爻—培育	第 4 爻—中間人	第 2 爻—識別
第 5 爻—自我實現	第 3 爻—嘗試錯誤	第 1 爻—多樣化

發現的通道：29-46

好勝心強的設計

迴路：感知　通道型態：生產

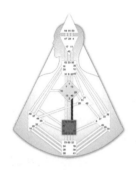

發現的通道透過代表毅力的 29 號閘門及自我決心的 46 號閘門，連結薦骨中心及 G 中心。在易經中，29 號閘門代表「坎」，意味著薦骨充滿旺盛的耐力與毅力，唯有經由「肯定」的回應才能善加利用，46 號閘門連結軀體朝高我的方向前進，才能在對的時間點，去到對的地方。

背景：有此通道的人需要放下所有期待，不管面對任何體驗都完全投入去體驗，因為沒有走到終點，意義無法顯現。46 號閘門是關於身體之愛，也是關於熱愛存在於身體之中，將身體與其所屬的人生軌道或方向，連結在一起。如果一開始是薦骨有所回應而做出決定，然後展開體驗，始終全力以赴，對此抱持著堅定承諾，整個過程可能會花上數年，期間保持耐心，那麼這段探索之旅的發現，將為整體社會帶來顯著的轉換，蛻變大眾對世界的觀點與體驗。

個人：對你來說，沒有半途而廢，也沒有回頭的餘地，因此透過策略與權威，做出明確的承諾至關緊要，如此一來，你從這段探索的過程之中，才能獲得滿足，而你也能從中學習，進而與眾人分享。在體驗中，你必須要忘我地投入，因為當你親自置身其中時，你不見得能理解，然而，若能信任自己就是準確地在對的時間點，走到對的地方，那麼當你走到終點，在這段探索的過程中必能有所獲得。別人曾經遭遇的失敗，可以是你未來成功的所在。對你來說，這一切並非關於控制，反倒是投降於這段探索的過程，放下你的期待。這也就是為什麼，運用自己生命的動力，正確地做出承諾如此重要，唯有如此，你的薦骨動能，才能支持你完成全程的體驗。

人際：具有發現通道的人，內在隨時準備好要投入，他們幾乎對任何要求都會傾向說「好」，尤其是這條通道若是潛意識（紅色）的人，更容易將自己的能量給出去。如果其承諾是來自腦袋所做的決定，他們極有可能失敗在別人成功之處，讓挫敗感取代原本的成就感。這不像邏輯的運作模式，事先會在理論上假設，倘若這個人做了這個或那個，會有什麼樣的結果，對於體驗式的學習者來說，經驗就是唯一的老師。唯有完成這場體驗到最後，透過檢驗與分析，他們才能發現何者值得，或不值得重複，而這也是他們能與社會群體分享的經驗值。唯有正確地應允，才不會被他人的阻擋所影響，也不會偏離體驗的既定過程，而能繼續堅持下去，度過艱鉅的挑戰。

29 號閘門：深淵（坎卦）－毅力的閘門

堅持排除萬難，必然會得到應有的回報

中心：薦骨　　四等分：二元性　　主題：透過二元性，達成目的

右角度交叉之傳染－並列交叉之承諾－左角度交叉之勤奮

　　29 號閘門的潛能，是對生命持續抱持著肯定的態度。一旦答應了，就將自身的能量承諾於某件事，或某個新的對象上，他們很有毅力，不管這一次探索的過程，最後會帶來些什麼。然而毅力有其周期，你今天所承諾的，可能隔天就不再有興趣。你所做的每一個正確的承諾，都將協助你更成熟地，面對自己所有的潛能，同時也讓你能探索自己與其他人，以及與這世界的關係之中，是一個什麼樣的人。你總是急著想答應，隨時準備好要投注自己的精力，而你薦骨的回應是既定的機制，你無法知道這趟冒險的旅程，將帶領你前往何處，或你將遇見什麼樣的驚喜。29 號閘門擁有一股單一的能量，這樣的設計就是，即使在最困難，充滿挑戰的狀況下，還是能驅動你前進，前提是你要做出對自己而言正確的決定。而真正保險的做法是，放下期待，依循你的策略與權威來引導你步向正確的體驗。若沒有 46 號閘門，你會準備好要開工，卻不知道到底要做些什麼。

第 6 爻－困惑	第 4 爻－直接	第 2 爻－評定
第 5 爻－過度擴張	第 3 爻－評估	第 1 爻－徵召

---

46 號閘門：推進（升卦）－自我決心的閘門

好運源於因緣俱足，一切來自於努力與奉獻

中心：G　　四等分：二元性　　主題：透過人際連結，達成目的

右角度交叉之愛之船－並列交叉之因緣俱足－左角度交叉之療癒

　　46 號閘門專注於身體之愛，從中體驗到生命的質地。它表達的是身體之愛，以感官來榮耀身體，宛如一座聖殿，在此我們總會在對的時間點，來到對的地方。你的存在就是個幸運兒，發現這一切因緣俱足。無論成敗，皆取決於你的高我的意志。這是一個抽象的過程，是關於投降於整體的循環，體驗其中的體驗，而這會激發你的潛能，也可能只是帶來混亂。你所學會的人生課題，以及與他人分享的智慧，皆源於你的決心、努力與全心投入於生活中的每一種體驗。以你的天性與他人互動，唯有當此階段圓滿完成時，才能真正有所評斷，明白這體驗本身就是一段深層靈性的歷程。生命本身由一連串循環所組成，如果你不願意對此投降並有所承諾，危機就會不斷發生而帶來壓力，導致你的身體開始崩壞。若沒有 29 號閘門，你會知道何時是對的時間點，卻沒有動能來開啟這過程，或者缺乏毅力來完成它。

第 6 爻－誠信	第 4 爻－影響	第 2 爻－自命不凡
第 5 爻－步調	第 3 爻－投射	第 1 爻－在發現的過程中

足智多謀的通道：13-33

見證者的設計

迴路：感知　　通道類型：投射

足智多謀的通道透過聆聽者的閘門（13）與隱私的閘門（33），連結 G 中心與喉嚨中心。這條通道是關於反省與記憶。13 號閘門透過聆聽，儲存資訊與祕密，從回憶中擷取可被學習的課題。33 號閘門需要隱居，好反思過往的經驗，耐心靜待隱藏於表面之下，屬於底層的真實，自行顯露出來。

背景：他們與眾不同的奇特之處，就是渴望去探索生命中的一切，渴望成為驅動力，讓他們想獲得第一手的體驗。13-33 通道將體驗性的週期帶到終點，完整了整體成熟的過程，並加上觀見與反思的能力，讓他們能於體驗之後，分享之前，對體驗本身的各個層面，都能有所學習。人類身為持續進化，對自我有所察覺的物種，這提供了不可思議的優勢。這就是回頭的浪子，見證者，諸多體驗過後，將回憶收集起來，轉化為個人傳記的體裁，或編撰成集體社會的歷史，所以我們得以以這些形式相互傳承，鑑往知來，代代相傳，讓文明進化的歷程，得以相互接軌，穩定延續。

個人：身為天生的聆聽者與記錄管理者，你收集人生故事、祕密以及值得記錄的事物。接著，你退居角落，思考並組織手邊收集到的資料，從資料中深思並爬梳其中的課題，然後再與眾人分享。你的挑戰是時間點。你不應在時機未成熟時，即刻揭露祕密，也不該過於隱密，導致到最後，無人有機會一窺究竟。為了選擇對你來說正確的體驗，從中學習，你會願意打破家庭與社會既定的藩籬，大部分的人開始任何體驗之前，都會抱持特定的期待，但是走到最後往往會發現，最終的結果與一開始的期待根本不相符。他們因而失去耐性，也錯過了完成本身所帶來的珍貴課題，忽略了這才是真正神奇所在：從體驗出發，與我們每一個人分享體驗的過程，真實見證一連串事件的發展與演變，遠比結果不如預期而深陷挫敗與失望，更有價值也帶來更大的滿足感。在整體歷史的軌跡中，透過長時間耐心反思的過程，而發現其中偉大的真理，從中汲取智慧。而這也是你所見證，與我們分享的諸多課題中，其中一樣最有價值的學習：意識到自己也只是個乘客，自在投降於我們各自體驗的過程。

人際：社會人的體驗層面說：「我記得我經歷過，或沒經歷過的事。」經歷一生，擁有足智多謀通道的人累積了智慧的寶藏，可被歸納成個人相關的課題，或集體人類的歷史，整理與歸納皆需要耐性，他們可能會喜歡以攝影、拼貼或傾聽的方式，重新收集各種人的人生故事。他們可能走政治這條路，或者成為喜劇演員，又或是成為我們身邊的密友。具有 13-33 通道的人專注於過往，並從中學習，好應付眼前的挑戰，他們並不擅長預測未來。然而，他們會是第一個告訴我們，人生走到終點還是有其道理。

13 號閘門：夥伴關係（同人掛）－聆聽者的閘門

在井然有序的架構下，有其普世的想法與價值，激發以人爲本的合作模式

中心：G　　四等分：初始　　主題：透過心智，達成目的

右角度交叉之人面獅身－並列交叉之傾聽－左角度交叉之面具

　　具備聆聽、觀察以及保守祕密的天賦，讓 13 號閘門以聆聽者的角色，延續了過去與未來。你常被當成知己，或是替人保守祕密的人，因爲你總是眞誠聆聽每個人的故事、豐功偉業以及挑戰，同時你也享受聆聽的過程，自然而然人們樂於與你分享，他們也能感受到你這個人，只是單純想聽他們分享，而不會輕易洩漏出去。13 號閘門並沒有來自喉嚨中心需要發言的壓力，所以才能分辨出何時爲對的時間點，自記憶庫中抽取出最有價值的資訊，與大家分享。分享的內容，取決於有能力做適當選取、反思與重整的人，他們明白如何傳播，如何與更廣大的社群互動，像是擁有 33 號閘門的人，就具備了這樣的能力。如此一來，你就能將透過經驗才能學會的重要課題，保存下來，好好珍藏，等待對的時間點傳遞出來，對人類自身的理解帶來貢獻。過往歷史的承續，在物種的層次，預知未來的進展。若沒有 33 號閘門，你的祕密可能永遠不會爲人所知。

第 6 爻－樂天派　　　第 4 爻－疲累　　　第 2 爻－偏執

第 5 爻－救世主　　　第 3 爻－悲觀主義　　第 1 爻－同理

---

33 號閘門：退隱（遯卦）－隱私的閘門

主動抽離，由弱轉強的蛻變過程

中心：喉嚨　　四等分：文明　　主題：透過形式，達成目的

右角度交叉之四方之路－並列交叉之隱私－左角度交叉之精緻

　　33 號閘門代表一個週期走至終點，而所有終點都會以靜默的片刻作爲結尾，讓人們能以各個層面來思考這一次特定的經驗。這也就是你爲何需要獨處的原因。在完成某個特定的體驗之後，與下一個新體驗開始之前，兩者接縫時所出現的不確定感，對你來說就是往後退一步的抽離時刻。這暫停的片刻能讓你恢復實力，同時得以反思接下來該如何往前。而那些往往儲藏於社會集體記憶的底層（13 號閘門），極具價值的學習，也會在這些安靜沉思的片刻裡，悄然浮現於表面。33 號閘門對隱私的需求，也加入了集體社會「我記得」的聲音，換句話說，分享經驗中所獲得的學習，揭露出其中的眞實，也是你天性中的一部分。而這經驗可能來自你個人，或來自他人，甚至是一群人同樣的過程。當時機成熟，邀請會來到你面前，讓你得以分享自身的智慧，而你的分享將傳布至更廣大的社群，化爲人類進化意識的一部分。就像是在外遊歷過的浪子，隨著時間歷程而逐漸成熟，當你經歷了每次的經驗，完整了不同的循環，你的影響力也會向外擴展。若是缺少 13 號閘門，你可能無法明白，何時才是分享所學的正確時機。

第 6 爻－離異　　　第 4 爻－尊嚴　　　第 2 爻－臣服

第 5 爻－時機　　　第 3 爻－精神　　　第 1 爻－逃避

夢想家的通道：41-30

充滿能量（感覺）的設計

迴路：感知　通道類型：投射

夢想家通道透過收縮的閘門（41）及感覺的閘門（30），連結根部中心與情緒中心。位於根部中心的 41 號閘門蘊藏的壓力（燃料），開啟了躁動的感覺，激發想像力，幻想出無數「可能會發生」的情景。一旦連結了 30 號閘門，情緒中心的情感開始升溫，讓燃料燒得更炙烈，引導出強烈的渴望去追尋，或開始朝著全新體驗的方向，飛奔而去。

背景：從基因的層面來說，第 41 卦是 DNA 中的啟動密碼。當太陽在每年一月份移至 41 號閘門的那一刻，我們就開始了一個全新的太陽週期（全新的一年），同時啟動人類生理機轉，引動我們一起進化。所有人類體驗的可能性，都儲藏於此閘門，而體驗的整體過程，則是由根部中心炙熱燃燒的渴望所驅動，我們渴望擁有新的體驗，並期待在最後能獲得滿足，如此飢渴的渴望只能暫時獲得滿足。抽象（感知）過程將焦點放在成就，放在完成循環的週期，驅動力來自渴望或期待「做」些什麼，才不會無聊，而這也成為人類體驗歷程的啟始點。我們在文化上的演進，從無知以及無經驗的天真，一直到從經驗中學習，累積智慧，並且在 36-35 通道將到達巔峰。

個人：你是個有著豐富想像力的人，為人生帶入無盡的想望，有強烈的感受力。你的夢想、幻想或希望，有時候伴隨著性的色彩，創造出期待，只是當命運（30 號閘門）介入，是不是能符合既定的期待，尚未可知。隨著時間過去，你會明白渴望可能帶來熱烈的喜悅或興奮感，也可能帶來痛苦。不管滿足了任何渴望，之後的滿足感無法持久。不斷回到你的情緒內在權威，給自己足夠的時間，好好經歷完情緒的週期起伏，再清楚做出決定，這需要培養耐性與自律，也唯有如此，才能平衡你渴求各種新鮮體驗的躁動。對你而言，其祕訣就是單純享受你的夢想，享受每個體驗的過程，無須施加壓力，也不要懷抱期待。如此一來，每個體驗都會讓你更加心滿意足，你從中獲得的反思將更發人深省，而你的分享，也會更容易讓眾人情感沸騰。

人際：夢想家的通道本身會湧現壓力，連結強烈的感受或情緒之後，就成為往前的驅動力，充滿氣勢，想在最短的時間內縱身一躍，從無經驗立即變身為有經驗的狀態。等待情緒週期的過程，讓這條通道的人能有充足的時間，在決定跳入之前，分辨何者才是自己正確的渴望，靜待內在的清明。這股張力可能會引發相當瘋狂的旅程，也通常會引發許多人投入其中，但同時，在完成這段冒險之後，也會引發所有參與者深入省思。每一次新的體驗，都讓他們可以接收或連結極為細膩的情感，而他們也能將之描述出來。

41 號閘門：減少（損卦）－收縮的閘門

因資源有限，而使潛能的發揮得以極大化

中心：根部　　四等分：突變　　主題：透過蛻變，達成目的

右角度交叉之不預期－並列交叉之幻想－左角度交叉之創始者

41 號閘門渴望體驗情感，因而開啓了人類獨特的體驗之旅。起始點源於渴望，渴望透過感受與人互動。當渴望被引動了，而這源於根部中心的內建壓力，可能會展現出模糊的期待，可能是與性有關的幻想，或者焦躁感，覺得自己需要與某人共同體驗某些新鮮的事物。你並不確定這所謂新的體驗是什麼，何時會發生，對方會是誰。41 號閘門驅動你逐步滿足自己的渴望，同時實踐你的天命，而兩者最後會如何，則取決於命運之神的安排（30 號閘門）。面對無法聚焦，並且會時常感到困惑的焦躁，你得到平衡的方法是透過寫作或做白日夢，幻想接下來可能會如何發展，來完成你最狂野的渴望，或以文學與電影作為替代的方式，從中體驗這一切。41 號閘門握有所有人類體驗的潛能，但是一次只能釋放或追尋一個夢想，這就是限制，也是你的限制。若一開始是透過你的策略與權威所作的決定，那麼這段探索的過程中，必定有新的感覺等待著你去體驗。當你能做到放下期待，便能在每段際遇中自由來去，不會對未來感到悲觀。若缺少了 30 號閘門，會感覺自己似乎想要擁有某些東西，卻不知道你真正想要的究竟是什麼。

第 6 爻－感染　　第 4 爻－修正　　第 2 爻－謹慎

第 5 爻－授權　　第 3 爻－效率　　第 1 爻－合理

---

30 號閘門：燃燒的火焰（離卦）－感覺的閘門

認知到自由是幻覺，接受限制是命運

中心：情緒　　四等分：初始　　主題：透過心智，達成目的

右角度交叉之感染－並列交叉之命運－左角度交叉之勤奮

命運的閘門教導我們，人生並無法預期，而是我們得允許它如實展開。你的渴望孕育出體驗，伴隨情緒週期的高低與起落，在人生中交會出各式各樣的體驗。對感受的渴望，宛如強迫症般飢渴，渴望將人生所懷抱的憧憬都編織起來，影響你與外界的所有互動模式，直到渴望獲得滿足或完成為止。你唯一能掌控的，是確保每一次體驗開始時，自己處於清明的狀態，而非掌控結果。因為渴望只能暫時被紓解，人生若不帶清明，就會變成一趟狂野又情緒化的旅程。隨著時間過去，你會看見原本以為的自由，在滿足狂野的夢之後，近乎幻覺，而這些無法得到回應的渴求，並非是你個人層面的問題。唯有投降，接受如是，才能讓你的人生得以平衡。若能如此，面對命運，你就不必心懷恐懼或感覺壓力，或被 41 號閘門的幻想追著跑。接受限制，以更廣大的人生格局來看自己，你在感受層面的省思，想更深刻體驗人性的渴望，就會成為你的天賦，得以與眾人分享。

第 6 爻－強制　　第 4 爻－精疲力竭　　第 2 爻－實用主義

第 5 爻－諷刺　　第 3 爻－順從　　第 1 爻－沉著

無常的通道：36-35

雜而不精的設計

迴路：感知（創造力的通道）　通道類型：顯示

無常的通道透過危機的閘門（36）及改變的閘門（35），連接情緒中心與喉嚨中心。這是一條以情緒來引發的通道，違逆邏輯謹慎的本質，抗拒模式的框架，想嘗試各式各樣的事情，不管是否具有實質上的價值，都要讓事物的進展朝全新體驗的方向，直線前進。

背景：身為感知迴路中的創意通道，36-35 通道具備冒險犯難的才華，並引發別人加入，與他們一起冒險。這條通道透過 35 號閘門表達改變的需求，因為「去過了，作過了，還有什麼新鮮的？」而這充滿激情的 36 號閘門，將缺乏經驗視為自身的能力不足，於是吸引來無常通道的人，共同去追尋更多體驗，有時引發出危機，是讓事情有所進展的方式。這股蠢蠢欲動的渴望，不斷探索我們感受（情緒）的能力，探索情緒的深度與其所帶來的結果，讓人類成熟進化，基因庫得以擴展，最終帶來社會整體進步，為了下一代而透過經驗來學習。

個人：追求嶄新的、讓人生變得更好的體驗，是你的驅動力。你的旅程充滿情感，而你從體驗中汲取智慧。你被無意識的情緒週期所推動，這也讓你的觀點不斷改變，若新的體驗不如原本所預期，你可能會變得喜怒無常或感到失望。祕訣在於，擁抱並接納情緒的擺盪不定，讓自己有充裕的時間，等待情緒轉為清明，再做決定，同時願意投降，為體驗而體驗，體驗每一個正確的體驗。隨著時間過去，愈發成熟，這些體驗會積累成情感層面的深度，歸為你內在的真實，而核心的關鍵點就是，接受生命如是。如果你發覺自己在投入冒險之際，感到緊張或不自在，好好利用自己的情緒週期，靜心等待。你在人生中最偉大的成就，來自你必須親身試驗、碰觸與感受這一切，從中收集珍貴的智慧，然後你能以提供建議的方式，將智慧傳遞給更多人。你的人生充滿豐功偉業，散發著盡情活出豐盛人生的滿足感，為眾人帶來啟發，躍躍欲試也想加入你的冒險旅程。因為你明白感覺為時短暫，來來去去，所以你給別人的建議會是：「把握此刻」，以正確的態度，投入每一次全新的體驗，而非平白虛度，感覺人生輕如鴻毛，毫無價值。

人際：對於擁有無常通道的人，互動代表著，與他人共同分享完整的體驗。他們需要新的體驗，內在總感到沒有什麼會天長地久，而這也讓他們很難維持親密的關係。身為他們的另一半，如果被這條通道拖入一場冒險之中，卻發現這對自己而言是個錯誤，就得付出代價。不管做什麼事情，第一次總是不容易，結果會如何難以預測，若以危機收場，絕大部分的人其實沒法處理。而深刻的情感體驗，通常涉及性的層面，但是在這裡的重點會放在體驗本身，重視的是體驗所引發出來的感受，而非另一個人身上，換言之，當一段體驗結束了，雙方所留下的感覺可能是失望。若兩個人的合圖，其火花是形成這條通道，一方有 35 號閘門，另一方有 36 號閘門，那麼這段關係是否穩定，如何平衡，將取決於情緒週期的高低起伏。

36 號閘門：幽暗之光（明夷卦）－危機的閘門

循環的定律是，衰退在所難免，但這時期不會持久
中心：情緒　　四等分：初始　　主題：透過心智，達成目的
右角度交叉之伊甸園－並列交叉之危機－左角度交叉之飛機

　　36 號閘門對脆弱與經驗不足（情緒與性的層面）備感恐懼，你將創造並面對各種挑戰，有所改變，自情緒的危機中成長，而原本的恐懼，將於體驗裡得到圓滿或蛻變。當你隨著時間過去，在情緒上得到清明，你將學會如何處理他人所引爆的危機，而你自己也會懂得如何減少危機。從希望到痛苦，36 號閘門壓抑住強烈的情緒波動，這情緒足以驅動人類的體驗朝改變邁進。這股能量直指喉嚨中心，代表著你已經準備好，要盡情展現出情緒本身，其完整的風貌與深度。這一切只需要有某人或某事來觸動，就能於瞬間釋放開來。若沒有 35 號閘門提供合適的出口，或指出這股能量可以匯集的方向，就只會被當成個人的危機而已。隨著時間過去，你會學習如何平穩而淡定，保有耐心，適應自己持續不斷改變的感覺。這些感覺可以帶來美好的刺激，讓你自然而然真情流露，也可能吞噬了你，讓周圍的人吃不消。不管如何，就讓這些感覺完整展露出來，唯有如此，你才能體會情緒層面的深度，通往屬於你的真實。若沒有 35 號閘門，會感到自己有所不足，擔心無法達成對自己的期待，因而感到緊張。

第 6 爻－正義　　　　　第 4 爻－間諜活動　　　第 2 爻－支持
第 5 爻－祕密的　　　　第 3 爻－過渡　　　　　第 1 爻－抗拒

---

35 號閘門：進展（晉卦）－改變的閘門

基於設計，真空的狀態不會有所進展，進展取決於互動的過程
中心：喉嚨　　四等分：文明　　主題：透過形式，達成目的
右角度交叉之意識－並列交叉之經驗－左角度交叉之分離

　　35 號閘門具備蠢蠢欲動的好奇心，懷抱高度期待，呼朋引伴探索全新的視野，為此感到不亦樂乎，而這也是他們的驅動力。35 號閘門說：「我覺得」，而他們總感覺到一股對改變的渴望，非關個人，而是與外界相關聯的體驗，推動你的動力並非來自察覺，而是源於渴望，渴望去體驗與情緒週期深刻相關的種種感受。就像飢餓，渴望與好奇都只能暫時滿足，你可以專注收集各式各樣的體驗，從中學習，而非不斷複製同樣的體驗。你的大師之路是展現智慧，以提供建議的方式來彰顯。相對於體驗本身，你的回憶帶來更大滿足感。你對新體驗的品味，渴望探索這一切的盡頭到底會是什麼，讓你保持健康與警覺。若能為體驗而體驗，正確開始一段體驗，以觀察者自居，保持客觀，那麼你清晰的分享會帶來許多可能，足以讓人性蛻變。對於追求體驗的人來說，很少會停下來，好好思考自己的行動所引發的迴響。若少了 36 號閘門，你很容易拚命去尋求情感上的衝擊，只為了逃開無聊的痛苦，卻苦於找不到任何新體驗，值得投入。

第 6 爻－矯正　　　　　第 4 爻－渴望　　　　　第 2 爻－創意空窗期
第 5 爻－利他主義　　　第 3 爻－合作　　　　　第 1 爻－謙遜

抽象的通道：64-47

腦中充滿著疑惑與解答的設計

迴路：感知　　通道類型：投射

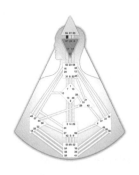

　　抽象的通道透過困惑的閘門（64）及了解的閘門（47），連結頭腦中心與邏輯中心。擁有 64-47 通道的人無形中有股壓力，推動腦中每次體驗甚至是夢境中的影響，皆以萬花筒的形式不斷翻動。他們試圖想搞懂過去所發生的一切，從中擷取觀點。他們能跨越世代，在自己或他人的生命之中，找尋故事，從故事中有所體悟，與大家分享。

　　背景：抽象的通道是一種體驗層面的心智力，涉及所有的可能性，無關規則，直到神祕的某事發生，讓一切合情合理。這樣的頭腦很忙碌，不斷設想各種只要活著就會產生的後果。概念化的過程，來自腦部皮層（邏輯中心）與大腦的深灰質層（頭腦中心）聯合運作，這賜予人類在意識層面，具備自我反省的潛能。然而有這條通道的人，若想與自己和平相處，要記得頭腦絕對不會是自己人生的內在權威，你的頭腦永遠無法百分之百確定。

　　個人：你的頭腦非常活躍並且經驗豐富，不斷放映各種可能性，從不停歇，你可能也曾自忖這頭腦，能不能停下來，不再忙碌不休。你可能體驗過類似精神錯亂的狀態，所有的影像就像漩渦，總是在腦中不停地攪動，有時混亂的程度就宛如醉猴被蠍子螫到。對你而言，這混亂也標示出，一段充滿啟發的嶄新之旅就此開展，若持續探索，就能理出頭緒。若你有耐心去經歷這段探索的過程，所有點與點之間的斷裂與空白，會在某個瞬間奇妙地相互串連，而其中的圖像會顯現，創造或揭露出全新又獨特的次序。因為有耐心所得到的好處是，靜待時間過去而愈發清晰，這過程就是一個深具啟發的故事，也是一個值得分享的全新觀點。然而，這條在腦袋被啟動的通道，面對你自身的問題，又或是如何搞懂你的人生，還是完全無能為力。

　　人際：為了釋放想搞懂人生所帶來的壓力，擁有這條抽象通道的人，必須找到適合的方法與外在世界分享他們腦中的想法。他們隨興說故事的頭腦，具備歷史學家的天賦，只是他們的詮釋並不等於事實。這是我們天才的頭腦為了打破經驗的運作方式，不管所得是啟發或是困惑，從所有可能的角度，反覆檢視事實，即使大部分的收穫不具任何價值。但是，無論當中有多少曲折，當這個活躍且富有經驗的頭腦，終於靈光乍現，出現心智澄明的片刻，而與社會人分享其答案時，將會是令人不可思議的驚喜。

64 號閘門：完成之前（未濟卦）－困惑的閘門

過渡，如同出生，需要決定性的力量才能通過

中心：頭腦　　四等分：二元性　　主題：透過人際連結，達成目的

右角度交叉之意識－並列交叉之困惑－左角度交叉之支配

　　大量資料在頭腦裡循環流動，64 號閘門試圖從中爬梳出意義，而在建立起秩序前，他們必須接受困惑是過程。64 號閘門是驅動資料流動的壓力，其設計並非來解決困惑。你的頭腦充斥著過去片斷的記憶與影像，需要過濾以及重組，直到你可以理解過去究竟發生了什麼事。將困惑的心智狀態當成一種享受，而不被淹沒，讓過去的經歷如電影，單純地在腦中播放，直到訊息浮現，益發清晰。此時，將這訊息與其它人分享。但如果你給自己壓力，想運用特殊的方法論來釐清腦中的資訊，反倒會加深頭腦的困惑與焦慮。這需要靠內在強大的力量，讓困惑的過程以其方式及時間，自行解決。如此一來，才能讓你心安。一旦清晰的答案出現，你可能會忍不住而貿然行動，但是這些靈光乍現，其出現的目的是分享，而非行動。另若缺少 47 號閘門，你可能會在狀況尚未成熟前，就試圖想解決頭腦的困惑。

第 6 爻－勝利　　　　第 4 爻－信念　　　　第 2 爻－素質

第 5 爻－承諾　　　　第 3 爻－過度擴張　　第 1 爻－制約

---

47 號閘門：壓抑（困卦）－了解的閘門

限制與逆境來自於內在的軟弱或外來力量，或來自兩者

中心：邏輯　　四等分：二元性　　主題：透過人際連結，達成目的

右角度交叉之統領－並列交叉之壓抑－左角度交叉之告知

　　如果說，64 號閘門記得一生中全部的影像與畫面，那麼 47 號閘門就是剪接師，剪輯並重組這些雜亂無章的畫面，使之成為有意義的人生畫面。當你開始整理這些影像時，不會馬上看到完整的畫面，一開始也不會知道是哪個片段，藏著讓你最後得以領悟的關鍵。當新的細節出現，你可能在不同的呈現及解釋中搖擺不定，因為新的認知與組合，將導向完全不同的詮釋。在你的腦中開始重組，想找出意義的次序時，你也可能會覺得過程並沒有變得容易，反而更加複雜。這時你若能退後一步，並且相信，最終你必能到達那個靈光乍現，恍然大悟的時刻。祕訣在於面對每個出現的結論，不必感到有壓力而有所行動，只須單純的，在你活躍的腦袋裡享受各種排列的可能，直到某個答案鮮明跳出來，這時若有人來問你，你才真正準備好了，可以與大家分享你的領悟。若沒有 64 號閘門，你可能會對自己施壓，而忘了靜心等待，那真正能讓頭腦暫時休兵的啟示降臨。

第 6 爻－徒勞無功　　第 4 爻－鎮壓　　　　第 2 爻－野心

第 5 爻－聖人　　　　第 3 爻－自我壓抑　　第 1 爻－盤點

好奇的通道：11-56

追尋者的設計
迴路：感知　通道類型：投射

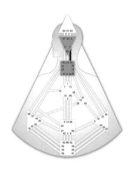

　　好奇的通道透過新想法的閘門（11）及刺激的閘門（56），連結邏輯中心與喉嚨中心。追尋者永不停止追尋，無論他們發現什麼或發現多少。好奇心迫使他們不斷追求刺激，探索新的想法以及看待事物的方式。這種好奇心並非爲了發現特定的事物，而是「你看看我發現了什麼，這正是我所相信的眞理。」

　　背景：社會人的社會責任是分享，好奇的通道爲我們帶來這些天賦異秉的人：說書人及野史學家。他們是眞相追尋者，他們把握機會來教育大眾。他們的故事給了我們評估的機會：我們想要的是新的點子？是傳遞信念？還是人生有所蛻變？或是以上皆非？不像邏輯性的聲音，總會聚焦於數字與事實之上，抽象性的聲音具備蛻變的潛力，收集所有片段的資訊，並塡滿其間的空缺，自行闡述。如此一來，資訊將轉化爲活生生的故事，得以刺激人們的想像力及情感，帶來強大的影響力。相對於在實質層面有所發現，56號閘門更著迷於形而上的追尋，爲了滿足自己，他們不斷迎向各種刺激與體驗，但若要他們自行創造體驗，則感到興趣缺缺。

　　個人：你對於人應當如何體驗人生，有自己獨到且充滿哲理的反思，由此信手拈來，交織成各式各樣的點子與故事，化爲你的創意與個人風格的展現，極具魅力。你擁有令人稱羨的天賦，能夠將一系列新穎的想法，重新形塑成故事的形式，寓教於樂，教化大眾。即使這些故事可能有誇大的成分，就像孩子童言童語說著學校裡發生的事，半眞半假，就算如此，你還是能吸引他人的注意力，爲眾人帶來啓發。你深信只要相信就會看得見，你對探究事實缺乏興趣，但對於如何闡述故事及其延伸出來的教育意涵，卻充滿熱情。你的故事充滿生活化的比喻，即使這來自你個人的體驗與發現，卻往往比較適用於他人，反倒無法用來引導自己。這些故事需要分享出來，也需要被收集與儲存，讓現在與未來的世代，得以從中反思及演譯。對於人類來說，這是一段獨特的進展歷程。

　　人際：我們早已不再仰賴吟唱詩人的歌謠，來了解世界上正在發生的事。然而，我們仍舊佩服那些說故事的人，擅長編出奇談軼事，進而衍生出發人深省的警世評語。觀眾是否可以感受到故事的魔力，取決於說故事的時間點是否恰當。若這群能言善道的說書人及老師們，都能夠遵循各自的人生策略與內在權威，他們就能夠有效地提供資訊，爲眾人帶來歡樂與啓發，並且樂在其中。

11 號閘門：和平（泰卦）－新想法的閘門

由於個人或社會處於和諧的狀態，在採取新的行動之前，先行衡量

中心：邏輯　　四等分：突變　　主題：透過蛻變，達成目的

右角度交叉之伊甸園－並列交叉之想法－左角度交叉之教育

　　點子是概念，而概念則是將感知表達出來。在 11 號閘門中，我們將各種可能性概念化，轉化爲各式各樣的點子，然而，點子來來去去，這些想法並不等於行動的處方箋。在這抽象的體驗過程中，你會擁有一段安靜的片刻，讓你靜下來好好評估，歸類出在這段上上下下，載沉載浮的體驗之中，最後留下來，被記住的會是什麼。你很容易只記住自己喜歡的事情，其餘的一切，則刪除在記憶之外，隨著時間過去，想法變得過度理想化，然後變成信念，最後化爲龐大的信仰體系。你在別人的點子裡頭找尋靈感，激發自己產生不同的想法，同時你也樂於丟出自己的點子，來啓發別人。這過程並非雜亂無章，想法來到喉嚨中心，透過言語來表達，僅供反思，而非以行動來顯現。若試圖以腦中冒出來的點子，來解決自己人生中的難題，最後只會感到挫敗，引發更大的危機與困惑。然而，你若只是單純讓自己回味過往，細數回憶中那些精彩的細節與片段，就能從中獲得許多樂趣。若缺少 56 號閘門，你會忍不住想說出自己的故事，過於衝動，而無法等待至適當的時機才說。

| 第 6 爻－適應力 | 第 4 爻－老師 | 第 2 爻－嚴格 |
| 第 5 爻－慈善家 | 第 3 爻－現實主義者 | 第 1 爻－和調 |

---

56 號閘門：尋道者（旅卦）－刺激的閘門

隨遇而安。串連短程的活動達成長久的延續

中心：喉嚨　　四等分：文明　　主題：透過形式，達成目的

右角度交叉之律法－並列交叉之刺激－左角度交叉之分心

　　56 號閘門是想法彙集地，視覺記憶在此重新整理，並透過口語傳述。這個閘門是業餘的歷史學家，這是說書人與哲學家的論調，他們說「我相信」，但是想法不見得是解決之道，也不是呼籲大家採取行動，而是一趟長時間的旅程，帶來啓發，形塑我們許多理想與信念，你的大腦將人類的體驗轉化成語言。想法一旦以口語表達出來，就完成了整個過程。關於你想探索的新想法，或者新體驗，都深受你個人的感覺所影響，而你的回憶或故事版本，極主觀且具選擇性。你教導我們關於人生這回事，將涵蓋部分的事實，而人生中獨特的課題，則來自於你對種種體驗如何詮釋，這其中也帶有豐富的感情。你的故事爲人類發展的過程，增添了豐富的色彩。若缺少了 11 號閘門，爲了講故事，你常常會需要尋求新的刺激與靈感。

| 第 6 爻－謹慎 | 第 4 爻－權宜 | 第 2 爻－連結 |
| 第 5 爻－吸引注意力 | 第 3 爻－疏離 | 第 1 爻－質量 |

家族迴路群

防護及意志力迴路
主軸關鍵字：支持

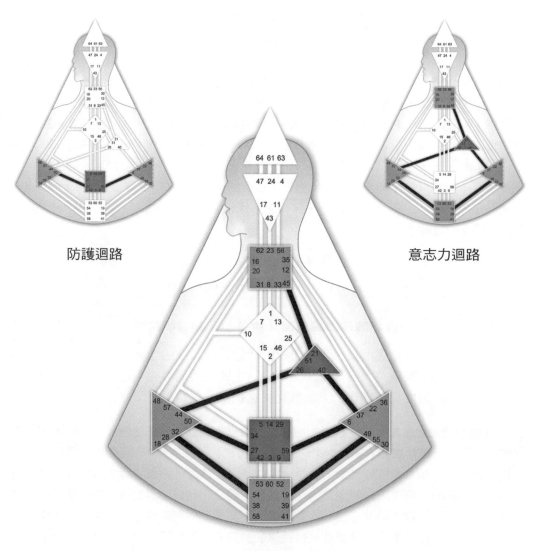

防護迴路

意志力迴路

家族迴路群

　　當我們進入家族人通道群的範疇，會看到支持以相互依存的方式呈現，而「非自己」則變成互相依賴。相互依存代表有來有往，彼此互惠，是早期社會建構與維持的模式。部落的功能是找出不同的解決方案，處理生活上所面臨的各種狀況，好讓人們得以

共同生活在一起，提供生產力，並且增強防禦力。透過共識、血緣關係（祖先）與歃血為盟的忠誠，部落讓我們在生活上與彼此有所連結，家族的核心價值在於共有，所有事情都由所有人承擔，每個人的事也都是其他人的事。這就是為何家族會被貼上「黏答答」及占有慾強標籤的原因。對家族而言，支持是關於擁有。家族對於人們的基本需求非常敏感，像是食物、居所、衣服以及凝聚一切的架構。當所需的物資供應充足，王國是和平的。而若有所匱乏，部落會準備好揭竿起義，好讓資源過剩與資源不足的各種族群之間，重新取得平衡。革命，就是族群公義的展現。

家族迴路群是由兩大迴路組成：主要是意志力迴路，次要則是防護迴路。意志力迴路具備雙重重點：一開始，聚焦在物質世界層面，像是家庭，或財務資源的創造與分配。接下來第二個焦點，則是讓人類在物質世界的需求，與底層對神（靈性）的渴望之間，取得平衡。意志力迴路創造了兩股持續支持的力量，凝聚家族。而防護迴路則是著重在製造、養育、滋養並且守護人們的生命（家族）以及奠定家族關係的法則與價值。

若我們將人體圖當作電路板深入探索，可以發現核心的整合型通道堅決獨立在一切之外，儼然成為自給自足的縮影。而個體人迴路群將人性中的獨特性激發出來，奠定了突變之路的基礎。社會人通道群則是堅定地以公共事務、社會互動以及相互尊重為依歸。部落強大的社群結構以忠誠為本，有其階級分明的指揮鏈。家族人迴路在周圍築上一道牆，想將其他迴路群標示為外人，而同時，防護迴路則善用其穿透力，與人親密，承諾給予滋養並提供資源，其威力甚至能將最有稜有角的外人，也一併拉入共同生活的模式中，相互連結。

直覺中心的本能求生意識，透過感官，尤其是嗅覺、觸覺和味覺來傳達訊息。關於家族顯著的個人忠誠度，及其在性層面的親密能力，為直覺意識大力推崇，並聚焦之所在。這也成為指標，標示出大眾的諸多期待，與支持應當以什麼樣的形式展現。舉例來說，世代相傳的著名祖傳食譜，傳承下來的是屬於家族的認同；一言九鼎，以握手或親吻就代表著成交；好友肝膽相照，以歃血為盟。

家族最顯著突出的特色，就是買賣議價，達成協議，換句話說，就是以協商來取得應允的支援。「如果你幫我抓背，我就幫你抓背。只要你外出工作賺錢養家，我就願意清理房子帶小孩。」買賣議價，討價還價貫穿整體家族迴路中的每一條通道，這賦予或預設了，效忠於更高的統治階級及其價值的必然性。「如果你願意獻上尊敬與稅金，我會保護你，讓你免於入侵者的危害。」部落中的協議確保種族得以存續。綜觀歷史，部落是基石，讓我們以家庭為單位，同時也以國家為形態而聚集。在此決定了我們如何撫育下一代、選擇職業、制定法律、維持治安以及祭祀神明。若沒有部落與家族，我們將無法在社會中好好照顧自己。家族讓我們每個人都有自己所屬的支持網絡，只要我們在自己的位置上盡其所能，有所貢獻，就能活得安全無虞。

防護迴路

關鍵字：支持

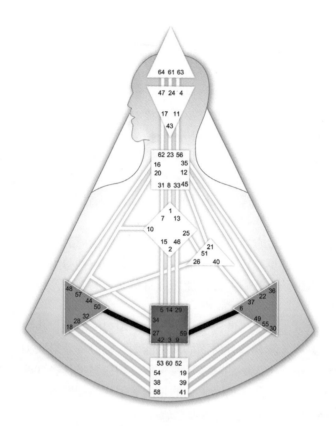

通道：

59-6　親密的通道
　　　專注於生產

27-50　保存的通道
　　　監護人

防護迴路是由親密（生產）的通道以及保存（照顧我們所產下的後代）的通道所組成。此迴路在人體圖上看起來呈現搖籃的形狀，正是確保人類未來得以在地球上存續（透過生育與照顧）最恰當的比擬。防護迴路的基因遺傳程序，正如自私基因論[註]的起源所述，促成人類種族的延續。它的確如此運作，而犧牲的就是我們個人的生活。沒什麼比得上親密的通道（59-6）在基因底層必然的設定，不斷驅動人類想製造更多。尤其是某部分的情緒波，更容易在不知不覺中，加強了這基因設定的必然性，如此盲目導致最後留下的，只是一團混亂的結局。

　　為了在地球上延續生命，不穩定的情緒機制所衍生的副產品之一，就是孩子。保存的通道（27-50）本著直覺中心的覺察力，發人深省提醒我們，面對情緒／體驗化的親密通道所創造或生產的一切，要負起滋養與保存的責任，如此一來，才能為家族打下生存的根基，確保後代子孫能順利長大成人，繁衍更多後代，維持基因庫運作順暢，讓我們的生物形式得以延續。而這也是家族主要的貢獻，讓意識層次得以不斷演進與發展，相對於其他迴路與迴路群，家族迴路是唯一的迴路，在底層具備基因的必然性，並且有能力撫育其所創造出來的一切。

　　接下來會詳述防護迴路的通道及閘門內容。

註：自私基因論：由李查 · 道金斯（Clinton Richard Dawkins）在其著作《自私的基因》（*The Selfish Gene*）提出。用來解釋生物體之間的各種利他行為，尤其是親屬之間的關係。兩個生物體在基因上的關係愈緊密，愈可能表現無私。

親密的通道：59-6

專注於生產的設計

迴路：防護（創造力的通道）　通道類型：生產

親密的通道透過性的閘門（59）和摩擦的閘門（6），連結薦骨中心和情緒中心。59-6 通道是人類本質中，關於創造力的核心，源自於薦骨中心強而有力的量子能量，與稱為「親密」的情緒能量。59 號閘門對性的欲望，加上 6 號閘門蘊含喜悅／痛苦的情緒波動，帶領人們進入了各種極度個人，具備強大穿透力，深具旺盛生產潛能的關係裡。

背景：若情緒中心被啟動了，這就是此人的權威，等待情緒波走過而重獲清明，需要時間。如果這條親密的通道被非自己所制約，變得隨興，又不理會自己薦骨的回應，將徒增困擾，陷入十分複雜的社交關係。這也可能會造成餘波盪漾的長程影響，像是不被期待的孩子，或是創業失敗的經歷。在這條家族通道之中，蘊藏著親密的潛能，需要長時間的耐心與培育。也因為如此，不管與工作夥伴或親密愛人，在與任何人建立親密關係之前，先好好經營彼此的友誼，才會是最適當的做法。

個人：你渴望融合，若能隨著時間，透過回應來引導，就能在許多層面，擁有健康並深深感到滿足。你本身俱足的親密能量，能讓你輕而易舉，快速穿透別人的能量場，引發舒適而溫暖的感受，孕育了任何形式的創意與努力，鋪排出一條可行的路。建立各種人際關係，這是你的天性，也是你真正的資產，雖然這與人親密的能力，也讓你容易被人誤解。你的無心，對方可能會認為你在打情罵俏，或是「對他有意思」。6 號閘門決定了情緒收放的時間點，決定了讓人靠近，或把人推開。靜候你的情緒週期，隨著時間過去，就能分辨或發現你們兩人之間，是否已經激盪出火花，若仍渾沌未明，當情緒波襲來，可能又會再一次將你們送作堆。

人際關係：儘管在本質上，就是會體驗強烈的情緒波動，但這些具備親密通道的人，情緒上卻可以表現得相當穩定。當另一個人接近或觸碰他們，其情緒波就能被引動，或到達足以回應的程度。當情緒週期走至對的點上，一個適時的擁抱或搭肩，能協助他們將那些無法說出口，壓抑已久的情緒都抒發出來。有一種親密的形式，能夠透過眼淚、透過感同身受的一聲嘆息、或是因為有人能懂得你，而全身都能深深放鬆開來。如此一來，就能在強烈情緒化的宣洩中，維持健康的平衡。若兩人各自具備通道兩端的其中一個閘門，連接形成火花，最能體驗到這條 59-6 通道的威力。

59 號閘門：分散（渙卦）—性的閘門

有能力打破藩籬，合而爲一

中心：薦骨　　四等分：二元性　　主題：透過人際連結，達成目的

右角度交叉之沉睡的鳳凰—並列交叉之策略—左角度交叉之靈魂

　　59 號閘門是關於性結合與創造新生命，運作我們在基因層面的策略。它以「能量場切入者」聞名，在此，我們穿透或打破藩籬，定義了如何與人親密，爲求繁衍後代，或與他人創業，發揮創造力。59 號閘門的六條爻（表列如下）敘述了六種與人連結的途徑。這些都是基因的策略，各種角色皆明顯將焦點放在，如何選出最棒的伴侶，好孕育出最有能力存活的下一代。舉例來說，第四條爻的你，需要先做朋友，那麼對第六條爻而言是正確的一夜情模式，就不會是你的選項。關於這件事情，你唯一眞正的選擇，必須透過你的權威，來決定自己如何開始每一段親密關係。家族式的親密很溫暖，情感豐富，這樣的親密無法言喻，透過碰觸、滋味與味道，讓你能更強烈地感受到彼此。若沒有回到你的權威，了解 59 號閘門關於基因的策略（角色），以及 6 號閘門的情緒波動，如何介入其中，所謂的親密所帶來的，只會是困惑與衝突，以及無生產力的諸多連結。你可能會發覺，自己自動會尋找有 6 號閘門的人，而他們則主導了與你互動的時機。

第 6 爻—一夜情	第 4 爻—手足情誼	第 2 爻—害羞
第 5 爻—蛇蠍美人或大眾情人	第 3 爻—開放	第 1 爻—先發制人

---

6 號閘門：衝突（訟卦）—摩擦的閘門

進步的基本構成元素；「沒有衝突就沒有成長」的定律

中心：情緒　　四等分：二元性　　主題：透過人際連結，達成目的

右角度交叉之伊甸園—並列交叉之衝突—左角度交叉之飛機

　　位於情緒中心的 6 號閘門，具有三種情緒意識模式：感覺、情緒和感官。這是強而有力、機動性、如同波浪起伏的組合，其設計是創造衝突。衝突產生熱力，而熱力帶來成長。59 號閘門的目標：生殖力之必需。當你進入另個人的能量場，引發衝突，這就是啟動機轉的運作方式。如果（或當）衝突化解了，或是達成和諧的共振，此時就有了新開始，親密得以達成。在這個開始發生之前，你必須等待，是否準備就緒，是否具備生產力，兩者皆受情緒波動所影響。6 號閘門宛如隔板，決定與人親密，或封閉。此閘門也與你的 pH 值有關，建立並維持了一道屏障，決定身體內與外的界限。也決定了誰得以與你親近，何時可以親密，而你會扮演什麼角色以對應連結。每一次，當你感覺到親密的吸引力，讓你的策略與權威成爲指引。情緒中心裡的每個閘門，各自與某種特定恐懼相關，而與 6 號閘門相關的恐懼，是恐懼親密，這也就是爲什麼，6 號閘門總會找尋59 號閘門，因爲 59 號閘門有能力打破藩籬，通往親密。

第 6 爻—調停者	第 4 爻—勝利	第 2 爻—游擊隊
第 5 爻—仲裁	第 3 爻—忠誠	第 1 爻—隱退

保存的通道：27-50

監護人的設計
迴路：防護　通道類型：生產

　　保存的通道透過照顧的閘門（27）以及價值的閘門（50），連結薦骨中心和直覺中心。27 號閘門帶著對他人無私的關懷，強化所有家族活動的本質與內容，使得一切皆以照顧和滋養相關。另外，為了維護秩序，及豐富、引導和捍衛生命，50 號閘門為部落制定了傳統價值與律法。27-50 通道設立了各個層面的監護體系，以關懷需要的，同時保護並保存部落，與其充滿創意的組織。

　　背景：59-6 通道來自薦骨的能量，被情緒波裡所蘊藏的溫暖，與在情感上的親密所影響，而聚焦在創造與生殖上。當孩子一出生，薦骨對其脆弱的狀態將立即有所回應，而引發直覺中心出現強烈，且自發性的求存本能，冷靜理解到我們必須照顧自己所生出來的後代。以這樣的方式，人體圖中那溫暖的，充滿體驗的那一端，才能與另一端取得平衡，而所謂的另一端，在此是關於生存意識、需要守護、或對那些無法照料自己的人，願意負起照顧的責任。在此層面所表現出來的支持，代表的是承受，對家族而言是絕對必要的。

　　個人：你的能量場自然而然，會引發旁人願意信任你，而人們也自然想從你身上獲得支持與滋養。這條通道的支持形式有許多種，從建立並守護這塊土地的價值與法律，代表家族部落裡的良知，到撫育幼者，照顧病弱及老者。你有能力擔當許多責任，也容易承擔過多。就算你是天生帶來滋養的人，但是唯有透過你的策略與權威，才能分辨你是否承擔了正確的責任。你的智慧根植於古老意識的層次，帶來利他與慈悲的教誨，你天生就明白滋養的開始，就是正確照顧好自己。只有強壯與健康的人，才能滋養並引導別人往求存之道邁進、變得更健康或更成功。這就是所謂的「已領悟的自私」，即使這常被視為另一種自我放縱，其實兩者大不相同。如果某人想得到你的關懷，他必須先開口，也唯有透過你真實的回應，才能分辨你有沒有能力付出，以及對你來說，這付出是否正確。

　　人際：27-50 通道有兩種很強的防護機制。擁有 50 號閘門的人本能地會非常關注家族的延續。其創造、防衛或挑戰治理公共關係所依循的基本價值與法律，負責保護，同時延續相互支持，層級分明的社群體系。透過 27 號閘門，我們的孩子得到滋養、教育、調理與療癒、學習群體相互支持的重要性，這讓他們存活無虞，才有餘裕得以繁衍與養育下一代。而所滋養也不僅限於幼者有所長，老者也要有所終，而老者的智慧才能流傳並被記載下來。世界上所有的一切都需要被滋養和照顧，這也包括公共基礎建設的維護。

27 號閘門：滋養（頤卦）－照顧的閘門

透過關懷，來提升所有活動的品質和內容

中心：薦骨　　　四等分：初始　　　主題：透過心智，達成目的

右角度交叉之不預期－並列交叉之照顧－左角度交叉之校準

透過照護弱者、病人和年幼者，27 號閘門的能量總是把焦點放在維持與提升生活品質。這個閘門具備強大利他主義的潛能，德蕾莎修女的一生就是一個例證。你的角色是透過慈悲的力量來滋養與培育，施予關懷。另一方面，你也需要先滋養與培育自己。你必須先照顧自己，如此一來才能俱足能量和資源，來照顧其他人，接下來，就是跟隨自己內在權威的引導，來決定將你的精力運用在何時與何地。無意識的滋養與培育，只是浪費珍貴資源的行為。這個閘門的每一條爻，各自代表著根據不同層面的需求，與家族連結並付出關懷的不同模式。若缺少 50 號閘門，你可能會因為缺乏直覺，也沒有既定價值可依循，而隨著本性中想照顧別人的衝動，無法定出健康的界限，導致犧牲了自己，或犧牲了屬於你的福祉與利益。

| 第 6 爻－謹慎 | 第 4 爻－慷慨 | 第 2 爻－自給自足 |
| 第 5 爻－執行者 | 第 3 爻－貪婪 | 第 1 爻－自私 |

---

50 號閘門：熔爐（鼎卦）－價值的閘門

傳統價值的存在豐富了現在與未來，這就是歷史延續的價值

中心：直覺　　　四等分：二元性　　　主題：透過人際連結，達成目的

右角度交叉之律法－並列交叉之價值－左角度交叉之希望

每一次親密的舉動所創造的新生命，這些經由結合而產生的後代，需要被滋養至成年。50 號閘門有「守護者」的神祕名稱。身為家族的法律制定者，他規定什麼是對什麼是錯，而這些規則就是孩子們道德制約的來源。家族的防護迴路其核心，存有源於直覺中心的求存恐懼，驅使大家以保護並引導年輕人的方式，來確保家族的生存與延續。你在這裡的角色是要守護家族的價值、家族律法的誠信，以及能夠維護群體福祉的架構。根據特定不同的爻（見下方），你的任務是要認清哪些價值、法律或規則，能保障部落所在意的安危。你源於本能的覺察力，能審視出敗壞與不公、不必要或利己，又或是需要被挑戰與改變的地方，而這就是你在家族中展現關懷，並滋養生命各種面向的方式。若沒有 27 號閘門，你可能會試圖去做些什麼，來照顧別人，而這並不是你該做的事，如此一來，你內心的恐懼，害怕承擔自己還無法處理的責任，又會如影隨形，再度現身。

| 第 6 爻－領導力 | 第 4 爻－腐敗 | 第 2 爻－決斷力 |
| 第 5 爻－一致性 | 第 3 爻－適應力 | 第 1 爻－移民 |

意志力迴路

關鍵字：支持

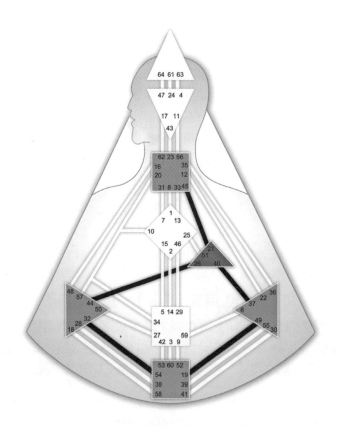

通道：

54-32　蛻變的通道
　　　　自我驅動

44-26　投降的通道
　　　　傳遞訊息

19-49　整合綜效的通道
　　　　敏感

37-40　經營社群的通道
　　　　凝聚與歸屬感

21-45　金錢線的通道
　　　　唯物主義者

在人類圖上，意志力迴路包圍了防護迴路。了解意志力迴路在物質以及社群上的支持力量，支撐著以生殖與滋養爲主的防護迴路。這讓我們更清楚家族的本質及其範疇，對人類進化所帶來的貢獻。

意志力迴路並未接通薦骨中心，不具繁衍生命的能力，也沒有與腦袋層面的察覺（邏輯中心）相連結。意志力迴路的樞紐站是心或意志力中心。這組迴路的五條通道皆匯集於自我的意志力（Ego's willpower），也就是說，意志力向外延伸至全世界，自給自足，同時也換來應得的休息。

藉由意志力迴路，我們可以發現有兩派分歧的哲學觀點，起始於根部中心，然後相會於家族之心（意志力中心），這兩種觀點定義了兩股支持家族的力量。我們從組成部落的核心單位，依循傳統以血緣爲主，形成長幼有序跨世代的家族關係，以及具有野心與物質主義而組成的企業之中，得以體驗社群生活中，歸屬於靈性的層次。在此迴路之中，神祕的奧祕伴隨著基本世俗與物質的發展，兩者齊頭並進。我們在意志力迴路之中，能同時找到資本主義的實用主義，以及社會主義和共產主義的理想。

當我們將這兩派的觀點放在一起，會發現在意志力迴路裡頭所隱藏的眞相是：靈性蘊藏於世俗裡。世俗生活裡的每一個當下，表裡一致，全然地活出自己，這將會是一段美麗的過程，寧靜揭露出我們自身與靈性的連結，萬物如實如是，合而爲一。

接下來將會詳述意志力迴路的通道及閘門。

蛻變的通道：54-32

自我驅動的設計

迴路：意志力　　通道類型：投射

蛻變的通道透過驅動的閘門（54）以及連續的閘門（32），連接根部中心及直覺中心。54-32 這條通道代表著有野心，同時也堅持不懈地努力著，其驅動力來自於渴望被認可，渴望在人生中得到更高的地位。對於蛻變的可行性與否，具備察覺的潛能，有時會因為對失敗的恐懼而扭曲，在社交互動的火花中得到驅動力，引發想往上爬的動力。

背景：蛻變通道的潛力充滿能量，他們能運用自身的才華與能力，白手起家，向上提升，翻轉原本一生下來即隸屬的社會階層。32 號閘門總是不斷尋找才能，其驅動力源於恐懼，恐懼自己的部落並非頂尖，或無法撐過下一波經濟衰退，無法延續。認知到家族本身的脆弱，擔憂是否得以存續，就此形塑了 54-32 這條通道的野心，轉化為不斷往上爬，不斷蛻變的渴望。這同時也隱藏了一條神祕線索，透過 54 號閘門第四條爻：啓蒙與無明，織就了靈性的線索，在最純粹的狀態下，點燃了蛻變的動力。

個人：根深蒂固要為家族熱忱服務與自我犧牲，在家族的範疇中，這條蛻變的通道是最佳的實例。當你開始顯露自己的才能，部落的支持就此開始，那些曾受你幫助的人，或者因為有你協助，而達成其雄心壯志或深受啓發的人，將回饋給你，而你的努力與用心，也會得到鼓勵。你對部落的忠誠與貢獻，將獲得一次次的升遷作為獎賞，你願意比任何人都更努力地工作著，甚至變身工作狂，以證明自身的價值與重要性。你真正的目標，是好好體驗內在這股想取得認同的動力，健康地與這股動力共存，同時互利共生。你的直覺敏銳，會帶領著你找到適合的職業，讓你得以發揮所長，善加利用自己的天賦來賺錢，如此一來，你也能善用自己獨特的能力，支持別人得以發揮其潛能。

人際：在物質世界中，啓動蛻變的野心由直覺意識所引導。也就是說，有這條通道的人憑藉其本能，就能察覺到是否需要，或是何時需要支援，以獲取更大的財富，或透過個人的進步，以確保成功。這股持續想賺取更多金錢的壓力，驅使全球經濟不斷蛻變，到最後，唯有通過時間考驗而留下的蛻變，才具存在的價值，而要創造延續性，則需要部落的支持。即使在今日全球化的社會，一個國家在財政上要實現其目標與展望，聯合相互支持的盟友，至關緊要，蛻變無法只靠一己之力獨立完成，能否力爭上游，也總是取決或倚賴來自上層的期望。當一個具有 54-32 通道的人被認可，並得到部落全力支持，那麼接下來，部落也會期待其付出，將以平等互惠的方式，回報以對等的報酬，而這也是部落系統延續的模式。

54 號閘門：少女出嫁（歸妹卦）－驅動的閘門

在世俗的社會範疇中交流，同時也在神祕的宇宙關係中互動
中心：根部　　四等分：突變　　主題：透過蛻變，達成目的
右角度交叉之滲透－並列交叉之抱負－左角度交叉之循環

54 號閘門為人類提供動力和野心，讓家族在物質層面有所蛻變，得以超越其他家族。不管是最入世的野心，或是隱藏於內，最出世的靈性志願，在此皆獲得實踐的能量。唯有當我們掌握了自身的本能，在這世俗的世界蓬勃發展，那麼靈性層面的蛻變，才有可能發生。透過物質世界，你得以活出精神層面最理想的狀態，抱負等同你個人潛能的實現。若有位居高位的人願意拔擢你，就是很好的機會，讓你能力爭上游，在人生中得到更好的位置。你內在渴望「向上提升」的衝勁，同時也為你周圍的人，帶來蛻變的動力，拓展出一片天，讓眾人能夠在平等的條件之下，大展身手。然而，你的動力需要方向，所以你很自然地會找尋具有 32 號閘門的人，協助你將自身的野心，導向有其價值，並且得以延續的事物上，若缺乏方向，你的動力只會是盲目的匹夫之勇而已。

第 6 爻－選擇性　　第 4 爻－啟蒙／無明　　第 2 爻－謹慎
第 5 爻－寬大　　　第 3 爻－動用關係　　　第 1 爻－影響

---

32 號閘門：持久（恆卦）－連續的閘門

唯一持續不變的就是改變
中心：直覺　　四等分：二元性　　主題：透過人際連結，達成目的
右角度交叉之馬雅－並列交叉之保存－左角度交叉之限制

32 號閘門的察覺力是基於本能，辨識出蛻變的可行性，由於底層隱藏著對失敗的恐懼，總是能替奔馳的野心踩煞車，32 號閘門有能力適應，卻同時能保有其本性，這是來自直覺中心的功勞，確保家族在物質層面用度無虞。這也是你的功勞，主要在於辨認出有價值的良才，然後留在家族之中培植成棟樑，你其中的一項天賦，就是能辨識出誰具備技巧，或者有足夠的資質學習，得以在外面的世界飛黃騰達，接著運用你的影響力，引領他們獲得權威人士的關注。這是一個長時間優柔寡斷的閘門，你很容易陷入苦思，不斷躊躇該如何取得平衡。游移在已經成功運作（保守主義）的這一端，與另一端的未知與冒險（恐懼失敗），開放個人或企業組織，迎向伴隨而來的改變與蛻變。然而，改變不可避免，這已然成為人生方程式的一部分，從中成長就是過程中最大的收穫。只要倚賴你的權威，就能找到對的時間點，時時與你自身的直覺本能相對應，你的智慧將與時俱進，以各種方式讓我們的社會免於重蹈覆轍，並且讓真正有價值的一切，得以長久延續。若少了 54 號閘門，32 號閘門會感覺缺乏持續的燃料或動力來源，或少了邁向成功的抱負與野心。

第 6 爻－安然以對　　第 4 爻－強權即公理　　第 2 爻－抑制
第 5 爻－彈性　　　　第 3 爻－缺乏連續性　　第 1 爻－保存

投降的通道：44-26

傳遞訊息的設計

迴路：意志力（創造力的通道）　通道類型：投射

　　投降的通道透過警覺的閘門（44）和利己主義者的閘門（26），連結直覺中心和意志力中心。這條通道根植於本能的察覺力／智慧，存有深刻的家族記憶，與意志力相連結。這樣的組合讓傳遞訊息的人，能夠有選擇性地利用過往的歷史，篩選出具說服力的觀點，以銷售給特定的族群，保證這將會讓一切變得更好。具有 44-26 這條通道的人是資本主義者，而企業則是他們另類的創作藝術。

　　背景：身為唯一一條連結意志力中心與直覺中心的通道，44-26 通道屬於全身主要的健康網絡之一，26 號閘門對應的是胸腺，而身體的免疫系統於產前在此形成，從實際層面來說，這條通道具有警覺的本能，就是會注意到哪裡有威脅，或者哪裡需要改進或更換，好讓部落運作順暢，長治久安。具有投降通道的人嗅覺靈敏，感官敏銳，總是能聞到人們隱藏的需求，為了讓家族獲益，即使在眾人意識到自己的需求之前，他們總能善用自身的意志，行操控之實。

　　個人：評估他人是你的本能，也是你與生俱來的天賦，為此你擅於為人配對，你可以為他們找到合適的商品、工作甚至是理念。為了得到你所提供的服務，對方需要以等值的報酬來交換，而這報酬的多寡，以你個人認為的公平為準則，這也必須考量到，在休息與工作間獲得健康的平衡。你並非待在辦公室裡，一天工作八小時的類型，你可以在一段壓縮的時間裡，快速完成並超越絕大多數人一整天的工作量。請信任自己的本能，讓它來引導你的人生，如果你發現某個人身上，或你正在處理的工作「聞」起來不太對勁，就別涉入其中。

　　位於意志力迴路左邊的交易型態，與右邊的模式不同。從「如果你為我做這個，我就會為你做那個」到「我正在賣這個很棒的小東西，如果你要，只要 12.95 元就好」。你是企業家，也是團隊中的一員，團隊中的每一個人都必須有酬勞，而你是最前線的推動者／推銷員，你把錢帶進來，再依序分配給生產團隊的每一個人。而團隊是否喜歡你（和你的策略），取決於你可以為他們創造多少資源。這條通道若要發揮得淋漓盡致，需要等待，等待市場準備好，等待家族認可你的才能，承諾支持你，並且請你代表他們來推銷你自己或是你的產品。透過這樣的認可，才能賦予你發聲的平台——尤其當你成為政治人物時，更是如此。

　　人際：傳訊者直覺敏捷，為了有效地傳遞訊息，他們會採取最理想的說服形式，同時，他們也能針對瞬息萬變的市場與狀況，自發性地調整廣告說辭，或推銷的切入點。這條通道具有創意的天賦，包括他們天生很懂得如何吸引大眾，以及如何操控或鼓動別人的自我，讓大眾進而產生渴望，想要購買他們所銷售的一切。這樣的天賦對電影製片、銷售員、平面設計、廣告執行、政治家與外交官來說，都是極具價值的資產。

44 號閘門：聚合（姤卦）－警覺的閘門

不帶有任何前提與條件，就是互動得以成功的基礎

中心：直覺　　四等分：二元性　　主題：透過人際連結，達成目的

右角度交叉之四方之路－並列交叉之警覺－左角度交叉之輪迴

　　44 號閘門是關於記憶，記住讓我們成功獲得物質所需的生活模式，這裡所說的記憶，屬於人類物種整體的求存智慧，值得信賴並有其一貫性。你在每個當下皆能保持警覺，自發性地尋求正確的關係或互動，推動既有的潛能，將之轉化為可能。你所記住或傳達的一切，形塑家族於物質層面的方向，最終強化自我存在感及力量。你控制了 26 號閘門的運作模式，不管是銷售、保衛或為家族而奮戰，我們在此鼓吹並宣揚家族價值，藉由回溯過往記憶，我們明白飢餓的孩子並不健康，而物質層面的不虞匱乏與獲得健康的身體，兩者必須攜手並進，你將協助家族消除源自過往的恐懼。當你分享自己的覺察，同時也得到家族認可，位於意志力中心的 26 號閘門將根據直覺性的記憶，挑出未來的可能性，為了家族而運用意志力將之成真。直覺中心並非動力中心，你必須得到來自意志力中心的動力，才能將你的直覺，為確保家族延續而必須完成的蛻變，執行到底。若沒有 26 號閘門，你可能會過度膨脹進而過度承諾，或做出你根本無法完成的承諾。而你最恐懼的，來自過往的包袱，可能會再次重現。

第 6 爻－超然　　　第 4 爻－誠實　　　第 2 爻－管理
第 5 爻－操作　　　第 3 爻－干預　　　第 1 爻－制約

---

26 號閘門：偉大的馴服力（大畜卦）－利己主義者的閘門

讓記憶發揮最大的力量，運用於長程持續的培育

中心：意志力　　四等分：突變　　主題：透過蛻變，達成目的

右角度交叉之統領－並列交叉之魔術師－左角度交叉之衝突

　　26 號閘門會操縱記憶，或是說對過往選擇性記憶，其目的是要說服我們遠離恐懼或轉移我們的恐懼。真實與謊言之間的界線模糊不清，而將潛能和可能性轉化成事實，並「賣」給大眾——有其代價。你是一個天生的推銷員，事實上人們期待你誇大，你與生俱來具備操控記憶的能力，加上意志力充滿能量，你原本的設計就是能承受拒絕。如果有人能賞識你，看見你的這些技能，給你一份工作讓你能自訂行程，在物質層面獲得豐盛的報酬，同時在工作與休息之間達成健康的平衡，你就能充滿衝勁為家族站上前線，展現旺盛的意志力，全力以赴。等待伯樂看見你，只承諾你做得到的事，才能讓你保有對他人的影響力。依循你的策略與權威，在部落裡做買賣要有誠信，這能強化你的自我意志，也能在生理上，讓你的心臟保持健康。若缺乏 44 號閘門源於本能的察覺力，那麼將很難分辨該如何、在何時，或以什麼樣的方式，才能有效地傳遞訊息。

第 6 爻－權威　　　第 4 爻－審查　　　第 2 爻－歷史的教訓
第 5 爻－適應力　　　第 3 爻－影響力　　　第 1 爻－一鳥在手

整合綜效的通道：19-49

敏感的設計

迴路：意志力　　通道類型：投射

 　　整合綜效的通道透過想要的閘門（19）和原則的閘門（49），連接根部中心及情緒中心。透過人類對食物、遮蔽場所、保護、疆界、渴望相信、渴望將一切凝聚起來……種種需求所帶來的壓力，使部落的型態逐步演化，讓我們能以各種奧祕的形式，與神明或某種超自然力量結合為一。19 號閘門促使我們接近彼此，衍生相互關聯的家族關係。同時，49 號閘門鞭策著我們，拒絕不符合最高理想的一切，透過彼此以及在靈性層面的連結，相互支持。

背景：需求的敏感度與碰觸緊密相關，像是達成協議時，我們握手。這在意志力迴路情緒的那一端，也經常可見。感性是家族的根基，奠定了結婚與連結，以及離婚的基礎。19-49 通道在情感層面散發接納或拒絕的頻率，這是家族的黏著劑，決定誰才是一家人，並且能夠取得家族的支持，誰才是真正家族的成員，誰又不是。此頻率絲毫不邏輯（民主）也不抽象（體驗），更不能強加於家族，就算勉強也行不通。家族的規範，傳達的是「愛、榮譽與服從」，而這也讓家族緊密連結著，家族裡每一位成員，其生命本身即受惠於家族其他成員，為報答養育之恩，須供給每位成員其基本所需，為家族效忠是確保家族得以延續的關鍵，但忠誠與否則由情緒周期所支配。

個人：你對自己在局勢中的位置，極為敏感。想被需要，好給予別人支持，以及／或需要被想要，以獲得別人的支持，而這也決定了你對幸福的定義。家庭（無論你如何定義它）是你的企業，而你也願意在內心下必要的功夫，使之成功。舉例，在承諾於一段親密關係之前，像是同居、婚姻或共組家庭，在決定承擔其責任義務之前，你會透過長時間相處，花時間去發掘自身情緒的深度，以及你的情緒將如何對未來可能會成為伴侶的另一半，帶來影響。在家族中，對你而言最重要的三大需求是：保護資源、你神聖不可侵犯之領域，以及清楚了解你的家族信念體系。顯而易見，在實際狀況與公平之間，總能取得平衡，就是你潛在的天賦。

人際關係：19-49 通道透過建立婚姻關係的原則（稍後會由通道 37-40，經營社群的通道，來鞏固這個關係），啟動社會共融的演變。這條通道是新娘和新郎的原型，帶有維繫家族的頻率；這是家族延續一貫的傳統、儀式和慶典的起源。舉例來說，嫁妝的傳統，為兩人結合提供物質層面的基礎，讓這對新人能心無旁騖，安心生養下一代。根部中心對 19 號閘門施壓，渴望透過各種對外連結的方式，獲得喜悅與幸福，但是若被非自己所主導，這條通道的特性則會轉成排斥，持續且不合時宜地排斥自己也排斥別人。19-49 這條通道也在哺乳類動物和人類之間，形成跨物種的連結，讓我們能馴養並訓練牠們耕作土地，與人類為伴，並且成為食物供給的來源，既是我們的同伴，也提供我們糧食。同時，這樣的連結也出現在祭祀神佛的祭典上，我們犧牲動物的儀式來祈福，以求得庇護。

19 號閘門：靠攏（臨卦）－想要的閘門

顯而易見，所有的一切皆相互關聯，透過接觸的行動來實現
中心：根部　　四等分：突變　　主題：透過蛻變，達成目的
右角度交叉之四方之路－並列交叉之需要－左角度交叉之精緻

19 號閘門推動人類兩大重要任務：一是基本資源，如食物與庇護所的需求，二是對靈性的需求。這些任務使我們以特定的方式和人互動連結。當人人豐衣足食、安居樂業，並有其信仰，我們將體驗到人生與群體融合，健全運轉，相互支持的同時，每個人也各有所長，以自己獨特的方式貢獻於整體。反之，若在部落中出現匱乏或巨大失衡，共有的支持體系崩毀，而一切將無法運作下去。所以你所扮演的角色，就是敏銳察覺家族、社群，以及最終擴展至全球的角度，查看資源是否被藏匿？有沒有充分利用？你讓大家意識到，我們需要各種資源才能夠生存，也才能發揮個人或群體的潛能。而你實行的方式，取決於被啓動的爻。這過程往往涉及利益分配與協商，而協商的對象，通常會是與你抱有同樣原則的人或組織，他們持有或控制資源。你知道需求是什麼，而你會找尋 49 號閘門來滿足這些需求。若將壓力轉向內化，將導致過度敏感，需要被需要並對此成癮，或只關注自身的索求，而不斷陷入「到底有沒有人關心我？何時才能滿足我的需求？」之類的自我對話中。

| 第 6 爻－遁世者 | 第 4 爻－團隊合作 | 第 2 爻－服務 |
| 第 5 爻－犧牲 | 第 3 爻－奉獻 | 第 1 爻－相互依存 |

49 號閘門：革命（革卦）－原則的閘門

最理想的蛻變形式，是基於更高的原則，而非爭權
中心：情緒　　四等分：初始　　主題：透過心智，達成目的
右角度交叉之解釋－並列交叉之原則－左角度交叉之革命

接受與拒絕，結婚與離婚，以及最終革命所依循的諸多原則，是在階級分明的部落形態下，受情緒周期影響所產生的結果。由於 49 號閘門使你置身階級的頂端，你需要別人服從你，而這需求則轉化爲各種模式，包括你如何使用權力，來決定接受或拒絕某人，或對方能否取用你的資源，還是他們得爲自己或以別人之名，揭竿而起以推動改革。面對人（或動物）與其特定的需求，你是敏感還是遲鈍，取決於他們是否遵從你所制定的原則。換句話說，那些得到你的允許，可以進入圈子裡的人，必須願意支持你與你所設定的原則，其餘的人則被排除在外。你的理念是要改變並改造整體社會，尤其著重於食物及食物分配之相關議題。當人們吃飽了，就不需要掀起戰爭。若需求被滿足了，革命就沒有存在的必要性，否則革命就成爲必要之惡，雖不得已但還是得爲之。而你就是做決定的人，你來決定要接受或拒絕，你來決定我們要走上一條什麼樣的路，才能滿足需索的另一端。你害怕被拒絕，也擔憂出乎意料的後果，這讓你緊張不已。

| 第 6 爻－吸引力 | 第 4 爻－平台 | 第 2 爻－最終手段 |
| 第 5 爻－組織 | 第 3 爻－民怨 | 第 1 爻－必要性法則 |

經營社群的通道：37-40

凝聚與歸屬感的設計

迴路：意志力　通道類型：投射

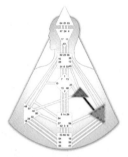

　　經營社群的通道透過友誼的閘門（37）和單獨的閘門（40），連接情緒中心和意志力中心。社群是人類成功進化的核心。社群有其自然的生命力，在掙扎求存，以及自掙扎中解放，兩者之間提供了一個轉換點，而這也受制於情緒波的牽扯。40 號閘門願意工作來供養自己所愛的人，但是他們要得到應得的報酬與休息。37 號閘門天生讓人喜愛，他們總是不斷尋求認同，想找到自己在群體中的歸屬。

　　背景：在社群的通道中，家族的交易以兩股強而有力的動力為後盾，隨著時間而清明，而有其深度，同時也加入了意志力，以獲得成功。在社群中，交易必須正確進行，社群或家族的關係的連結，及其未來的走向，其交易本身必須由意志力來背書。聯合意志力與情緒中心，意味著好交易不會隨機發生，必須審慎思量，花時間找出運行模式，以獲益雙方達成共贏。37-40 這條通道的兩個閘門，坐落於人類圖曼陀羅的相對端點，所以這條通道相當普遍，對全球進化帶來巨大影響。而現今地球週期（一六一〇－二〇二七）正走至右角度交叉之計畫（Right Angle Cross of Planning），讓我們充分感受到這條通道所帶來的影響。

　　個人：如果 37-40 這條通道被啟動了，經由等待你才知道誰會邀請你，加入他們的組織或社群。你也會試著去探究自己的歸屬，或是如何在靈性的層次，融入更大的遠景之中。正確的邀請必定會來自親身接觸，不只是講電話，而是必須經由某種程度的「碰觸」，或是人與人經過一段時間的互動而發生。從最基本的意義上來說，每個人皆孤獨存在著，然而，你的存在具有實際的目的，你為每個人搭起了橋樑，從此連結了每個獨立的個體，而形成社群，在此每個人自豪地各司其職，各有貢獻並得到尊重。你明白正當交易的重要性，也知道如何達成協議。「如果你替我做完這件事，我也會為你完成那件事情。我們一言為定，握手或簽字為憑。」

　　人際：社群的通道，又稱為姻親的通道，為了連結供給者與分配者，形成和諧共存的關係，必須設定一個強而有力，具適應性，並且清楚明確的協議。在意志力迴路這半邊，抓住一個男人的心，要先抓住的是他的胃，而不是皮夾。在人體圖中，情感／社會化的這半邊，表達支持的方式，並非金錢可以買得到的東西，而是不論如何都要並肩作戰，一起往前，共同去經歷，在此所謂的投資，並非投注於實質的股票與債券，而是彼此的情誼與團隊的需求。這就是社群最高的理念，階級的成分微乎其微，沒有人會感覺自己較為優越或低下，每個人都有歸屬感，而盡其所能作出貢獻，團結力量大，因而相互支持，對團隊效忠。

37 號閘門：家庭（家人卦）－友誼的閘門

社群其有機的本質，具體實現了宏觀與微觀的宇宙觀

中心：情緒　　　四等分：初始　　　主題：透過心智，達成目的

右角度交叉之計畫－並列交叉之交易－左角度交叉之遷移

　　37 號閘門是人體圖上最具社群特性的閘門。當你的力量被其他人認可時，就能夠發揮你溫暖、友善和滋養的天性，將家庭和社群緊緊維繫在一起。經由碰觸，就能與人建立情感上的連結，這是你與生俱來的能力，同時你的敏銳度非比尋常，可以感受到別人是否開放，能否靠近。人們想讓你成為他們企業的代言人，接待新進人員或陌生人，你可能會欣然接受這項提議，前提是這交易本身能為你帶來足夠的獲利，並且條件明確，雙方皆大歡喜。37 號閘門代表的是嘴巴，所以關於計畫、聚會與準備食物，在你的家族與社群的聚會中，總會成為重要的環節。在 37 號閘門與 40 號閘門的這場交易中，40 號閘門是有意願的供給者，而你則是其財產與技能層面的分配者。若缺少了 40 號閘門，你將到處尋求，足以提供社群所需資源的對象，與之交易，才有資源可以分配。而你最大的恐懼，就是深陷，或必須成為傳統部落中所期待的角色。

第 6 爻－目的	第 4 爻－以身作則	第 2 爻－負責任
第 5 爻－愛	第 3 爻－平等對待	第 1 爻－母親／父親

40 號閘門：遞送（解卦）－單獨的閘門

掙扎與解放之間的過渡點

中心：意志力　　　四等分：二元性　　　主題：透過人際連結，達成目的

右角度交叉之計畫－並列交叉之拒絕－左角度交叉之遷移

　　40 號閘門是三個單獨的閘門（另外兩個是 12 號和 33 號閘門）其中之一，就算身處人群之中，也會帶有想獨處的感覺。單獨感是個體化過程的開端；你必須把自己跟家族分開來。本質上，你內在渴求完整，但是別人接收和體驗到的你，卻是堅強又獨立的那一面，或者遠離別人的依賴。這裡所表現出來的自我意志力，正是社群求存所不可或缺之要件。40 號閘門是對工作的愛，當你投入於正確的工作之中，實現你的承諾，為最珍愛的家族貢獻與付出，就會獲得極大的滿足。然而關係有來有往，常常需要重新協商，讓彼此都很清楚，是的，你願意工作，你會運作自己的意志力，以供起家族或社群所需，但是他們也必須善盡其義務，才能獲取你所賺得的資源。他們必須感激你的努力，報以忠誠，在情感上支持你，餵飽你，讓你有時間休息獨處，善用你所提供的資源，好好照顧你。若缺少 37 號閘門，你可能會開始尋找友誼，你想找尋一個社群，讓自己的意志力能得其所用，供給他們食物，滿足其需求。

第 6 爻－撤職	第 4 爻－組織	第 2 爻－堅定
第 5 爻－剛硬	第 3 爻－謙遜	第 1 爻－休養

金錢線的通道：21-45

唯物主義者的設計

迴路：意志力　通道類型：顯示

金錢線的通道透過獵人／女獵人的閘門（21）和收集者的閘門（45）連結意志力中心和喉嚨中心。意志力中心對應心肌的位置，等同於部落的心臟，將我們的人生在這世界上集結在一起。這是部落裡孤獨的聲音，所表達的是權威，以及在物質世界的階級體系裡，存活的意志。

背景：21-45 這條通道在所有顯示者通道裡，是最勇往直前的一條，他們說：「我來決定要不要負責，我來決定一切是否在我掌控之中。」領導家族最仁慈的表達方式，是集結、保護並教育部落，使部落得以延續。當每一個人都獲得充分的支持，人人安居樂業，國土便有和平。45 號閘門是部落唯一的聲音，這是權威的聲音，這是最後裁定什麼能實現，或不能實現的聲音，而其關鍵字說得好，「我擁有，或我沒有擁有。」部落總覬覦獲取更多資源（金錢）與可倚賴的承諾（忠誠），為了實現對欲望的追求，以交易為媒介，部落就此主導了人類歷史的軸線。而組成這條 21-45 通道的兩個閘門，要相互調和並不容易。45 號閘門是關於保護，但是到最後也自有其定奪，21 號閘門服務付出，但是一切都必須在他們掌控之中，如此一來，才能確保他們的心能休息，或保證其他人也都能休息。從歷史的層面來說，在工作與休息間取得平衡的需求，正是工會背後的驅動力，確保工人享有其權利。

個人：擁有這個通道的你就是要擁抱和主宰物質層面，並透過意志的力量賺很多錢。你的挑戰在於必須運用意志保護自己的利益，同時為別人服務。有控制權以及不被控制，這兩者都是你的課題，而對你來說，成功的祕密在於達到一定程度的獨立。你願意努力工作，但做得好的前提是必須做自己的老闆，而且按照自己的節奏進行，自己決定做什麼、什麼時候做。即使當你周遭的一切都無法控制，你還是需要讓自己感覺如此，彷彿你就是這家公司的總裁或董事長。對你而言，依賴別人或將責任委託他人很困難，這只會讓你的工作份量增加，並帶給你內心更多壓力。

人際：唯物主義者喜歡以錢滾利，若要成為物質層面的大師，讓家族過得豐衣足食，他們需要家族全力支持，並且團結合作。回顧人類經濟結構的演化史，從村莊間簡單的交易方式，到今日複雜的企業商業模式以及股票市場，我們可以清楚看見，這一切如何運作。金錢通道若是由兩個人產生火花因而接通，事實上會更容易成功。45 號閘門擁有工廠，但是並不會在工廠裡工作，21 號閘門則坐在總裁的位置上，志得意滿，意志高昂，他會說：「我自己要獲利，但同時，我也要讓老闆與員工都獲利。」集結兩者，就能控制或管理組織，讓每個人於財務上，獲得實質的成功。另一個例子，21 號閘門是總理，以人民為主，日理萬機，治理國家。45 號閘門是國王，對總理傳達其權威，而國王也必須取得應有的權益。

21 號閘門：奮勇前進（噬嗑卦）－獵人／女獵人的閘門

合理且必要地使用力量，克服刻意且持續的干擾
中心：意志力　　四等分：初始　　主題：透過心智，達成目的
右角度交叉之張力－並列交叉之控制－左角度交叉之努力

21 號閘門在其領域裡，需要掌控。為了運用力量及自我的意志力，確保部落得以生存，他們必須控制某事或某人。這股能量在現代就轉化為警察、總經理或公司總裁被賦予的責任。奮勇前進對物質面的人生而言，是一股強大的制約力量。成功就是能在物質層面，掌控自己所擁有的資源，像是你的住處、你的穿著、你為誰工作以及如何謀生，你不喜歡別人告訴你該做什麼，或是監督你。另一方面，你注定要服務眾人，基於部落交易的原則，你要獲利的同時，所有人也必須得利。如果你有意奪取權力，或控制別人，卻沒有遵循自己的策略與權威，你將面臨巨大的阻力。不論你取得利益其出發點為何，你必須等待，等待控制權交到你手上。如果你是投射者，你需要伯樂慧眼識英雄，看出你的才能，邀請你出手。如果你是生產者，別人要詢問你，如此一來才能啟動你的薦骨能量，有所回應。如果你是顯示者，在你企圖動手控制，開始衡量周遭的抗拒之前，你必須先告知。若缺少了 45 號閘門，你會發現自己不斷搜尋著，得以監控未來與社群財富的最佳模式。

第 6 爻－混亂	第 4 爻－策略	第 2 爻－強權即公理
第 5 爻－客觀性	第 3 爻－無力	第 1 爻－警告

---

45 號閘門：聚集在一起（萃卦）－收集者的閘門

相似的力量，會自然而然相互吸引，彼此獲益
中心：喉嚨　　四等分：文明　　主題：透過形式，達成目的
右角度交叉之統領－並列交叉之所有權－左角度交叉之衝突

45 號閘門是霸主的閘門。它是主人／女主人或國王／女王的閘門。它是家族單一的聲音：「我擁有。」這個閘門在顯化及行動層面，具有很深的占有慾。收集者的閘門，目的是守護部落裡的物質資源。你是部落裡天生的權威和引領者，然而，你並不是執行者，當你善加利用所「擁有」的一切，一心為了保護人民，你的王國將會充滿和平。你有能力聚眾，眾志成城共同實現部落的需求，擴大社群的版圖，為周圍的人帶來和諧，即使這些部落實質上的管理工作，都是由 21 號閘門全權處理。你擁有這塊土地，但是你必須允許 21 號閘門來狩獵，而最肥美的那塊肉還是得獻上給你。當你試圖要告訴 21 號閘門，該如何來打理你的王國，或當 21 號閘門意圖將最好的那塊肉，留給自己，局勢就會變得緊張。每個閘門都有其特定的角色，在部落裡也各自有其目的，若能各安其位，各司其職，一切就能運轉順暢。即使你本身具備 21 號閘門，若能有另一個 21 號閘門在身邊，協助管理、運作你的王國或事業，對你來說，這將會是最佳的狀態。

第 6 爻－重新審視	第 4 爻－方向	第 2 爻－共識
第 5 爻－領導力	第 3 爻－排除在外	第 1 爻－遊說

「在這世界上，魔法的確存在，過往的我，原本並不相信。魔法存於我們之中，宛如豐富的金礦礦脈，鑲嵌在我們奇妙的體內，靜待被發現。當我們找到這魔法，連結其中的力量，彷彿終於能與生命力連上線，終於，透過活出自己的設計，我們能充滿平和、滿懷恩典、以富有力量的方式，活出自身的偉大。」

——拉・烏盧・胡

第七章
12 種人生角色
人生目的的外衣

第七章　12 種人生角色

人生目的的外衣

　　現在我們來到人類圖的另一個基本要素，人生角色是建立人生風格的起點，是我們為了達成人生使命所穿上的戲服。這件戲服，我們可能會愈穿愈習慣，宛如本色，是此生真實要活出的角色。但若深陷非自己，則容易扭曲，覺得這戲服不合身、不舒服。不同的人生角色，也是區別出每個人都是獨特存在的元素。舉例來說，你是一個情緒有顏色的生產者，當你和另外三個情緒有顏色的生產者坐在一起時，因為你們各自的人生角色都不同，所以你們依然非常不一樣。當我們一併參考自己的輪迴交叉（見第八章）時，會發現人生角色讓我們在不同的人生階段，都能活出自己真正的特色。

　　人生角色的基礎，要先理解每個人都具備二元性。我們的意識由兩部分組成，個性意識（Personality consciousness）以及設計意識（Design consciousness），我們透過人生角色，可以了解這兩者的性質。人生角色共有十二種組合，每一種都是由意識個性太陽（黑），與潛意識設計太陽（紅），這兩者落在哪一條爻組合而成。（如下圖所示）我們對自身人生角色的獨特詮釋，如何呈現角色的特質，如何讓人生展現其獨特的風貌，這齣戲、這部電影，在我們出生的那一刻即拉開序幕。

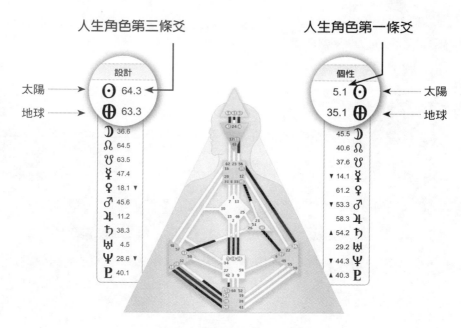

這是人生角色 1/3 的人體圖

你可以在你的人類圖的上方表格，找到你的人生角色，或是你可以如圖所示，找出你的人生角色組合。

人生角色的結構

人生角色的基礎是卦。六十四個卦（身體圖中的六十四個閘門）中，每個卦都有六條爻，爻的存在，使我們能更深入區分閘門之下的差異性。想要了解每一種人生角色，以及為何世界上有這麼多種不同的人，就必須要先了解爻。卦的基礎結構分為兩部分，下三爻（第一、第二、第三爻）與上三爻（第四、第五、第六爻）。爻的順序是從最下面的第一爻依序往上（如下圖所示）。下三爻及上三爻分別有其特殊的主題，而六條爻各有其特殊價值，這些將詳述於後。

爻的六個基本主題，或稱做主要角色（研究者、隱士、烈士、機會主義者、異端者、人生典範）也是身體圖上所有卦象的主題。舉例來說，第一爻的研究特質，也是人類圖上所有具備第一爻的卦或閘門的主題。第十章將會詳細解說每個卦的每一條爻。

六個主要的角色：10 號閘門的卦象結構

六個主要角色是人生角色的基本主題，源自於第十卦，履卦，也就是 10 號閘門（自我行為）當中的六條爻。人生角色是由六個主要角色中，其中兩個所組合而成。這兩個角色的特質，會透過我們的**個性**，也就是對自己的認知、以及我們的**設計**，與生俱來的**本性**，以不同的方式來展現，並獲得全然不同的體驗。個性與設計，兩者合而為一，也成了我們在這世界上，為活出自己所披上的戲服。

你的人生角色是先標示出個性，再標出設計。舉例來說，當個性落在第 3 爻，而設計落在第 5 爻，便會組合出 3/5 的人生角色。人生角色會因每條爻的主題名稱不同，而有不同的關鍵字，例如，3/5 的人生角色也可以稱為烈士異端者。

第 10 卦：自我行為的閘門

	▬▬▬▬▬▬	6 人生典範：管理者、樂觀主義者、和事佬
上三爻	▬▬▬▬▬▬	5 異端者：普及、投射、將軍
	▬▬▬▬▬▬	4 機會主義者：向外擴張、友善、讓位者
	▬▬▬▬▬▬	3 烈士：嘗試錯誤、突變、適應
下三爻	▬▬▬▬▬▬	2 隱士：天生好手、投射、民主
	▬▬▬▬▬▬	1 研究者：內省、變色龍、同理心

卦的架構 / 以房子為喻

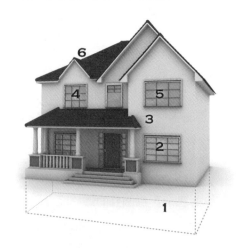

以房屋的結構來比喻六條爻與其特質，很容易理解。第一爻是房子的地基。第二爻是一樓的空間，窗簾全拉開，站在外頭，屋內的一切一覽無遺。第三爻是從一樓到二樓的過渡空間或旋轉樓梯。第四爻是二樓的地板，屋子的第二個地基。第五爻是神祕的二樓，窗簾緊閉，外頭則是抱有期待的投機者。第六爻則位於房子的屋頂，在此鳥瞰隔壁住家、鄰居街道以及下面所有的一切。

下卦的主要角色：第一爻到第三爻

下卦是非常自我中心的歷程，極為個人。這些角色並不急於向外發展，也不會特別想和其他人互動。

第一爻—研究者：內省、變色龍、同理心

一爻是卦的一樓或地基，一爻致力於鑽研事物根本，探究生命如何運作。要等到建立了牢固的基礎，他們方能放鬆。他們知道愈多，恐懼愈少，「我們若能安全，一切才有可能」。不安全感驅使著他們尋求權威，甚至自己變成權威。他們以內省的方式進行研究，這時往往會聽到他們說：「我正忙著學習和做研究，不要煩我。」一爻建立起安穩地基，再由上卦的三爻向外擴張並普及。一爻的本質蘊藏深刻的同理心，他們自外界接收訊息的能力，充滿革命性的色彩。

一爻的人研究行為。他們觀察人們的行為，從中學習何者行得通，何者行不通。他們一旦察覺危險，就會像變色龍一樣，為了融入環境，而改變身體的顏色。他們其實並未改變任何事，卻能讓你轉向，看見他們認為你應當看見的面向。10 號閘門第一爻的關鍵字是謙遜，無論身處任何環境，都知所進退的能力。因此，一爻非常敏感，對他們來說，得以控制場面，並讓一切安然度過，是最重要的事。同時，一爻需要在實質的層面上獲得安全感，若處於非自己的狀態下，常常感覺自卑，追根究底是因為，他們若無法讓自己專心並且全力投入，就無法全盤研究，並為自己建立穩固的基礎。人生策略和內在權威會協助一爻的人來決定，什麼是正確的研究，同時讓他們一次專注一件事，這對於舒緩非自己的焦慮很有幫助。「卦的本質有其清楚的架構，若缺乏穩固的基礎，則無以為繼。」——拉·烏盧·胡

第二爻一隱士：天生好手、投射、民主

二爻就像一顆種子，長年放在抽屜之中，靜待正確的時機播種，發芽、成長並開花結果。一爻的人為了建立基礎而投入研究，二爻是天生好手，具有不知從何得來的天賦異稟，他們天生的天賦與天才之處，將引人注目，而那些需要他們才華的人，將「召喚」二爻出來，為其所用。然而，他們是隱士，只想獨立自主以自己的方式，做自己的事。一爻為了研究，需要其他人的協助，但二爻則能自給自足又獨立，當別人進入他們的能量場，並對他們有所期待時，會讓他們覺得很不舒服。對於自己怎麼作，作了什麼，他們根本不想解釋，可能也不知道該從何解釋起，當然，他們根本不想管你到底該怎麼做。他們的行事風格相當民主，是因為他們不想被打擾，也不想因為選邊站而投注自身的精力。

對於任何形式的干擾，二爻的天賦都不太懂得該如何回應。若回到房子的比喻來解釋，他們宛如單獨站在一樓的落地窗前，光線明亮，而他們正沉浸在自己的世界裡，自得其樂，毫無意識到已經被街上的人群一覽無遺。事實上，**個性層面**的二爻人，甚至希望能獨立於人世之外。他們等待著正確的召喚到來，這召喚專為他們獨特的生命使命而存在，足以讓他們將自己的天才公諸於世。唯有透過人生策略和內在權威，才能分辨出召喚是否正確。對於二爻而言，履行是關鍵，如果他們無法符合外界投射在他們身上的形象，或是回應了不正確的召喚，以至於無法履行，他們將極度受苦，相對於健康與自然的隱居狀態，他們會變得更加孤僻並離群索居。「只要坐在河邊；遲早會有東西流過來，不管迎面而來的是什麼，為未知做好準備。」——拉・烏盧・胡

第三爻一烈士：嘗試錯誤、突變、適應

三爻最大的天賦，是找出何者行不通。因為三爻是房子的一樓與二樓間的交界（個人以及超越個人），所以生命以各種方式為他帶來衝擊，或他們在人生中也不斷衝撞著。在嘗試錯誤的過程中，了解物質世界如何運作。三爻是讓改變發生最關鍵的催化劑，儘管他們有時在社交上顯得笨拙，並時常感到孤獨，但因為他們天生具備的彈性與韌性，足以支持他們持續探索下去，所以他們仍然是下卦的三爻之中，最能適應，並懂得如何應對進退。三爻比任何人都能更快辨識出新的、潛在的突變可能，因為他們就是會碰上。這常和科學層面的研究與探索緊密相關（三爻的立足點在於找出何者不可行），也與物質世界深刻相連。三爻重視的不是生命的表面價值。他們只要稍作嘗試，便能檢視出缺陷在哪裡，漏洞在哪裡，而陷阱又在哪裡。三爻為我們樹立典範，示範出當我們的身體在物質世界站穩腳步，蛻變因而變得可能。

這些天生來挑戰錯誤的人，最終會讓物質世界（Maia）產生突變。他們也是最快發現人際關係中那裡行不通的人，所以他們的主題是「連結與斷裂」。三爻的關鍵字烈士，指的是他們挺身而出的能力。當他們說：「並非如此。」接著承受砲火攻擊。對三爻的人來說，當他們跟隨著真正的自己運作時，沒有所謂的失敗，只是探索的過程。連結與斷裂是他們人生中的自然機制，就像父母每天離家工作，然後又回來一般。三爻的歷程，

也是六爻分成三階段的人生之中，不可或缺的一環。（詳見第六爻—人生典範），突變的特質對三爻的人生角色所帶來的影響，比其他爻都來得更加深遠。「不管迎面而來的是什麼，訊息中總會蘊藏重要的資訊，他們能織就一整個物質的世界。」──拉‧烏盧‧胡

上卦的主要角色：第四到第六爻

當我們向上移至上卦，會發現這三條爻的人生角色運作模式，與下卦的三爻截然不同。上三爻是超越個人、向外發展的過程。這些角色有其基本需求，藉由社交與分享，交換過往經驗，也看見未來的可能。

第四爻─機會主義者：向外擴張、友善

和一爻類似，四爻代表二樓的地板，其安全性建立在一爻所創造的基礎之上。而四爻的脆弱之處，在於必須抱持開放，使進入上卦的轉換得以發生。而三爻與物質資源密切相關，四爻則是超越個人人際關係的基礎，所關注的是人力資源。四爻深具影響力，等待各種時機擁抱社群，將來自下三爻的基礎、天賦與發現，加以延伸擴展。四爻天生友善，他們就像你我的兄弟姊妹，這樣的特質有助於他們建立網絡。友善創造開放，雖然開放有其必要性，但也讓他們容易因此感到驚喜或受到驚嚇。他們的影響範圍通常侷限於既定關係的人，而陌生人與萍水相逢的人，對他們來說通常並非正確的連結。

四爻的生活品質，與他們所屬的人際網絡與朋友圈息息相關。他們身處正確的關係中，能量才得以運轉，享受真摯的情誼。然而，第四爻也缺乏彈性，因此也可能為了照亮別人，而讓自己燃燒殆盡，他們需要時間獨處，充電並復原。他們投注心力在所屬的人際網絡中，人脈中蘊藏機會，也必須為他們帶來同等的回饋，否則四爻的人應該退出，尋找能為自己帶來報酬的人際網絡。活出自己設計的四爻，並不需要創造人際網絡，適合他們的網絡本就存在，只要遵循人生策略與內在權威，他們會自然而然融入其中。四爻具備固定的特質，必須安全地從既定的人際網絡或關係，移轉至下一個。否則會失去安全感，也無法發揮其真正的影響力。「四爻是關於物質世界的人脈資源，人，是他們人生中最重大的決定與投資。」──拉‧烏盧‧胡

第五爻─異端者：普及、投射、將軍

五爻在每個卦中，負責擴展訊息。背負著超越個人的業力，讓他們身為「重要的陌生人」時，影響最大。他們就像將軍，能在標準處理流程失敗時，提供眾人實用，但卻「跳脫框架」的解決方法。需要幫助或正處危機之中的人，容易被五爻的能量場所吸引，將他們投射為帶來希望的救星。異端者在充滿投射的能量場中運作，誘發別人看見其潛藏的力量，但是當眾人期待落空，或是與原先期待不符，就會對五爻的人心生懷疑。五爻的人常常躲在二樓窗簾後面，隱藏的同時又想窺看外面的世界。人生策略與內在權威可為他們提供實用又可信賴

的工具，讓他們決定，何時才是介入，並提供解決方法的正確時機。

　　若對充滿投射的場域，缺乏自覺，五爻或許因此被捧上天，覺得自己就是救世主。因此五爻人必須認知到真實的自己，搞清楚自己確實能解決什麼，或能解救什麼，別讓自己也一起落入投射的幻覺中。異端者的聲譽，完全取決於所提供的解決方案，是否成功，是否符合他人的期待。若是異端者無法提供實質的幫助，下場就有如被綁上火刑柱燒死，飽受撻伐。一旦人們度過危機，不再需要異端者的領導時，又常常忽略了他們。此時，五爻應該重整步伐。儘管異端者不會一直都在崗位上，但在下一次危機來臨時，人們仍期待他們隨時都準備好，挺身而出，展現其能力。「**無論你此生要做什麼，請確保它確實可行。若能作到這一點，不管作什麼都會成功。否則聲譽將因此受損，終生難以擺脫。**」──拉‧烏盧‧胡

第六爻─人生典範：管理者、樂觀主義者、和事佬

　　第六爻獨立於其他五條爻之外，最好的形容就是他高高坐在屋頂上。雖然人們往往覺得他們很冷漠，但是這種超然的態度，為第六爻提供制高點，讓他們可以回顧前五條爻，並前瞻下個卦的第一條爻。第五爻朝著人群前進，而第六爻最終則是遠離人群，為了成為成熟的人生典範，他們必須歷經特殊的三階段過程。

　　第一階段，從出生到 30 歲左右，透過第三爻不斷從錯誤中學習、關係連結並斷裂，以此方式探索並體驗生命。他們渴望找到靈魂伴侶（六爻的屬性），但通常要到第二階段完成，大約 50 歲左右，渴望方能成真。第六爻並不像第三爻這麼有彈性，可以胡亂衝撞嘗試。混亂的過程會導致他們對生命的態度變得幻滅及悲觀，尤其在快 30 歲時。為了重拾樂觀，他們會讓自己身心都遠離塵世。大約 28 歲左右，是第六爻的第一次土星回歸，他們會爬上屋頂，一直以來原本向外探索的他們，在此時重心會慢慢轉為內省。

　　第二階段，約 30 歲到 50 歲左右，主要在於擺脫第三爻的混亂經驗，讓自己獲得療癒並自省。「走上屋頂」，是為了觀察和探索，了解世上什麼是值得信任，且真正可行；他們重新評估生命，發展往後可能會需要的資源。儘管在別人眼中或許顯得更加超然冷淡，但他們確實開始追尋自己的智慧。在這段向內退隱期，定居、投入職業、選定伴侶，或是建立家庭，都會讓第六爻感到安全。第三爻的探索在此時獲得整合，過往經歷皆化為外在權威的基礎，讓他們能以人生典範的姿態，盡情展現。

　　第三階段，大約發生在凱龍星回歸的 50 歲左右。此時，他們被催促或被踢下屋頂，再次融合進入塵世，這時候，他們已能懷抱身為六爻的本質，表裡一致且樂觀。對他們而言，這是人生中一段激烈的轉變期，如果他們不懂得如何依據自己的內在權威來做決定，可能會變得特別脆弱。覺醒的人生典範是活生生的例子，展現一個覺醒的人如何活出獨特的使命。第六爻的人無法應付偽善。他們信任所有的存有，他們以自身為例，教導世人相信自己的內在權威，活出獨一無二的人生。從年輕時期深度體驗世界，到中年超然又療癒的內在修行，然後在 50 歲之後重新投入人世，盛放如花。第六爻為生命的走向，帶來獨特的見解和智慧。身為一個擁有九個能量中心的生命，這是卓越的榜樣。

「每一個六爻的人，皆懷有未來的魔法，這魔法是關於人類所蘊藏的可能，不管任何人，若他們此生夠幸運，能接觸到這些知識，就能親身體驗，親眼見證。」──拉·烏盧·胡

註：身為一個擁有九個能量中心的存有，不論人生角色為何，我們都將經歷緩慢的成長。在40到50歲之間（天王星對衝和凱龍星回歸之際），我們會體驗到「第二春」，人生重新定向，生命更臻成熟。人類的演化階段，是由五爻普世的救世主／將軍，轉換至六爻，秉持自我接受與自我覺知，達到自我領導與自我掌握的階段。那些人生角色中有六爻的人，是來此告訴我們如何正確轉換。過了50歲後，他們將親身示範如何超越，身為一個真實、客觀、有覺知的人類，如何活出真實的自己。

人生角色的幾何層級（geometric progression）
三種幾何軌跡

「沒有人是一座孤島，透過複雜且精心策劃的幾何軌跡，我們經歷人生。」──拉·烏盧·胡

幾何軌跡	人生角色	特性／本質
左角度－超越個人命運	6/3	人生典範／烈士
	6/2	人生典範／隱士
	5/2	異端者／隱士
	5/1	異端者／研究者
並列－固定的命運	4/1	機會主義者／研究者
右角度－個人命運	4/6	機會主義者／人生典範
	3/6	烈士／人生典範
	3/5	烈士／異端者
	2/5	隱士／異端者
	2/4	隱士／機會主義者
	1/4	研究者／機會主義者
	1/3	研究者／烈士

太陽和地球走完人類圖曼陀羅上的每個閘門和每條爻，為時一年，產生三種不同的幾何軌跡。幾何軌跡讓我們擁有固定的行為模式與限制，並以特定的方式與別人交流或是影響別人，以達成我們的人生使命。全部十二種人生角色可以分別歸納成右角度、固定命運及左角度，這三種幾何軌跡的組合。

右角度幾何軌跡，包含了前七種人生角色組合，專注在以自我為中心的**個人使命**。全世界約有 64% 的人屬於此種類別，這些人生角色的組合，此生目的就是活出自己。右角度幾何軌跡的人生重點，在於自我探索並面對個人挑戰。他們並非來此參與別人的歷程。當人們的生命與這類人產生交集，有可能引發出嶄新的體驗，但並不會改變他們前進的生命步調。右角度交叉的人不會特別意識到或理解到，自己為何會與某些人連結，那是因為他們進入這副軀體前，所有的前世經驗都已被掩蓋。他們來此是為了研究、探索、重新體驗，並且得到新的觀點，他們也是這個星球的業力創造者。

並列幾何軌跡（僅人生角色 4/1）是右角度交叉和左角度交叉之間的橋梁。人生角色 4/1 屬於**固定命運**，亦即，他們既不是個人命運，也不是超越個人的命運，地球上只有不到 3% 的人屬於這一類，他們就像行駛在鐵軌上的火車一般，始終固定在自己的軌道上。固定命運人生角色的力量在於，當別人與他們接觸，持續一段時間後，那些人也會變成這命運的一部分。

若右角度交叉是研究開發部門，左角度交叉則是行銷部門，而並列的人生角色，則是兩者間的橋梁。

左角度交叉幾何軌跡是**超越個人**的，像是一組有許多交叉線的軌道。世界上有 33% 的人屬於這四個人生角色組合，他們無法單獨實現個人的使命。他們雖然不會依賴他人，但卻很容易受影響，甚至連最單純的連結都可能改變他們自己或別人的方向，這點與右角度交叉幾何軌跡的人正好相反。左角度交叉的人生角色比較能敏銳覺察別人和外在世界，他們隨時處於觀察與投身生活的狀態。超越個人命運的人生角色和他們的前世連結，因此他們常對某些人或某種經驗，有難以解釋的熟悉感。右角度交叉造就業力，左角度交叉則負責清理業力。

你的幾何軌跡以輪迴交叉的方式，紀錄在你的人類圖表上；舉例來說，右角度交叉的伊甸園、並列交叉的力量，或是左角度交叉的貢獻（關於輪迴交叉的概論，詳見第八章）。

接下來，我們將針對十二個人生角色的組合，提供詳細且深入的摘要。閱讀時請留意，同一條爻（好比第一爻）在個性（例如人生角色 1/3）與在設計（例如人生角色 5/1），可能會有所不同。第一爻在個性那一端，代表的是意識上認同，但在設計那一端，則像是天生本質，但自己未必對此有所覺察。

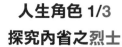

右角度交叉—個人命運

人生角色 1/3
探究內省之烈士

	第一爻　個性		第三爻　設計	
	意識的　自省		潛意識的　適應	
行為特質	謙遜	本質	烈士	
被投射的態度	獨裁主義者	類型	無政府主義者	
限制性的觀點	同理心	記憶	悲觀主義者	
渴望的角色	創造力	方向	維持	
關係連結策略	追求者／被追求者	性	連結與斷裂	
安全策略	自己自足者／貪圖者	人性	連結與斷裂	
情緒共振	弱／強	波動共振	忠誠／拒絕	
意識共振	弱／強	頻率共振	夥伴關係／依賴	

　　背景：個人命運的幾何軌跡從人生角色 1/3 開始，1/3 是十二個人生角色中第一個，也是人類經驗的具體表現和基礎。1/3 是唯一一個兩條爻都在下三爻的人生角色。從基本面來說，第一爻代表意識的個性、心智和想法。第三爻代表潛意識的設計、身體，以及在世俗世界的物質體驗。我們是被生存恐懼所驅使的物種，我們調查、研究，直到了解，或在堅固的基礎上獲得安全感，雖然活在不斷改變的世界中，這方法不見得總是做得到，但為了追求安全，敦促我們的種族持續進步。突變是一個持續的過程，我們不斷找出哪裡行不通，如此一來才得以求存。人生角色 1/3 為持續衝撞不斷的「人類」旅程，定下主題：我們研究這趟旅程中，所遭遇的一切驚奇與激盪，以了解或解開未知的領域。

　　探究內省之烈士，在尚未建立穩固的基礎時，總是感覺非常沒安全感，內心一直有股尋找權威的動力，他們希望在嘗試錯誤的過程中，權威人士能提供安全穩固的保障。當他們準備充分，並接受了良好教育，這類型以自我為中心的探究者，其個性極具創造力，且最為健康與多產。他們能夠享受長時間的自我探究，藉此找到建立自己權威的力量，如此一來，他們才能將個人命運掌握在自己手中。他們之所以被設計成烈士載體或身軀，是為了衝撞，或是以被衝撞的方式來探索物質世界。他們深具適應性與彈性，即使經歷衝撞後，依然爬得起來，重新站穩腳步，然後大聲告訴這個世界，何者真的行不通。

　　個人：經由建立穩固的基礎，你會有意識地，專注尋找內在的力量，不過與此同時，你的潛意識設計層面，則是透過衝撞，為你自己與周遭的人帶來「意外」的發現。你有很深層的內在使命，有時會像變色龍一樣隱藏自己，在你成為權威並覺得安全之前，不希望太多人注意到自己。身處模糊地帶令你感覺無力又不安，反而會驅策你尋找

明確的答案。你是個開放有學習意願的學生，透過專精而培養實力，走上你的道路。

在這一生中，你要主導自己的生命，成為專業領域裡說話有分量的權威人士。你在人生旅程中，始終都在人際關係上不斷嘗試，從錯誤中學習，時而低頭自省，時而在這條路上碰見許多人。當關係岌岌可危或是不和睦，讓你開始不舒服並想切斷連結時，你會審視這段關係，選擇努力強化鞏固，或是予以終結。這類事情可能會不斷重複發生，但對你來說，這是正確的，要不是讓關係更深入更健康，否則就結束它，才能朝對的關係邁進。

此外，當你以探究者的面向，持續找尋恆定真理以建立權威的同時，身為烈士的那一面，卻認為生命的一切可能都是虛假。因此別人很難騙你，你從小就能迅速分辨出誰說的是實話，哪些事情可以相信。你個性的一爻會將這嘗試錯誤的過程，放大檢視。如果你可以臣服於你的人生策略及內在權威，在人生中就能正確地引導出屬於你的人生方向。同樣重要的是，你必須處於自己能掌控的環境中探索，因為在自在的狀態下，你才能持續進行有條理的探索。當別人鼓勵你研究，並對那些行不通事物說出真相，你會因此得到力量。

人際：烈士常常因為與自己無關的錯誤，而飽受指責，長久下來，他們的自尊消蝕，衍生出一種你我敵對、羞愧感或是自卑的心態。若是他們自身以及周遭的人能夠領悟，生命無非是一趟嘗試錯誤的旅程，最終目的在於透過探索，以建立穩固的基礎，那麼他們便能夠從旅程中變得堅強。重點要從體驗中學會，而不是認為他們犯了錯，需要被處罰或是嘲諷。在養育人生角色 1/3 的孩子時，正向鼓勵尤其重要。人生角色 1/3 的孩子如果能獲得適當的鼓勵，一旦他們發現既有的基礎行不通，就會是他們發揮潛能的時刻，讓美好的巧思，與極具創造力的探索旅程，在此發生。雖然，他們或許會頑固地堅持己見，或是抗拒接納別人的建議。事實上，這是因為人生角色 1/3 的人得親自體驗，然後才能從中探索、學習。父母是他們最大的盟友，要鼓勵他們去「嘗試」，抱持著「告訴我你學到什麼」的態度，而不是「看看你做錯了什麼」。如此一來，1/3 的人能從發現中學習，一生持續不輟地探索，最終必能造福人類，改善所有人的生活。對第三爻的人來說，不讓他們在嘗試錯誤中學習，才是唯一真正的錯誤。當他們得到鼓勵，為自己負責任時，這個探索的烈士便能在物質上，成為自給自足的人。

十二種人生角色始於 1/3，結束於 6/3。第三爻的主題，是關於突變、嘗試錯誤、發現、衝撞、建立連結與斷裂，這些對人類而言都非常重要。這些世俗界的主題，將我們連結在一起，讓物種持續演進。所有人生角色中，有六爻的人，生命的前 30 年都參雜三爻的過程，也就是說，十二種人生角色裡，有一半都帶有三爻前述的主題。三爻的設計能在物質世界中運作，讓我們得以在這個世界中，發現自己是誰。

人生角色 1/3 的名人：指揮家阿圖羅・托斯卡尼尼（Arturo Toscanini）、預言家愛德格・卡西（Edgar Cayce）、政治家戈登・布朗（Gordon Brown）、作家威爾斯（H.G.Wells）、魔術師胡迪尼（Harry Houdini）、演員米高・肯恩（Michael Caine）、教宗李奧十三世（Pope Leo XIII）、精神導師達斯（Ram Dass）、精神導師巴巴（Sri Meher Baba）、畫家梵谷（Vincent Van Gogh）。

右角度交叉－個人命運

人生角色 1/4
探究機會主義者

	第一爻 個性 意識的 自省		第四爻 設計 潛意識的 向外
行為特質	謙遜	本質	機會主義者
被投射的態度	獨裁主義者	類型	退位者
限制性的觀點	同理心	記憶	疲累
渴望的角色	創造力	方向	單獨
連結策略	追求者／被追求者	性	知己／非知己
安全策略	自給自足者／貪圖者	人性	捐助者／依賴者
情緒共振	弱／強	波動共振	仁慈／吝嗇
意識共振	弱／強	頻率共振	腐敗／不腐敗

　　背景：探究者和**機會**主義者的組合，融合了內省與建立親密關係兩種特質。人生角色 1/4 的人內在有一種渴望，想將他們的研究成果，以充滿創意的方式，與認識的人們分享。一方面，意識上的**探究者**，致力於讓事情行得通；另一方面，超越個人的**機會主義者**，則想辦法傳播這些知識。因此他們和人交朋友，形成個人網絡，網絡中所有的人都接收得到他們的訊息。**探究機會主義者**需要特別的平台來影響他人，所以一旦有了安全穩固的基礎，再結合網絡後，他們就會成為權威。

　　這個人生角色有一點非常特別，第一爻和第四爻之間的關係是「和諧」的，即便兩者的作用並不相同，但同樣都屬於「基礎」爻：第一爻是房子一樓的地板，第二爻是二樓的地板。當兩條爻本質上專注相同的事物時，便會形成特殊狀況。他們想要探索研究的東西，與他們想向外顯化的東西一致，也就是說，他們想要向外顯化的事物，也正是他們想探索研究的。**和諧的人生角色**（1/4、2/5、3/6、4/1、5/2、6/3）在全人類中屬於少數族群，他們在世界上扮演單純的轉換媒介，藉由訊息的溝通，作為其他六種人生角色彼此之間連繫的橋梁。

　　個人：你此生的目的，就是掌握自己有興趣的事物，當你深入了解，擁有紮實的根基，就可以與你網絡中的人分享。你的內在會驅策你尋找特定領域中的權威人士，來教導你或讓你準備好，最終才能讓你在自己有興趣的領域上成為權威。當你展露頭角，成為權威時，由於此時你已經立足於穩固的基礎之上，你原本的不安全感會轉而感覺安全無虞。當你從弱小的位置晉升到有力的地位時，你也可以成為別人有力的支柱。為了深入鑽研探究，你必須要有獨處的時間，經由自我思辨，發揮變色龍般的能力，將自己融入想探索的領域中。集體創作非你所長，你比較偏向單獨創造，這過程充滿療癒，人生

也因此豐富多采。

　　你天生友善，這也是你親密關係的策略，因此常吸引聽眾來到你身邊，最終帶來你的伴侶。若你想擁有知己，以及長久的關係，應該先從建立友誼開始。一旦回歸到人生策略及內在權威，探索過程中所有內在的省思，都將變得清晰，要靜待正確的時機到來，再將自己探索的心得與他人分享。你的學習不只是為了自己，或是為學習而學習，而是讓你有能力吸引特定的族群，他們不僅會對這些資訊感興趣，並且可能因此而獲益良多。事實上，在你有意願與他人分享之前，你並不需要親自去探索或體驗。

　　投資並維持人際網絡，是你人生中最重要的事情之一。今日對於人的投資，造就未來的機會，讓你得以分享自己所擁有的知識。對你來說，要投資在什麼人身上，會是關鍵性的決定，錯誤的人際網絡或是對象，會讓你疲憊不堪、筋疲力盡。你本身並非影響陌生人的設計，所有來找你的新對象，都必須透過既有的人際網絡介紹才行。你第一爻的**探究者**並不在乎別人，而第四爻的**機會主義者**則屬於潛意識，因此若想知道，誰對你而言是正確的人脈，就必須透過你的人生策略及內在權威。你生命中的機緣來自於你的網絡，或是你認識的人。重點是，你絕不能在下一個對象出現前貿然離開現有的對象，不管是工作、愛人或是家庭。否則，在尋找下一個之前，會有段艱難時期。

　　偶爾從社交網絡抽身隱退，對你也相當關鍵，如此一來你才能從社交網絡的疲累中修復。聆聽他人說話相當耗神，因為經營社交網絡會耗費你大量的時間與精力，所以你必須等待機會，讓真相自然浮現。

　　人際：人生角色 1/4 的人在意識上是獨裁主義者，在潛意識中則是退位者。**探究機會主義者**不擅長處理他人的反對意見，每當遇到有人無法被他們所影響，他們不會因此改變自己的立場，而是乾脆退出，另外尋找抱持開放態度，願意聆聽他們想法的人。第四爻的生活品質取決於他們的人際網絡。他們充滿力量，且具備影響力，就像屹立不搖的橡樹，散發出充滿力量、權威感的能量場。然而，**機會主義者**若表裡一致活出自己，無需創造人際網絡——透過人生策略及內在權威，會遇見屬於自己的網絡。

　　人生角色 1/4 的人尋求幫助，並依賴他人，直到自己最終成為權威人士，能夠提供協助。一旦他們建立穩固的基礎，得以掌控自己的生活後，他們會展現慷慨關懷，願意為他人付出的那一面，作為回報。人生角色 1/4 的孩子，總是單純地相信大人告訴他們的一切，所以對 1/4 的孩子，父母親只能告訴他們實話，並且是自己所確定的資訊。這一點非常重要，因為 1/4 的孩子若在往後的人生中，發現自己被騙了，會讓他們崩潰。這些不好的回憶會縈繞腦海，因而引發出 1/4 刻薄的一面。雖然人生角色 1/4 內心深處對事物的理解，似乎不可能改變，但是當這份執著，與對他人的同理心相結合時，卻能帶動家族與社會基礎，進行轉變和進化。

人生角色 1/4 的名人：愛因斯坦（Albert Einstein）、女演員休斯頓（Anjelica Huston）、女權主義者史坦能（Gloria Steinem）、日本昭和天皇（Hirohito）、化學家皮卡德（Jean Piccard）、喜劇演員賽恩菲爾德（Jerry Seinfeld）、歌手卡馬（Kamahl）、作家史皮能（Mickey Spillane）、拳擊手阿里（Muhammad Ali）、貝斯手維瑟斯（Sid Vicious）。

右角度交叉－個人命運

人生角色 2/4

隱士機會主義者

	第二爻　個性		第四爻　設計
	意識的　投射		潛意識的　向外
行為特質	隱士	本質	機會主義者
投射的態度	民主主義者	類型	退位者
限制的視野	偏執	記憶	疲累
角色上渴望	和諧	方向	單獨
連結策略	害羞／大膽	性	知己／非知己
安全策略	培育者／耗盡者	人性	捐助者／依賴者
情緒共振	前進／撤離	波動共振	仁慈／吝嗇
意識共振	決定／不決定	頻率共振	腐敗／不腐敗

　　背景：在卦的圖形中，第一和第二爻是三組陰／陽組合的第一組，雖然這兩條爻的運作方式不同，但都和不安全感有關。第一爻透過探索研究，處理不安全感，而第二爻要學習的是，信任自己與生俱來的天賦。**隱士的個性**總想獨處，做自己想做的事情，而**機會主義者的設計**同時又想與人連結、向外顯化事物，兩種特質之間，隱然有股緊繃的張力。意識的第二爻，天性害羞，對自己的天賦無所察覺，所以需要被人召喚，才能分享其天賦。但潛意識的四爻，天生友善則能提供機會，吸引別人前來接近二爻的部分，讓這些天賦得以接受召喚。

　　隱士雖然不想被看見，但他們的存在其實很明顯。別人能清楚看到隱士內在的天賦才能，他們自己卻看不到。唯有透過其他人的投射或反饋，隱士才得以看見自己。他們和第一爻樂於研究的傾向大不相同，**隱士機會主義者**若待在安全的環境中，投入自己所喜歡的事情，樂在其中時最為開心。而當他們隨著自己的節奏開懷舞動時，自然而然會吸引別人前來，召喚他們出來，以分享其天賦。

　　個人：你此生的目的是接受召喚，好與別人分享你的天賦才能。你有一道內建的天生屏障，像是某些特定的觀點，會保護你以免外界擾亂了你，和你獨特的天分。但這道屏障有一個「弱點」，那就是一旦對的人發出對的召喚，就能穿越這套屏障，而你的生命便可能因此產生深刻的蛻變，讓你懷抱熱情，充滿使命感，向世界發聲。然而，你不喜歡無時無刻被召喚，這會讓你的身體備感壓力。不當使用能量，導致你疲勞、耗弱甚至虛脫。若持續回應錯誤的召喚，二爻的屏障會轉成在心理層面上，築上一道高牆，接下來拒絕接受任何召喚，若是如此，你也會因而受苦。當召喚來到，你將不可思議地發現，有一股看不見的力量驅動著自己，為了讓自己的天賦顯現於世；這股驅力來自你那潛意識、超越個人的四爻。但若是你的二爻堅持己見，你可能只想繼續待在保護區內，

不願被任何人打擾。當你被召喚出來時，意識層面可能會感覺十分無助，這是因為此時你離開原本安全與備受保護的環境，走入人世與外界開始社交與互動。所以，有時遠離人際網絡，讓內在隱士有時間獨處，非常重要，這會為你的生命帶來和諧的愉悅感。你對於環境有自己特定的要求，喜歡以自己獨特的方式布置居家環境──如此一來，你才能有獨處的時間和空間，做自己想做的事。你獨處的洞穴，是屬於你的避難所、你的城堡，一個在你退隱時，不會被任何人打擾的地方。

不確定感是二爻人生中的一部分。活在一個所有人都要你解釋做了什麼，以及怎麼做的世界，讓你覺得很不舒服，有時甚至會讓你質疑起自己的能力。可是，如果你太在意別人如何看待你所做的事，面對別人對你的投射，你極可能抓狂。你根本無法解釋自己的天賦；相反地，是別人必須接受你是天生好手的事實，你並不知道自己如何或為什麼做得到。

潛意識的四爻，和你社交的本能，是吸引召喚的機會到來，最有效的方式，也是你在這個世界獲取成功與安全的最佳方式。然而，你必須被「召喚」，而進入正確的人際網絡，若身處屬於「你的」網絡時，你會感覺自己被滋養，同時你也能滋養他人，此時你的影響力最大、最深遠。身為一個隱士機會主義者，你往往遊走在接受滋養與消耗的兩端，就像米開朗基羅接受供養，消耗著供養者的資源。這種運作機制無關道德，但如果你身處於錯誤的網絡中，可能會變得相當依賴，而以不健康的方式耗盡別人的資源。你的設計不是用來影響陌生人，陌生人唯一要跟你建立連結的方式，要透過網絡中你原本認識的人所轉介而來。知道如何做出正確決定，非常重要，你的人生中有其特定的召喚，所以如何辨識召喚，對你的身心健康至關緊要。透過人生策略及內在權威做決定，就能吸引正確的召喚來到你的生命中；少了這些指引，你的人生可能就此陷入混亂，永遠聽不見改變你生命的召喚。

人際：隱士機會主義者會透過害羞／大膽的策略，與他人連結。害羞的隱士向外界發出召喚，只有夠勇敢的人，才得以突破屏障，與他們發展親密關係，建立友誼。隱士只願意接納某些特定的人，不過，這正是他們進入親密與長遠關係的正確祕訣。第二爻的人不主動追求，隱士對於自身能吸引別人的特質，毫無察覺，他們只等待某人進入他的洞穴，對他說「你為我而存在」。在他們的人際網絡中，若有人能看見他們的天賦，便能輕易召喚他們出來，發揮其才能，這就是隱士機會主義者進入商業領域，或開始夥伴關係時，正確的運作方式。

儘管天賦與生俱來，人生角色 2/4 的小孩依然需要良好教育，父母應鼓勵並支持他們學習。當日後他們的召喚到來，此時的準備功夫是無價的。他們需要真正投入參與，才能被「啟動」，但他們不想加入沒興趣的事物。一般來說，他們很好相處，能跟大部分的人和睦相處，但是需要在獨處與社交之間，取得平衡。

人生角色 2/4 的名人：鐵血宰相俾斯麥（Otto Von Bismarck）、演員傑夫‧布里吉（Jeff Bridges）、西班牙元首佛朗哥（Francisco Franco）、歌手法蘭克林（Aretha Franklin）、雕塑家羅丹（Auguste Rodin）、哲學家斯坦納（Rudolph Steiner）、主持人歐普拉（Oprah Winfrey）、美國前副總統高爾（Al Gore）、工程師艾菲爾（Gustave Eiffel）、歌手芭芭拉‧史翠珊（Barbra Streisand）。

右角度交叉－個人命運

人生角色 2/5
隱士異端者

	第二爻　個性			第五爻　設計	
	意識的　投射			潛意識的　普及	
行為特質	隱士		本質	異端者	
投射的態度	民主主義者		類型	將軍	
限制的視野	偏執		記憶	救世主	
角色上渴望	和諧		方向	吸引力	
連結策略	害羞／大膽		性	誘惑者／被誘惑者	
安全策略	培育者／耗損者		人性	分配者／囤積者	
情緒共振	前進／撤離		波動共振	無私／自私	
意識共振	決定／不決定		頻率共振	紀律／暴動	

　　背景：在人生角色 2/5 中，我們發現兩條與投射有關的爻，彼此和諧共存。專注於個人的隱士，希望獨處做自己的事情，渾然不覺別人投射在他身上的形象。而超越個人、誘惑力十足的異端者，不僅能察覺別人的投射，且對之保有警戒，但他必須與別人互動，才能完成使命。異端者若內在出現召喚，就能有效引發隱士投身行動。真正能帶來普世影響的召喚極少，但面對外來投射的光環，若隱士異端者能找出對應的解決方法時，他們的天才也在此獲得展現的機會。意識層面的隱者處在退隱的狀態，不想被打擾，投射出民主態度，這讓其他人能夠承擔其責任。而潛意識的異端者則是救世主，等待適當時機，出面領導，擴展自己實際的力量。

　　第五爻是崇高的，因為它代表了人類的希望和夢想。它也是最超越個人價值的一條爻，具有非常深遠的影響力。若能深入人生角色 2/5 的內在，能看見偉人的可能性。一旦被召喚，他們會領導反叛行動，不惜一切對抗標準規範，並提供前所未有的解決方案。然而，人們只有在真正有需求時，才會想召喚將軍出馬，他們想要的領導者，必須在危機時現身，一旦危機解除便離開。

　　隱士異端者必須對自己要「拯救」的人忠誠，一如忠於自己天生的熱情和天賦。人生角色 2/5 的人必須知道，何時該放下領導的角色，回歸自己的隱居處。這對於處在個人角度的二爻很重要，因為他必須要有時間獨處，好好充電；至於超越個人的第五爻，當他無法持續扮演好別人所投射的形象時，名譽就會受損。

　　個人：你渴望和諧，內心的隱士只在乎自己的事，因此當異端者跳出來幫助別人時，隱士會嚇一大跳。每當你踏進一個空間，迎面而來都是對你滿懷期待的觀眾。當人們需要你發揮特殊天賦，解決問題時，面對投射與期待，你會感受到雙重壓力。你可能

會得到團體或個人的忠誠擁戴，也可能無法取得信任。無法預知接下來眾人的期待為何，這讓你很不舒服，然而對你而言，召喚無法避免，即使事後證實，擾人的經驗遠比正面的啟發多得多。如果這是正確的召喚，你有能力引領人們掀起革命。回歸到遵循人生策略與內在權威做決定，才能分辨何者是正確的召喚，這也是能真正保護你的唯一方法。

正確的召喚能讓你蛻變。到最後，你的名聲取決於是否有能力，能提供實際且普及的解決方法。對你內在的隱士或異端者而言，這個世界並不是個舒服的地方，所以有時候你顯得孤僻，看起來彷彿很保留，或正在囤積個人資源。然而，其重要目的是可以讓你的能量、天賦隨時處在最佳狀態，隨時準備好，為需要的人提供務實的解決之道。而這也會滿足他們的期待，即刻為你建立良好的名聲。最重要的是，你要知道什麼才是務實的作法，並運用在生命中。你在意識層面的連結策略是：「我很害羞，你必須要突破我的屏障，才能找到我。」但在潛意識的層面，你總會吸引人們來到身邊。總之，你最強大的力量，就是身為陌生人，卻帶來舉足輕重的影響。

人際：活出真實本性的隱士異端者，在人生中會獲得機會，尤其若能在原本擅長的領域，接受良好的教育，就能面對並處理好外來的各種投射。他們擁有被召喚與召喚別人的潛力，若他們能為眾人提供務實的解決方法，便得以享有正面的投射，所帶來的成果。人生角色 2/5 的人深具創造力，能在這世界中建立自己的角色，而且相當擅長推銷自己。當大眾處於危機中，而 2/5 的人受到召喚時，他們會蛻變，並召喚大家齊步邁向新原則。

人生角色 2/5 的人，天生性格內斂，此一策略很重要，因為這樣的特質總能吸引別人進入他們的人生，將他們召喚出來。因此，2/5 的人年輕時通常至少會遇到一次正向的投射。隨著投射愈來愈多，他們為了維持生命中的天真，苦苦掙扎，然而他們無法因為慾望，而驅動自己往前走。他們是帶來改變的異端者，挑戰既存的人事物。若其挑戰具有實用性，那他們終將獲得勝利；這勝利會持續，直到有一天，他們的存在不再被視為異端。

隱士異端者還是孩子時，需要別人尊重他們的界線，別人不應該強迫他們做他們不想做的事。他們可以是全世界最美好的小孩，但只要經歷了糟糕的一天，就算年紀再小，還是會留下不好的名聲。若不尊重他們，他們會暫時離開或甚至永遠離開。大人必須尊重他們獨處的需求，特別是他們對來自父母與其他人的投射，非常敏感，通常眾人總會要求他們更快、更聰明，或擅長某些才能。

如果別人沒有尊重他們的需求，隱士和異端者都會反叛。人生角色 2/5 的人若能依照他們的人生策略與內在權威，回應召喚而進入事業或關係，便具備極大的潛力，得以成功擴展並實現他們的人生使命。

人生角色 2/5 的名人：作家傅瑞丹（Betty Friedan）、演員威廉斯（Billy Dee Williams）、美國總統加菲爾德（James Garfield）、政客特李普（Linda Tripp）、時尚設計師香奈兒（Coco Chanel）、演員米亞‧法蘿（Mia Farrow）、解放軍赫斯特（Patty Hearst）、天文學家漢德（Robert Hand）、演員吉伯特（Sara Gilbert）、歌手麥克柯爾（Susan McCorkle）。

右角度交叉－個人命運

人生角色 3/5
烈士異端者

	第三爻　個性			第五爻　設計	
	意識的　適應			潛意識的　普及	
行為特質	烈士		本質	異端者	
投射的態度	無政府主義者		類型	將軍	
限制的視野	悲觀主義者		記憶	救世主	
角色上渴望	維持		方向	吸引力	
連結策略	連結與斷裂		性	誘惑者／被誘惑者	
安全策略	連結與斷裂		人性	分配者／囤積者	
情緒共振	忠誠／拒絕		波動共振	無私／自私	
意識共振	夥伴關係／依賴		頻率共振	紀律／暴動	

　　背景：假設有一座劇院發生火災，消防單位卻因為預算縮減，沒有出動，只見一個人站在劇院中央大喊：「這是不對的。」與此同時，他立刻組織起消防小隊，並找到所有逃生出口，這樣的人就是烈士異端者。人生角色 3/5，結合了兩個有力的改變者。意識上具有彈性、適應性及突變性的第三爻，專注於物質世界的探索，在物質世界經歷嘗試錯誤的過程，並透過自身探索過程中所得到的收穫，激勵自己與他人。烈士無畏，會誠實指出何者行不通，他們對於說真話可能招致的指責或批評早有準備，卻無法優雅地應對進退。人生為他們帶來衝擊，而他們也衝撞著生命。三爻跟一爻和二爻一樣，無意與任何人連結。他們只是環顧四周，尋找刺激與突變的因子，然後與各種力量衝撞激盪。當然，並非所有力量都正確或恰當，三爻有時會因此變得悲觀。所以及早學會區分，分辨何者行得通、何者行不通，對他們來說非常重要。

　　另一方面，潛意識深具誘惑力的五爻，卻無法逃離人群。他們持續吸引別人前來，將投射與期待放在他們身上，那些人視異端者為身騎白馬的將軍，能在危機中解救眾人。這種投射讓人生角色 3/5 的人從一出生就不太舒服，因為人們總以為可以從他們身上得到拯救，但三爻在嘗試錯誤的學習過程中，卻發現自己這個救世主，除了犯錯，什麼都不會。

　　隨著年紀增長，逐漸成熟的三爻，因為經驗累積而擁有豐富的智慧。當五爻的將軍被要求投入某些狀況，此時烈士的層面則能看出哪些部分行不通。接著第五爻會變成**異端者**，挺身而出並主導一切，他們能帶來新穎、實用且行得通的做法。無政府主義的烈士則與之合作，全程中協助適應、檢驗，逐步修正步驟。他們被稱為厲害的「修理師」，提供創新的解決方案，帶來幫助與指導。人生角色 3/5 的人，必須知道何時該鬆手讓其他人去做。不像第四爻能持續影響網絡中的人，他們反倒是身為陌生人時，才能發揮最

大的力量和影響力。

　　個人：對你而言，最難的就在於調和自己身上的第三爻和第五爻，前者總隨著生命的發現起舞，而後者則被他人投射成救世主。要當一個稱職的烈士異端者，重點在於你從人生碰撞的過程中，學習到什麼，同時你也要知道，該在何時正確地運用所學。當某事或某人闖入你的人生中，你得具備良好的分辨能力，判斷何者值得留下，何者值得與之產生連結。雖說在探索的過程中，你有時會覺得自己失敗了，但換個角度來看，或許你的試驗，正奠定別人成功的重要基礎。成功發明出燈泡之前，曾經試過千種行不通的方法，但每次的嘗試都是下一次實驗的養分。你不會輕言放棄，你會在嘗試錯誤的過程中堅持下去。

　　最重要的是，你必須透過你的人生策略及內在權威，進行正確的探索與救援，否則下場可能是你會對人生感到消極悲觀，或任名聲化為泡影。一旦許下正確的承諾，你會全力以赴，充滿活力、具備適應性、決斷力、慷慨與無私。無論情況多艱難，你都會堅持下去。就算被綁上火刑柱，遭受火刑侍候，你也會昂然不屈。

　　你為了擁護原則而來，同時也為你周遭的世界，帶來新的價值觀或架構。但是要小心，別陷入烈士情結中，高喊著「為什麼是我」、「為什麼是現在」。你必須摸索出自身能依循的原則，將這些原則擴大成普世的力量。最終的目的是創造出新的原則、成為新的異端，只不過，如果這異端不具實用性，你將會為此付出代價。你的工作或參與的活動，要充滿刺激，而且不能重複。舉例來說，你的主題就是建立連結與斷裂，因此每天會見新客戶，對你有益。

　　人際：烈士異端者是物質世界的達人。然而一旦發現事情行不通時，他們會切斷連結並離開。他們的態度常被解讀成「對於任何想招募會員的組織，絕對不要成為會員。」他們是無政府主義者，在事情行不通時，切斷連結，才能在最終發現可行的方法。對任何人來說，身邊若有第三爻的人，可說是非常珍貴，因為他們在意識層面的設計，能讓你知道何者行不通。若是父母、老師和其他人能避免指責 3/5 的悲觀或負面，或認為他們不停犯錯而不斷碎念著，就能讓 3/5 的人省下大量的時間和能量，正確運用 3/5 在體驗上所累積的智慧。

　　對於三爻的孩子，需要提供特別的恩典。父母親與老師必須用正向強化的方式，傳遞「你從中學習到什麼？」或是「這不是失敗，而是過程」的觀念，幫助他們經歷這過程。要不然，人生角色 3/5 的孩子會留下巨大的心理創傷。如果烈士異端者無法滿足投射在他們身上的期待時，他們會逃跑，並切斷一切後路。但他們若能透過人生策略及內在權威，來看待這些投射，他們真實的力量將全部展現，伴隨適應的能力，便能找到實用的出路，依然能看見物質世界美好的一面。閃亮耀眼如同上天贈與我們的禮物。3/5 唯一要增強的力量，就是正向的強化。

人生角色3/5 的名人：作家尼恩（Anais Nin）、歌手卡洛金（Carole King）、歌手戴安娜・羅絲（Diana Ross）、演員摩爾（Dudley Moore）、甘地（Indira Gandhi）、演員凱特・溫絲蕾（Kate Winslet）、演員莎莉・麥克琳（Shirley MacLaine）、傳媒聞人泰德・透納（Ted Turner）、鄉村歌手尼爾森（Willie Nelson）、演員薛特納（William Shatner）。

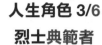

右角度交叉－個人命運

人生角色 3/6
烈士典範者

	第三爻　個性			第六爻　設計	
	意識的	適應		潛意識的	過渡
行為特質	烈士		本質	人生典範	
投射的態度	無政府主義者		類型	管理人	
限制的視野	悲觀主義者		記憶	樂觀主義者	
角色上渴望	維持		方向	客觀	
連結策略	連結與斷裂		性	靈魂伴侶／非靈魂伴侶	
安全策略	連結與斷裂		人性	信任／不信任	
情緒共振	忠誠／拒絕		波動共振	同情／冷漠	
意識共振	夥伴關係／依賴		頻率共振	領導／非領導	

　　背景：悲觀主義的烈士，遇上樂觀主義的人生典範，他們一起嘗試，對於人生中到底能信任什麼，想整理出個頭緒。人生角色 3/6 的人所展現的，是將嘗試錯誤的結果，變成人生智慧的可能性。所有六爻的人都有三階段的人生過程。前 30 年，他們運作得像是三爻的人。因此，身為烈士典範者，在人生一開始，宛如是兩倍的三爻人生，透過一個又一個的體驗，深刻地體驗人生，自然沿途中，也會帶來諸多關係的建立與斷裂。到了第二階段（30-50 歲），人生典範想爬上屋頂休息，以超然的視野觀察生命，但意識層次的三爻持續與人生接軌，把六爻拉回現實世界。所以不論是 3/6 還是 6/3，其實都無法像 4/6 或 6/2 那樣，有段時間真正單純地待在屋頂上。

　　人生角色 3/6 的探索可能在第三階段（超過 50 歲）時，達到平衡和成熟，這也是 3/6 從屋頂上爬下來，回到世間，全面與現實接軌之際。透過獨特及超然的視野，人生典範以完美與否來評斷人生，同時，烈士顛簸的過往，讓他對所有行不通的事物了然於胸，兩者因此能共同捍衛他們所認定的真理。我們若能超越自我制約，在目前的人生階段臻至成熟、成為自身的權威，活出獨特、覺察和表裡一致的自己，人生角色 3/6 就能以各種方式化為典範，使人類的轉換變得可能。

　　個人：對你而言，信任跟完美一樣，都是重大課題，完美會為關係帶來巨大壓力，尤其是那些無法達到你標準或是期望的事。但是，當你能保持信任，便能在生命中感覺安全。此時，你便能自然地處於探索中。你的潛意識渴望找到靈魂伴侶，並安頓在值得信賴的完美生活中，但你的關係總在建立後又斷裂，兩者難以相容。你的第六爻有種超越俗世的高尚品質，無法接受瑕疵，當生活不如你預期般完美，你需要暫時抽身而出。你是「騎牆派」，優柔寡斷是你終生的課題。第三爻想要體驗，而第六爻卻寧可遠觀，不願作承諾。然而，總要做點什麼才是對的。你是來收集經驗，但只限於對你而言正確的

經驗。若回歸到你的人生策略及內在權威，這是你的導航系統，你就能自優柔寡斷中超脫。你就可以遠離優柔寡斷。

雖然潛意識的六爻渴望完美人生，但是在意識上的三爻，卻需要透過一連串嘗試錯誤的混亂過程，才能懂得完美的意涵。當事情不順利，悲觀的三爻會讓你覺得，自己的人生如同烏雲罩頂，而潛意識上的六爻則想維持樂觀的天性。請用正面的態度，看待三爻嘗試錯誤的過程，這有助於你保有樂觀和客觀的態度，來面對人生。對第三爻而言，沒有錯誤這回事，最重要的是探索，這正是關鍵，使你成為富有經驗與智慧的典範。你一定要深入生命本身，親自參與，才能學習，並培養出自信與自我掌控能力。這樣的旅程是為了要你從三爻的探索中，認知到其中蘊含的智慧，接著以你與生俱來的智慧為權威，活出你所學習到的一切。此時，別人會來尋求你的建議和祝福，不管你是否認可，別人都會尊重你所說的話。

獨處對你而言也很重要。關於連結的建立與斷裂，其主題並非針對個人。你並非離開某個人，只是單純回歸並深入三爻的過程中，直到生活與你再度契合同步。有時候某些連結應當永久斷裂，但大多時候，所謂的斷裂，只是獨自去兜風，或是單獨看場電影，然後便回家一起吃飯。甚至有些時候，斷裂其實是為了再度相聚，才能在更強大、更真誠的層面，重新形成連結。

人際：人際關係上的不順遂，尤其是年輕時候的不如意，對人生角色 3/6 的人而言造成巨大傷痛，可能會導致他們多年之後，都不敢和他人建立親密連結。年輕時若能知道如何作出正確的決定，能幫助他們為融入這個世界做好準備。烈士典範者有很強的續航力，堅持不放棄，最終得以擁有客觀的見解。他們會發現，所謂「壞的」經驗，其實才是他們過往所擁有的經驗中，最重要的一環。社會觀念的制約，讓我們相信「錯誤」是不好的。但如果第三爻沒有得到應有的鼓勵與教導，那些「壞的」錯誤會愈積愈多，直到最後壓垮他們，讓他們覺得自卑，同時混雜強烈的悲觀與慚愧。他們不會將經驗化為指引，反倒可能因而放棄。總之，三爻的人最大的才能，就是探索何者行不通，並揭露真相。世界上許多最偉大的發現，都是透過嘗試錯誤而得來的成果。若你擁有第三爻，就要完全參與、融入這個美好的世界。

烈士典範者同時也是無政府主義者與管理人，他們大可以開心地推薦一些主張，即使自己根本不想牽連其中。如果第六爻的人了解自己有三階段人生過程，並透過內在權威真誠過生活，他們深具穿透力的樂觀觀點，便能在晚年時，以體驗式的智慧顯現。他們以人生典範之姿現身，基於自己的探索轉化為指引，用他們 50 歲後盛開的潛質和真理，向世人示範，擁有九個能量中心的生命有其完美的可能。這是一種全新型態的成熟模式，形成與展現的過程皆無法急就章。

人生角色 3/6 的名人：歌手安迪·吉布（Andy Gibb）、法國總統夫人卡拉（Carla Berlusconi）、演員達斯汀·霍夫曼（Dustin Hoffman）、科學家蘭德（Edwin Herbert Land）、預言家克萊爾（Elizabeth Clare Prophet）、男高音克魯索（Enrico Caruso）、德國前總理施羅德（Gerhard Schroder）、演員李維斯（Jerry Lewis）、女演員庫塞克（Joan Cusack）。

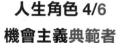

右角度交叉－個人命運

人生角色 4/6
機會主義典範者

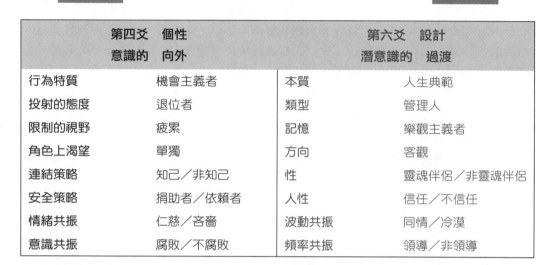

	第四爻　個性 意識的　向外		第六爻　設計 潛意識的　過渡
行為特質	機會主義者	本質	人生典範
投射的態度	退位者	類型	管理人
限制的視野	疲累	記憶	樂觀主義者
角色上渴望	單獨	方向	客觀
連結策略	知己／非知己	性	靈魂伴侶／非靈魂伴侶
安全策略	捐助者／依賴者	人性	信任／不信任
情緒共振	仁慈／吝嗇	波動共振	同情／冷漠
意識共振	腐敗／不腐敗	頻率共振	領導／非領導

　　背景：機會主義典範者有其潛能，能成為重要且具影響力的代表角色，展現活出九個能量中心的人生，會是何等面貌。在此我們完成個人命運的過程，以人生角色 1/3 作為開始，而 4/6 根據其根基，向外擴展，透過自我察覺，親身示範何謂活出獨特的「自己」。這是個很獨特的人生角色，因為兩條爻都屬於超越個人的範疇，然而，合而為一的整體角色，卻屬於個人命運，因此在人生中專注於自我。意識層面的四爻，想發展並運用社交上的天賦，建立個人網絡，以強化其影響力，但是潛意識的六爻卻很少與別人親近，因為他必須保持抽離，不受妨礙，才能看清前方的道路。

　　在潛意識層面上，人生角色 4/6 的人有三個人生階段，頭 30 年充滿挑戰，此時的六爻活得就像第三爻，非常主觀，在生命中四處衝撞嘗試。這段期間，你的內在會覺得很不舒服，因為意識層面的四爻渴望穩定與堅固的基礎，但是偏偏潛意識裡的三爻，必須持續嘗試錯誤，才能從實驗中去發現。潛意識的三爻必須深入探索，才能學習到，並認識「這個」物質世界的真實面相。到了人生的第二階段（30 歲開始），**機會主義典範者**爬上屋頂，慢慢將主觀經驗轉化成客觀智慧。而且從更高的視野俯瞰，他們也發現，原本以為是「這個」的某件事物，或許其實是「那個」。在屋頂上時，四爻投身家庭、事業及信賴的人際網絡，建立穩定性。在第三階段（50 歲以後），人生角色 4/6 的人開始步下屋頂，重新融入世界。帶來超越「這」與「那」的全新視野，單純透過生活，他們會成為眾人的典範，示範如何活出獨特的自己，而不是被四周的世界所制約。

　　個人：你內在天生有股緊繃的張力，意識層面上嚮往與人連結，延續人際關係，但潛意識裡卻渴望袖手旁觀，如此方能客觀評估生命本質，以及生命該何去何從。大致來說，你是謹慎的窺探者，總是站在團體一隅觀察，以超越個人角度的客觀為切入點，同

時也等待時機，貢獻自己的新看法，爲別人的想法帶來改變。融入四爻的能力，重點在於你會在對的時機與人溝通、分享你所發現的眞理。然而，你一點也不想被別人改變。當別人抗拒你所分享的眞理時，你就會放棄，轉而尋找能接受的人。獨處對你很重要，有助於恢復你的活力，因爲與別人交流會導致疲憊。應該回歸人生策略及內在權威來運作，才能在建立的人際網絡中，發揮你的影響力，向外顯化，示範如何活出獨特的自己。你總在尋找可以信任的關係，如此一來，不需要跟隨著，你就能眞正成爲人生的典範。

你天生具有建立良好關係的能力，但這需要投入你的時間和能量。此外，你的天性會站在遠處觀察並評估。你的每一段私人關係都很重要，因爲你爲這些朋友帶來深遠的影響，而他們也會在日後，提供你在人生中所需要的機會，來示範你的新觀點。你的設計並不是來影響陌生人；你需要的是那些親近你，而且在各方面都適合你的人，你不能爲了發揮影響力而結交朋友。或許你可能要身處在一段關係中很多年，眞正的機會才會顯現，若身處在錯誤的人際關係，你會發現投入的能量得不到回饋、讓你放棄眞實的自己、得到錯誤的機會，並且體驗到失望、悲傷和疲憊。

人際：養育四爻的孩子，正確的方式是給他們時間慢慢成熟，讓他們從依賴者變成施予者，不宜太快把他們推到世界上。第四爻的孩子有可能會依賴你很長一段時間，不過一旦他長大成人後，會發生重大轉變。當他們認知到當時自己所獲得的捐助與施予，是如此重要，便能本其忠實的特質，回頭照顧那些原本照顧他們的人。很多第四爻的人成爲慈善家，捐助各種社會公益事務，甚至成立基金會，提供他人更多機會。

關係是四爻的一切，他們的生活品質，直接與他們人際網絡的品質成正比。4/6 的人在人生第一階段，是以三爻的方式運作，因此他們會衝撞嘗試許多行不通的關係及人際網絡。父母親此時所提供的指引，不僅會影響到他們進入的人際關係，甚至能決定他們50 歲後是否能夠開花結果，成爲人生典範。

有時候，4/6 的人是騎牆派，因爲第四爻想參與，而第六爻卻只想遠觀。我們需要他們從牆上下來，分享他們精明的觀察結果。**機會主義典範者**有個慷慨的靈魂，總是希望大家各有其所，他們透過溫暖的心與智慧的頭腦，爲這個世界帶來愛。然而，當信任瓦解，他們因爲敏感，易於受傷，溫暖的心因此變得冷漠，甚至在別人拒絕他們時，變得刻薄。

人生角色4/6 的名人：演員艾爾・帕西諾（Al Pacino）、演員布萊德・彼特（Brad Pitt）、足球明星貝克漢（David Beckham）、獨裁者諾列嘉（Manuel Noriega）、日本香淳皇后（Nagako）、畫家畢卡索（Paloma Picasso）、政治家羅勃・甘迺迪（Robert Kennedy）、媒體大亨梅鐸（Rupert Murdoch）、設計師費加羅（Salvatore Ferragamo）。

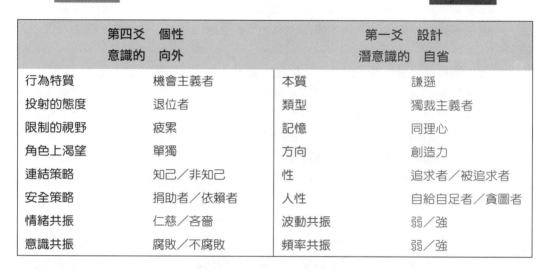

並列－固定命運

人生角色 4/1
機會主義探究者

	第四爻　個性 意識的　向外		第一爻　設計 潛意識的　自省
行為特質	機會主義者	本質	謙遜
投射的態度	退位者	類型	獨裁主義者
限制的視野	疲累	記憶	同理心
角色上渴望	單獨	方向	創造力
連結策略	知己／非知己	性	追求者／被追求者
安全策略	捐助者／依賴者	人性	自給自足者／貪圖者
情緒共振	仁慈／吝嗇	波動共振	弱／強
意識共振	腐敗／不腐敗	頻率共振	弱／強

　　背景：對社交開放而且友善的第四爻，以及潛意識內向又缺乏安全感的第一爻，讓**機會主義探究者**呈現有趣的並列狀態。第一爻是下三爻的基礎，而第四爻則是上三爻的基礎，共同創造出人生目的的和諧狀態。這是個獨特的人生角色，全世界人口中只有2%的人屬於4/1，他們屬於固定命運的類別，是**個人命運**的右角度交叉以及**超越個人命運業力**的左角度交叉之間的橋梁。4/1 不是前者，也不是後者；他們既不是個人的，也不是超越個人的，這是六條爻中，唯一一種並列的人生角色。人生角色 4/1 以自己特殊的幾何軌跡運作；像是一列行駛在軌道上的火車，在人生的過程中，他的行動以及前進方向都不會改變。

　　個人：你天生的設計就是來研究、學習，並且針對某個令你著迷的領域，在你的生命中建立堅固的基礎，接著將自己所獲得的知識庫，爲別人帶來影響。那些你熱愛並沉浸其中、且極欲與他人分享的事物，就是你的根基。在某個領域不斷研究學習，進而變成專家，有助於讓你將天生的不安全感轉化成權威。一旦你建立起權威的地位，你便能在自己的人際網絡中，成爲眞正具有影響力的專家。第四爻擅長與人相處的技巧，讓你天生就知道如何以最好的溝通方式，傳遞知識讓不同的人得以了解。

　　你角色的重點在於連結，結合人生角色**個人命運**的研究與發展，與**超越個人命運業**力的推動與擴展。雖說你的兩腳各踏在其中一邊，但你運作的方式，卻與兩邊大不相同。對你而言，**固定命運**意謂著，不管那條路可能帶給你什麼，你逕自沿著自己獨特的幾何軌跡路線前進。想要知道更多關於你的固定命運、你此生要探究及顯現的東西爲何，就必須看看自己的人類圖中，你的**個性太陽**和**個性地球**落在何處，這能讓你對於此生的使命有所了解。當你遵循你的人生策略及內在權威過活時，你將見證到你的人生、使命與你的命運，如何完美地合而爲一。

對於所有第四爻的人來說，生活品質和人際網絡（家庭、朋友、同事）的品質息息相關。能讓你擴展既定基礎的機會皆來自於你的人際網絡，透過友誼的連結，因爲你並非設計來影響陌生人。想要有效地將你的知識庫向外擴展，人際的連結是必要的。舉例來說，若有個你認識的人邀請你去演講，最好能提早到場，並盡可能地接觸聽講的觀眾，與他們建立愈多面對面的連結愈好。或是在前一晚先舉辦一個「認識你」的聯誼，如此一來，當你實際演講時，你便能身處於熟悉的空間、對熟悉的人說話。對你來說，在家庭、經濟、關係及工作方面有穩固的基礎，非常重要。然而，要在千變萬化的世界中達到目標，是個挑戰。

就算人生角色 4/1 的人如同橡樹般堅實、穩固，還是有天生的脆弱隱藏其中。你太剛硬固定，缺乏彈性變通，因此有碎裂的可能性，而一旦破裂，便難以將碎片拼回。了解你天生的設計，以及使命爲何，得以幫助你待在軌道上，並應付生命中的各種挑戰。爲了讓你保持穩定前進，同時享受旅程，最重要的是，你一定要做自己，絕不能爲了任何人改變自我。爲了你的身心平衡和健康著想，必須讓別人適應你，因爲你無法適應別人。你偶爾可以跟著別人走，但是你必須時時回到你固定而獨特的模式。

人際：對機會主義探究者來說，人生和人，是一門眞正的教育，透過人與人之間的交流，他們學習到的是，並非所有人都跟他們一樣黑白分明，以是非對錯的角度看待世界。當他們猛然覺醒這世界竟是如此，這會讓他們陷於脆弱，甚至心痛。然而，人生角色 4/1 的人透過體驗學習，固定的命運則讓他們不斷前進。對他們而言，遠離爭端很重要，除了他們既有的人際網絡之外，需要有一小群值得信任的死黨和知己，沒有對抗，而是能夠無條件地給予愛與支持。**機會**主義探究者喜歡研究人類的行爲，對於心理學、社會學、占星學或是人類圖，都可能有興趣探索。

爲了讓人生有好的開始，對於人生角色 4/1 的孩子而言，富教育性以及安全穩固的家庭生活非常重要。父母必須提供機會，並鼓勵他們學習自己喜愛，而且能夠樂在其中的事物。4/1 的人在人際關係上，其連結策略是先建立友誼的基礎，成爲像兄弟姊妹或是朋友的關係，再發展成進一步的親密關係。所有「他人」在跟**機會**主義探究者建立關係時，都必須先接受這一點。人生角色 4/1 的人，可成爲最忠誠、最慷慨的朋友，但他們無法和抗拒他們，或缺乏信任、忠誠的人建立關係。因爲第四爻內建有退位者的特質，想要成爲他們的朋友，彼此最好是能完全開誠布公。如果他們遭遇抗拒，就會繼續前進，尋找其他需要他們的人。

如果你和 4/1 的人爭辯，他們只會禮貌地點點頭，實際上則堅定地將他們的眞理默默深埋心中。4/1 人的心意通常很難改變，除非你握有堅不可摧的事實，足以證明你的論點。

人生角色 4/1 的名人：製作人大衛·金斯伯格（David Ginsburg）、劇作家安德魯·洛伊·韋伯（Andrew Lloyd Webber）、記者芭芭拉·華特斯（Barbara Walters）、女演員貝蒂·米勒（Bette Midler）、美國太空人伯茲·艾德林（Buzz Aldrin）、服裝設計師吉安尼·凡賽斯（Gianni Versace）、皮件設計師路易斯·威登（Louis Vuitton）、喜劇演員彼得·謝勒（Peter Sellers）、演員／導演理查·哈里斯（Richard Harris）。

左角度交叉－超越個人，帶有業力

人生角色 5/1
異端探究者

	第五爻　個性 意識的　普及			第一爻　設計 潛意識的　自省
行為特質	異端者		本質	謙遜
投射的態度	將軍		類型	獨裁主義者
限制的視野	救世主		記憶	同理心
角色上渴望	吸引力		方向	創造力
連結策略	誘惑者／被誘惑者		性	追求者／被追求者
安全策略	分配者／囤積者		人性	自給自足者／貪圖者
情緒共振	無私／自私		波動共振	弱／強
意識共振	紀律／暴動		頻率共振	弱／強

　　背景：在易經中，崇高並具統治地位的五爻，能夠具體表現每個卦的主題。對**異端探究者**來說，潛意識的第一爻代表權威的基礎，而第五爻則在意識上投射出所有基礎會有或應有的模樣。這使得人生角色 5/1 是 12 種人生角色中，最能超越個人的層次，帶有最強大的普及潛能。5/1 扮演的角色是救世主和將軍，權謀而且偏執，但卻充滿吸引力。**異端探究者**會被投射成救世主，在危機時刻提供實用的解決方法，並且拯救別人。

　　個人：超越個人命運意謂著你這輩子會來處理業力，而你天生會遇到許多重要的機緣，雙方的相遇足以讓彼此產生重要突變。如果將你的人生畫成格子圖，你會發現很多交會點，都代表著這些機緣相遇，從中你會了解命運如何巧妙安排，讓你得以遇見生命中的貴人，以及成為別人的貴人。這些業力的相遇，常會讓你產生似曾相識的感覺，這可能複雜到牽涉事業上的安排，或單純只是某個人前來問路。在某種程度上，你會意識到自己超越個人的五爻，具備迷人又吸引人的特質，引發眾人在你身上投射了許多期待。那些人（甚至是不認識你的人）會覺得你可能具備某種重要性，能夠提供他們所需要的幫助。這些外來的投射會吸引別人開始靠近你，也為你提供人生中必要的機緣，讓你能活出自己獨特的使命。

　　因為投射的緣故，他人會覺得你可以帶領、引導、幫助或拯救他們，當這個投射的形象對你而言是正確的，你會樂於扮演這個角色，並且使用你在專業上解決問題的技巧，為眾人提供實用的解決方法。然而，若你感覺到別人對你的投射並不正確，你會覺得沒有安全感，無法確定你是否可以提供別人所需要的幫助。所以知道如何辨識，並接受正確的投射，對你來說非常重要。如果你接受了一個不正確的投射，便會陷入他人所投射出來的幻覺之網，導致許下承諾卻無法達成，徒留壞名。所以在面對別人的期待時，保持懷疑，甚至帶點偏執的態度，對你來說才健康。拉曾經說過：「人類的希望和夢

想，落在五爻的肩膀上。」這責任相當重大，而承擔這種投射的最好方法，就是站在堅固、實際又可靠的基礎之上。

五爻的人的優勢：一開始來自他人的投射，總是正面。人們投射期望，覺得你可以滿足他們的需求，若你提供有效方法，名聲便會扶搖直上。但相反的，當你無法提供有效的解決方法，給出不牢靠的計畫時，你的名聲就會受損，接著，「異端將會被燒死在火刑柱上」，你成爲眾人指責的焦點。名聲受損，你在意識層面上的五爻就得另謀出路。因此在決定參與前，請確認你準備的實際解決方案，是否對每個人都適用。要做到這一點，必須仰賴潛意識層面的第一爻。身爲探究者，第一爻的設計就是打破沙鍋問到底，研究並建構安全可信的知識基礎。一旦具備穩固基礎，並成爲權威，你便是準備好了，在別人需要你的時候，能發揮影響力，引發社會突變。依循人生策略及內在權威，引導你找到正確的環境及時機，才能讓務實的知識基礎，得以普及。

你對於觀察周遭世界極爲熱衷，而你成功的必要因素，便是做好萬全的準備，並選擇正確的時機。當兩者齊備，你是個**異端探究者**，得以打破人類對事物的既有成見，在舊觀念宣告失效時，注入革命色彩，宛如異端般的新觀點，並使之成功運作。你和四爻不同，四爻在自己的人際網絡和夥伴關係上，能發揮最大的影響力；五爻則扮演重要的陌生人，力量最爲強大。你天生的設計要接觸新的族群，那些人已經準備好，可以接收充滿突變性，宛如異端般的觀點；對第五爻的人來說，親近生侮慢，適時的撤退對你大有益處，遠離任何對你帶有投射的場域，既能增強力量，還能培養技能，如此一來，當下一個危機到來，剛好又是正確的託付時，你已經做好萬全準備。透過薰陶美感與創造力，在各個層面上，感到煥然一新。

人際：爲了有更多機會，帶來普及的影響力，同時招來足以相互誘惑的拍檔，**異端探究者**渴望自己充滿吸引力，他們有其脆弱處，缺乏安全感，也不願意展現眞實的自己。很少人眞正了解五爻的人，因爲難以捉摸的投射場域，總是掩蓋他們眞實的面向。五爻的人會默默囤積，有所保留，等待別人築起權力幻覺（投射場域），等待正確的時機，才擴展自己的基礎，帶來普及的影響力。在危機中，若要提供有用的解決方法，需要紀律與耐心。在過程中，**異端探究者**逐漸成長，但要記住，滿足某個投射的期待後，必須先退回，再等待，爲下一次可能來臨的狀況做好準備。認清正確的行動時機，否則只會使名聲受損。如果等待太久，原先需要被拯救的事物已經消失，新的投射將疊疊在第一個投射之上，此時的投射對他們而言，不見得正確。此外，人生角色 5/1 和 6/2 之間，有種奇妙的連結。6/2 的人本身充滿智慧和信任，天眞支持著 5/1 的異端與其實際的基礎知識，可以增強或拯救 5/1 人的名聲，不過反之亦然，6/2 的人也能夠用同樣方式，摧毀他們的名聲。

人生角色 5/1 的名人：《安妮的日記》作者安妮・法蘭克（Anne Frank）、美國發明家巴克明斯特・富勒（Buckminster Fuller）、美國演員克林・伊斯威特（Clint Eastwood）、美國歌手哈利・貝拉方提（Harry Belafonte）、美國實業家、《花花公子》雜誌創辦人休・海夫納（Hugh Hefner）、美國太空人尼爾・阿姆斯壯（Neil Armstrong）、天主教聖人畢奧神父（Padre Pio）、英國歌手保羅・麥卡尼（Paul McCartney）、拉・烏盧・胡、梵谷（Theo Van Gogh）。

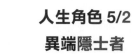

左角度交叉－超越個人，帶有業力

人生角色 5/2
異端隱士者

	第五爻　個性 意識的　普及		第二爻　設計 潛意識的　投射
行為特質	異端者	本質	隱士
投射的態度	將軍	類型	民主主義者
限制的視野	救世主	記憶	偏執
角色上渴望	吸引力	方向	和諧
連結策略	誘惑者／被誘惑者	性	害羞／大膽
安全策略	分配者／囤積者	人性	培育者／耗損者
情緒共振	無私／自私	波動共振	前進／撤離
意識共振	紀律／暴動	頻率共振	決定／不決定

　　背景：身處於雙重的投射場域，異端隱士者必須自我刺激或自我驅動。當正確的投射讓事情開始運作，異端者會召喚出自己隱士的天賦，自然而然地加以運用，或予以普世擴展。人生角色 5/2 的人有著不平凡的人生，別人總會持續不斷地在他們身上投射期望。若以房子的比喻來看，意識層面上的第五爻位在二樓，躲在窗簾後面觀望外面的街道，他們非常清楚，下方的人好奇於窗簾後有什麼，因而投射出期待。而潛意識層面的第二爻則在亮著燈、窗簾敞開的一樓跳著舞，他們一點也不關心別人看到什麼，或在別人眼中，自己投射出什麼樣的形象。

　　這是很少見的人生角色，可以說是不情願的異端者，因為來自他人的投射太多，他們不確定該滿足何者，乾脆保持距離，不涉入其中，這種情形在他們身上可說司空見慣。雖然他們是屬於超越個人的人生角色，但是他們不像 5/1 的人，和別人有業力上的關係，5/2 的人只要處理好自己的內在業力就好。他們要在過往生命的基礎之上，活出此生的目的，但「他們」要自己去探索，否則，不論那尚未被召喚出來的東西為何，他們都不可能將其擴展，普及世人。

　　個人：以一種不尋常的方式，你極具天賦。對你而言重要的是該如何投入生命。你在等待的，是那個來自內在的正確召喚，這召喚帶有革命性的色彩，讓你能帶領他人超越世俗層面。一旦完整投入其中，你將被賦予力量，為你此生注定相遇之人，提供無私的滋養與支持，同時也能在物質層面上，兼顧自己的需求。你跟 5/1 的人不一樣的是，他們擴展給眾人的是自己的探索和研究；而你傳達給眾人的是你的天賦才能。這其實非常個人，你可能因而感覺自己非常脆弱。當你接受召喚，投身其中，提供協助，你要人們相信的是你這個人，你必須獨自站在屬於自己的魅力之中，而這可能會為你帶來許多不確定的感受。

至於你二爻所蘊藏的天才之處，深藏在潛意識層面。對你來說，要分辨自己所接收的召喚是否正確，有其難度。因為你的召喚往往來自別人的投射，必須透過你的人生**策略及內在權威**，才能知道該如何做出正確的決定，以獲得成功與名聲。唯有辨識正確的召喚，才有機會滿足來自他人的投射。人生角色中的第五爻，總是要從他人的正向投射中，因為滿足他們的渴望與需求，而跨出第一步，但是若無法滿足他們對你的投射，便會損及你的名聲。這是個超越個人的人生角色，一旦名聲受損，便壞事傳千里。因此非常重要的是，了解如何遵循自己的內在權威，做出正確決定，而不是順著投射的場域來決定。你在獨處時會感到很舒服、很自然，也很開心，換句話說，遠離投射對你不僅必要，也是一種解脫。你的潛意識層面，也就是你的身體二爻是個隱士，特別需要時間獨處，才能滋養自己的天賦，保持健康。

　　身為**隱士**，你對於如何改進原本的天賦，沒什麼興趣，也無意向自己或別人證明你真有兩把刷子。而作為**異端者**，對於那些身處危機中的人，伸手向你求援，或是對你懷抱希望與期待，期望你能滿足他們，這些投射都會讓你感到很不舒服。尤其如果曾經為了符合對方的期待，而體驗過失敗的滋味，就會感覺更加負面，再度強化你想要獨處的渴望。這也會讓你在面對四面八方的諸多投射時，不確定自己到底能做什麼，感到不知所措與困惑。這種情形若演變到極端不健康的狀況，你可能會選擇孤立自己，遠離所有外在投射及期待，寧願默默承擔起，拒絕付出不願分享天賦以造福眾人的壞名聲。

　　人際：與異端隱士者交流的祕訣，就是避免在任何方面給他們壓力。要等到他們自己召喚自己，以他們獨有的方式，在困境或危機中，發揮自己與生俱來特定的才華與天才。這個不尋常的人生角色，以個人能從中獲益的各種形式，並保有其內在的平衡，將革命性的全新真理帶到世上。5/2 的人堅信，和諧的根基源於沒有人應該遭受壓迫。在關係上，第五爻的**異端者**依賴天生的吸引力，抓住別人目光，但是**隱士**不由自主的害羞傾向，卻設立了屏障，無法真正與人親密。然而，當他們有興趣的人或追求者出現時，5/2 會卸下心防，允許追求者大膽並有效地展開誘惑，就此開啟親密的大門。

　　5/2 的孩童屬於自我激勵的類型，而這對於他們的父母卻充滿挫折與挑戰。我們總對這些孩子寄予巨大期望，期待他們在世上展現才華或天才，以幫助別人。當他們躲在自己的小房間裡玩耍，家人可能會覺得他們表現不如預期。這會讓 5/2 的孩童感覺非常不舒服，因為他們總對外來的投射，備感壓力。當他們對自己的天賦感到不安，不確定自己是否能符合眾人期待，就會開始對別人的評價，心存懷疑。和 5/2 的孩童相處時，最好提供多種不同事物，任其挑選，看看何者會讓他們心生歡喜，他們很挑剔，然而他們的天賦一旦被啟動，他們便會將自己召喚出來，與別人分享自己與生俱來的才能。

人生角色 5/2 的名人：美國總統林肯（Abraham Lincoln）、美國民權鬥士科麗塔・史考特・金恩（Coretta Scott King）、美國女演員布莉姬・芳達（Bridget Fonda）、英國小說家喬治・艾略特（George Eliot）、知名新聞記者邁克・華萊士（Mike Wallace）、美國演員彼得・格雷夫斯（Peter Graves）、山達基教創始人羅恩・賀伯特（Ron L. Hubbard）、美國編舞家艾文・艾利（Alvin Ailey）、美國歌手琴娜・菲利普斯（Chynna Phillips）、浪漫主義音樂家法蘭茲・舒伯特（Franz Schubert）。

左角度交叉－超越個人，帶有業力

人生角色 6/2
人生典範之隱者

	第六爻　個性 意識的　過渡		第二爻　設計 潛意識的　投射
行為特質	人生典範	本質	隱士
投射的態度	管理人	類型	民主主義者
限制的視野	樂觀主義者	記憶	偏執
角色上渴望	客觀	方向	和諧
連結策略	靈魂伴侶／非靈魂伴侶	性	害羞／大膽
安全策略	信任／不信任	人性	培育者／耗損者
情緒共振	同情／冷漠	波動共振	前進／撤離
意識共振	領導／非領導	頻率共振	決定／不決定

　　背景：超越個人的人生典範之隱者，此生的目的，是要讓我們所有人能夠不被外在權威左右，活出表裡一致的自己，進而理解並接受，我們各自是如此獨特而完美。不過潛意識層面具備天賦的隱士，只想獨善其身。在前述房子的比喻中，第六爻座落在屋頂，和房子其他部分是分開的，卻得以看見別棟房子；就卦象而言，則是能看見下一個卦。人生典範不一定在乎屋內發生的事；他們對於屋頂的廣闊視野更有興趣。

　　位於屋頂高處，讓人生角色 6/2 的人得以脫離「戲劇人生」，他們像是位在山頂的智者，客觀地觀察世界，提供超然的觀點。第二爻以及第六爻有些共同點，隱士的天賦總是會被人注意，而身為觀察者的人生典範，也總是被人們觀察著。

　　個人：你總會有種和世界不太同步的感覺。因為你鳥瞰人生，等於以超齡的智慧，宏觀這世界。那些沒有第六爻的人生角色，無法用你的方式看世界，因此你覺得與他們格格不入，或質疑為何對你顯而易見之事，別人卻渾然不覺。當第六爻和第二爻結合，你會成為民主的管理者，獨特、有能力而且睿智的權威人士。

　　跟所有的第六爻一樣，你的人生主要分成三階段。重要的是，你必須擁抱過程中的每一個面向，在你日益成熟的同時，為真正的召喚做好充分的準備，未來才能成為值得信任的領導者。最早的 30 年是嘗試錯誤的探索過程，收集有價值的經驗，隨著你的奮鬥，經歷人生中殘酷現實的洗禮，行不通的天真亦會日漸褪去。第二階段是你的退隱期，用來療傷、重拾樂觀、享受人生，並釐清哪些事物行得通。你潛意識層面的第二爻隱士，在這個時期會感到如魚得水，因為退隱正符合其天性。50 歲以後，你會接收到召喚，重新與現實人生形成連結，並且成為真正的人生典範，成為活出睿智、覺知、客觀判斷的典範與觀察者。

人們總是關注著你，即使在你處於靜默及退隱的階段，你依然擁有超越個人層面的強大力量。對你來說，和諧的人生意謂著沒有潛藏的議題，無須爲了證明自己而備感壓力。你總能處之泰然、跳脫無意義的戲劇人生，這也讓你能保持客觀。你最感興趣的是有深度、有意義之事，不願投入瑣碎的事物中。別人視你爲客觀的管理者，請求你給予建議。身爲一個超然的人，別人會認眞聆聽你所說的話，重視你所提供的建議。不管你認爲是否可行，或認定某個人的好壞，人們都會相信你。基本上，在健康狀態下，你的第六爻是樂觀的──總是希望並夢想每個人都活得很好，當然也包括你自己。在此同時，你潛意識的第二爻，則會看見存於人性中的脆弱與自我憎恨。

　　你必須保護你的天賦才能，讓它們在自然的狀態下舒展開來，如此一來才會有人召喚你出來，爲全世界所用。你並非通才，必須透過特定的召喚，才能讓你的天份得以發揮，具體發揮身爲人生典範的力量。不過你無法主動尋找召喚，必須藉由他人發起。如果在人生的前兩個階段，你能夠在過程中安身立命，保持洞察力並守護自己的天賦才能，你自然會散發出高尚、自足、樂觀又有遠見的氣質。然而存於潛意識的不確定感，會導致你退縮保留，不願意跟世界分享你的特殊天賦。你的人生策略及內在權威，將引導你找到正確的人，回應正確的召喚。

　　人際：人生典範之隱者是理想主義者，總在尋找完美人生與完美伴侶；某個可以陪伴在旁、心有靈犀、足以讓他們感覺驕傲的人。然而，這伴侶得鼓起勇氣，突破 6/2 人屏障的高牆，才可能成爲他的伴侶。在前 30 年的嘗試錯誤過程中，他們不斷進入親密關係，卻只能受苦於幻滅與失望。一般來說，只有在進入退隱期，他們才有可能遇到眞正的伴侶，但即使在這階段，爲了找到完美伴侶，還是得花費大量時間，不斷嘗試再嘗試。對 6/2 人來說，重要的是，活出眞實的自己，並且不會試圖去改變別人眞實的一面。對人生典範之隱者來說，信任是極重要的養分，他們無法親近他們不信任的人。若信任破滅，你就只能接觸到 6/2 人最表面的那一面。

　　支持 6/2 的孩子探索他們眞實的天賦與本質，讓他們不會因爲人生前 30 年的嘗試錯誤，其過程所犯的「錯誤」而感到羞愧，這非常重要。他們可能對自己的天賦並不確定，且往往因爲追求完美，進行嚴厲的自我批判。父母應該鼓勵他們探索，與嘗試各種事物。如果當孩子做了某件事情，卻發現行不通時，父母親可以問孩子：「你在這個經驗中學到什麼？」引導孩子從中發現，從中學習。

　　第六爻的三階段發展歷程，也是所有人類要經歷的過程，透過第六爻親身示範並眞實顯現，引領我們轉換至九個能量中心的全新型態。他們此生的目的是讓我們知道，如何活出九個能量中心的獨特性，如何生活、運作、透過內在權威而作出正確的決定。**人生典範之隱者**在此是爲了讓我們看見，如何依循自身的智慧而活。

人生角色 6/2 的名人：美國總統歐巴馬（Barack Obama）、美國音樂人比利・喬（Billy Joel）、法國前總統戴高樂（Charles De Gaulle）、英國作家狄更斯（Charles Dickens）、澳洲男演員艾羅爾・弗林（Errol Flynn）、美國導演／製作人喬治・魯卡斯（George Lucas）、美國前總統杜魯門（Harry S. Truman）、美國汽車大王亨利・福特（Henry Ford）、現代舞創始人伊莎朵拉・鄧肯（Isadora Duncan）、美國作者費滋傑羅（Zelda Fitzgerald）。

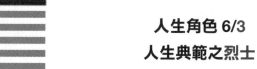

左角度交叉－超越個人，帶有業力

人生角色 6/3
人生典範之烈士

	第六爻　個性			第三爻　設計	
	意識的　過渡			潛意識的　適應	
行為特質	人生典範		本質	烈士	
投射的態度	管理人		類型	無政府主義者	
限制的視野	樂觀主義者		記憶	悲觀主義者	
角色上渴望	客觀		方向	維持	
連結策略	靈魂伴侶／非靈魂伴侶		性	連結與斷裂	
安全策略	信任／不信任		人性	連結與斷裂	
情緒共振	同情／冷漠		波動共振	忠誠／拒絕	
意識共振	領導／非領導		頻率共振	夥伴關係／依賴	

　　背景：人生典範之烈士，12 種人生角色中的最後一個，結合意識層面超然且追求完美的第六爻，與潛意識裡充滿騷動、物質導向與突變的第三爻。6/3 是代表過渡和改變的人生角色，這也讓他們的人生充滿混沌和不穩定。不論第六爻是處在三階段中的哪一個時期，潛意識的第三爻都會持續將一切歸納爲主觀的體驗。正因爲這樣的過程，6/3 成爲人生典範中最有智慧的一個，最終發現，獨特就是完美；還有當作決定的時候，與他人無關，唯一能信任的就是自己。

　　個人：對所有的第六爻而言，你將經歷三階段的人生。在前 30 年，6/3 的人彷彿經歷 3/3 的人生角色，以兩倍的強度，有時候相當困難，以渡過嘗試錯誤的階段。你在此時收集主觀經驗，致力於嘗試所有事情，包括參與行不通的狀況，或進入不正確的關係中。你可能會失望，甚至被制約，悲觀地認爲人世間沒有一件事行得通。

　　6/3 人的第一階段未必都充滿創傷，孩童時期父母的撫育與制約，將決定你如何渡過這個階段。如果父母養育你時，尊重你是獨立的個體，你依循自己眞實的個性成長，教導你如何自己做決定，那麼你的第一階段會過得相對平順。如果你就是自己的**內在權威**，那麼你將會從這些主觀經驗中獲得智慧，並且知道該如何從中探索，分辨何者對你來說才正確。6/3 的孩子需要鼓勵及教導，讓他們知道嘗試錯誤的過程，重點不在犯錯，而是機會，得以從錯誤中學習。若非如此，最後你可能變成烈士和自卑的複合體，對生命抱持著憤世嫉俗又極度悲觀的看法。

　　到了 30 到 50 歲之間，你爬上屋頂，進入超然又客觀的觀察過程。此時的你，從主觀經驗的歷程中隱退，從第一階段的 3/3 回到了 6/3。但是你卻無法像人生角色 6/2 一般，安然待在屋頂。潛意識的第三爻，會一而再、再而三地將你拉回嘗試錯誤的過程，

而且覺得「這還不夠，一定還可以更多」以及「還有東西等著我去嘗試，還有東西需要被探索」，這讓你在梯子上爬上爬下，在連結世界和保持超然間不斷徘徊，同情和冷漠交錯出現。若因為某些不愉快或令人氣餒的經驗而感到受傷，你可能會暫時撤退，直到覺得無聊，又或是有新的冒險吸引你，你又會再度爬下梯子，投入下一個體驗。因為受到第六爻在意識層面的樂觀所驅動，對你而言一切都有可能，相信自己總能找到可信任的事物或是靈魂伴侶，而在樂觀與悲觀之間來回擺盪與徘徊。

50 歲起，你開始隱隱感覺到，自己的獨特性已逐漸完備，就要開花結果成為人生典範了。活到這個階段，你已經累積了大量的智慧，看起來就是個充滿智慧又客觀的顧問，對人生充滿獨特看法。潛伏在潛意識的第三爻，已經準備好要進行下一次探索，即使下一步的實驗，可能會打亂六爻所喜愛的，那平和又完美的世界。然而你的客觀是你的救星，總會支持你到底，而這也是你立志要達成的特質，的確能為你的人生帶來和諧。你的人生充滿各式各樣的轉換，時而投入時而解脫。擁有人生伴侶，對你而言很重要，擁有關係建立又斷裂的人生，對你來說是正確的道路，你需要適時抽身跳脫，然後再度連結而進入。當你依照自己的內在權威運作時，就會體驗到，正確的轉換對你來說會是怎樣的體驗。頭腦所作的決定，導致每下愈況，是最糟糕的狀態，而這可能會讓你面臨痛苦又受傷的體驗。

人際：人生典範之烈士生來充滿彈性，有能力堅持自己的方向。只要他們能夠接受並擁抱年輕時的混亂、困惑及驚愕，從中獲得所有必要的發現和學習，累積珍貴的智慧為根基，此生就會行得通。6/3 需要與他們所信任的人，建立相互支持的人際關係，這些人能包容 6/3 在必要時，會抽身離開或切斷連結，而這是為了重新連結，與強化其關係。

第六爻為我們示範，如何用嶄新的方式，在九個能量中心的世界中生活。舊有方式主要立基在領導人與跟隨者之上，第五爻的普世者為我們帶來制約，人類朝同質化發展，進而將自己的權威交付給別人。人類圖是為了解放個體性，才來到這個世界，同時培養並強化每個人的獨特性，而這也與六爻想體現並表達的主題一致。當我們進入了突變的新時代，愈接近西元 2027 年，世界會愈來愈以六爻的方式來運作，而那些鼓吹我們將自己的權威，交由外在影響來決定的結構與組織，都將持續瓦解。

在舊有的七個能量中心運作模式，我們總會被告知該做什麼。這並非六爻的本質；他們天真地示範給我們看，什麼叫做透過內在權威，正確地活出自己。在後凱龍時期，他們就是九個能量中心活生生的示範，讓獨特性的完全發揮並開展。從六爻身上我們得以看見，做自己是沒問題的，你可以在自己的內在，找到所需的一切。

人生角色 6/3 的名人：美國新聞主播丹・拉瑟（Dan Rather）、美國演員法拉・佛西（Farrah Fawcett）、美國演員哈理遜・福特（Harrison Ford）、美國演員麥特・戴蒙（Matt Damon）、巴西作家保羅・科爾賀（Paulo Coelho）、美國演員洛克・哈德森（Rock Hudson）、美國網球選手瑟琳娜・威廉斯（小威廉斯，Serena Williams）、賈伯斯（Steve Jobs）、義大利末代國王翁貝托二世（King Umberto II）、美國 R&B 歌手亞瑟小子（Usher Raymond IV）。

所謂的輪迴並非僅止於外在形式，否則，我們可以全部成爲海豚，或化爲植物，我們來到這裡是爲了落實意識上的設定，在此指的是完成使命。你的輪迴交叉是你的人生目的，以及能否履行的可能。當你活出自己，你的輪迴交叉將接管你的人生，當你活出自己的人生使命時，在你設計中的個性層面，再也不是重點，人生目的會讓人超脱自己個性的種種問題，這就是做自己的神奇之處。因爲當你眞正活出自己的本性，你的輪迴交叉會接手，你的人生目的會凌駕一切，不論接下來會如何發生，從中顯現的會是對此原型的需求與機會，靜待被完成。——拉・烏盧・胡

第八章
輪迴交叉索引
我們真正的使命

第八章　輪迴交叉索引

我們真正的使命

　　人類圖祖師爺拉當年在釋出全球輪迴交叉的資訊時，內心其實很猶豫，因爲當時人類圖系統尚未普及，而人們可能會傾向於將自己的輪迴交叉，解釋成他們有資格去做的事情，或是不可避免會發生的事。但事實上並非如此。

　　我們的輪迴交叉，並不會隨著我們經歷去制約過程，而自動顯現，也不會提供立即的滿足與喜悅；它遠遠大過於此。當我們照著自己的設計，活出個別的自我，輪迴交叉會逐步而自然地接管我們的人生。要達成使命，需要一輩子的耐心和謹慎專注，做出正確的決定，並且全心致力依覺知來微調。我們不是覺醒於自己的輪迴交叉，而是活在輪迴交叉中而覺醒。輪迴交叉能讓我們全然體現，意識層面的潛能，這是生命覺醒的過程。

　　每一個個體，皆屬於整體中的一部分。而每個人的存在都是獨特的貢獻，成爲這整體互動的一部分。我們生命中的行爲，無不圍繞著自己的使命，透過人類圖兩側太陽和地球的位置，及其所呈現的主題，透過輪迴交叉表達出來。在下一頁的人類圖曼陀羅中，落在 1 號閘門的個性太陽，與落在 2 號閘門的個性地球是一條線，而落在 7 號閘門的設計太陽，與落在 13 號閘門的設計地球是另一條線，兩條線交叉，便形成輪迴交叉。我們每個人都有屬於自己的交叉，而每一個交叉，對整體而言都是必要的；沒有任何一條交叉比其他的交叉更爲重要。

　　基礎的輪迴交叉有 192 種，另外還有 768 種分析用的特定輪迴交叉。緊接著簡介之後，是以簡要的關鍵用語，來介紹這 192 個基本的輪迴交叉，若帶著覺知過生活，箇中所蘊藏的可能。要完全了解一個輪迴交叉，需要完整的輪迴交叉解讀。（欲諮詢完整的輪迴交叉解讀，請洽國際人類圖學校認證分析師。）

輪迴交叉的四等分

　　「觀照者透過子宮歸來，爲了建造與連結、創造更多、衡量及死去。」

——拉・烏盧・胡

　　右角度交叉之人面獅身的四個閘門（如下頁圖示）將人類圖曼陀羅分成四個等分：初始（13 號閘門）、文明（2 號閘門）、二元性（7 號閘門）與突變（1 號閘門）。了解四個等分不同的主題，可以加深我們對輪迴交叉的理解。若要把四個等分的關鍵字用敘述性的句子表達出來，我們可以這樣說：我們在此是爲了開始（初始）建造（文明），透過人際連結（二元性）與進化（突變）去創造，直到死去爲止。

如何找到你的輪迴交叉

下圖將說明,如何找出你的輪迴交叉位於四等分中哪一個等分。想要找到你的等分和交叉,請查出你人類圖上,個性太陽落在哪個閘門。首先找到代表個性太陽的符號(⊙)及其旁邊的閘門號碼,接著對照人類圖曼陀羅(如圖示)找到所屬的等分。接下來的四頁將會描述四個等分個別的主題,同時也列出該等分之交叉的說明頁數。另外你也能在列印出來的人類圖上,找到你的輪迴交叉名稱。

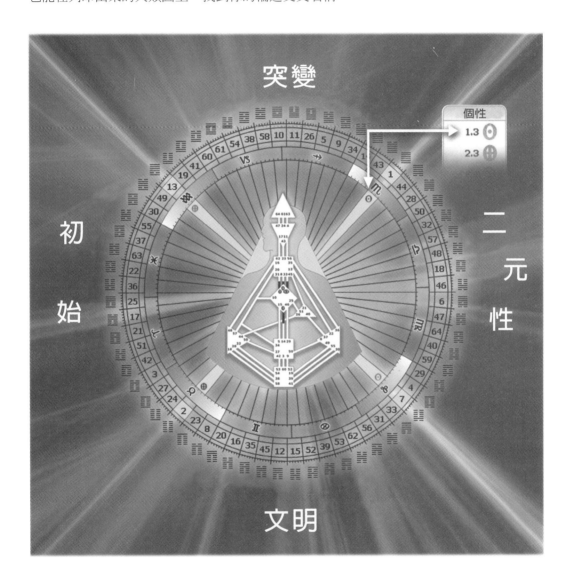

　　在第一等分中，觀照者（個性水晶）回到地球，再一次在物質層面帶來意識上的革命。這個等分是透過頭腦，經由思考、教育、概念化、解釋及分享人生在世的意義，來達成使命。當我們學習臣服於自身形體時，頭腦會進行細微的調整。只要我們的心智對於存在於身體之中，感覺適得其所，我們會樂於做自己，而不會渴望成為任何人。注意到，情緒中心是關於關係的智慧，以及精神意識的展現，而情緒中心的七個閘門中，便有六個都集中在初始的等分。同時，發起的通道也位於此處。初始這一等分中，所有的**輪迴交叉**詳列於 **294-297** 頁。

　　第二等分主要聚焦於形體的生命旅程，以及人類出生後所需的支持。這裡能將頭腦裡的概念具體化並成形。這個以陽性爲主的等分，負責建立各種架構社群及文明，因而能支持運作形式，讓每個人得以成長茁壯。它預見了工業化、領土權、物質文明的發展，以及個人技能的獨特化及最佳化，還有女性所扮演的重要角色，爲後代及所有人創造了文明、具備創造力又安全的環境。值得注意的是，喉嚨中心全部的閘門，都落在這代表文明的等分：分享、支持並幫助人類所有的潛能，得以展現其智慧。在此的使命是透過顯示，透過靈魂注入形體而完成。文明這一等分中，所有的輪迴交叉詳列於298-301頁。

　　第三等分是四等分中最世俗、最親密的一環，我們在此跨越了彼此分離的障礙，提出我們對別人的需求，然後神奇地合而為一。在這個領域中，我們能深入核心，看到存在的二元本質；一方面擴展物質世界（為了衡量而衡量），另一方面與輪迴中的美麗和神祕相連結。在此，我們與別人相連結的能力，成為源源不絕的奇蹟源頭。這個領域的使命，是透過人際連結來達成；基於遺傳上的需要，選擇最佳伴侶來繁衍物種，以確保人類的未來得以延續。二元性的等分帶著我們從頭腦（概念化）與形式（建立），來到人際連結（共同創造的奧祕）。另外值得注意的是，發現的通道、親密的通道、直覺中心的所有閘門，以及這些閘門所擁有的求存智慧，全部都在此等分之中。二元性這一等分中，所有的輪迴交叉詳列於 **302-305** 頁。

　　在第四等分，真實而蛻變完成的生命，最終歸於完整，來到一個令人滿意、和平、成功而充滿驚喜與愉悅的終點。同時，為了到達下個意識層級，投入未來輪迴的準備必須展開。在這完整的人生中，所學習和表現的一切，都將被仔細地評估、檢查，去蕪存菁；而留下來的部分，可能會成為下個世代的真理和基礎。在突變的等分中，為了完成使命，須發揮在蛻變與覺知層面上的全部潛能。至於神祕主題——接受死亡，是關於臣服生命如是，同時理解到生命：當你完成你的使命，就是繼續前進的時候了。如果你正確地活著，就能夠正確地死去；明白這點，或許會讓你舒服一些。如圖所示，探索的通道以及大部分來自薦骨那有回應、有生產力的能量，還有來自根部中心，那股生命動能的壓力，皆透過突變的等分來顯示。突變這一等分中，所有的輪迴交叉詳列於 **306-309** 頁。

13 號閘門—夥伴關係

- 右角度交叉之人面獅身：具備個人方向，用自己獨特的方式記憶經驗，將鮮明而活躍的過去帶向未來。（閘門 13-7-1-2）
- 並列交叉之傾聽：很棒的傾聽者和守密者，擅用藝術的形式，來詮釋自己與突破性的洞見。（閘門 13-7-43-23）
- 左角度交叉之面具：透過解釋或洞見，帶來轉化的潛能，以領導並指引他人，若能隱身於面具之後（像醫生那樣）效果最佳。（閘門 13-7-43-23）

49 號閘門—革命

- 右角度交叉之解釋：四處遊歷的先知，為滿足生存所需，而指出必要的基本需求，並說明其中的必要原則；對於有所需求的人很敏感。（閘門 49-4-43-23）
- 並列交叉之原則：他們是革命家，行走於時代尖端，固守原則（通常與人權有關），為了要獲得強而有力的盟友，甚至願意與神交易。（閘門 49-4-14-8）
- 左角度交叉之革命：革命家，了解若人處飢餓中，和平不可得，認為擁有資源的人一定要分享給缺乏資源的人。（閘門 49-4-14-8）

30 號閘門—燃燒的火焰

- 右角度交叉之感染：天真的命運實行者，透過體驗、發現和學習，走進別人的生命，並且不預期地改變他們的命運。（閘門 30-29-14-8）
- 並列交叉之命運：精力充沛、堅持不懈，任由命運安排，基於完成渴望的執著與承諾，草莽行事。具備成為神祕學老師的潛能。（閘門 30-29-34-20）
- 左角度交叉之勤奮：活力充沛的人，非常忙碌地工作、創造與連結，以滿足他們內在渴望人類進步的動機：強烈渴望在每一個新的體驗中，感覺到各種情感的可能。（閘門 30-29-34-20）

55 號閘門—豐盛

- 右角度交叉之沉睡的鳳凰（直到二〇二七年為止）：透過愛與連結，他們忙於尋找通往靈性道路的可能，而在過程中體驗到蛻變（死亡與重生）。（閘門 55-59-34-20）
- 並列交叉之情緒：渴求深度、渴望知道真理的人，他們的情緒穩定，具有強烈創造潛能；充滿創意的老師。（閘門 55-59-9-16）
- 左角度交叉之靈魂：透過創造力、好吃的食物和性伴侶關係，尋找其靈魂與生命的樂趣。（閘門 55-59-9-16）

初始的等分
一主題：透過心智，達成目的一

37 號閘門一家庭

- 右角度交叉之計畫：他們秉持自身的技能，與人交易，建立並維持社群的體制；透過相互連結，團結力量大，創造更好的成果。（閘門 37-40-9-16）
- 並列交叉之交易：他們是無人能擋，熱力四射的談判者，擅長達成協議，發展社群。（閘門 37-40-5-35）
- 左角度交叉之遷移：當共同的計畫或經驗已經完成，他們會另謀出路，征服下一個領域／經驗；他們是源頭，帶來進展。（閘門 37-40-5-35）

63 號閘門一完成之後

- 右角度交叉之意識：除了基本需求，透過質疑／測試既定模式，他們想明白人生所為何來，隨順生命之流，進而超脫對更多體驗的渴求。（閘門 63-64-5-35）
- 並列交叉之懷疑：聰明、令人信服，具有影響力的懷疑論者，有能力說服他人，以邏輯性的解釋來平衡其體驗。（閘門 63-64-26-45）
- 左角度交叉之支配：在特定狀況下，他們強大的智慧充滿力量，足以掌控一切，有能力帶來質疑與困惑，以取得主權。（閘門 63-64-26-45）

22 號閘門一優雅

- 右角度交叉之統領：位居要位，懂得如何優雅地聽，天生具備統領的才能，最大的責任是教育王國裡的子民。當他們得以統御人事物時，最為健康。（閘門 22-47-26-45）
- 並列交叉之優雅：非常熱衷社交，能夠全神貫注地傾聽；他們是強而有力的突變媒介，能享受聆聽的藝術和樂趣。（閘門 22-47-11-12）
- 左角度交叉之告知：具備清晰表達的天賦，告知眾人嶄新而不同的事物，帶來突變。經由教導眾人新事物，引發突變。（閘門 22-47-11-12）

36 號閘門一幽暗之光

- 右角度交叉之伊甸園：缺乏經驗的人，追尋刺激或新的體驗，最終純真將逝去，取而代之的是智慧與優雅的展現。（閘門 36-6-11-12）
- 並列交叉之危機：懷抱對自己及人類的愛，擅長研究別人引發的危機行為，因而將（有關性方面的）體驗提升到更高的層次。（閘門 36-6-10-15）
- 左角度交叉之飛機：人世間的觀照者，能夠看見人性的變幻莫測，像是好、壞、醜等諸多面向；同時也具備潛能，讓人們知道，除此之外還有更多：像是光、靈性、覺醒與啟發。（閘門 36-6-10-15）

25 號閘門—天真

- 右角度交叉之愛之船：覺知於更高層面的宇宙，超越個人的宇宙之愛，為人類未來的方向、求存的驅動力與繁衍物種之間，取得平衡。（閘門 25-46-10-15）
- 並列交叉之天真：專注於享受人生，說服你喜歡自己的本性，追求幸福。（閘門 25-46-58-52）
- 左角度交叉之療癒：透過健康的身體，展現對生命的愛，專注感受生命的喜悅 (品質)，對於在不舒服中掙扎的人特別敏感，此生能透過「醫學」，來療癒別人或是療癒自己。（閘門 25-46-58-52）

17 號閘門—跟隨

- 右角度交叉之服務：對於何謂為人處世，具備邏輯性的見解，化不滿足為驅動力，讓他們聚焦於修正、重整和服務人群。（閘門 17-18-58-52）
- 並列交叉之意見：這些人總能以挑釁的方式，檢驗你的靈魂或使命；他們很容易分享許多意見，卻不見得容許別人與之爭辯。（閘門 17-18-38-39）
- 左角度交叉之動盪：擅長按按鈕的人；總是攪亂現狀，為接下來的修正作準備，重新引導人們至健康的方向。（閘門 17-18-38-39）

21 號閘門—奮勇前進

- 右角度交叉之張力：天生設立疆界的人，喜歡掌控自己的環境，與身處其中的人事物；他們擅於維持秩序，並監督情況。（閘門 21-48-38-39）
- 並列交叉之控制：內在對實現自我抱負，異常執著，向上提升的自我需求，他們需要全盤掌控，才能開始創新，創造全新的事物。（閘門 21-48-54-53）
- 左角度交叉之努力：有野心改變現狀的人，致力將有深度的人聚集起來；渴望探索新的領域，以發展社群、商業及科學結構。（閘門 21-48-54-53）

51 號閘門—激起

- 右角度交叉之滲透：這些人會在不經意間，以他們具滲透力的直覺洞見來吸引人們的注意力；他們的觀點出乎意料，總能帶來轉換，或為我們既定認知帶來突變。（閘門 51-57-54-53）
- 並列交叉之驚嚇：他們以細節與自身直覺的洞見，帶來驚嚇，好讓人別過於嚴肅或自滿。（閘門 51-57-61-62）
- 左角度交叉之號角：他們此生是為了驚嚇那些已經準備好覺醒的人，也就是那些對突變保持開放態度，能夠接受號角所帶來的靈感與直覺的洞見。（閘門 51-57-61-62）

初始的等分
—主題：透過心智，達成目的—

42 號閘門—增加

- 右角度交叉之馬雅：引領潮流的人，適當評估的細節，透過完成既定的循環，促進成長，爲深具啓發性的全新啓點，做好鋪陳。（閘門 42-32-61-62）
- 並列交叉之完成：這些人專注於完成他們所開始的事，就像馬拉松選手一樣，就算其他人都已經回家了，他們也非要抵達終點才行。（閘門 42-32-60-56）
- 左角度交叉之限制：知道事情是否可行的人，爲了掌控資源，確保物質上的成功，他們了解接受限制是必要的，限制設立範疇，讓宇宙萬物得以相互依存。（閘門 42-32-60-56）

3 號閘門—凡事起頭難

- 右角度交叉之律法：這些人形塑並改變我們的律法和價值觀，宛如藝術。我們的律法規範彼此如何共處，並爲社會設立秩序。（閘門 3-50-60-56）
- 並列交叉之突變：不斷尋找機會，改變不公平的法律，以便在突變的過程中，建立自己的定位與影響力。（閘門 3-50-41-31）
- 左角度交叉之希望：充滿吸引力與影響力的利他主義者，不斷尋找可能性，讓人們得以擁更好的生活；用全新的方式切入並帶來重整。（閘門 3-50-41-31）

27 號閘門—滋養

- 右角度交叉之不預期：自然而然會被不預期的事物所引發，因而開啓一連串全新的體驗，因而滋養並擴展他們的智慧。（閘門 27-28-41-31）
- 並列交叉之照顧：總是不斷照顧每一個人，照料每一件事，同時也懂得關懷自己，所有的記憶、突然的新發現與各種原則，都需要有其意義，才能成形。（閘門 27-28-19-33）
- 左角度交叉之校準：懂得如何利用不預期的事物，帶來轉變，賦予適當的方向；幫助別人重新找到共識，作出調整。（閘門 27-28-19-33）

24 號閘門—回歸

- 右角度交叉之四方之路：這些人不斷重新審視「神是什麼？神在哪裡？誰是神？」等概念，渴望尋找明確的解答，使意識與形體能共同進化。（閘門 24-44-19-33）
- 並列交叉之體悟：聰明、善於思考，有其固定的運作模式，以天生的邏輯和過往的經驗值，找到過去與未來的接續性，傳遞個人的覺知。（閘門 24-44-13-7）
- 左角度交叉之輪迴：這些人跟過去及未來有特別的連結，當他們和自己的人生軌道合一，就能爲別人的方向帶來深刻的影響。（閘門 24-44-13-7）

文明的等分
—主題：透過形式，達成目的—

2 號閘門—接納

- 右角度交叉之人面獅身 2：具備影響力的密友，結合美學與人類的物質需求；在延續過去的同時，也改變整體物質世界的方向。（閘門 2-1-13-7）
- 並列交叉之駕駛：這些人完全專注於自己的方向，以及自己的駕駛原則，並決定把別人拉進來同行。就算只跟他們短暫相處，也會改變你的方向。（閘門 2-1-49-4）
- 左角度交叉之挑戰：這些人順著自己的方向走，但*看起來*總像在反抗一般社會的方向；他們具有讓別人脫離現況的能力。（閘門 2-1-49-4）

23 號閘門—裂開

- 右角度交叉之解釋 2：永遠的局外人，他們總是在解釋自己，或解釋其獨特的概念、原則和洞見，以便整合至別人的革新或分析的過程裡。（閘門 23-43-49-4）
- 並列交叉之同化：有魅力的人，其任務是重複別人不熟悉的洞見，直到一切變得顯而易見，吸引願意聆聽的朋友，直到他們吸收了解為止。（閘門 23-43-30-29）
- 左角度交叉之奉獻：有潛力的好老師，能夠一遍又一遍解釋同樣的事情，推動教育和改變；總是對接下來如何進展充滿興趣。（閘門 23-43-30-29）

8 號閘門—凝聚在一起

- 右角度交叉之傳染 2：以身作則，渴望貢獻，投入資源確保未來的安全及富裕；他們是能夠影響他人的進化楷模。（閘門 8-14-30-29）
- 並列交叉之貢獻：以某種充滿創意又親密的方式，持續貢獻社會，像是結婚然後花許多年來翻修老舊房子。（閘門 8-14-55-59）
- 左角度交叉之不確定：將能量轉化為實質形式，面對蛻變的不確定性，若要嘗試，需要秉持正確的精神與物質資源。（閘門 8-14-55-59）

20 號閘門—注視

- 右角度交叉之沉睡的鳳凰 2：充滿魅力，總是很忙碌；等待突變發生之前，他們會全神貫注把事情做好，或忙碌沉浸於自己的創造過程裡。（閘門 20-34-55-59）
- 並列交叉之當下：為了部落、家族、伴侶及社群而忙；在社群與自己想投注能量去做的事情中，不斷拔河。（閘門 20-34-37-40）
- 左角度交叉之二元性：忙碌並勤奮於工作，讓別人印象深刻，也讓自己獲得滿足；透過協議建造連結，營造互利共生的夥伴關係。（閘門 20-34-37-40）

文明的等分
—主題：透過形式，達成目的—

16 號閘門—熱誠

- 右角度交叉之計畫 **2**：充滿熱忱，指示詳盡的解決辦法與正確的作爲，找到有邏輯有條理的方式，展現並掌控進度。（閘門 16-9-37-40）
- 並列交叉之**實驗**：有影響力的人，擅長運用自己的人際網絡，引發人們熱情來支持全新的實驗。（閘門 16-9-63-64）
- 左角度交叉之**指認**：強烈邏輯導向，有能力讓別人認同自己的技能或計畫，或認購其股票，因而得到支持、認購或投資。（閘門 16-9-63-64）

35 號閘門—進展

- 右角度交叉之意識 **2**：具備經驗、熟悉一切的人，他們想要改變，也希望你能加入；隨時準備好探索全新的作法。（閘門 35-5-63-64）
- 並列交叉之**經驗**：這些人的經驗能夠轉化爲意識層面的提升，爲人們帶來影響；經驗就是一切。（閘門 35-5-22-47）
- 左角度交叉之**分離**：在人生諸多經歷之後，獲得智慧，明白我們分別以各自的方式，在社會中共同生活。由於各自對體驗有不同的詮釋方式，常讓我們意見分歧，但這也是文明進化的過程。（閘門 35-5-22-47）

45 號閘門—聚集在一起

- 右角度交叉之統領 **2**：這些人來到世上，被賦予 (或運作) 權力，若以現代的話來說，他們就像是企業中的執行長。（閘門 45-26-22-47）
- 並列交叉之**所有權**：有影響力的人，會爲了社群，而接掌統治者的角色，在面臨危機或衝突時，能掌控一切。（閘門 45-26-36-6）
- 左角度交叉之**衝突**：在面臨危機和衝突時，支配家族資源的人，他們會站出來對抗或挑戰那些想掌控的人，堅持自己的要求。（閘門 45-26-36-6）

12 號閘門—靜止不動

- 右角度交叉之伊甸園 **2**：善於表達，但固執己見的人，能將失去的純眞，化爲藝術的形式；有其天賦，能以詩和音樂的形式，表達愛與危機。（閘門 12-11-36-6）
- 並列交叉之**發聲**：傑出的演說者或老師，擁有罕見而令人印象深刻的天賦，能夠用自己聲音的音調變化，影響他人，使他人活出其個體性。（閘門 12-11-25-46）
- 左角度交叉之**教育**：令人印象深刻的演講者，總在尋找優雅的聽眾；利用資源來教育大眾，促進全球化的改變。（閘門 12-11-25-46）

文明的等分
—主題：透過形式，達成目的—

15 號閘門—謙遜

- **右角度交叉之愛之船 2**：關心人類福祉是其天性，透過了解自己在事物發展過程中的定位，將多樣性帶入生命之流。（閘門 15-10-25-46）
- **並列交叉之極端**：這些人固守自己的韻律（通常是極端的韻律），與他人的韻律截然不同；他們並未察覺，自己天生能聚焦於需要被修正的事物上。（閘門 15-10-17-18）
- **左角度交叉之預防**：這些人似乎總是遇到行不通的事情；這其實是一種天賦，能夠悉心指引社會，免於重蹈覆轍。（閘門 15-10-17-18）

52 號閘門—維持不動（山）

- **右角度交叉之服務 2**：有邏輯的人，肩負著責任（以及動能），確保我們採取正確的運作模式，走向未來。（閘門 52-58-17-18）
- **並列交叉之靜止**：安靜愉悅地建立人際網絡；以潛在的深度或解決方法，創造機會，影響他人。（閘門 52-58-21-48）
- **左角度交叉之要求**：為了使社會運作無虞，這些人要求找到解決辦法、完成修正，並且強制執行。（閘門 52-58-21-48）

39 號閘門—阻礙

- **右角度交叉之張力 2**：這些人藉由激發別人的才能、領導力、使命和精神，將能量向外擴展，以釋放壓力；是擅長按按鈕的人。（閘門 39-38-21-48）
- **並列交叉之挑釁**：力量強大且情緒化，用驚嚇的方式去引發他人深層的潛能；他們明白自己的憂鬱，具有創造性的價值。（閘門 39-38-51-57）
- **左角度交叉之個人主義**：一股突變的力量，以其直覺的動見，與堅定的個人主義來撼動你，但本身並不容易受他人影響。（閘門 39-38-51-57）

53 號閘門—發展

- **右角度交叉之滲透 2**：在當下看起來似乎很快樂，試圖開始新事物來獲得認同，並為此感到壓力；他們能憑直覺而知道如何引發別人加入其行列。（閘門 53-54-51-57）
- **並列交叉之開始**：非常受歡迎的人，為蛻變的新循環、新開始灌注能量，評估成本、價值（社交能力），以及計畫的持續性。（閘門 53-54-42-32）
- **左角度交叉之循環**：有能力的人，能夠推動蛻變的循環走向成熟階段，並且順利完成。理解唯一持久不變的就是改變。（閘門 53-54-42-32）

文明的等分
―主題：透過形式，達成目的―

62 號閘門―處理細節的優勢

- 右角度交叉之馬雅 2：教育帶來強大的力量，他們知道邏輯可以帶來蛻變或療癒；運用創造力，以語言命名，描述那隱藏於細節之中，屬於內在的真實，使之成形。（閘門 62-61-42-32）
- 並列交叉之細節：擅長運用大量細節，來表達意見；若著眼於法律或制定法則時，他們會成為好律師。（閘門 62-61-3-50）
- 左角度交叉之朦朧：這些人對於細節或統計的處理，能到達令人讚嘆或費解的地步。經過整理，原本晦澀難解的細節中，可能會帶來偉大的發現。（閘門 62-61-3-50）

56 號閘門―尋道者

- 右角度交叉之律法 2：懂得如何說故事，用理想主義的見解和信念，引發他人。他們的魔法與諸多承諾相關，是夢想家的夢想。（閘門 56-60-3-50）
- 並列交叉之刺激：為了讓生命有意義，他們願意冒險，追求更多刺激，他們是說故事的人，在訴說自己的故事時，得到釋放。（閘門 56-60-27-28）
- 左角度交叉之分心：看似心不在焉，卻能透過充滿啟發性的對話，吸引眾人將注意力轉向自己，或其計畫上。（閘門 56-60-27-28）

31 號閘門―影響力

- 右角度交叉之不預期 2：天生有能力能吸引社會大眾的注意力，而成為不預期的領導者或英雄；往往就在不預期的狀態下，眾人會發掘並讚賞他們帶來滋養的影響力。（閘門 31-41-27-28）
- 並列交叉之影響：天生具備影響力與持續力，使用自己的思考過程、新的經驗以及記憶，來說服別人。（閘門 31-41-24-44）
- 左角度交叉之創始者：強大的領導者，透過解決精神面的生存問題，影響他人；為了確保未來長治久安，不斷找尋實際的解決方案。（閘門 31-41-24-44）

33 號閘門―退隱

- 右角度交叉之四方之路 2：這些人在分享洞見、回憶或任何原則之前，需要單獨隱居，以思考並消化自己的經驗；他們需要獨處的隱私與空間。（閘門 33-19-24-44）
- 並列交叉之隱私：在生活中展現對美的需求；他們需要充足的食物和住所（自己的空間），才能展現隱居的美學。（閘門 33-19-2-1）
- 左角度交叉之精緻：這些人知道擁有並保護一個家，是不夠的；生命因為美麗的事物而豐富，美好的事物帶來療癒。（閘門 33-19-2-1）

7 號閘門—軍隊

- 右角度交叉之人面獅身 3：具備影響力與領導力，以清晰的邏輯看待過往，鑑往知來，引導人們走向安全的未來。（閘門 7-13-2-1）
- 並列交叉之相互影響：不斷找尋各種方法，活出領導者的角色，散發影響力的同時，也避免自己被影響，而接受多樣性，就成為他們領導的方式。（閘門 7-13-23-43）
- 左角度交叉之面具 2：承擔來自外在的投射，要他們提供實際或有智慧的領導方式，成為有影響力的改革推動者；他們最好躲在面具或頭銜背後來發揮影響力，像將軍或治療師。（閘門 7-13-23-43）

4 號閘門—血氣方剛的愚者

- 右角度交叉之解釋 3：解釋革命性與原則性的解決方案，就是他們的工作，尚未經過測試的個人覺知，經由邏輯且公式化的檢驗，其洞見需要釐清，並且反覆說明。（閘門 4-49-23-43）
- 並列交叉之公式化：帶來啟發，具備創造力，能建立公式並看到獨特的模式，使新方向變得可行。（閘門 4-49-8-14）
- 左角度交叉之革命 2：承接外在的投射，期待他們務實地，提出發起革命（或不發起革命）的理由，同時貢獻其資源。（閘門 4-49-8-14）

29 號閘門—深淵

- 右角度交叉之傳染 3：總是對新的 (親密) 的體驗說好，透過承諾尋求滿足感，他們能為體驗而體驗。（閘門 29-30-8-14）
- 並列交叉之承諾：對其承諾，貫徹到底；他們是靈感的來源，像是將一生侍奉給神的聖人。（閘門 29-30-20-34）
- 左角度交叉之勤奮 2：這些人沒有意識到自己強大的魅力，他們只要做出正確的承諾，就能堅持並發光。（閘門 29-30-20-34）

59 號閘門—分散

- 右角度交叉之沉睡的鳳凰 3：強大的生育者，忙著「製造更多」以確保未來的安全；在連結中得到親密與安全感。（閘門 59-55-20-34）
- 並列交叉之策略：總是將焦點放在如何善用機會，制定策略，好與人親密。具備配對作媒的才能。（閘門 59-55-16-9）
- 左角度交叉之靈魂 2：如果他們覺醒而察覺，性與愛情的課題，就能從生命和經驗中轉化，賦予他們智慧；透過靈性，轉化愛與性的關係。（閘門 59-55-16-9）

二元性的等分
—主題：透過人際連結，達成目的—

40 號閘門—遞送

- **右角度交叉之計畫 3**：當所需的支持，與正確的協議皆到位，就能以自身的技能、邏輯的天賦，以及對細節的掌握，建立並滿足社群的需求。（閘門 40-37-16-9）
- **並列交叉之拒絕**：其任務是擇善固執，拒絕協議，直到正確無誤為止，替社會快速的進展過程踩煞車。（閘門 40-37-35-5）
- **左角度交叉之遷移 2**：總是在移動或搬遷的人，為下一個社群或村莊帶來進步、發展及改變。（閘門 40-37-35-5）

64 號閘門—完成之前

- **右角度交叉之意識 3**：以過往經驗與既定模式相比，協助他人了解自己過往的模式，因而對人生產生全新的想法與理解。（閘門 64-63-35-5）
- **並列交叉之困惑**：鼓舞人心的歷史學家、資訊的泉源，他們的記憶源於家族層級，並取決於自我的詮釋／操控。（閘門 64-63-45-26）
- **左角度交叉之支配 2**：詮釋過去，具有極大的影響力；運用資訊而位居要職或成為權威人士。（閘門 64-63-45-26）

47 號閘門—壓抑

- **右角度交叉之統領 3**：引領過往的一切向前，秉持優雅的姿態，選擇性地借用傳統，或從經驗中學到的教訓，宣稱其統治的正當性。（閘門 47-22-45-26）
- **並列交叉之壓抑**：運用對過去的了解，來推廣新的想法或概念，或是以新觀念來取代現有的認知。（閘門 47-22-12-11）
- **左角度交叉之告知 2**：有社交技巧，擅長運用過往的經歷，啟發人心，轉移人們的注意力，看見那些被壓抑的人，所面對的困境，告知是一門藝術。（閘門 47-22-12-11）

6 號閘門—衝突

- **右角度交叉之伊甸園 3**：運用衝突和危機中所得到的經驗，維持親密的人際連結；透過逝去的純真，從中獲得經驗。（閘門 6-36-12-11）
- **並列交叉之衝突**：抱持「順應生命」的態度，連結逝去的天真，自危機中創造出最佳環境，讓陪伴、友誼與愛因而萌芽。（閘門 6-36-15-10）
- **左角度交叉之飛機 2**：他們此生是為了享受自身的工作，同時吸引我們深入物質層面，在物質世界中得到生活所需，同時身處社會／物質世界之中，熱愛生活。（閘門 6-36-15-10）

46 號閘門—推進

- 右角度交叉之愛之船 3：身體力行，完全與其身體同步，能夠享受關係中的身體（感官）互動；為了生活本身，獻身於生活。（閘門 46-25-15-10）
- 並列交叉之因緣俱足：這些人專注於讓自己在對的時間，出現在對的地點，他們了解正確的承諾（以及努力工作），能夠獲得財富和成功；完全享受活著的感覺。（閘門 46-25-52-58）
- 左角度交叉之療癒 2：當他們與非關個人的宇宙之愛有所連結，會自然地療癒別人或是被療癒了；他們難能可貴，充滿喜悅的天賦，將透過專注、有承諾的連結，得以實現。（閘門 46-25-52-58）

18 號閘門—找出錯誤之處

- 右角度交叉之服務 3：不斷修正男／女和父／母的原型，使其趨於完美的過程；所有意見和修正都是為了服務人類，精益求精。（閘門 18-17-52-58）
- 並列交叉之修正：擅長找出模式中的缺陷，除了自己之外，能辨認任何不適當的事物；有能力使麻雀變鳳凰。（閘門 18-17-39-38）
- 左角度交叉之動盪 2：這些人帶有異端的思維或迷人的純真，總是蓄勢待發，試圖擾亂或挑戰行不通的一切；他們是治療師，知道治療的方法必須實際可行。（閘門 18-17-39-38）

48 號閘門—井

- 右角度交叉之張力 3：這些人具備內在深度，真正了解問題所在，激發別人的技能、精神、意志，提供可行的解決方案。（閘門 48-21-39-38）
- 並列交叉之深度：有影響力的人，以他們的深度來拓展個人抱負，擴大朋友圈，讓自己有更多機會，能帶給人們衝擊、教導或幫助，使他人的不足得以蛻變，開創新事物。（閘門 48-21-53-54）
- 左角度交叉之努力 2：這些人有強烈的控制欲，因為這樣他們才能發揮自己的深度；宛如獨立出版者「我會自己搞定」的態度。（閘門 48-21-53-54）

57 號閘門—溫和

- 右角度交叉之滲透 3：具備高度靈敏的直覺，能夠清晰看透世事；具有競爭優勢的清晰，能引領我們開拓新領域，緩和對未來的恐懼。（閘門 57-51-53-54）
- 並列交叉之直覺：具有深刻的見解，並帶來啟發；他們運用自我的直覺、細節、理解和衝擊，讓人打開心防並接收訊息。（閘門 57-51-62-61）
- 左角度交叉之號角 2：直覺敏銳，通常能帶來別人需要或想要的訊息，人們需要找到他們，要求指引。（閘門 57-51-62-61）

二元性的等分
—主題：透過人際連結，達成目的—

32 號閘門—持久

- 右角度交叉之馬雅 3：這些人擁有內在覺知，並善用細節，造就其能力能評估並促進物質層面的成長、成熟及發展。（閘門 32-42-62-61）
- 並列交叉之保存：謹慎評估風險，如何存續與持久爲其主要考量，爲確保未來世代生存無虞，保存資源。（閘門 32-42-56-60）
- 左角度交叉之限制 2：視無常爲限制與壓力，就像公司與企業評估產品時，會以其實用性，及是否經得起時間考驗，爲主要的衡量標準。（閘門 32-42-56-60）

50 號閘門—熔爐

- 右角度交叉之律法 3：順應物種演化，他們創造、適應或評估法律及其價值，基於人類面對突變與改變時，求存的本能，將制訂法律視爲充滿創意的內化歷程。（閘門 50-3-56-60）
- 並列交叉之價值：有影響力的人，抓住機會軟化或減輕法律的嚴苛，好確保罪責與罪行相當。（閘門 50-3-31-41）
- 左角度交叉之希望 2：超越傳統價值，具備理想主義的傾向，挑戰既定的文化與宗教準則，期待改變體系，找到不同作法的可能。（閘門 50-3-31-41）

28 號閘門—偉大

- 右角度交叉之不預期 3：這些人總會不預期地承擔起責任，需要照料某些人或某些事，當他們在掙扎中找到其中的意義，將成爲具有影響力的典範。（閘門 28-27-31-41）
- 並列交叉之風險：勇於冒險的人，試圖超越極限，滿足其渴望，或是找到人生的目的和意義。（閘門 28-27-33-19）
- 左角度交叉之校準 2：深思熟慮的人，明白如何在不預期的意外中取得好處，當機會來臨，能將老舊的一切拋諸腦後，與全新的事物連結。（閘門 28-27-33-19）

44 號閘門—聚合

- 右角度交叉之四方之路 3：這些家族人擁有敏銳的嗅覺、敏銳的本能、對歷史如數家珍，同時對他人的福祉極爲敏感，不斷思考家族企業如何長久存續。（閘門 44-24-33-19）
- 並列交叉之警覺：先知，具備警覺本能，知曉我們所經歷的過往，以及接下來即將邁向的未來，最好注意他們的存在。（閘門 44-24-7-13）
- 左角度交叉之輪迴 2：這些人不斷重溫過往，引領我們與過去連結，不斷思考何謂輪迴，以及如何生存。（閘門 44-24-7-13）

突變的等分
─主題：透過蛻變，達成目的─

1 號閘門—創意

- **右角度交叉之人面獅身 4**：充滿創意的個體，以傳奇的方式彰顯自己的人生方向，使之永垂不朽；成為典範，提供並延續突變的方向。（閘門 1-2-7-13）
- **並列交叉之自我表達**：善於社交的人，能為人們尚未發問的問題，提供有創意、具革命性的解答。（閘門 1-2-4-49）
- **左角度交叉之挑戰 2**：吸引社會群體的個體人，此生是為了捍衛差異性；為了維護自身的獨特，強硬拒絕任何形式介入。（閘門 1-2-4-49）

43 號閘門—突破

- **右角度交叉之解釋 4**：他們的覺知具有革命性；有效率又有邏輯地解釋自己革命性的洞見，奠定理解的基礎。（閘門 43-23-4-49）
- **並列交叉之洞見**：渴望傳達自己獨特的洞見，能有效影響那些已經準備好，願意聆聽的人。（閘門 43-23-29-30）
- **左角度交叉之奉獻 2**：將洞見植入他人心中，引發微妙具顛覆性的突變，使社會更有效率。（閘門 43-23-29-30）

14 號閘門—執著於衡量

- **右角度交叉之傳染 4**：透過財富與權力的持有與積累，承諾對社會有所貢獻；聰明運用資源，促進人類的成長、發展及進化。（閘門 14-8-29-30）
- **並列交叉之激勵**：他們多愁善感的靈魂與其財務上穩固與否，緊密相連，握有資源來創造堅固的基礎，確保投資有所回報，激勵他人。（閘門 14-8-59-55）
- **左角度交叉之不確定 2**：了解別人在財務上的不確定性，他們能夠提供別人所需，給予幫助；藉由提供 (或應允或示範) 物質層面的安全感，達到親密。（閘門 14-8-59-55）

34 號閘門—強大的能量

- **右角度交叉之沉睡的鳳凰 4**：具有強大個人力量與魅力，總是忙著以忙碌的樣子來吸引注意力；在靈魂層面的指引下所帶來的力量與親密，能服務眾人。（閘門 34-20-59-55）
- **並列交叉之力量**：忙碌於專注展現個人力量或魅力，以支持社群；他們是表演者或負責交易的業務經理。（閘門 34-20-40-37）
- **左角度交叉之二元性 2**：在個人魅力 / 自私和群體責任間游移，為這兩種人性的基本難題，搭好橋樑；其忙碌與社群充滿愛的支持，緊密結合。（閘門 34-20-40-37）

突變的等分
一主題：透過蛻變，達成目的一

9 號閘門—處理細節的能力

- 右角度交叉之計畫 4：充滿熱忱，實際專注於相關的細節。當所有面向皆獲得審慎考量與充分支持，重大的事件（計畫、協議、才華）就能自然發展。（閘門 9-16-40-37）
- 並列交叉之聚焦：熱情激勵別人，引發眾人聚焦於社會的重要議題上，指認出未來社會的潛能，並為此灌注心力。（閘門 9-16-64-63）
- 左角度交叉之指認 2：認知到自己渴望聚焦並發揮技能之所在（質疑或僵局），確保握有適當的資源可以解決問題，讓他們的心智穩定。（閘門 9-16-64-63）

5 號閘門—等待

- 右角度交叉之意識 4：順應生命之流，進而產生成長和發展的動力；其意識與自然韻律相調和。（閘門 5-35-64-63）
- 並列交叉之習慣：有其既定的習慣與秩序，不容易被影響；具有固定的節奏，從中發展出習慣的模式或儀式，讓人生穩定運作。（閘門 5-35-47-22）
- 左角度交叉之分離 2：對愛開放，他們將自己和過去行不通的模式（或關係）分離開來，試著理解過往，看見人生有更長遠的運作模式，領略其美麗，或帶來改變。（閘門 5-35-47-22）

26 號閘門—偉大的馴服力

- 右角度交叉之統領 4：有社交魅力的人，巧妙挑選特定的記憶，加上人際之間的碰觸（握手、抱嬰兒），承諾教育每個人以改善未來，懂得行銷自己成為領導者，他們是今日的政治家。（閘門 26-45-47-22）
- 並列交叉之魔術師：天生具有行銷能力，能推銷給缺乏經驗的人，能推廣與眾不同的事物。（閘門 26-45-6-36）
- 左角度交叉之衝突 2：優雅而有正義感，起身對抗權威，建立自己的統治地位；不願意輕易改變，擁有強大的自我。（閘門 26-45-6-36）

11 號閘門—和平

- 右角度交叉之伊甸園 4：具哲學性的思維，也許透過音樂與詩歌，來教導別人在這個世界上，關於體驗和情緒的本質。（閘門 11-12-6-36）
- 並列交叉之想法：本身帶有強大的突變因子，收集各種普世的概念可能會成為重要的導師（或先知），往往堅守特定的看法或走向。（閘門 11-12-46-25）
- 左角度交叉之教育 2：「和平、博愛、傳播訊息」的人，渴望傳遞那些無法言喻的人類經驗。教育仍舊是人類的行為中最奧妙之處。（閘門 11-12-46-25）

突變的等分
—主題：透過蛻變，達成目的—

10 號閘門—前進

- **右角度交叉之愛之船 4**：當他們全心投入於支持每個個體展現其獨特的行為，他們因而全然活出自己，愛自己的獨特之處，將世界往愛的方向推進。（閘門 10-15-46-25）
- **並列交叉之行為**：褒貶不一的機會主義者，期望自身的行為在別人心中留下好印象，同時又很快地管理或挑戰別人的行為。（閘門 10-15-18-17）
- **左角度交叉之預防 2**：既壓抑又解放，試圖在他人或社會作出不健康的行為／行動之前，防範未然，事先「修正」。（閘門 10-15-18-17）

58 號閘門—喜悅

- **右角度交叉之服務 4**：由於生命充滿喜悅，如此奇妙，驅動他們勇於挑戰規範，透過服務社會的諸多理念和形式，讓一切井井有條運作無虞，漸趨完美。（閘門 58-52-18-17）
- **並列交叉之活力**：這些人擁有令人嚮往的生命力及續航力，他們了解控制能量、以及如何分配的重要性，包括如何分配，以及分配給誰。（閘門 58-52-48-21）
- **左角度交叉之要求 2**：如果能得到自己想要的回饋，這些人願意將自己的能量投注於別人的計畫，或是追求技能上的完美；最好的防守就是進攻。（閘門 58-52-48-21）

38 號閘門—對抗

- **右角度交叉之張力 4**：這些人具有創造力與其深度，了解生命本身就是掙扎，但這掙扎是值得的，因為它能刺激靈性成長和使命的進展。（閘門 38-39-48-21）
- **並列交叉之對抗**：帶來興奮的能量，憑直覺挑釁、對抗（或驚嚇）別人，來證明並解釋自己的主張或看法。（閘門 38-39-57-51）
- **左角度交叉之個人主義 2**：單純的人，他們必須不斷地突變／不斷成為自己，然後反過來驚嚇別人、製造緊張，或誘發別人內在的改變。（閘門 38-39-57-51）

54 號閘門—少女出嫁

- **右角度交叉之滲透 4**：這些人在由貧致富的過程中，受到上位者的認同；向更高的力量（甚至是神祕力量）看齊。（閘門 54-53-57-51）
- **並列交叉之抱負**：帶來蛻變的媒介，充滿影響力卻又相對保守，被恐懼所驅動，需要完成自身的承諾，是一個永遠不會滿足的人。（閘門 54-53-32-42）
- **左角度交叉之循環 2**：充滿野心，為了個體與國家（以及自己）助長蛻變性的改變發生。奉獻一己之力，完整並完成每個循環，讓一切延續。（閘門 54-53-32-42）

61 號閘門—內在真理

- 右角度交叉之馬雅 4：啓發人（或被啓發）的思想家，他們須運用其頭腦來服務別人，如此才能避免自己因爲無法得知的事物而惱怒；在事實和細節中尋找宇宙的眞理，解開生與死的課題。（閘門 61-62-32-42）
- 並列交叉之思考：聰明的人，熱愛追求知識，進入內在，鉅細靡遺深入其洞見，所具備的深度，足以改變既定的觀念，會是個好律師。（閘門 61-62-50-3）
- 左角度交叉之朦朧 2：他們被啓發的覺知（來自內在眞理與宇宙法則的幽暗黑箱）能詳細道出絕對的普世法則，這些規則極容易被世人所忽略。（閘門 61-62-50-3）

60 號閘門—限制

- 右角度交叉之律法 4：這些人接受評估以及改變所衍生的枝節，皆有其限制，同時仍願意維持傳統價值，例如我們於法律中明文規定「人不該殺戮」。（閘門 60-56-50-3）
- 並列交叉之限制：足智多謀的人，能將隱藏於限制中的潛能發揮至極致；透過冒險來尋求人生的目的，同時滋養自己及他人，以測試每一種限制的界線。（閘門 60-56-28-27）
- 左角度交叉之分心 2：以藝術的形式讓人分心，宛如魔術師般，能透過刺激和冒險的行事，超越限制。（閘門 60-56-28-27）

41 號閘門—減少

- 右角度交叉之不預期 4：不預期被推至領導地位，透過關懷或找尋人生目的，引領潮流並影響他人。（閘門 41-31-28-27）
- 並列交叉之幻想：有影響力的人，擅長看見趨勢，對未來懷抱夢想，因而獲得報酬；在虛擬的實境中，沈溺於幻想。（閘門 41-31-44-24）
- 左角度交叉之創始者 2：等待不預期的冒險時刻到來，同時以美好的夢想與幻想來吸引他人，期待帶領眾人前往更新、更好的理想天地。（閘門 41-31-44-24）

19 號閘門—靠攏

- 右角度交叉之四方之路 4：對人權（或保育動物）等相關議題很敏感，因而備感壓力，深受社會及精神層面的力量所驅動，滿足別人的基本需求。（閘門 19-33-44-24）
- 並列交叉之需要：創意導向，生命中對於創造與美感具有深刻需求，而其親密的朋友圈爲此受惠。（閘門 19-33-1-2）
- 左角度交叉之精緻 2：這些人認爲合宜的人生方向 (共識) 和偉大的美學息息相關，這不僅能滿足其需求，讓生命的經驗更盡善盡美，同時還能引領他們完成自身的使命。（閘門 19-33-1-2）

「我教的是愛你自己。我教導人們透過整個過程，透過親身實驗，你可以信任自己在這個世界上，真正具備航行的能力。你會發現自己的內在有愛，這是一種非常特別的愛。與人類所擁有的愛截然不同，絕大部分的人並不喜歡自己。他們總是不斷希望，別人能夠證明自己存在的價值。」——拉・烏盧・胡

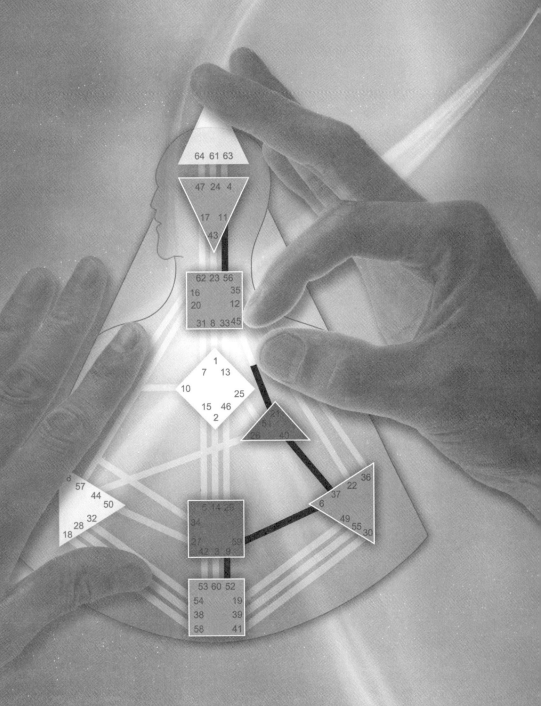

第九章
範例概述
人類圖的實際演練

第九章 　範例概述

人類圖的實際演練

　　經過認證的專業分析師，受過解讀人類圖的訓練。包括了對真正的自己（也就是天生的設計）以及非自己（開放接受外在世界制約的部分）的洞察力，因而構成了解自己設計的基礎。拉‧烏盧‧胡是位融合的大師，他創造所謂關鍵字（Keynote）的語言，這種語言具有生命力與象徵性，讓分析師在區分的科學中，融合複雜而革命性的觀點，表達出基因的延續性。關鍵字將很多資訊壓縮成一個字或是一個詞。就像是真言（mantra）一樣，關鍵字喚起我們、激發我們，或者將我們與我們的身體化學反應連結，與我們自己獨特的頻率連結。學習並使用關鍵字這種語言，就像是用身體的荷爾蒙訊息系統思考一般；這讓我們能夠以能量與他人連結。人類圖系統的每一個面向，幾乎都有與其相關聯的關鍵字。專業分析師藉著關鍵字，將一個人有定義的中心和開放的中心串連起來，便能創造出一幅文字的圖像或是故事，呈現出這個人的特質和使命。一旦傳遞出關鍵字，這個故事將會超越心智，在細胞的層次貫穿一個人。

　　本書通篇使用關鍵字，來解釋人類圖系統。人類圖系統中，閘門以及通道的關鍵字，則完整地列在第十一章。以下列出各種類型的人類圖範例概述，將為你提供粗淺的關鍵字串連，以及分析師分析你的圖時，將會給予的綜合性解讀。一個受過專業訓練的分析師深入解讀的基礎，是為了讓你活出自己獨特的生命，以實用的工具，編織出你的基因資訊。

　　「人類圖說穿了，無非就是關鍵字。關鍵字在某方面很像俳句。它們是非常非常特別的公式，而且確切來說，它們在很多方面又很普遍，所以必須小心使用。有各式各樣的人會引用其中資訊，但那不是重點。讓我這樣說好了，我們的存在是整體幻象（holistic illusion）。我們是自我公式的總合。其公式能指出我們是什麼，也能指出我們的非自己為何。我們可以透過關鍵字，將一切串連起來，但是使用關鍵字的能力，並非科學而是藝術。需要實作練習，也需要時間，因為分析人類圖是關於其中所蘊藏的自由，當我們看見並深入探索，必能找到自由。

　　關鍵字串連是綜合的過程。每一個關鍵字皆來自特定面向所賦予的價值。當你將關鍵字組合起來，排列在任何幾何軌跡中，你將有機會真正了解屬於你的公式，看見它並以此向外擴展。關鍵字串連本身是一場冒險。我喜歡的是這整體的經驗，因為唯有當你動手去做，才會真正有所了解。每次開始，彷彿有一塊空白的畫布攤在面前，而你要做的事，就是將其中的密碼書寫下來。回顧人類歷史，究竟要傳達些什麼，對你來說是多麼神奇的時刻，蒙此恩典。」　——拉‧烏盧‧胡

顯示者概述

能量——封閉而排斥

人生策略	告知	定義	單一分裂二分人
人生角色	1/4	非自己主題	憤怒
內在權威	直覺中心	目標	平和

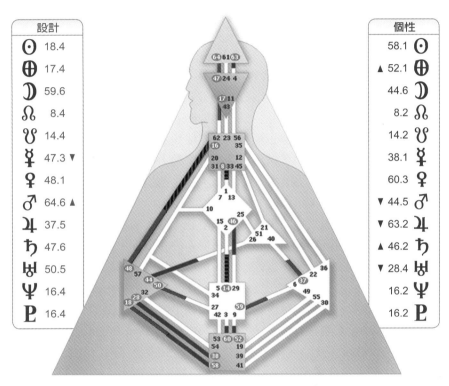

設計		個性
⊙ 18.4		58.1 ⊙
⊕ 17.4		▲ 52.1 ⊕
☽ 59.6		44.6 ☽
☊ 8.4		8.2 ☊
☋ 14.4		14.2 ☋
☿ 47.3 ▼		38.1 ☿
♀ 48.1		60.3 ♀
♂ 64.6 ▲		▼ 44.5 ♂
♃ 37.5		▼ 63.2 ♃
♄ 47.6		▲ 46.2 ♄
♅ 50.5		▼ 28.4 ♅
♆ 16.4		16.2 ♆
♇ 16.4		16.2 ♇

亨利・米勒（HENRY MILLER）

右角度交叉之服務
空白中心：G中心、意志力中心、薦骨中心及情緒中心

58-18 批評的通道，不知足的設計
38-28 困頓掙扎的通道，頑固的設計
48-16 波長的通道，才華的設計
64-47 抽象的通道，腦中充滿著疑惑與解答的設計

你在這世上的天賦，就是獨立行動的能力，你能採取行動，因此影響別人。然而，同樣的特質，若讓人覺得你具有威脅性或難以預測，則容易引發他人不快，導致他們想以某種方式來控制你或抗拒你。身為一個顯示者，在孤獨中你感到自在。你並不一定需要別人幫助，有時候你難免疑惑，為什麼別人會不斷關注你正在做什麼，甚至反對或控制你。不過，別人的確試圖想控制你，從小父母就這樣對待你，而幼年時期被制約的經驗並不開心，混合抗拒，將你推向憤怒的非自己主題。於是通常會以兩種表現方式呈現：一種是既憤怒又叛逆，另一種是被動而妥協。不管任何一種，都會壓抑你的力量，讓你無法實踐自己的價值。而這也是為什麼你的人生策略——在行動前先告知——如此重要。當你告知，便能減緩別人的抗拒，為你在人生中主要的追求找到出路——換句話說，你才能平和地在你想要的時間點，做你想做的事。自給自足的你，有時候別人在你眼中根本是外星人，同時因為你具備了展望未來，並發起行動的能力，也會讓別人感覺跟不上你的節奏。

你經常擔憂著：「我會得到回覆嗎？有誰會因為我所帶來影響力，而活躍起來，或是回應我所發起的問題嗎？」這潛藏於內心，渴望讓事情發生的壓力，正是你實現使命的關鍵。雖然單獨做事最自在，但是其他三種類型的人，都等待你帶來啟動，讓他們有機會貢獻自己不可或缺的部分。而你也經常期待其他類型的人，能夠為你提供完成夢想所需的特定能量。在理想的世界裡，顯示者讓事情啟動，投射者在過程中引導，生產者提供能量使一切成形或完成，而反映者則負責告訴我們這過程進行得有多棒，或多糟。

對你而言，所謂的告知，這樣的人生策略似乎不太自然，而你對於凡事皆需告知別人，可能也會心生抗拒。因為你並不喜歡他們築起藩籬，或反對你。你天生的設計並非請求同意，所以你寧願保持靜默，以不告知任何人的前提下，任意做著你想做的事，同時期望不會遇到任何阻力。然而，這非自己的策略往往事與願違，別人依然會抗拒，甚至更強烈，導致雙輪的惡性循環。相反地，若你在決定行動前，確實告知別人，別人將感到自己被接納與尊重。他們不見得喜歡你想做的事，但事先知道會降低抗拒感與潛在的反彈。此外，告知也會讓你有機會，將抗拒場域（resistance field）當作引導，引領你找到對的時機，採取對的行動。例如，你對辦公室裡 50 個人告知，你從現在改成每週工作四天，而有 47 個人對此決定不滿，於是你便有機會調整，或者重新斟酌你既有的決定。

當你做決定，直覺中心是你的內在權威，仔細聆聽它所說的話，非常重要。直覺的內在權威（Splenic Authority）會在某一個當下，靜靜地對你說話，而且不會重複說第二遍。這「聲音」像是直覺，或是直覺性的認知。如果你錯失或忽略了這個訊息，它不會再次警告你。直覺中心的存在是確保你能安全健康地活著。因此也只會在與求存有關的時刻，給予警告。

事實上，你的直覺中心內在權威，會在每個當下都自然而然、不斷展現。其自發性似乎聽來隨興，但是也讓你陷入兩難，因為面對緊急性的決定或行動，與其可能會帶來的衝擊，你只會有模糊的概念，卻必須告知他人。這需要企圖心、持續不懈地努力，與直覺權威緊密並合拍地生活，如此一來，你的告知才會生效。舉例來說，你和朋友走進

餐廳，而你的身體不願進入，因為覺得那裡不對勁。此時，你別無選擇，只能提高警覺去面對。這是你的直覺中心發出警告，也許這家餐廳健康有害，但直覺並不會詳細解釋其原因。你能做的就是誠實告知你的同伴，什麼對你來說才是正確的選擇，同時，也要留意你突如其來的決定，會如何影響他們，以及他們後續會怎麼處理。整體來說，告知能為你帶來更平和的生活，而你最想要的就是毫無抗拒的生活。當你處於平和狀態，這便是指標，顯示你的自我和內在權威協調一致，同時這也會賦予你力量來顯化，並對全世界發揮獨特的影響力。

你的人生角色，也就是你在這世界上穿的戲服，是 1/4，或稱做探究機會主義者。人生角色是你在人生中扮演的角色，好讓你的人生目的能藉此方式展現，而你在這裡的目的，是為了深入探究事物。有股動力驅使你在生命中建立安穩的基礎，而你在意識層面，是個非常內省且沉醉於一己研究的人。你希望能讓自己變成某種程度的權威，好與他人分享。在此同時，你無意識的部分深具影響力，你能夠和許多人建立手足般的關係。你的社群對你很重要，因為在無意識設計層面，你能與人建立關係或友誼，這讓你獲得機會與人分享你的知識，進而影響他們。然而，任何親近或親密的關係，關鍵在於必須從建立友誼開始。陌生人會讓你不舒服。藉由遵循你的人生策略，告知，並聽從直覺中心的內在權威，你就能聚焦自己的能量，放在對你最重要的事物上，與正確的人際網絡連結。透過這方式，你就能建立起個人安全的根基，打造出足以讓你發揮影響力的領域，在其中將你所探究的一切，與人分享，同時也維持自身的健康與福祉。身為探究機會主義者，人是讓你深深著迷並探索的主題。

你是個二分人，意謂著在你的設計圖上，有兩個彼此之間沒有相連的區塊。這兩個區塊只要花時間慢慢來，可以同步，雖然你可能會受限於某種特定的感覺，覺得內在好像失落了什麼，而你必須追尋些什麼，以獲得完整。你兩個區塊當中的一個，是透過批評的通道——不知足的設計（58-18）、困頓掙扎的通道——頑固的設計（38-28），以及波長的通道——才華的設計（48-16），將根部中心、直覺中心與喉嚨中心連結起來。而另一個區塊，則是藉由抽象的通道——腦中充滿著疑惑與解答的設計（64-47），連結頭腦中心與邏輯中心。

可以將你這兩個分開的區塊連結在一起的，是你開放的 62 號閘門——細節的閘門。這對你而言會是巨大的制約，你總希望能深入細節，為你所提出的意見佐證。你會執著於細節，導致得用頭腦決定，哪個細節是你「認為」自己需要的。事實上，在研究探索的過程中，你的直覺內在權威，自然會帶領你找到正確的細節。你若不聆聽自己內在權威的聲音，你將追逐無窮盡的細節，導致被過量的工作淹沒，最後耗盡力氣。

在你的設計中，有四條通道有顏色（定義），或者說是四種類型的生命動能的能量。這些是你持續發送給他人的能量，它們會形成你生命歷程中，足以信賴的基礎。讓我們來看看每條通道：

批評的通道：不知足的設計（58-18）。這條通道為了讓群體和社會更好，不滿足會化為驅動力，驅使你挑戰、修正、使一切更完善，進而在改進後的模式中，獲得平和。當你活出真實的自己，若是發現外在的世界裡，有某件事行不通時，你會有邏輯有條理

地發出質疑，直到獲得修正為止。然而，當追求完美和批判的過程發生在私領域，像是自己的內心，或是身邊親近的人身上，就只會是無止境地不斷找碴，對於生活的一切感覺不滿足，導致關係中彼此的摩擦。

困頓掙扎的通道：頑固的設計（38-28）。這世界上讓你最滿足的事情是，得到正確的邀請，讓你可以為自己認為值得的事情而奮鬥，因為這意味著你的人生是有意義的。掙扎背後的動能，是希望找到目的，好讓人生有意義。而透過你親身的例子，每一次關於尋找意義的獨特追尋，都能刺激、鼓舞與激勵他人，讓別人也開始投入自己尋找意義的掙扎之旅。一旦找不到生命的意義，你可能會很沮喪，或是為別人而沮喪。但你得花上很長的時間，才會宣告放棄，因為你的設計中帶有頑固成分，而這也會讓你撐過大多數人無法度過的困頓與掙扎。再一次，你的直覺權威會幫助你，讓你察覺哪些是正確的、可以開始的掙扎，而哪些不是。

這兩條通道會讓你感受到來自根部中心的壓力，有時壓力太大，反而讓你偏離內在權威，展開不必要的掙扎。為了你的身體健康，煩躁不安時，適度的運動很重要。有時候就讓自己在附近走走，釋放多餘的壓力，就能冷靜下來，重新聚焦。

波長的通道：才華的設計（48-16）。你來這裡的目的，是為了透過重複練習，努力達到完美的境界，而精通一項技藝。這項技藝可以是任何事物，從演奏某種樂器，到演算出科學方程式皆有可能，這是你在這個世界上獲得成就的方式。當你的成就透過分享，變成集體波長（collective wavelength）的一部分，你便是為更大的目的而服務，或是以某種方式增進他人的生活品質。如果你能夠自律，並反覆不停地練習，時間久了，最終你將從技術學習中得到解放，而才華會自然而然從你身上傾瀉而出。

抽象的通道：腦中充滿著疑惑與解答的設計（64-47）。你有一個非常活躍、經驗導向的頭腦，腦海中不停播放各種可能性，而你八成會懷疑它到底會不會有停下來的一天。當你的腦中不斷有畫面旋轉閃過，你可能會體驗到相當程度的精神混亂。然而，在領悟到何者才是真正有意義的事情之前，這樣的混亂也表示，這對你來說，會是一趟新奇又振奮人心旅程的起始。如果你能在探索的過程中保持耐心，所有拼圖的小碎片才有機會組合在一起，顯現出完整的圖樣。耐心的獎賞是，當你耐心等待，讓時間經過，清明會自然浮現，一個激勵人心的故事因此展現，讓你說出來，又或者你將看見全新的視野，得以與人分享。你活躍的頭腦是別人很棒的外在權威，雖然這用來思考自己的人生，並不適用。遵循你的直覺內在權威，作為當下決定的依據，而在頭腦層面上的認知（mental recognition），隨著時間過去，也終將到來。

在你的設計中，空白（未定義）的開放中心有G中心、意志力中心、薦骨中心以及情緒中心。這些中心是你最容易被制約的地方，同時也是潛藏智慧之處。

空白的G中心制約了你的非自己頭腦，讓你執著於認同、愛，以及人生方向；我是誰、我的愛在何處、我接下來的人生該往哪裡去？當你放下種種擔憂，停止追尋它們之時，就會發現自己是誰，愛會自動上門，而你下一步人生方向也會自行顯現，所有一切就像生命的自然過程。

空白的意志力中心會催促你多方嘗試，以證明自己的價值。呈現方式有很多種。你

可能藉由不斷努力提升來證明自己，或是過度補償和承諾。你的設計無需為任何人提供保證，或承諾任何事情，若無法遵守承諾，你也會感覺心碎。但是，你的人生並非運用意志力來做事。你只能遵循告知的人生策略，以及直覺的內在權威來「做」事。一旦你放手，不再試圖證明自己，睿智自然湧現，你會知道誰有過度膨脹的自我，誰能真正信守承諾，而誰是對社群真正有價值的人。

空白的薦骨中心讓你做得太多、工作過度，且通常耽溺性愛。你的設計是用來開創一個企業，但並非單靠你一己之力，或是獨自完成所有事情。你很容易掉入陷阱，工作過度因而筋疲力竭，最後搞壞身體。開放的薦骨中心所蘊藏的智慧是，學習適可而止。慢慢來，設定界線並謹守界線，遵循內在權威做決定，這是維持身體健康的關鍵。

你的空白情緒中心再加上空白薦骨中心，將強化你對於性愛與浪漫的執著。情緒中心帶有慾望、親密與熱情的感覺，空白的中心可能會放大並增強這些感覺。你的開放情緒中心，有時會吸收別人各種各樣混合的情緒，儘管面對情緒很重要，事實上，這也讓你能避開一些不開心的情緒。身為顯示者，你的非自己主題是憤怒，這情緒在某些狀況下也會被放大。空白情緒中心的潛在智慧，在於學習分辨出，哪些情緒上不舒服的狀況，真的需要面對與處理。

總結來說，你的設計就是，為這個世界帶來一股啟動的力量，同時為他人服務。當你對直覺的覺知（intuitive knowing）保持敏銳，就能夠鼓舞別人，去思考社會的價值，以及他們自身對於求存、人生價值，與人生目的的掙扎。面對關鍵的細節，你的目光銳利。若綜合自己對於探索人的興趣、你對生命的愛、你從過去所學習到的課題，以及你厚植的盟友網絡，能讓你有機會運用自己總是無法不滿足的才華，和高壓的驅動力來影響周遭，最終引發整體社會突變。機會主義者若想在生命旅程中獲得成功，端賴人際關係和人際網絡的品質。在決定行動前，告知他人，就能減少甚至排除別人的抗拒。你只要在每一個當下，做出每一個決定時，都能與你的直覺意識（intuitive awareness）保持連結，就能運行在自己獨特的人生軌道上，實踐人生目的，並尋獲你所渴望的和平。當你讓非自己的頭腦凌駕於直覺和內在權威之上，明顯的指標是，你將過度承諾，只為了證明自己的價值，或維持生活與人際關係中的平和，因此無法保持適當的界限。親密關係可能會變成你全神貫注之事，因為你總會找到每個人的缺點，身邊的伴侶常常換人。你的直覺非常敏銳，往往不假思索即脫口而出，若讓頭腦和情緒凌駕你的直覺之上，將危害你的身心健康。

生產者概述

能量——開放且包覆其中

人生策略	等待，回應	定義	一分人
人生角色	5/1	非自己主題	挫折
內在權威	薦骨中心	目標	滿足

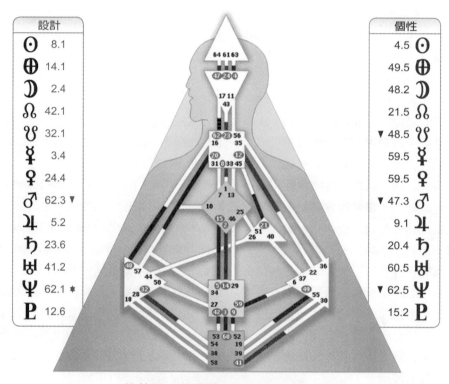

茱莉亞·柴爾德（JULIA CHILD）

左角度交叉之革命
空白中心：頭腦中心、邏輯中心、喉嚨中心、意志力中心、直覺中心、情緒中心

60-3 突變的通道，能量開始與流動，脈搏
14-2 脈動的通道，掌管鑰匙的人的設計
5-15 韻律的通道，順流的設計

你是生產者，生來就是要工作並熱愛工作。你生命的天賦是精通一項任務、計畫、技能，使其臻至完美。對於這個星球，你的天賦就是那股源自薦骨中心的生命動力能量。當你從事正確的工作時，會感受到深刻的滿足感。為了找到能夠帶給你滿足感的工作，「了解」自己很重要，而真能讓你了解自己的途徑，在於回應生命，而非發起。

當你回應，就等於讓你的薦骨中心參與每一件你正在做的事。你的薦骨中心是幸福與滿足的關鍵。唯一能區分出，何者對你而言是正確的選擇，就是讓薦骨中心引導你做決定。為了完全臣服於薦骨內建的導航系統，你必須讓自己保有回應的空間。在你人生中，某事或某人會向你索求能量，而你的薦骨能與你的人生目的中，正確的能量相連結。然而為了跟隨薦骨的指引，你必須放下頭腦中關於生命「應該」如何的想像，尤其是你的頭腦對於別人的想法和意見非常開放。若你能如實順應自己獨特的節奏與生命方向，你就能對周遭人們的節奏及方向，帶來影響，甚至使突變因而誕生。

薦骨的回應，是從腸子附近所發出的非語言聲音。「嗯哼」的聲調代表肯定，表示你擁有特定工作所需的能量；而「嗯嗯」則表示否定，意指你沒有能量能投注其中。有時候完全沒有任何回應，這可能代表著你並不具備那股能量，或者別人尚未問出正確的問題。一旦你的薦骨發出「嗯哼」的聲音，而你參與此項行動，接下來的經歷，就會是一段逐步創造與日趨完美的過程。你必須經歷過程中的所有階段。你沒有任何動力中心連結到喉嚨中心（這是你設計中的變速裝置），所以你可能會在過程中遇到停滯期。而每段停滯期，你都需要新的洞見、新的訊息或可回應的問題，來再度啟動你。你必須針對自己的回應，來決定是否會繼續工作下去。

當你沒有依循人生策略和內在權威（沒有等待生命來到你面前讓你回應，並尊重此回應所帶來的真實），你將體驗生命充滿阻力。你也會體驗到非自己的頭腦，會要求你像某些人一樣採取行動。生產者的非自己主題是挫折，挫折對你來說是重要的指標，挫折可能來自於內在或是外在的阻力，當你開始湧現挫折感，就會知道此時該自我檢視，自己是否正在嘗試推動、發起，而非回應。如果你不了解這一切如何運作，有可能因為深感挫折，便提前退出。相信你的薦骨回應，而非根據頭腦來做決定，一開始這可能會令你有點害怕。隨著時間過去，你便能體驗身體的智慧。生產者最大的恐懼之一，就是「會有人來問我嗎？」在你的設計中，已經內建一套機制，引發別人來詢問你，這樣你才「能夠」回應。你的氣場是開放且又包覆的，它會將你在生命中所需的一切吸引過來。你所要做的就只是坐下來，然後觀察薦骨對何者有回應，或對何者沒有回應。

你的人生角色是 5/1，這是你在這個世界所穿的戲服，或稱作異端探究者。人生角色是你在人生中扮演的角色，讓人生目的藉此展現，而你在這裡的目的，是為了深入探究事物。你在這世界上的角色，超越個人層面，你具有潛力，能為他人提供新穎且實用的解決方法，並用非常公開的方式來推廣，使其普及。而你無意識的部分，在缺乏堅固基礎時，會讓你感覺不安，因此你最想深入探索生活，找出足以依賴的權威。到最後，這每一步的探索和研究，會讓你成為權威，那時你便能自在地將所學公諸於世。

你人生角色的異端者部分極具誘惑力，這吸引人們在你身上投射諸多形象，期待你會提出跳脫框架的實際解決方法，為他們提供幫助或救援。有時你也會覺得自己的確投射出能拯救別人的形象。然而，重要的是，你不能發起，你必須等待被詢問，然後當薦骨以肯定的聲音有所回應，你才能承諾。你的薦骨知道何時是正確時機，讓你貢獻宛如異端的想法，引人跟隨。當你是重要的陌生人時，你能發揮更大的力量，來幫助別人。你的設計在別人需要你時介入，完成任務後就可再次退出。人們期望你能夠提供實質的幫助，所以你若想獲得成功與滿足，預先準備好自己以及紮實的知識庫，會是成功的重要關鍵，反之你的名聲將會受損，而當你離開時，眾人會感覺更加匱乏！

人們從你身上不斷感受到能量，來自你的設計中三條有顏色的通道。突變的通道（60-3）連接你的根部中心與薦骨中心，是一股極度個體化的能量，其流動和開啟，就像脈動瞬間開啟或關閉的方式。這股能量極具創意與蘊藏突變的特質，但你無法掌控脈動的時機，你可能花了很久的時間，懷疑下一波的創意何時會出現。更甚者，你可能會覺得人生中已無新鮮與創意，而陷入低潮。然而，這是一段深層的投降過程，憂鬱和情緒化也是過程的一部分。如果你試著為自己的情緒找理由，或試圖改變它，只會讓自己更痛苦。這一切毫無理由，純粹是你個體化、創意，與帶來突變的過程中，無意識的機轉與脈動（mechanical pulse）。你的能量依然能激勵他人，也可以引發他們突變，進入全新的方向，所以，重要的是，讓你的薦骨回應，以此來引領你找到那些已經準備好，並接受你即將帶來突變的人。

你的設計讓你能保有自己的創造力，或是提供實質上的支持，鼓勵別人致力於創造。脈動的通道（14-2）是股無意識的能量，連結你的薦骨中心動力和G中心。這是非常個體化的能量，透過親身示範，展現力量，所以你的首要任務便是忠於自己。等待生命來到你面前，向你展現連你都想像不到的潛能——只要對人生保持開放並回應。若試圖追逐或創造自己的命運，終將感到失落與挫折。這股能量是關於掌管鑰匙的人，你具有資源、能夠啟動動力朝新方向移動。然而，唯有當別人詢問你，你才會知道這把鑰匙即將開啟什麼，或是要往哪個新方向前行。

你散發磁力，吸引眾人進到你的能量場、你的時間表和你的流動之中。韻律的通道（5-15）連接你的薦骨中心和G中心，你順應生命之流，不斷前進，充滿活力並與之密不可分。在別人眼中，你有自己的時間表，這完全取決於你的內在韻律。如果這些生活模式或例行公事，對你來說是自然而且正確的，那麼就不該讓任何干擾介入。然而，如果你身處於非自己的扭曲狀態、時間感錯亂，你會發現，不僅是自己，你也連帶擾亂了每個人的節奏。唯有遵循薦骨的回應，你才會永遠處於對的時間點，順流而行。

你的設計中，有六個空白中心，包括頭腦中心、邏輯中心、喉嚨中心、意志力中心、直覺中心及情緒中心。這些是你對外界開放，容易受到制約之處，你對於所在環境中發生的事情，非常敏感。這樣的開放程度很容易讓你分心，而偏離自己的回應與生命之流。外在所發生的一切，會讓你開始思索與你無關的問題（開放的意志力中心），或試著回答每個人的問題（開放的邏輯中心）。確實，你的頭腦非常開放，它深具智慧，能夠分辨哪些問題和答案對你個人而言，具有實質的價值，若能你的頭腦開放為大眾服務，就能分辨出哪些問題與答案是否有其價值。你特別能辨識出哪些解決方法具有實用價值，並進一步深入研究，來支持你的答案。然而，你必須等待詢問再回應，經過這過程你才能得知，哪個答案有價值，哪個則沒有。

你可能會發現自己話很多，因為你開放的喉嚨中心希望吸引別人注意、或是證明自我價值（開放的意志力中心）。你可能會處在壓力下，覺得你得知道接下來要做什麼，或是為了證明自己的價值，試著到處拯救人們。再次強調，你有龐大的資源任你使用，以支持自己或別人，但只有在正確的時間點，你才能使用這些資源。而唯有透過薦骨的回應，而非頭腦的反應，你才能分辨出正確的時間點。你深具潛能，能擁有深度的智慧，以辨別對公眾而言，真正有價值的事物，並且你能採用有創意又鼓舞人心的方式，表達出來。

你可能會發現，當你呈現非自己時，會緊抓住一些有害健康的東西（開放的直覺中心），避免對抗衝突與真相（開放的情緒中心）。你個人的薦骨權威在當下運作，透過回應，你可以馬上知道對你來說，何者是真理。然而，若是因為安全考量或是擔心激怒他人，讓你無法在當下說出真話，你就無法如實順應自己的節奏，也無法步上屬於你的人生方向。雖然你可能會覺得吐露實話等於導致衝突，但這才是你能提供給社會大眾的珍貴資產。你是個真正的異端，能夠針對人類全體正在面對的課題，找出嶄新的解決方法。你的設計讓你了解人們的需求，而吸引關注是為了在這世界傳遞洞見，讓新的解決方案得以普及。

你的人生中，所有不依照薦骨回應去做的事情，都會讓你離自己獨特的人生目的愈來愈遠。你的人生目的是只有透過你，才能展現的獨特使命。唯有等待回應，而不發起，你的使命才能自然展現。透過對別人的探索與實際上的了解，你極具成功的潛能，能將新的革命性模式和流動方式，帶入社會的創意過程中。你有能力組織並激勵他人，發展自己的技能，進而開啟他們的創造力。你有本領也有能力表達細節，而這將為大眾帶來發現和完全的蛻變。只要你順流並與之合一，如實地回應生命所帶來的人事物，你將感受到滿足，對你而言，這就是一切都上軌道的指標。

顯示生產者概述

能量 —— 開放且包覆其中

人生策略	等待回應	定義	簡易型二分人
人生角色	3/5	非自己主題	挫折
內在權威	情緒	目標	滿足

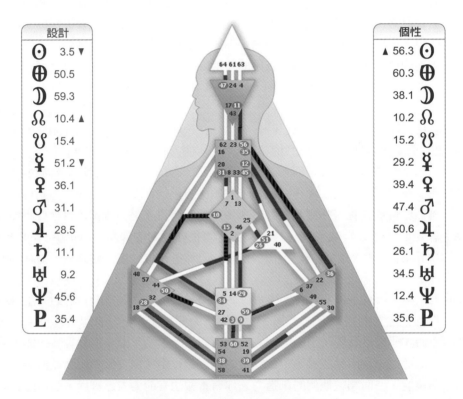

海明威（ERNEST HEMINGWAY）

右角度交叉之律法
空白中心：頭腦中心、意志力中心

60-3 突變的通道，能量開始與流動，脈搏
38-28 困頓掙扎的通道，頑固的設計
34-10 探索的通道，遵循自己的信念的設計
36-35 無常的通道，雜而不精的設計
56-11 好奇的通道，追尋者的設計

你是顯示生產者，總是快速付諸行動，宛如戰士佛陀。你的天賦在於透過行動，找到更有效率的方式，好專注完成工作。然而，為了分辨哪個行動對你來說才正確，你必須如佛陀一般，安坐在樹下，等待生命來到你的面前。你的人生策略是等待別人來要求你，付出自己的能量，如此一來你就可以聽見或感覺到薦骨的回應。你的薦骨中會以聲音回應，從你的腸子附近發出的「嗯哼」，代表「是」，而「嗯嗯」代表「不」。你也可能直接以行動回應。你的薦骨是否會作出回應，取決於你是否願意，將能量投注於被詢問的事情上。

　　你有顏色的薦骨中心是來工作的，更重要的是，要喜愛你所做的事情，直到將自己每天的薦骨能量用光為止。做你所愛的工作，能帶來深沉的滿足感。事實上，正確的工作會為人生帶來蛻變，並減緩老化的速度。了解自己，為自己找到正確工作的過程，非常重要，而你可以透過回應來經歷這一切。你可以直接從回應跳到實踐，這能讓你看清楚哪些步驟是必要的，哪些可以省略。然而追求效率的天賦，也使你進退兩難，因為你容易失去耐性，迅速進行任務的同時，也容易漏掉某些重要步驟。有時候，你必須回頭完成遺漏的步驟。若要避免挫折，同時提高效率，你需要在實踐的過程中，慢下來，留意傾聽自己薦骨的回應。列出清單也會有所幫助。

　　除了等待別人開口，才能給予回應，你也必須等待一段時間，才能得知自己真正的回應，或內在的真相。有顏色的情緒中心是你的內在權威，有其頻率與波動，需要靜待一段時間，讓情緒的清明得以浮現。就算你的情緒週期回歸平靜，也無法完完全全確定，當下你的薦骨回應就是真正的答案。換句話說，你需要讓自己有時間去經歷，在情緒波上「衝浪」，而真實自會隨時間浮現。若是沒有等待情緒的清明浮現，你可能太快做決定，沒多久又迅速退出，導致人生充滿後悔、危機和衝突。一旦你回應了某件事，請等待一段時間，讓自己完整經歷情緒的過程，感受對你來說非常重要。你的設計需要深刻領會這世界與己身的經驗。你的人生無法停留在表面與膚淺。慢慢來，當你的情緒獲得清明，就會知道自己的回應和決定。雖然你最初的回應，往往也就是你最後的決定，但是隨著等待，你將得到更多資訊，而付諸行動的正確時間點，也將隨著等待而浮現。

　　你在這個世界所穿的戲服，也是你此生要扮演的角色是烈士異端者。你的設計是透過嘗試錯誤，學習關於生命的一切。生命將不斷帶來撞擊，讓你發現行不通的是什麼。你會有意識地將人生當成實驗的過程，所以尾隨在後的人，可以從你的發現中學習。當你發現了對一般人來說，前所未有的解決方法，實用並可行，你就能以豐沛的力量與信念來捍衛你的信念，或者挺身而出。你未必會遵循既定的看法、學說或法則，雖然說出不受歡迎的真理，需要勇氣，但你樂於承受壓力，你極有彈性，適應力佳，身為引發世界改變的異端者，你嘗試錯誤的過程並不單為了指出錯誤，而是從中發現真正有用、有所助益的方法，讓大眾得以借鏡。對你來說，若忽略每一次嘗試錯誤所獲得的新發現，才是唯一真正的錯誤。

身為異端者，你擁有非常吸引人，且超越個人的能量場，別人常把你當成能幫助或拯救他們的人。你可能也會覺得，別人只有在需要你時，眼中才會有你，其餘的時候自己宛如隱形人；一旦你完成拯救任務之後，大家又再度對你視而不見。這會讓你明白何謂投射的能量場，為了感覺自己有價值，以及被需要，你會忍不住開始發起。你要察覺投射確實存在，但是務實過自己的人生，才是關鍵。若你無法滿足別人的投射與期待，名聲將會因而受損，所以，你必須等待別人提出要求，尋求協助。你才帶給別人有用的解決方法，但前提是你必須有足夠的時間，透過自己的方式，發現行不通的是什麼，因而精通這世界的運行之道。當你等待回應時，給自己一些時間，歷經情緒的高低起伏之後再做決定，如此一來，你才能正確地運作，在別人需要你時，提供有助於他們的新發現。

你是二分人的設計。這代表著你具有兩股能量，彼此之間感覺像是獨立運作。一部分是由情緒中心、喉嚨中心、邏輯中心，以及這三個中心之間的通道組合而成。另一部分則是由根部中心、直覺中心、薦骨中心、G中心，以及中心之間的通道組合而成。

連接這兩者的開放閘門，對你來說很重要，因為它們將對你形成強大的制約。當你以非自己的狀態運作時，這些閘門會讓你在壓力的迫使下，起而領導（7號閘門——自我角色）；迫使你當下行動（20號閘門——注視，當下）；讓你不由自主發起，因而引發衝突（6號閘門——衝突，摩擦）；迫使你去追尋生命中的靈性意識（55號閘門——豐盛，精神）。若你發起，而非順應時間，等待回應，你的人生將充滿阻力，陷入錯誤的戀愛與親密關係之中，導致衝突，同時你也會在生命中挑釁了錯誤的靈魂，發起讓你進入錯誤的領導角色中，隨興在當下任意行動，與你個人的內在權威——等待情緒的清明——很明顯是相互牴觸。

當你結合人生策略及內在權威，等待一段時間過後，再作回應，這會給你等待清明的機會。才可以讓你開始一段正確的親密關係，以及正確需經歷的衝突。你也能夠依據生命中正確的精神，在適當的時機，正確領導他人，在當下「沉思」並觀察，而不是立即自動自發地「行動」起來。

你的生命動力能量豐沛，透過你的人類圖設計，被啟動的通道對別人帶來影響。在根部中心和薦骨中心之間的突變通道（60-3），其中所蘊藏的是一股波動與發起的能量。你非常有創意，潛藏著為世界帶來突變的可能，但這股能量的運作，就像脈動瞬間開啟，瞬間關閉。新的創意像是一股衝動，不預期地自內在冒出來，或是經由你來傳達給他人，但是，你無法控制創意會出現的時間點。你可能會花很多時間懷疑，甚至陷入低潮，因為不知道下一波的創意何時會出現。對你而言，接受限制的本質，就是這整體過程的關鍵。你只是需要單純臣服於此，並等待下一刻創意的脈動到來。憂鬱和情緒化也是過程中的一部分。如果你試著為自己的情緒找理由，你就陷入非自己的世界。突變何時會發生？沒有道理可依循，純粹只是個體化與創造過程中的脈動，如此而已。

連接你的根部中心和直覺中心，就是困頓掙扎的通道（38-28）。你秉持頑強的決心，就算成功機率微乎其微，也會堅持自己的人生道路。你來到這個世界上，即使一路掙扎，都是為了在自己獨特的旅途中，發掘其目的和意義。若正確運用，那麼不管是義

無反顧，頑強對抗、冒著失去安全感的風險，又或者爲你所認定，所值得的原因而奮戰，都能爲你帶來前所未有的滿足感，並且有益健康。掙扎的形式也賦予你人生的意義，是你個人的追尋，讓自己的人生有了意義，而你獨特的奮鬥歷程，也會成爲敦促與激勵他人的典範，激勵他們也開始掙扎，渴望步上屬於個人的歷程，追求更深層的人生目的。當然，這對你而言，並不見得舒服，別人或許覺得不以爲然，與其讓頭腦選擇爲何者而戰，你必須回應掙扎，看哪些掙扎對你來說有其價值。一旦你無法完整說明，或正確體現內心的掙扎，體內會累積壓力，在身體層面製造出過多的能量，規律的運動能幫助你釋放壓力，讓壓力得以存於體內，以健康的方式流動。

就算完全與眾不同，你此生都要遵循自己的準則。探索的通道（34-10）連結薦骨中心和G中心，唯有當你無視於任何阻礙或罪惡感，如實做自己的時候，這股能量才能夠正確運作。遵照薦骨回應的指引與時機點，你才有可能不帶著愧疚，心滿意足地放手一搏。若能表裡一致地生活，別人便能透過你的展現而看到，何謂趨近完美地，透過回應在行爲上與人互動，並因此而獲利。這將激勵別人，開始重新愛自己，也願意以此爲準則。

你開放又包覆的生產者能量場，加上這條探索的通道，將吸引大量的注意力。這注意力究竟正面與否，端賴你是否有耐性，願意配合正確的時間點，根據自己的回應來調整。若能如此，你就是活出屬於個體人的潛能，能賦予更多人力量，也將帶來突變的可能。但當你反其道而行，這條通道顯露出的非自己是僵化、不滿足，並且聽起來相當自私與自我中心：「不管你喜不喜歡，我就是要這樣，你想怎樣都好，就是別管我，別擋住我的路。」

透過連接情緒中心和喉嚨中心的無常的通道（36-35），會驅動你尋找各種經驗，保證你會擁有更新奇、更好的生活。這就是你的情緒波動，你的設計是「萬事通」，意味著你透過情緒的過程，將隨著閱歷愈來愈豐富，從中累積智慧。不自覺的情緒波會推著你，在人生道路上前進，因情緒高低起伏而持續改變觀點，可能也讓你看來反覆無常，或是因爲某個新經驗無法滿足原本的期待，而感到失望無比。其祕訣在於全然擁抱，並接受你的情緒震盪，給自己足夠的時間，在情緒清明的狀態下，再作決定，同時臣服於每個當下，徹底體驗每一個正確的體驗，無所期待，純粹爲了體驗而體驗。

隨著時間的推移與熟成，你的經驗將隨著情緒的深度，達到最高峰，終於化成你個人的眞理。而眞理的核心是接受生命如是。如果你發現自己對於冒險感到緊張或不安，請靜待時間，完整經歷情緒波，這會解決你的困窘。當你透過時間，明白感覺本身瞬息改變，你給別人的建議會是「把握當下」，投入每一個全新的、充滿希望的正確體驗，而非虛度光陰，認爲生命終將一事無成。你生命中最大的成就在於，收集各種極具價值的智慧，在這段過程中，你會去品嚐、碰觸、感覺許多事物。然後用說故事的方式，將智慧分享給大眾。你能將自己輝煌的成就化成精彩的故事，激勵他人，而你多彩多姿、盡情過活的豐盛與富足，也能讓更多人願意體驗並享受自己的人生。

你對於人應當如何體驗人生，有自己獨到且充滿哲理的反思，由此信手拈來，交織成各式各樣的點子與故事，化為你的創意與個人風格的展現，極具魅力。透過喉嚨中心和邏輯中心之間的好奇心的通道（11-56），你具備令人稱羨的天賦，能夠將一系列新穎的想法，重新形塑成故事的形式，寓教於樂，教化大眾。即使這些故事可能有誇大的成分，或只有部分真實，就像孩子童言童語，說著學校裡發生的事，半真半假。你還是能吸引他人的注意力，為眾人帶來啟發。你深信只要相信就會看得見，你對探究事實缺乏興趣，但對於如何闡述故事及其延伸出來的教育意涵，卻充滿熱情。你的故事更像寓言，或是日常對話。然而，就算這些故事來自個人的經驗與發現，對他人來說往往更為適用，反倒無法用來引導自己。你的故事需要被分享出來，也需要被收集並儲存起來，讓現在與未來的世代，都能從中得到反思及不同的演譯。

　　你的設計中的兩個空白中心，分別是頭腦中心和意志力中心，這設計讓你無法專心。你完全開放的頭腦中心，迫使你不停尋找下一個能鼓舞人心的想法，思索與己無關的問題。透過回應生命，以及等待情緒上的清明，你便能累積智慧，分辨什麼才是真正重要的問題，也能夠知道何事或何人能為你帶來靈感與刺激。空白的意志力中心讓你嘗試證明自己的價值，所以承諾超乎你的意志力能夠承擔的事物。你處在必須成為第一人，以及表現最好的壓力下，試著全面控制你承諾過的每件事。事實上，你並不需要向自己或任何人證明任何事。過度承諾，以及應允那些你做不到的事情，只會為你的心臟帶來龐大的壓力。對你來說，做任何事情最佳的方式，就是依循回應的人生策略，以及等待情緒清明的內在權威。

　　總結來說，你的設計是一個有影響力、有創意、引發突變、堅定的、從體驗出發的說書人。冒險、決心和探索是你的驅動力。你想以自己的方式做事情，在經驗人生的同時，發現新事物，同時吸引眾人的關注。你以自己獨有的規則和定律運作，就算成功機率低，你也會為了自己的信念，挺身而出來領導別人。逆境是你的驅動力，你此生的設計就是要擁有各式各樣的人生經驗，並與人分享。

　　別人會因為你的獨立自主與傑出表現而深受鼓舞。你的創造力往往突然出現又無故消失，創造力為你所做的每一件事情提供動力，在你的人生中占有一席之地。當你發起，或者太快涉入，你將會深陷錯誤的戀愛或親密關係中。若又掉入需要證明自己的陷阱，請謹記你的能量場具有巨大的力量，但它只能透過回應並等待情緒清明，才能正確地運作。你的能量場會吸引別人靠近你。你不需要「做」任何事情。你天生的設計能吸引正確的關係、掙扎及冒險，而這一切都會成為你將來說故事的來源。到了最後，這一切都會帶來滿足感。

投射者概述

能量——專注且吸入

人生策略	等待被邀請	定義	簡易型二分人
人生角色	6/2	非自己主題	苦澀
內在權威	直覺中心	目標	成功

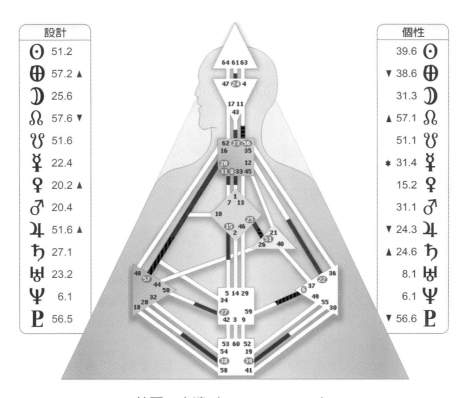

林哥 · 史達（RINGO STARR）

左角度交叉之個人主義

空白中心：頭腦中心、邏輯中心、薦骨中心、情緒中心、根部中心

57-20 腦波的通道，滲透性的覺知的設計
51-25 發起的通道，想要成為第一人的設計

身為投射者，你的設計中有一股動力，能整合他人的力量，這源於強大的好奇心，而非匱乏。好奇心是其中一種動力，讓你的能量場得以運作，讓你有能力看透別人的自我定位或特性。你非常敏感，能「讀取」別人的能量，基於直覺而明白他們該如何使用自己的能量，以及該使用在何處最為理想。這是身為投射者強大的天賦，你能夠辨識出別人的才能。

然而，出於自覺引導別人的天賦，只有在對方也賞識你，同意讓你引導的狀態之下，需要別人發出邀請，讓你得以分享所知所學時，才能正確運作。若在別人發出邀請之前，你主動提供指引——你可能很想這樣做——可是一旦這樣做，通常只會引來他人的抗拒，並感覺苦澀。你的能量場，極具穿透力又威力強大，自然會吸引別人靠近你。透過信任且臣服於自己的設計，生命會為你帶來所需要的一切。關鍵在於，讓能量場自然而然吸引能看見你的伯樂，順流而活，擺脫既定程序。一旦你設定（期待特定結果）既定程序，只會陷入苦澀。就讓一切自行出現，看看什麼事情會發生。

對你來說，別人的邀請很重要。所有你人生中最重大的事情，皆是透過邀請而來。但是這並非要你接受所有的邀請，正確的邀請必須包括賞識，你在被邀請時，必須感覺到被賞識。你必須透過那份邀請，感到自己「被看見」。當人們真的了解你，或是真正看見你的天賦時，你會感受到人生獲得成功。但若是你試著搏取邀請或賞識，就會遭遇抗拒，並感覺苦澀。這時候你就會知道，自己在發起，而非等待。邀請也可能透過其他人而傳遞，舉例來說，有個朋友打電話或傳電子郵件給你，邀請你考慮參與一件他們認為你會有興趣的事情。

對你而言，邀請並非全都正確。要怎麼決定何者正確與否？投射者的能量場能深入穿透他人，宛如你可以品嘗這邀請本身，若是感覺不對，那麼就不會是正確的邀請。如何做決定，是我們的導航系統。我們所做的每一個決定，都會帶領我們前往特定的方向，奠定人生的基礎。出自真誠自我所做的決定，意謂著你會擁有真實而不虛偽的人生。反之，當你以「應該」來做決定，你的決定會深陷來自他人的制約。你的內在權威是你如實作自己，為自己做出最正確的決定。

你的設計中，足以信賴並協助你做出正確決定，是直覺中心。直覺中心是「活在當下」類型的內在權威。直覺中心與生存相關，它的主要工作是確保你平安存活下來。與存在緊密連結的意識，當你的直覺中心說話或是提醒你，請於當下聆聽它要告訴你的訊息，這至關緊要。你所聽到的資訊，不會重複第二次，直覺發出的聲音或許細微，卻十分重要。身為投射者，你天生聰明，所以你的頭腦常會試圖凌駕直覺中心。頭腦樂於以這個或那個等等理由來涉入。然而，直覺中心的運作方式，與製造理由的頭腦中心截然不同。這是單純的直覺意識，直覺就是知道。如果你讓頭腦凌駕於直覺之上，很可能到最後，你會躺在急診室說：「我早就知道這件事會發生。」為了讓你的人生正確運作，你必須信任自己的直覺中心，以及它所發出的訊息，就在當下。是你的真實。

你具有偵測並提問的能力，無需特定答案，也不渴望答案眞的出現。這是你的美好天賦，也是你帶給眾人的禮物。你得以存於他人的眞實中，是「他們的」眞實，而不是你所認爲的眞實，或是他們應該有的眞實。若是如此，當你問別人問題時，對方得到的會是充滿蛻變的體驗，並從中得到力量。然而，蛻變只會在你無所期待之下，悄然發生。

　　你的人生角色是人生典範之隱者，這是你在此生所穿的戲服，與扮演的角色。要活出眞實自我，成爲眞正的人生典範，需要時間焠鍊。你擁有特殊的三階段人生。頭 30 年左右，是一段非常主觀的時期，通常是透過嘗試錯誤來體驗生命。第二階段是從 30 到 50 歲左右，這是一段客觀觀察期。宛如你爬上屋頂，既環顧四周，同時也回顧這過往 30 年的人生。你察覺到自己在觀察別人的同時，其實也正被別人觀察著；而因爲這個社會對於人性的好奇永不屬足，因此眾人將前來詢問你的意見。這將賦予你極大力量，得以超越個人，讓你的人生充滿吸引力。

　　過了 50 歲之後，你的人生會開花結果並成熟，你將成爲別人的人生典範。是時候走下屋頂回到世間，重新生活，你將向大眾展示你曾經走過的路。這是一段非常特別的時期，簡直像是重生，但此階段的你，已經擁有之前所累積的智慧，可以運用智慧，以全新的方式來體驗人生。在其他人的眼中，你會是典範，經由不斷察覺，你的人生會超越主觀與客觀，成爲自律又充滿個人領導力的人。你身爲隱士的那一面，樂於坐在家中做自己的事。其實你並不了解該如何完成生命中的一切，但身爲活出眞實自我的人生典範，當你被召喚，從事你天生擅長之事，你的階段進程便趨於圓滿。

　　你是二分人，這表示在你的設計中，有兩個分離的區塊，彼此不相連。其中一個區塊透過腦波的通道，滲透性的覺知的設計（57-20），連接直覺中心和喉嚨中心。這代表著每個當下，你突然說出口的話，與不可思議的準確直覺緊密相連。你的思慮敏捷，如同擁有七步成詩的能力。但是要眞正讓這項天賦爲你所用，需要注意兩件事。首先，你必須克服對未知的恐懼，學會信任你的直覺。第二，你必須在接到邀請之後才發言，如此一來，才能將與存在相關的覺知，有機會轉化爲智慧，減少誤解或在無意中忽略它。聆聽，行動，完全信任當下所閃過的直覺。活在當下對你來說很重要，不要因爲頭腦的命令與編造的理由而分心。如果你忽略了直覺，瞬間的覺醒將一閃而過，你也可能因此而受苦。

　　另一個區塊是透過發起的通道，想要成爲第一人的設計（51-25），這條通道連結意志力中心與 G 中心。你天生偏好競爭，也能鼓舞或激勵別人活出競爭力。若獲得邀請，競爭力或衝擊自然會發生，將你推向未知，讓你得以去伸展、測試，甚至超越正常的極限與耐力。這是眞正的「躍入虛空」（未知）的設計，因此結果會如何，無從得知。伴隨每一次勝利，都會增添你的個人色彩，進而增加內在神祕的力量，你無所畏懼，而成個人目標的歷程，將成爲他人勇氣的楷模。

你也透過創意來表達自己。若獲得邀請，發起對你來說便成為一門藝術，在本質上，你會辨識出兩件事，一是辨識出別人是否具備突變的潛力，二是辨識出他們是否需要的激勵，引發他們突變，因為突變無法在真空的狀態下運作的。在神祕的層面，你是個巫師／法師，你身上具備純真的天賦，足以讓人縱身一躍，進入個體與自我覺察的虛空之中。

你的設計是個二分人，所以內在難免會感覺某種失落感。為了要化解這種感覺，你會試圖發起，希望在人生中尋找某人或某物。結果反倒以腦袋來做決定，而非直覺中心。請記住，你的決定會左右你的人生，如果你不依循內在權威的指引前進，你將會前往錯誤的方向，遇到錯誤的人，最後進入錯誤的環境。最後，二分人的設計只會讓你更加困惑。重點在於放輕鬆，信任並容許生命為你帶來，你真正所需的一切，讓你無須繼續追尋。

身為二分人，你天生的設計就是在人生中擁有伴侶。你的天生伴侶將銜接這兩個區塊，讓你重新感受到完整或合一。為了在人生中找到那個對的人，當你受邀進入一段關係時，遵循你的人生策略及內在權威特別重要。終其一生，你會經歷各式各樣的關係，於是到最後，你能夠教導眾人關於關係的奧祕。

在你的設計中，有三個閘門可連接你分開的區塊。你非常容易受到這三個開放閘門的制約，你會感到自己需要擁有這些特質，才算完整。然而，你若只透過這些開放的閘門去生活，其實是以非自己在做決定，而不是真實的自己。你的非自己會透過7號閘門（自我角色）而運作，這代表著你會發起，嘗試領導別人，或是該如何才能當個更好的領導者。而透過1號閘門（自我表達），你的非自己頭腦將聚焦在，如何培養自己擁有藝術家的創造力，表現自我。而透過10號閘門（自我行為），你的非自己會告訴你，你在這個世界該如何自處，以及如何愛自己。

以上這三個主題會是你生命的焦點所在。在你的設計中，能連接兩大分開區域的開放閘門，都將驅使你發起、嘗試吸引別人注意、被賞識，然後通常導致抗拒以及苦澀。事實上，只要臣服於你的人生策略及內在權威，這三個主題會成為你在人生中，所累積的智慧。透過觀察這些連接你二分區塊的閘門，你會知道怎麼愛自己、如何有創意地表達自己，以及在接獲邀請時，再來展現領導力。當然你也可以選擇一路掙扎，試圖發起，然後一頭撞上阻力的硬牆，或者單純投降，讓你的設計引領你，走上獨特的智慧之路。

你的設計中有五個空白（無定義）中心，也是你得以累積智慧的地方。在人類圖的定義中，「我們」是學生，而空白的中心則是我們學習的「課題所在」。而你是個「思想開明」的人。面對不同的人，你將有能力透過頭腦，以邏輯的、抽象的，或甚至只是非常個人的覺知，來處理生活。然而，你空白的頭腦中心，會促使你試圖回答關於人生的問題，不斷追尋鼓舞人心的事物。這是個沒完沒了，又讓人筋疲力竭的追尋過程。對你而言，空白頭腦中心的智慧在於，學習去分辨出什麼才是值得你注意的問題。空白的邏輯中心會迫使你不斷想確定生命中的人事物。你的恐懼是，如果找不到答案，自己就會像個笨蛋，所以你試著找出確定的答案。此處的智慧是，讓各種概念進來，不要試圖抓

住任何一個，同時接受自己說出「我不知道」。最終你會在此累積智慧，分辨那個概念才具備真正的價值。

因為頭腦中心和邏輯中心皆空白，你極有可能與自己的身體愈來愈疏離，而無法與直覺內在權威相連結。每當你發現自己又迷失在諸多念頭中，請回歸身體意識。因為身體才是你真正獲得引導之處。你的人生策略與內在權威才是你的導航器。

空白的薦骨中心往往讓你做太多、承諾太多、工作操勞，而且可能執迷於性愛。你必須要了解，你不屬於能量型的設計。你適合引導那些能量型的人，而不是全部都由你親自去「做」。你很容易掉入做太多的陷阱，這會導致你感到筋疲力盡，最後甚至導致身體產生疾病。你空白薦骨中心的智慧在於，知道適可而止。請聆聽你的身體意識（直覺中心），這就是你保持健康的關鍵。

你空白的情緒中心，為了迴避衝突與真相，試圖保持風平浪靜，而嘗試當個好人。你非常容易受周遭人們的情緒所影響，而把這些情緒當成自己的感受。為了迴避這些感覺，你創造出一個「好人形象」的生活型態。當然，這並非真正的你。開放情緒中心的智慧，在於感受別人的感覺，卻不會將之視為你自己的感受。有同理心，但別承接他人的情緒，在重要時刻為自己挺身而出。請讓你的直覺內在權威發聲，說出屬於你的真實，即使這樣作的感覺，像是你在對抗另一個人。你只需單純說出自己的真實，這是只屬於你的真實，與他人無關。

你空白的根部中心吸收了全世界的壓力，你總是急著想把事情作完，如此一來，你才能放鬆。然而，壓力總是存在著，每次你做完一件事情，另一件事情就會立即出現，讓你再度感到壓力。你會掉入趕、趕、趕的惡性循環中，導致腎上腺燃燒殆盡。空白根部中心的智慧在於，去感受這份壓力，但不被影響而輕易反應。要學習拖延。透過不立即反應，單純釋放壓力，透過人生策略及內在權威，你就能夠分辨出真正需要關注的人事物。如此一來，壓力和腎上腺就能為你供給所需，而不會讓你筋疲力竭。

面對這些開放中心，當你學會不屈服於其中的混亂，你就能夠讓身體意識（直覺中心）成為你生命中的嚮導。它完全可以照顧你，讓你安然度過每一次人生所帶來的扭曲與翻轉，確保你會在對的時間，出現在對的地方。一旦你正確被引導著，你便能充分展現出自己輪迴交叉的意涵。

你的輪迴交叉是個人主義。身為人生典範之隱者和投射者，你在此是為了成為典範，讓人們知道該如何獨特地活出自己，無需為了迎合現狀而擔憂；活出自己，並跳脫集體同質化（collective homogenization）的框架。為此你首先要學會，徹底忠於自己的獨特。只要你做自己的主人，你就能對其他人產生超越個人層次的影響，完成此生的目的。能夠示範做自己的真義，成為獨特的自己，這是一種特別的天賦。你必須自己先經歷這一切，才能領略如何活出自己，如此一來，才能以身示範，或是成為他人的人生典範。

總結來說，透過嘗試錯誤，獲取人生經驗，接著透過客觀觀察，你會成爲充滿智慧的人生典範。你要活在當下，在當下以直覺運作，在接獲他人邀請之後，引發並激勵別人活出獨特的自己。你的設計是接受挑戰，爲了做自己的權利而奮戰，同時引發別人，尋找他們各自的精神意識與人生目的。請允許生命自然的召喚，與你合一，而你將善用自己說故事的能力，爲人們帶來啓發，以充滿創意、獨特又具影響力的方式，作出貢獻。你的設計需克服對親密的恐懼、無人傾聽的恐懼，以及對衝突的恐懼。你的設計並非讓外在壓力來主宰你的人生。你必須對自己與這個世界保持開放的態度，不要太執著在某個想法或概念。你將擁有旺盛的創造力，充滿能量，以你獨特的節奏來進行。你要意識到自己是否做得太多，或工作得太辛苦。你天生樂於關懷，但請別過度，否則會製造太多依賴。當別人邀請你時，你才展現自己解決問題的天賦。

　　當你開始運用你的人生策略與內在權威，來引導自己的人生，當你眞正活出自己時，你將體驗到，被外界制約的部分正陸續脫落。當你依據人生策略與內在權威來實驗，你將開始超越，而最終，你會覺得自己擁有成功的人生。

反映者概述

能量——採樣

人生策略	等待月亮週期	定義	無
人生角色	2/4	非自己主題	失望
內在權威	月亮週期	目標	驚喜

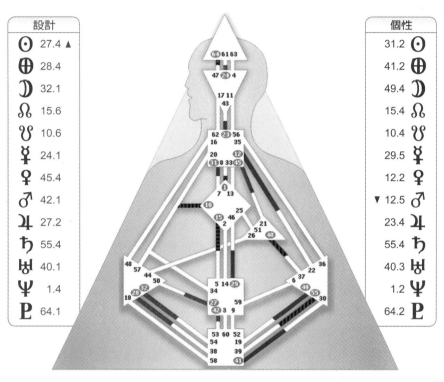

設計		個性	
☉	27.4 ▲	31.2	☉
⊕	28.4	41.2	⊕
☽	32.1	49.4	☽
☊	15.6	15.4	☊
☋	10.6	10.4	☋
☿	24.1	29.5	☿
♀	45.4	12.2	♀
♂	42.1	▼ 12.5	♂
♃	27.2	23.4	♃
♄	55.4	55.4	♄
♅	40.1	40.3	♅
♆	1.4	1.2	♆
♇	64.1	64.2	♇

匿名

右角度交叉之不預期

完全沒有定義

通道：沒有

身為反映者，你天生就能跟宇宙環境，以及行星轉移狀態（planetary transit field）的影響，形成獨特的共振。顯示者、生產者與投射者都屬於太陽類型，意即他們的目標透過他們「發光」而顯露。身為唯一的月亮類型，你的設計就像月亮，反射太陽運行，也反映微中子印跡作用的過程（the neutrino imprinting processes）。你的「光芒」像月亮，細微難以捉摸，但卻有實質的影響，特別是當別人察覺或注意到你的時候。你此生的目的是來體驗，並且與全體合一，透過這樣的過程，你會擁有我們大多數人無從知曉的神祕生活。你具備潛能，能以持續且深刻的方式，與星球相連結，特別是與月亮的連結。你與星星的頻率相互調和，像是忠實收聽天體運行「節目」，收集行星在太陽系中移動而產生的訊息，然後逐一報導，讓眾人知曉。就許多層面來說，你是我們得以了解與參與宇宙意識的關鍵，因為你具有超凡的開放性，以客觀無私的方式，能不斷過濾人類的意識層面。

在這世界的日常生活裡，與你接觸的人，以及環境中的物質、心靈、情感與靈性狀態等，在各個面向來說，都對你的健康息息相關。你就像煤礦坑中的金絲雀，能自然而然體驗、評定、察覺周遭的環境與人。當你健康、快樂以及成功時，你知道你身處的環境也是如此。而當你不成功時，代表整個環境需要轉變，或者對你而言，那裡並非對的環境。

你有能力感受到誰是真實地活著，誰又受到行星轉移的制約，或者因此變成受害者。當人們被行星轉移或周遭環境所制約，便愈來愈無法實現自己的獨特潛能。你可以感受到誰已經準備好要活出真實的自己，或者一個社群或組織何時能正確運作。你可以感覺到某個環境或團體，在物質、心靈或情緒上是否健康。當人們開始覺醒並覺察到他們的真實，你可以在旁，分享或反映出他們在當時所需要的事物。這就是反映者「被看見」的方式。

你的九個無定義中心會嘗試、放大並反映，你所處的環境中，所有人事物的振動頻率；你用一種其他人無法做到的方式，讓他人也有機會體驗或感受那些真實正在發生的事。你獨特的能量場，無需深入他人的振動頻率，就能評估或讀取他人的能量場。只要你別將開放中心所獲得的資訊，混淆成自己的，就能平靜又完美地，反映出身邊所有人事物。這是極其特殊的天賦，讓你能分辨出一個人，是否已經準備好表達出自己的獨一無二，而不是繼續接收同質化世界裡的非自己。

如果你讓事物只是單純透過你，體驗它一如原貌，那麼你的每一個開放中心，便能成為通往智慧的特殊窗口。而你「不沾鍋」的能量場會保護你，而不會將世界上所有發生的一切，皆視為與自己相關，你能察覺集體能量中，短暫閃現的訊號，或者周遭不尋常或脫規的人事物。當你愈來愈熟悉並了解自己的設計，你就不會繼續屈就社會的壓力與要求，你可以放大並反映他人的能量，並反射回去，你的存在就是一種不尋常的方式，來活化並鼓舞他人。你獨特的天賦在於不帶任何評斷，協助他人經驗更高層次的察覺，同時你不顯眼、不具侵犯性特質的能量場，也讓你能更有效地引導團隊前進。當然，除非你能夠按照自己的設計生活，否則這些潛能無法發揮，而你的存在，也不過是放大同質性世界的版本而已。

不幸地，大部分的反射者都過著同質性的生活，試著成為某人，而不是做自己，因為他們不被了解，無人鼓勵他們擁抱自己的獨特。太多的情況是，他們會發現這個世界缺乏包容性、冷漠而且令人失望，他們為了生存，只好對別人的期望讓步。當你開始欣賞自己的獨特，自你所無意反映的事物當中，實際抽離出來（或者停止認同它們），你就能不再迷失、困惑或耽溺於周遭的混亂之中。如此一來，你便能接受自己在團體中的核心位置，而非感覺自己像處於團體之外，宛如一個隱形的旁觀者。

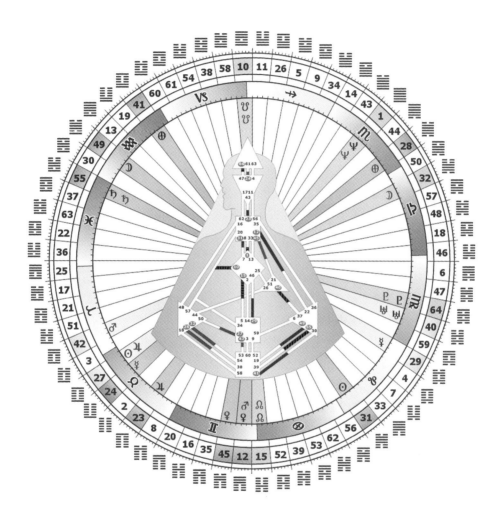

在上圖的曼陀羅中，你可以看到六十四個閘門如何環繞著你的身體圖，每個閘門都帶來不同類型的啟動潛能。當月亮以二十八天的歷程，行經你的身體圖，一一經過六十四個閘門。這個模式每個月都會重複一次，然而，對你來說，這個月的每一天都是不一樣的，你會發現自己一直在問：「我今天是誰？」以及「我今天會感到驚喜、被接納，或是被忽視？」月循環模式能提供你一致的獨特感受，讓你從中了解，並仰賴它幫助你決策。

你生命中做決策的人生策略是：安坐好好享受人生，等待事物自行呈現在你面前，從事情發生的此刻，等待完整的二十八天月亮周期後，再做決定。你在等待這循環結束的過程中，可與他人討論，但並非尋求建議，而是聆聽屬於你的眞實，透過你反映出來。將他人當作回響板。這些人必須是你能信任的密友，他們不是來爲你做決定或者影響你，他們只是單純地聆聽，或者詢問一些問題，幫助你釐清想法及感受。隨著時間推移，你要做決定所需的清晰，自然浮現。如果經歷一個月循環後，你仍舊不清楚，那就繼續等待。倉促行事對你來說，並不健康。事實上，大部分的反映者終其一生，行事都非常倉促，他們因爲壓縮生命自然流動的節奏，而導致健康走下坡；抵抗也會對他們的身體造成很大影響。然而，如果你就是照自己的樣子生活，不將在你開放的未定義中心中，流動移轉的能量混淆成是自己的，你將會體驗到一個充滿驚奇、喜悅，與美好當下的人生。想知道更多關於月循環的細節，可以參見第四章的反映者部分。

地點（place）對你來說非常關鍵。對你來說，最重要的決定是在對的社群中，找到適合自己，像家一樣的環境。你的G中心無定義，因此你必須體認到，你周遭的其他人是來啓發你、引導你到新的地方，認識新的人。一旦有人引領你進入特定的群體，你接下來的任務是察覺他人。處於團體的核心，對你是最適當的位置，在此你能夠自在體驗，並反映周圍的能量訊息。你的人生目的是要接納他人，同時反映並教導我們其他人：在這個世界上，基於每個人的多元性，而奠定了我們所認知的評價與好壞。

當你發現團隊或群體不再需要你來反映這一切，你要能自由離開。如果你待在不健康的環境，不論待多久，都可能會吸收環境中的能量而生病，或者耗盡你的活力。對你來說，擁有一個專屬、具創意的自我空間很重要，在這個空間，你可以花些時間獨處，清理你每天暴露在日常事務中，所接觸的制約。如果沒有這麼做，你很容易會過度依賴周圍人們的能量，也因此，你必須愼選自己親近的家人和朋友圈。

2/4是你的人生角色，你此生所穿的戲服，我們稱作隱士機會主義者。2/4的人生角色常被稱爲傳教士，這個人生角色結合了你意識個性（第二爻）的天賦與資質，以及你潛意識設計（第四爻）中，超越個人、隨時能與世界互動的特質，爲的是實現你的天賦才華。介於意識的隱士（反社會的）以及潛意識的機會主義者（社會的）之間的拉扯，爲你的生命帶來有趣的動力。只要你不是爲了滿足別人要求，才進行研究或訓練，你會有股驅動力，想要分享所知。大家看著你，但你不確定他們看到的你是什麼模樣。除非別人指出你擁有獨特的天賦，否則你自己根本不知道。你只需專注純粹從事自己喜歡的事物，沉浸其中，享受這一切，別人自然會看見你的天賦。在此同時，你的潛意識會吸引一些人成爲你的朋友，他們會告訴你他們眼中的你。這就是你獲得生命「召喚」的方式。

當你處於隱士狀態，不希望被他人干擾，最終仍會有人召喚出你的天賦，而進入實質的世界。回應「召喚」是一種蛻變、自我實現的驅力，當你決定活出自己，你會自然而然回應召喚。然而，你並非追求者，「從朋友做起」，對你來說是最健康，最適合開展一段長期親密關係的方式，同樣的方式也適用於進入商業合約或夥伴關係。你的社交和商業網絡非常重要，因為屬於你的召喚，會在社群中找到你。一旦你接收正確的召喚，你將帶著傳教士般的狂熱，在社群中散播影響力、同理心或知識。

你的設計中，九個中心都是空白的（沒有定義）。每一個開放的中心，都讓你能夠吸收，並讀取他人的能量，在開放、毫無預期的狀態下，自客觀有利的位置來審視環境。然而，你要知道，從他人或環境中所接收的能量，並不屬於你個人，當你保持開放，並順應生命流動，你的客觀性才能正確運作。一旦你試著要抓住能量，就會感到失望。

你空白的頭腦會接收到那些與你無關、令你分心的思緒。你會感到與自己的身體分離，因為空白的頭腦與邏輯中心可能會讓你與你的月亮權威（Lunar Authority）徹底失聯。當你發現自己迷失在頭腦的諸多想法時，試著將自己帶回身體意識。你開放的頭腦中心，會讓你試圖回答生命中所有的問題，永無止盡地追求一個個足以啟迪人心的故事。你會困惑，感覺迷失，因為這趟追尋沒有盡頭，又如此折磨。空白的頭腦中心所潛藏的智慧是，學習辨識哪些問題值得你注意，運用你的人生策略和內在權威做為指引。你開放的邏輯中心讓你想確定生命中的事物。你害怕自己若無法回答某些問題，會看起來很蠢，所以不斷試著找出自己能確定的答案。你也可能極不理性地，陷入過往，試圖合理化已經發生的一切。空白的邏輯中心所潛藏的智慧是，學會讓這些想法流過你，不要試圖抓住任何思緒，對於「我不知道」不再介意。

你空白的喉嚨中心讓你試圖做太多，或說太多，以吸引他人注意力。空白的喉嚨中心像是擴音器，常對著世界大喊：「看著我」或「注意我」。你不需要「做」任何事吸引關注，因為這已經內建在你的設計中，你只需要坐下來、放輕鬆。留意自己是如何感受到壓力，而渴望去做什麼，或說些什麼。但是，請你不要急著執行；只要觀察，然後看看接下來會發生些什麼。你可能會發現，自己在社交上很謹慎，或者恰好相反，你想在適當時機來臨前，向團隊表達想法。空白的喉嚨中心所潛藏的智慧是，透過觀察，你能公正並明察秋毫，辨識出誰有（或誰沒有）值得說或做的事。只要對你而言是正確的，即使是來自個人獨特的觀點，你也能傳達社群的更高原則。

你空白的G中心總讓你覺得，必須搞清楚自己是誰，以及人生究竟要往哪裡去。這種感覺會迫使你運用頭腦，為人生方向作出決定，以及想定位自己在社群中，究竟要扮演什麼樣的角色。對於G中心空白的人來說，有一些特別的地點，你所處的環境，其實到處都是「指標」，展示出你要前往的方向。所謂的指標，會以各式各樣的形式展現，這可能是一個人，或是你讀到或聽到的事物。你天生的角色是為人典範，能呈現出社群的最高價值與想法，識別出團隊的弱點。然而，你在生命中所扮演的身份和角色，將持續改變，對你來說，學習如何在改變中順流而為，這非常重要。如果你執著於某種看待自己的特定模式，或是某種特定的角色，那麼當一切改變時，你將會試圖緊握早已不屬於你的角色，而體驗到巨大的痛苦。空白的G中心潛藏的智慧在於，相信當時機正確，你

自然會遇見下一個指標，指引你往新的方向前進，扮演全新的角色。

　　你空白的意志力中心，會讓你以各種方式，試圖證明自己的價值。你可能因此不斷努力提升自己，或過度補償及過度承諾，嘗試證明自己。但因為空白的意志力中心，你的意志力無法持續，也缺乏讓自己變得更好，或做得更好的決心。你的生命不在於立志做任何事。你必須源自人生策略與內在權威，而非你的意志。你人生的座右銘是：「我不需要向我自己，或任何人證明任何事。」空白意志力中心的智慧在於，你能夠客觀看出他人的意志，知道誰能（或不能）遵守承諾，而誰有（或沒有）健康的自我意識。社群對你來說很重要，若不是跟對的人在一起，還不如單身。

　　你空白的薦骨中心會讓你做太多、過度承諾、工作操勞，甚至有可能耽溺於性愛。你會覺得有一股無法控制的驅動力，想投身新體驗，或承諾過多，遠超過你既定的資源或能量所能負荷。儘管你的本性總想照顧及關懷他人，但你必須了解，你不屬於能量型的設計。你的設計是當一個觀察者及法官，而非親力親為。你很容易落入做太多的陷阱，導致筋疲力竭，最終損害健康。空白薦骨中心所潛藏的智慧是，知道適可而止。放慢腳步，緩慢而謹慎地做出決定，這就是你保持健康的關鍵。

　　空白的直覺中心讓你緊抓住對你不健康的事物，或者依賴著讓你感覺良好的東西。有時你會專注於細節，並緊抓不放，你所執著的事物，對你來說不見得正確，例如你會待在一份早該結束的工作或關係中。緊握某些事物，讓你擁有錯誤的安全感，有時甚至會讓你固守一段受虐的關係，因為你不確定放手之後，人生還會出現哪些可能。你的設計不在於主動或快速做決定，其潛藏的智慧在於，一旦你退後一步，客觀地審視生命，就會知道對你來說，何者是健康的，何者不是。這包含人、地點和食物。身為第四爻，你的設計並非關於在下一個對象出現前，就先行離開上一段關係，所以，對於自己所決定的時間點，要特別敏感。不管你要放棄什麼，都要遵循你的人生策略和內在權威，讓宇宙為你安排好所需的遞補。你無法靠自己找到替代品。

　　空白的情緒中心讓你試著對人和善，避免衝突與真相，保持平靜無波。對於周遭的情緒狀態，你是開放且脆弱，很容易將感受到的情緒當成自己的感受。為了避免這種感覺，你在世人面前表現出「好人」的形象。當然，這不是真正的你。對於周遭對靈性意識的需求，你特別敏感，你能協助平衡社群的覺察與能量。空白情緒中心所潛藏的智慧在於，允許那些感受單純流過你，但不將它們視為自己的感受；感同身受，但不涉入他人的情緒和感受；在重要時刻，要能挺身而出，捍衛你自己以及團體的原則。

　　空白的根部中心總是吸納全世界的壓力，你經常會急著把事情做完，好讓自己可以休息。面對來自他人的期望，儘管你懂得如何謹慎地運用自己的能量，但是壓力依舊存在。每當你完成一件事，下一件事就已經等在那裡，讓你再次處於壓力之下。你會陷入趕、趕、趕的惡性循環中，導致腎上腺燃燒殆盡。空白根部中心所潛藏的智慧是，感受這份壓力，但不要輕易反應。藉由拖延，你就能透過人生策略和內在權威，分辨出你真正需要關注的是什麼。如此一來，壓力就能給予你實際的支持和鼓勵，而不是讓你筋疲力盡。記住，身為反映者，善用時間，處理訊息與可行的決策，對你來說是關鍵，也會讓你保持健康。無論如何，急急忙忙對你來說並不健康。

總而言之，你的設計是享受生命每一天所帶來的驚喜，請盡量和頭腦所認定的「生命應該如何」保持距離。你來到世上的目的就是流動與轉換。你生為不預期的輪迴交叉。你的設計就是會出人意料，充滿反映者所追求的驚喜，為了意外與激勵人心的「召喚」，活出 2/4 的人生角色。所有這些碎片，都會如拼圖般，美好拼合在一起。你深具影響力和愛心，與我們所有人分享未來的願景，以及活在這個世界的目的。你隨時隨地都能透過你所帶來的反映，向世人演繹如何接受事物的原貌。對你來說，最重要的是，請記住慢下腳步，做每個決定時，儘可能多花些時間，理想的狀況是花上一個月的時間；不要讓外在的壓力驅動你；放開固執，歡迎驚喜流進你的生命之中。對那些依循人生策略和內在權威過生活的反映者來說，神奇之處在於，人生處處有驚喜，逐一展現。

「我們是有意識的存在，除意識外，我們擁有察覺的潛能，而察覺則蘊藏著覺醒的可能。但首先，我們必須了解所謂有意識的眞義爲何。我們宛如過濾器——過濾各種意識。意識經過我們過濾後，又會回到廣大的意識場域之中。意識穿越我們，然後又離開。

　　我們漂浮在密集的微中子海洋之中。眞正的奧妙在於，明白我們正在做的事——接收並解讀意識場域。每一個人皆彼此緊密相連，又各有其獨特的方式來解讀這一切。人類圖讓我們知道，我們的設計本身如何過濾各種意識。若能正確地過濾，就能提供指引。每一位正確的過濾者，都會改變他人獲取訊息的方式，而微中子海洋的品質，將因我們而得以改變。

　　每一個人皆創造出獨特的介入模式，這就是所謂的差異化——一種獨特的介入模式，事實上可以細分至極精細的差別。」　——拉‧烏盧‧胡

第十章
關於卦象中爻的描述
更深入的探索

第十章 關於爻的說明

深入探索

由拉・烏盧・胡於一九八九年十二月完成的人類圖易經（The Rave I'Ching），綜合了卦（閘門）的敘述、與各閘門相關的輪迴交叉、以及每個閘門之下的六爻敘述。人類圖易經中共有六十四卦、三八四爻。在此書中，只先探討三八四爻的內容。如果想要一本人類圖易經的書，請洽詢版權所有的各國人類圖分部；在第十一章可以找到官方總部與分部清單。

三八四爻中有三七五爻傳達了潛在經驗的極性，它被稱作上升或下降的相位，分別以黑色三角形 ▲（上升）和白色三角形符號 ▽（下降）表示。這些術語在一般占星裡代表的是好（上升）及壞（下降），但人類圖體系不會以道德評斷的角度來區分。在人類圖的世界裡，這些術語單純僅表示「這個」或「那個」代表不同的極性。

一個人的人類圖設計是各個部份的總合，當我們檢視特定的某個部份，像是爻，也必須同時考量其存在於整張人類圖中的相對關係。如果只檢視單一細節，而不考慮整體設計中其他的部分，如類型、策略、權威、人生角色、輪迴交叉、中心、通道，以及閘門，便無法理解整體的脈絡。要想真的了解爻，請往後退一步，將它放在整個大圖的脈絡中檢視。當你用這樣的方式看人類圖，你會發現一種層層揭露的模式，也就是「基因延續性」，所有看似零碎的片段，其中皆蘊含了與整體設計相呼應的主題，生命的真正課題就此浮現，而你將看見人生中充斥著矛盾，以及所有相關的複雜性。

了解爻需要時間；它們可能看起來很抽象，宛如謎語或詩句。就像易經（關於變易的中文書）需要花上一輩子來理解，若要以整張圖的範疇來分解爻的含義，當然也需要時間。最好的方法是從你自己的人類圖開始，了解你所擁有的爻，甚至冥想也會有所幫助，讓你慢慢消化其意義。即便在當下，你可能以為自己理解了某條爻，或者對其敘述產生了共鳴，但是，當你更深入去體驗這段旅程，活出你原本的設計，曾有的認知與共鳴也將隨之進化。

你可以在你的圖旁兩列以紅色（**設計**）和黑色（**個性**）標示的閘門旁，找到你的爻，舉例來說：閘門 50.1（Gate 50.1），就是 50 號閘門的第一爻。你可以在這一個章節透過閘門找到你的爻，閱讀爻完整的敘述（上升與下降），能夠讓你略為了解你的設計中的爻。留意爻的名字和敘述，它們各自寓意著與爻有關的寶貴資訊。此外，在每個卦中，第一爻的敘述將能讓你對這個閘門有基本認識。

有些爻會有一句斜體描述文，但並非全部都有。斜體字的敘述文字代表著你有機會學習的課題，並且你在此具有成長的潛力。如果沒有斜體字的敘述，那麼這就是你與生俱來的天賦，是你的設計裡根深柢固的特性。

在上升與下降的敘述中，第一句是拉初次接收到的訊息，而以粗體呈現的第二句，

則是他於數年之後，再次整合並進一步闡釋關於每條爻的意義。你也會看到與這些爻相關的行星符號——列在爻的旁邊。有些行星能將爻「固定」在上升或下降的相位。觀察你的圖，你會看到有些閘門或爻的旁邊，標示了上升或下降的符號，同時你也會發現有些圖上，並沒有固定的標示——沒有上升或下降的符號。

當我們以「固定」的範疇來講述上升與下降，這只是單純以另一種方式，來講述「這個」與「那個」，沒有好壞的評斷。就你整體設計的連貫性來說，你設計中的下降之處也同樣完美。事實上，下降的相位通常會帶來很棒的學習機會。人類圖合圖（你的設計與他人的設計合併）以及流年圖（行星在我們的人類圖上，隨著時間的流轉）也有機會將爻固定在某個相位上。同時，當通道另一端相對應的閘門接通時，也有可能會產生固定的狀態。這些課題很複雜，我們另找機會再作深入探討。

在此章節，你可以先查出自己的閘門與爻。先閱讀那些有斜體字敘述的爻，這些是你此生可以思考並從中學習的課題，然後閱讀爻的敘述文字，從上升至下降，感受其中流動的能量，看看你領略到的是什麼。如果你的圖上有上升的相位，讀一下上升的描述，了解這股能量在你的設計中，如何被凸顯出來，如果你有下降相位，也請你閱讀下降的描述，思考這為何成為設計中的重點，如果你有並列相位（一個形狀像是星星的符號，同時代表上升與下降），那麼這兩種敘述皆適用於你。

人類圖易經中的行星符號與象徵

符號	名稱	符號	名稱
☉	太陽	♄	土星
⊕	地球	♅	天王星
☽	月亮	♆	海王星
☿	水星	♇	冥王星
♀	金星	▲	上升
♂	火星	▽	下降
♃	木星	✦	並列

1 號閘門：創意一自我表達

創造力是原始的力量。沒有限制，充滿潛力，足以啓動靈感的能量

第 6 爻一客觀性

⊕ ▲ 明確評估創意的價值。**創意表達過程中的清明。**

♇ ▽ 主觀評價所帶來的風險是失望、以及創意受挫的結果。自我表達中的主觀意識，**可能導致創意受挫。**

第 5 爻一吸引社會大眾的能量

♂ ▲ 火星在上升相位，強大自我的頑強展現。**堅持創意過程的力量和驅動力。**

♅ ▽ 天王星在下降相位，怪僻阻礙了延續性。**儘管怪僻吸睛，卻限制其動力。**

第 4 爻一孤獨爲創造力之媒介

内在之光的張力。

⊕ ▲ 地球在上升相位，象徵個人觀點彰顯於外，帶來影響力，但卻淡化了靈感深具魔力的潛質。**發展創意，必須與影響力無涉。**

♃ ▽ 淡化靈感深具魔力的潛質。基於對影響力的需求，不甘寂寞，制限其創造力。

第 3 爻一 持續創作的能量

♂ ▲ 火星在上升相位，象徵自我表達的深刻需求。**自我表達的深切需求。**

⊕ ▽ 物質力量破壞創意，引發野心勃勃。**物質主義破壞創造力。**

第 2 爻一愛是光

♀ ▲ 金星在上升相位，象徵美麗。在既定價值與激發靈感的理想間，需要和諧。**自我表達受理想與價值所制約。**

♂ ▽ 欲望與熱情有其作用，但不能換來創意。**欲望和熱情限制了自我表達。**

第 1 爻一創意獨立於意志之外

☽ ▲ 月亮在上升相位，象徵適應。時間就是一切。**自我表達有其獨特的時間點。**

♅ ▽ 不穩定導致扭曲。在此，耐心是美德，革命次之。**創意不穩定，除非有耐心。**

2 號閘門：接納—自我方向

無論決定如何回應，接納是最根本的基礎，也是行動的根源

第 6 爻—定格

不能或不願看到全貌。

☿ ▲ 水星在上升相位，儘管較不負面，聰明才智傾向於不斷合理化。更高層次的覺知，其感受力極為狹窄。

♄ ▽ 基於安全感的需求，可能會扭曲意識，轉變成終極變態，破壞性。高我耽溺於世俗與安全感的需求。

第 5 爻—靈活應用

☿ ▲ 水星在上升相位的策略家。資源的合理管理。更高層次的覺知為運籌帷幄之天賦。

⊕ ▽ 無力分派責任，或無法辨識出他人的能力。更高層次的覺知為個人獨有且自私的過程。

第 4 爻—隱匿

比謙遜更進一步，謹慎細心保有和諧的能力。

♀ ▲ 更高的目標凌駕於個人讚譽之上。團隊合作，被當成領袖，卻從不會是隊長。更高層次的覺知無須為了認可而表達。

♂ ▽ 禍從口出。難以抑制的烈火來自我執，滋生怨恨。一有宣洩的機會，便無法保持沉默。

第 3 爻—耐性

老師是永不停止學習的學生。

♃ ▲ 終身貢獻，成熟接受其過程永無止盡。當連接相對應的 14 號閘門，形成脈動的通道，服務會獲得報酬。瞭解接受是一生的歷程。

♅ ▽ 為求革命，耐性居次。更高層次的覺知無法等待，亟需表達。

第 2 爻—天才

啟發引動回應是無意識也無須學習的本能。天生好手。

♄ ▲ 聚焦與實踐的內在力量。覺知無法學習，是與生俱來的天賦。

♂ ▽ 天才本瘋狂。將專有的知識視為力量，強化自我。妄想知識就是力量。

第 1 爻—直覺

敏銳面對不和諧與萎縮。

♀ ▲ 不論是先天或後天，美學有其重要性透過美而獲得更高層次的覺知。

♂ ▽ 不顧智慧，堅持我執的主張。採取行動的衝動，將忽略更高自我的智慧。

3 號閘門：凡事起頭難─秩序

發起時所面對最根本的挑戰，來自於如何超越困惑，並建立秩序

第 6 爻─投降

最終的成熟是了解，掙扎是徒勞。

☉ ▲ 當光依舊閃耀，生命就會持續。天生就能接受秩序是過程，並非問題。

♇ ▽ 當黑暗覆沒，生命可能看似毫無價值而感到沮喪和絕望。困惑能量是壓倒性的力量，導致沮喪。

第 5 爻─受害

用來穿越困惑的行動是與人疏遠。

♂ ▲ 捍衛個人信念的勇氣。以獨立個體的獨特能量來對抗困惑。

⊕ ▽ 地球在下降相位，受害導致姑息與痛苦。若以他人所認定的秩序為主導力量，將充滿困惑的能量。

第 4 爻─魅力

因為先天的本性而吸引重要的指引。

♆ ▲ 靈性的調諧引發磁場的滋養。吸引滋養及確保秩序的靈性能量。

♂ ▽ 火星在下降相位，出於我執的要求被拒。需要滋養但通常遭致拒絕的混亂能量。

第 3 爻─生存

有能力識別與區分，肥沃與貧瘠所展現出來的各種型態。

♀ ▲ 在繁衍過程中，具備選擇最好伴侶的能力。針對生理層面的突變，取決於與人合作，天生就知道肥沃與貧瘠之別。

♇ ▽ 乖張違背進化的標準。天性反叛、拒絕突變。

第 2 爻─未成熟

無限制接受指引。

♂ ▲ 堅決追求成長的能量，終將勝利。個體突變的能量與潛能。

♅ ▽ 同時接受又對抗權威，內在不穩定。能量與潛能接受制於他人，導致不穩定。

第 1 爻─綜合

唯有分析過所有相關因素後，才有可能克服困難。

⊕ ▲ 了解困惑很自然，總是也必然存於清明之前。天生就知道秩序將從混亂中產生。

☿ ▽ 犧牲直覺轉而依賴智慧，會導致不必要的挫折。無法明白秩序會出現，試圖於別處找尋覺知。

4 號閘門：血氣方剛的愚者—公式化

儘管無知，卻能矇騙過關的能量。免於處罰的自由

第 6 爻—超越

重覆且有意識地濫用規範，將無法逃脫懲戒。

☿ ▲ 透過技巧的經驗值而發展，實現自我約束。**邏輯推演過程的潛能是，辨識出其理解是否完整，若尚未完備，有耐性等待過程完成。**

♂ ▽ 有膽接受懲罰就是超越本身，應當付出的代價。儘管認清並不完整，卻對過程缺乏耐性。

第 5 爻—誘惑

讓別人承擔責任當作擋箭牌以避免責罰的可能。

♃ ▲ 不勞而獲的獎賞與認可。**透過理解他人而獲得成功的潛能。**

♇ ▽ 說得滿口應酬話，都是過時與無法令人滿意的價值觀，憤世嫉俗。憤世嫉俗所帶來的潛能是，總是不得不承認自己能理解他人。

第 4 爻—騙子

以藝術為形式的角色扮演。演員。

☉ ▲ 不論如何被誤導，運用幻想來保護及培育使命感與理由。**透過幻想，尋找或延展出公式的潛能。**

♄ ▽ 時間總是帶來恥辱。**潛在的危險是將幻想當作事實。**

第 3 爻—不負責任

若能少花點力氣，就不願意勤奮努力。

♀ ▲ 藝術比藝術家有價值。**傾向擁有公式，不顧及如何實際應用。**

♇ ▽ 將不負責任合理化，解釋成重新聚焦的行為。**為了維持現況而進行辯解的潛能。**

第 2 爻—接納

理解到個人及他人皆有其限制，有度量暫不評斷。

☽ ▲ 讚頌情感，面對誤入歧途的孩子，永遠懷抱寬容的母親。其潛能在於認知到「不是每個人都能理解」。

♂ ▽ 以別人的失敗為例，作出自以為是的斷言。利用他人的無知，而獲得好處的潛能。

第 1 爻—愉悅

若還不到完美的時機，無法獲得終極的快樂。

☽ ▲ 憑本能來判斷對的時機與情勢，獲得愉悅的獎勵而非懲罰。有潛質能明白，理解的過程有其自然的時序。

⊕ ▽ 時機不是紀律的產物。逾常的自律毀壞了愉悅感。具備理解的潛能，卻因衝動而揠苗助長。

5 號閘門：等待一固定模式

從根本來調整，以符合自然的韻律，等待是充滿積極的察覺

第 6 爻一屈服

等待無法免除來自身體或精神上的壓力，常被不預期所打斷。

Ψ ▲ 順應宇宙之流，覺知將有所增長。就算有壓力，還是接受自己既定的韻律，往往透過不預期的一切，將得到激勵而從中成長。沒有極性。

▽ 沒有行星在下降的相位；每顆行星皆有其軌道，位居其位散發力量，順從其必然性。沒有行星在下降相位。

第 5 爻一 喜悅

等待宛如悟道的面貌。

♀ ▲ 保持平靜宛如極致的美學，因而體悟出存在的內在蘊義。保持平靜的力量，在生命之流中找到個人的定位。

Ψ ▽ 喜悅如幻象消散，視等待為失敗。看清自己於生命之流中的位置，因而幻滅。

第 4 爻一獵人

等待是生存的保證。

♅ ▲ 極具創意的天才，將最消極的經驗轉化為積極的成就。有力量將既定的韻律發揚光大。

☉ ▽ 個性中過度強烈的虛榮，不願屈居幕後，威脅其生存。以可預估的代價，衝動地否定其特有的韻律。

第 3 爻一強迫症

由無助感所衍生的恐懼，導致不必要的壓力與行為。

Ψ ▲ 透過奔放的想像力，能限制強迫症所帶來的負面影響。雖然依舊緊繃，他們不會輕舉妄動。投降既定韻律的限制，透過想像力獲得力量。

☽ ▽ 月亮無法永遠靜止不動。無法臣服，不符合自己的韻律。

第 2 爻一內在的平和

具有抑制衝動的能力，避免採取不成熟的行動。

♀ ▲ 透過理想的寧靜，維持沉著的天賦。自在順應內在韻律的力量。

Ψ ▽ 將內在的平靜等同停滯的體驗。僵化的韻律，限制了充滿力量的驅動力。

第 1 爻一毅力

破釜沉舟。

♂ ▲ 面對逆境的勇氣。維繫個人韻律的力量。

⊕ ▽ 為了避免損失，通常過於衝動而提早放棄。當挑戰來臨時，維持個人韻律的能力薄弱。

6 號閘門：衝突—摩擦

進步的基本構成元素；「沒有衝突就沒有成長」的定律

第 6 爻—調停者
透過更高位階者的紀律與操守，單方平息了衝突，容許敵方投降並獲得生存。

☿ ▲ 生命是神聖的，這就是最崇高的理由。因為感同身受，所以淬煉出情緒的力量，終止衝突。

♀ ▽ 行動公正的調停者，但其所提出的和解條件難以接受。唯有先滿足其條件，情感的力量才能終止衝突。

第 5 爻—仲裁
相信透過詳盡的分析以及適當的情緒控制，才能讓更高的權威來評斷其衝突。

♀ ▲ 透過避免直接衝突，達到更進一步的和諧。對衝突極為敏感，因而逃避親密。

☽ ▽ 在仲裁時，其中一方自認是最好的法官，只接受自己獲勝的判決。面對衝突時，對他人的顧慮毫不在乎。

第 4 爻—勝利
天生具備不容挑戰的力量。

☉ ▲ 慈善與智慧，必定將伴隨勝利以及全新的視野而來。主宰關係的情緒力量。

♇ ▽ 征服者與肅清者。欠缺情感控制，遭致關係毀壞。

第 3 爻—忠誠
有能力取得支持並產生力量，自弱勢翻身。當與相對應 59 號，交配的閘門連接時，結果是受孕。

♆ ▲ 透過聯盟來拆解舊有的形式可能是如上面提到的世俗面，如性的結合，或是提升至普及化的程度。情感的深度足以豐富連結與親密。

♆ ▽ 拒絕效忠，不願服從既定秩序。對控制很敏感，最終可能為此而拒絕親密。

第 2 爻—游擊隊
透過即時的攻擊與撤退，充分利用劣勢的能力。

♀ ▲ 透過對美學的敏感與理性留意細節，找到最脆弱的關鍵點。善於在衝突中找到最大的弱點，並在情緒層面好好利用它。

♂ ▽ 神風特攻隊，引人注目但缺乏實質意義。粗線條，一不小心即造成衝突。

第 1 爻—隱退
領悟到浪費一己資源來對抗壓倒性的優勢，並非勇敢，而是愚蠢。

♆ ▲ 再生的力量，接受隱退只是現階段的狀況，而非失敗。以穩定的情緒面對衝突。

☿ ▽ 自卑的心理，將隱退視為個人的弱點。面對衝突時，情緒不穩定。

7 號閘門：軍隊—自我角色

聚合點，為了引導和指揮社會，對領導的需求

第 6 爻—管理者

有分享及公正分配權力的能力。

☿ ▲ 溝通責任架構的權力。盡一己之力，透過其角色傳達職責。

♅ ▽ 渴望權力的官僚，最終將動搖組織。位居其位，藉其傳達職責的角色來謀求權力。

第 5 爻—將軍

面對危機時刻，經由社會群體所授與的領導力，享有絕對的權威。

♀ ▲ 其天賦是集聚必要的忠誠，以協調並發展社會所蘊藏的潛力。透過自身角色，引發眾人效忠的能力。

♆ ▽ 被其部隊所孤立的指揮官，執著於勝利而不計任何代價。若剛愎自負，將無人效忠。

第 4 爻—退位者

有意願來接受群眾公評及／或法律裁定。

☉ ▲ 考量整體利益而下台的修養與智慧。個人具有接受他人評斷的雅量。

♅ ▽ 在絕大數人反對之下，被迫釋出權力。拒絕接受他人的評斷。

第 3 爻—無政府主義者

拒絕任何制度化的要求。

☽ ▲ 不論現況如何，持續追求改變的需求。想跨足不同角色的自我驅動力。

☿ ▽ 虛無主義者。具備否定各種角色價值的能力。

第 2 爻—民主主義者

以服務多數民意為前提，展現出領導的能力。

♆ ▲ 運用普世通用的體系。當透過創始者的通道與 31 號閘門相連結，有其潛力能對社會帶來廣泛且革命性的影響。被推選出來時，展現領導能力。

☿ ▽ 菁英主義，民主制度下的民主主義者卻劃清界線。一旦被推舉出來時，感覺自己優於那些選擇他的人。

第 1 爻—獨裁主義者

同時具備開明和專制的鐵腕。

♀ ▲ 金星在上升的相位，將基本的價值觀和規則強加於孩子身上。具備以權威來引導的能力。

☿ ▽ 扭曲的認知，認為只有自己最清楚。具備能力來堅持自己是最佳的權威。

8號閘門：凝聚在一起─貢獻

當個人致力爲團體目標做出貢獻，其基本價值便得以展現

第6爻─交誼

基於和諧而發展出的確定性。

♀ ▲ 能察覺模式運行，而把握正確的時機。天生有其天賦，知道何時該有所貢獻，以極具創造力的方式展現。

♆ ▽ 質疑，儘管在最理想的狀況下，因而造成遺憾。不論任何情況下，對時機感到不確定而後悔。

第5爻－達摩

齊聚一堂到最後，終究難逃分離。成功的結合代表著聚散終有時，幼鳥長成之後會離巢。這是正確的作爲，無損於連結的本質。

♃ ▲ 老師。接受並了解限制，於教學中驗證，並分享這過程，而貢獻則涵蓋於其中。

☉ ▽ 那些對小孩無法放手的父母，只知道自己的權威受到挑戰。不願接受，亦無法預見限制，無法對孩子放手，父母本身就是例證，不言而明，其結果即是貢獻。

第4爻─尊重

有其天賦，能自然看見別人作出的貢獻，尤其對能以身作則的人，讚賞有加。

♃ ▲ 面對同質化，拒絕妥協是其驅動力。貢獻的動力，以身作則並爲眾人樹立典範。

☿ ▽ 在一個超越限制的團隊之中，單一理由，無法預測個體的價值。舉例，田徑隊裡公認的隊長，不必然是最有才華的那個。貢獻其天賦，不會被其限制所制約。

第3爻─虛假

接受其風格，而非外在行動的內容與其本質。

☽ ▲ 貌似完美，下足表面功夫，難察其瑕疵的親密。透過形式表達，無實質內容的實例。

♄ ▽ 淺薄。低估他人的同時，也高估自己的能力，持續自欺，毫無覺察能力。過度倚賴外在，對其風格充滿無來由的自信。

第2爻─服務

☉ ▲ 最高的善行，無私的服務。展現其無私，具備成爲典範的潛能。

⊕ ▽ 地球在下降的相位，酬勞是服務與否的先決條件。願意付出相對代價，成爲典範。

第1爻─誠實

眞誠接受限制，再次認知到唯有透過分享，才能超越。

Ψ ▲ 意識到團結力量大。了解到傳達創意必須坦誠溝通，相互分享。

☿ ▽ 退縮恐懼在團體的環境中，會失去其個體性。其設計是以犧牲個體性爲代價，分享創意。

9 號閘門：處理細節的能力—專注

詳細注意所有相關細節，就能充分發揮潛能

第 6 爻—感激

接受每個微小勝利都會帶來些許回報，心生喜悅。

☽ ▲ 月亮在上升的相位，就算微薄之力也能孕育正確的觀點。**充滿力量享受這段專注的過程。**

♇ ▽ 除非走完這段旅程，否則每一步皆無價值。在完成之前，**過程中缺少了喜悅的能量。**

第 5 爻—相信

相信只要鉅細靡遺堅持下去，就能圓滿達成。

♃ ▲ 侷限於法律字面條文。專注的力量，認為專心本身有其價值。

⊕ ▽ 宛如神的奧祕，當過程中遇到不合邏輯之處，產生質疑。**缺乏專注的力量，因而心生懷疑。**

第 4 爻—貢獻

無視於壓力或緊張，有紀律地關注細節。

☽ ▲ 採取正確行動必能實踐。將專注的潛力，付諸行動的力量。

♂ ▽ 持續想跳過基本步驟的衝動。忽略細節、想付諸行動的驅動力。

第 3 爻—壓垮駱駝的最後一根稻草

忽略次要元素，總是可預見失敗的結果。

⊕ ▲ 施力以克服一時障礙。無法專注而失去力量。

☉ ▽ 執著的力道耗損其活力，小題大作。**能將專注轉變為執迷的力量。**

第 2 爻—同病相憐

♇ ▲ 與他人合作來撫平挫敗。有力量能**與他人合作，共同聚焦。**

♃ ▽ 對於擴張的強烈需求，導致判斷錯誤、錯失良機而備感沮喪。**渴望合作的動力導致錯失焦點。**

第 1 爻—感受性

以平衡與負責任的方式來解決問題。

♇ ▲ 創造新的形態，以避免挫敗的能力。**專注就會有力量，致力創造新的型態。**

♂ ▽ 四處找得焦頭爛額，幾乎衝動得快破門而入，其實鑰匙就在你的口袋裡。**推進的動力常失焦。**

10 號閘門：前進－自我行為

行為的基本守則，無入而不自得，確保互動成功

第 6 爻－人生典範

無須言語，身體力行才是展現準則最完美的方式。

♇ ▲ 長期身為楷模，為此感到自滿，同時不斷聚焦於行為層面，務求應對得宜。**透過行動而非文字，來表達自我的永恆價值。**

♄ ▽ 偽君子。動口要別人去作，但自己並未行動。光說不練。

第 5 爻－異端者

直接、公然挑戰規範。

♃ ▲ 透過理解及傳達較高的原則，而獲得成功的能力。**直接挑戰傳統的行為準則。**

♂ ▽ 火刑。直接以行為來挑戰其行為，最終將受到懲罰。

第 4 爻－機會主義者

直到成功蛻變轉型之後，才會接受其規範。

♅ ▲ 蛻變是為了躍進至更高的規格。**維持既定的行為模式，靜待對的時間點帶來蛻變的機會。**

☿ ▽ 將機會主義當成一場遊戲，及／或腦袋的遊戲。**為了充分利用機會，而改變其行為模式。**

第 3 爻－烈士

覺醒於公義，抵抗制度宛如螳臂擋車。

⊕ ▲ 烈士是最常見的例子，其行為最終被奉為神聖之舉。其行為最終還是備受爭議。

☽ ▽ 烈士情結。為了個人自我的擴張，積極追求殉道。其行為是吸引注意力的方式。

第 2 爻－隱士

透過孤立，成功閃避特定的行為規範。

☿ ▲ 水星在上升的相位，心智運作的方式更加深了孤獨感。**透過獨處而保有獨立的行為。**

♂ ▽ 憤怒的流亡者。面對制約，**孤立是為了保有獨立自主的行為。**

第 1 爻－謙遜

內在很清楚，同時也接受自己的位置。

☉ ▲ 不論處在什麼位置，皆看重其使命。**不論環境因素如何，都清楚自己所處的位置，知道該如何應對。**

☽ ▽ 過於敏感而容易受傷，並為此所苦。對外在行為層面的制約，極為敏感。

11 號閘門：和平—新想法

由於個人或社會處於和諧的狀態，在採取新的行動之前，先行衡量

第 6 爻—適應力

具備內在的平衡，接納過渡期。

Ψ ▲ 與生俱來的察覺力，認知到萬事萬物瞬息萬變。**領悟到想法帶來改變，而想法本身也會改變。**

♃ ▽ 適應力最負面的展現，無論在和平或戰爭時期，投機者以犧牲他人的利益來獲利。不管任何情況下，**知道何謂有價值的想法。**

第 5 爻—慈善家

☽ ▲ 不帶有任何目的性，照顧被褫奪公權者以確保和諧。**哲學與人道主義思想。**

☿ ▽ 抽離，避免直接接觸，而給予只是防衛的形式。**拋棄想法。**

第 4 爻—老師

傳達和平本質的能力。

☽ ▲ 智者，在極端的例子中，能教會對音律一竅不通者如何和聲。金星同時也在上升相位，具有向外延伸、接觸特立獨行的人。**概念清楚、易傳達。**其想法足以吸引，**同時告知那些未受過教育的人。**

☉ ▽ 靈性上師，刻意地將其最有價值的智慧，只透露給少數人。**只能被少數人所理解的想法。**

第 3 爻—現實主義者

認知到和平有如曇花一現。

♇ ▲ 內在革新以維持力量與警覺。**理解到想法來來去去。**

♀ ▽ 珍視和諧的傾向，幾近妄想。相信美即是永恆。危急時刻卻無法分辨輕重緩急，只專注在無關緊要的事情上。**想從想法本身獲取樂趣，無法實質運用。**

第 2 爻—嚴格

認知到若缺乏警戒，又不願冒險，和平會造成停滯和崩解。

Ψ ▲ 運用想像力，確保理解所實現的價值。**透過想像力來克服無聊。**

♂ ▽ 訴諸黨派之爭，以滿足自我渴望行動的需求。**為避免無聊，以想法來挑釁。**

第 1 爻—和調

在對的時間點、身處對的地方，因緣俱足的幸運。

☽ ▲ 與相同目標與志向的人在一起，從中獲得滋養。其天賦是找到看重你的想法的人。

♂ ▽ 恐懼默默無名。感到無人會重視他們的想法。

12 號閘門：靜止不動—謹慎

克制的本質、沉思的重要性，以及面對誘惑時不為所動

第 6 爻—質變

保持信心，朝改變施力，於靜止中呈展。

☉ ▲ 當與相對應的 22 號閘門連接時，經由開放的通道帶來創意的全面進化，因而成功引發突變，並產生新的社會形態。**突變、以及表達全新社會形態的能力。**

⊕ ▽ 逆向突變，逐步演化成完美的適應模式，靜止而無為。**謹慎以對，成就完美的適應模式，接受社會層面的諸多限制。**

第 5 爻—實用主義者

成功面對限制，當一個階段結束，牢記從中所學會的課題。

☉ ▲ 光明，總會意識到黑暗的存在。**謹慎是社會歷練的呈現。**

♂ ▽ 傾向只記得過往最痛苦的教訓。**謹慎是制約，源自最痛苦的社會歷練。**

第 4 爻—先知

面對停滯的終點，具備預知與計畫的能力。

⊕ ▲ 準備集結社群，為停滯的現況注入活水。**具備預知的能力，同時表達出對社交的需求，為謹慎畫下句點。**

☿ ▽ 來自曠野的聲音 (註1)。**就算表達社交互動的需求，依舊無法啟瞶振聾。**

第 3 爻—自白

自我分析的過程。

♆ ▲ 承認其不足，洗淨無謂的虛榮。**在社交的場合中，展露其不足，引發自我分析及謹慎小心的傾向。**

♂ ▽ 有悖常理、且經常過度誇大的自我憎恨。**在社交互動層面深感不足，以致表達出自我憎恨之意。**

第 2 爻—淨化

嚴謹地從負面的影響力中抽離。

♄ ▲ 自律，保有單純的狀態。**嚴守分際，遵循社會規範。**

☿ ▽ 由於缺乏刺激，感覺無聊。**謹慎小心讓人覺得無趣，表達出對刺激的渴望。**

第 1 爻—修道士、僧侶

避世，需要社群的支持來維持。

♀ ▲ 超脫誘惑，美與和諧的可能。**若能得到他人的支持，就能脫離社會並展現箇中價值。**

♃ ▽ 聖西蒙 (註2)，徹底抽離，常常近乎荒誕。**相對於社會規範，行為荒謬，自情緒的連結中，極度抽離開來。**

註 1：比喻無人理睬的改革之聲。

註 2：古希臘聖人，在一根高柱上生活三十七年。

13 號閘門：夥伴關係—聆聽者

在井然有序的架構下，有其普世的想法與價值，激發以人為本的合作模式

第 6 爻—樂天派

能接受任何受限的互動模式，將之視為壯大聯盟的必經道路。

♂ ▲ 堅持的能量。無窮的希望。相信開放會讓關係變得更好。

♀ ▽ 天眞。將相互的利益轉化，進而利益眾生。相信彼此的利益，也適用於別人。

第 5 爻—救世主

為了人類福祉，克服所有障礙的能力。

♆ ▲ 充滿魅力的天才，能為每個人找到其角色。聆聽者，其天賦是為別人找到定位。

♃ ▽ 有能力的管理者。身處於此，其本質極正面，極少泛泛之輩。天生的聆聽者，其天賦是以**務實**，並且適於管理的方式，來為他人找到合適的角色。

第 4 爻—疲累

最後終於筋疲力竭，過於疲累而不再奮鬥。

♇ ▲ 隨著休戰而獲得復興，最終得以振興。因開放而導致精疲力竭，安靜的需求。

♀ ▽ 情感乾涸。姑息和退縮。開放為角色中的弱點。

第 3 爻—悲觀主義

深信最好的永遠無法實現。

⊕ ▲ 缺乏信任，唯有具體的證據才能使之轉換。其開放性被多疑所制約，不斷尋求證明。

♀ ▽ 悲觀昇華為藝術的形式，若是藝術，可能會產生相反的效果。諷刺。**懷疑有其正當性**，以諷刺帶來啓發。

第 2 爻—偏執

風險始終存在，夥伴關係僅存於某種特定的類別，例如種族、宗教、國籍或智識層面。

☽ ▲ 氣度，是偏執最不具攻擊性的展現。**透過其氣度，展現開放的角色。**

☉ ▽ 心懷執念，認為最崇高的理想，無法與最低下的形式結合。極困難的位置，即使最崇高的理想，也不過讓仇恨得以合理化。開放度極狹隘的角色，尤其認為無人值得聆聽。

第 1 爻—同理

有能力與每個人連結，成群結隊，處之泰然。

♀ ▲ 透過情感，傳達出和諧。帶著情感聆聽他人、開放的角色。

☽ ▽ 親吻嬰孩的政治家。其開放內藏弦外之音。

14 號閘門：執著於衡量─強而有力的技能

透過有技巧的互動，伴隨優雅的掌控，來累積並延續力量

第 6 爻─謙遜

處於巔峰的財富與力量。

☉ ▲ 獲得啓迪而領悟到物質層面的成功，是天意。**靈性是通往接納之路的關鍵，以及力量的泉源。**

⊕ ▽ 在此相位的所有具體展現，實質上是正向的，地球代表著存在主義的認知，認爲物質層面的成功是必然的，就因爲如此幸運，謙遜油然而生。**存在主義視接受爲關鍵，力量爲源頭。**

第 5 爻─傲慢

權力位階中，永遠存在既定的風險。

☉ ▲ 與生俱來的尊嚴。**與生俱來的尊嚴是力量的關鍵。**

♀ ▽ 對於他人以天賦塑造出優越感，感到不滿。**生來就懂得何謂無權者，助長了優越感的幻象。**

第 4 爻─安全

專注於建立穩固的基礎。

☽ ▲ 爲避免受到攻擊而防禦。**通往力量的關鍵在於發展技能，確保建立堅強的基礎。**

♂ ▽ 面對競爭與挑戰，過度自信，可能因而威脅到最基本的安全。**若無適當的技能，無力保障其安全。**

第 3 爻─服務

充分運用才華與財富，爲了最高層次的良善。

⊕ ▲ 對社會無私的奉獻。**力量的關鍵在於對眾人無私的奉獻。**

♆ ▽ 貪婪與自我道德標準的毀滅。**自私的力量點燃了貪婪。**

第 2 爻─管理

投資在專門知識的智慧，帶來報酬。

♃ ▲ 擴張。授權的能力。**力量的關鍵在於，不要試圖自己一個人承攬，做所有的事情。**

♂ ▽ 虛榮地認爲自己就是最好的專家。**力量的關鍵在於獨立行事。**

第 1 爻─金錢非萬能

認知到財富也有其問題。

♃ ▲ 以更高的原則，淬鍊對錢財的欲望。**彰顯力量的關鍵，來自更高的原則。**

☿ ▽ 有錢可使鬼推磨的謬見。**能量本身絕非關鍵。**

15 號閘門：謙遜—極端

在諸多極端之間，於行為上展現平衡，舉止得宜

第 6 爻—自我防衛
謙遜絕非軟弱，兩者截然不同。

♇ ▲ 不斷重複地檢驗，以排除最薄弱的環節。自我的力量在於探索極端，找出極弱點。

♀ ▽ 傾向以和睦當作解決問題的武器，而不是專注於如何治本。對最脆弱的關鍵點視而不見，自我的力量傾向以和為貴。

第 5 爻—敏感性
有能力察覺到，原本平衡的行為需要調整，以符合環境變化的需求。

♃ ▲ 成長的力量。透過經歷各種極端，而展現自我成長的能力。

♇ ▽ 過度補償的傾向。過度補償的衝動，而干擾了生命之流。

第 4 爻—壁花
將謙遜當成擋箭牌，以避免暴露其不足。

♃ ▲ 真實的形態能否隱蔽其不足，尚未可知。跳脫生命之流時，內在感覺不安，動輒得咎。

♄ ▽ 薄弱的辯護終究將自曝其短，遭致屈辱。極端主義非主流，容易成為局外人。

第 3 爻—自我膨脹
一旦被認定為謙謙君子，即是面對自我毀滅的風險。

⊕ ▲ 相對負面、做作的謙虛，只為換取認同，並當作有效的策略。將自我的極端主義當成策略，以操控生命之流。

☿ ▽ 「我早說過了」的心態。有能力直指他人的極端之處。

第 2 爻—影響

☉ ▲ 謙遜加上正確的行動，形塑出恆久的準則。能夠接受自己先天的極端，接受其正當性。

⊕ ▽ 太陽的相位 ^(註1) 其行動是天生的，而地球落入的位置 ^(註2) 則屬人為，儘管在此同樣有力量，可預期獲得相同的效果。善用其本性中的極端之處，來影響他人。

第 1 爻—職責
無所期待、處理各種挑戰的能力。

♀ ▲ 和諧的關係，提供支援以達成各種任務。透過極端與和諧的關係，處理任何挑戰的能力。

♂ ▽ 因其強烈的主張，造成疏離。透過自身的極端，與人疏離。

註 1：指的是太陽落在 ▲ 的位置。
註 2：指的是在此 ▽ 的位置。

16 號閘門：熱忱—技能

藉由和諧的能量導引，得以豐富人生的偉大藝術

第 6 爻—輕信

對傳播的敏感度。

Ψ ▲ 有能力經由體驗、研究、然後澆熄誤導所引發的激情。**評斷的才華，衡量別人表達的訊息。**

♃ ▽ 相同原則，但海王星位居此相位會先破壞，再尋求新的型態。**無法評估他人所傳達的訊息。**

第 5 爻—聖誕怪傑

拒絕熱情地分享。

Ψ ▲ 有其能力讓這一切不僅僅是激情，如同狄更斯的小氣財神，最後的轉換，將帶來更強大並持久的熱情。**對表達其技能缺乏自信，需要來自他人的鼓勵。**

☽ ▽ 熱情分享時，不免感到錯亂，因而牽制了個人的發展。當……時，我為什麼該高興……等等。**對於鼓舞他人的價值，缺乏信心。**

第 4 爻—領導者

真誠支持並看出別人的才能。

♃ ▲ 熱忱服務於更高的目標。**認可與支持他人發展天賦的技巧。**

♂ ▽ 煽動者。**拒絕支持或認可他人的才能。**

第 3 爻—獨立

發自於內心，持續延燒的熱情。

☽ ▲ 適當的時機才得以保有節奏，避免洩氣。具備獨立技能與潛在才能，傳達適當的**時機與節奏。**

♂ ▽ 過度自信的孩子可能容易感到挫敗，導致必須依賴他人重新點燃其熱情，因而產生不必要的依賴。**需要別人來確認其技能或才華。**

第 2 爻—憤世嫉俗的人

尖銳戳破別人的誇大其辭。

☉ ▲ 無視花言巧語，憑一己之力，就能客觀評斷其說詞。**表達出客觀評論的技巧。**

☿ ▽ 無法自拔的諷世者，憤世嫉俗為其熱情之來源。**以嘲諷來表達客觀。**

第 1 爻—妄想

錯誤的熱情。

⊕ ▲ 作白日夢的人。**透過作白日夢，展現其才能。**

☿ ▽ 向大眾溝通，傳達未能實現的主張。**傾向將幻想說成事實。**

17 號閘門：跟隨一意見

古有明訓：治理天下之人，須知如何爲民服務

第 6 爻—菩薩
完全的跟隨，與完滿的領導相同並一致。

☽ ▲ 偉大的培育者。位於此相位，其本質總是正面。有可能因爲了解相互依存的本質，而對他人傳達有價值的洞見。

♃ ▽ 傾向於認爲完善的途徑是一條直線直達終點，而非一個圓。一旦了解，可能會認爲再也無事可學。

第 5 爻—無人是孤島
理解，然而也明白階級無盡頭。

♅ ▲ 不論是神的旨意，或是全球化的整合，相互依賴是最終極，最具創造力的展現。不論在物質或靈性層面，傳達出整體組織所形成的價值。

♂ ▽ 傲慢，無視所有證據論述，劃清界限。有可能會提出論點，否認組織體系有其價值。

第 4 爻—人事經理

♇ ▲ 有能力探究，並發現潛在的追隨者們，其底層的動機與資源。基於對眾人的理解，提出意見的可能性。

♃ ▽ 過於慷慨，常誤判而接受「以爲可能的」追隨者，通常招致災難。有可能以意見來吸引別人。

第 3 爻—理解
覺察到最好的道路，未必是最有趣的那一條。

♇ ▲ 最好的道路，是沿路獲得必要的經驗，迎向旅程終點的挑戰。理解到最好的想法，建構於細節之上。

⊕ ▽ 若採取捷徑，你也許能快點到達終點，卻錯失了必要的體驗。有可能忽略了細節，而侷限了想法的價值。

第 2 爻—歧視
基於最高的價值，從結交中獲得好處。

☉ ▲ 透過適當結盟，成功達成目的。透過各種關係，落實其想法的可能。

☽ ▽ 過度歧視，致使實質上的孤立。有可能太過自以爲是，而彼此的關係就成了代價。

第 1 爻—開放

♂ ▲ 其能量涵蓋的範圍廣大，能包含各個層面的刺激。擁有許多觀點的可能性。

♀ ▽ 對於在美感上令人愉悅的刺激，開放程度有限。有可能其想法，僅限於自己所喜好的領域。

18 號閘門：找出錯誤之處—校正

對於維護與捍衛基本與基礎人權，保有警覺並有其決心

第 6 爻—成佛
最完善的形式。

♂ ▲ 永保赤子之心的佛性，爲了避免停滯，充滿能量尋找新視野。**透過校正，成就最佳形式的潛能。**

☽ ▽ 以上所提及爲世俗的應用方式。有能力集結大眾的意見，再分享其論點。**有其潛能，能與別人分享糾正的價值。**

第 5 爻—治療
其力量來在於發現問題，同時接受這問題無法以個人之力獨自解決。

♄ ▲ 尋找，並提供指引的智慧。**透過關係，帶來修正與評斷的潛能。**

♅ ▽ 精神病人。長期不穩定與潛在的瘋狂。**如何糾正精神層面所潛藏的不穩定性，人際關係並無助益。**

第 4 爻—無能
力有未逮所導致的困境，因爲有所不足而無法解決。

⊕ ▲ 在此負面的相位，經由痛苦而得以生存。**無能力糾正，導致受苦的可能。**

☿ ▽ 猶豫不決和焦慮，陷入不幸無處可逃。**對糾正的渴求，有可能衍生焦慮。**

第 3 爻—狂熱分子
精力旺盛，對打掃房子充滿執念。

♆ ▲ 以可接受的代價，解散舊形式。**對於糾正與找出蘊藏的絕佳潛力，充滿癡迷。**

♃ ▽ 嚴格的評斷，所造成的問題會跟解決的一樣多。**熱衷於修改，但永遠不會滿意。**

第 2 爻—絕症
覆水難收，認知到已崩毀的難復回。

♆ ▲ 深信精神上將再獲新生，因而接受並從中獲得力量。**接受無須糾正。**

☽ ▽ 憤怒對抗，徒勞無功。**拒絕接受，認爲總有糾正的可能**

第 1 爻—保守主義
不管情勢如何改變，嚴守傳統模式。

⊕ ▲ 逐步調整，以避免最終的劇變。**評斷化爲逐步調整的過程，修正變得有可能。**

♃ ▽ 食古不化的族長，必定招致衰退。**拒絕修正的可能性。**

19 號閘門：靠攏─想要

顯而易見，所有的一切皆相互關聯，透過接觸的行動來實現

第 6 爻─遁世者
大致上避免與人接觸，但並非絕對。

♃ ▲ 山丘上的傻瓜。聖人，如果你找得到他，他會與你對話。事不關己的能量。

♂ ▽ 生悶氣的孩子。自我放逐，唯有得到適當的撫慰，才會結束其行為。對拒絕過於敏感，因而引發躲避的行為。

第 5 爻─犧牲
需要限制個人潛能，以達成更高的目標。

⊕ ▲ 深植自我約束的天性。抑制敏感度的能量。

♃ ▽ 有傾向藉由犧牲，感覺自己紆尊降貴。犧牲可能會造成麻木不仁。

第 4 爻─團隊合作
以個人的方式，來吸引及接受合作。

♂ ▲ 對外活動的力量與能量，只要他人能夠持續並進，就會接受他們。有利於整體團隊的驅動力。在團隊中注入能量，向外追尋也向上提升。

♀ ▽ 有吸引力、配合度高，傾向對他人的貢獻度感到不滿。因他人的限制，而引動其敏感的神經。

第 3 爻─奉獻
時時警覺，才能在過程中保有感受力。

♀ ▲ 若能持續共享，相處起來輕鬆自在。獲得別人的接受，引發出內在的敏感與自在。

☽ ▽ 情緒化的傾向，可能會導致粗心大意。過度敏感，阻擋其被人需要的需求。

第 2 爻─服務
貢獻個人的資源，以建立外在關係。

♃ ▲ 為最高的價值提供貢獻與服務。渴望為人服務的能量。

☿ ▽ 優柔寡斷遲遲無法決定，但因處於這個位置，最終會變成服從。被需要的需求，最終這股能量將轉為服務。

第 1 爻─相互依存

☉ ▲ 成功的方法，並非放棄個體性，才得以被接受。獲得認同時，為滿足需求而感到壓力，卻不會因此失去自我。

☽ ▽ 一旦提出的方法獲得肯定，傾向持續思考，深陷其中，而無法持續發展下去。恐懼最後被拒絕，為求認同的壓力。

20 號閘門：注視—當下

當下的識別與覺察，將理解轉化爲適切的行動

第 6 爻—智慧
沉思，才能具備運用所知的能力。

♀ ▲ 基於社會福祉、價值、理想與大眾的模式而創立體制，以大眾能了解並運用的方式，與之溝通。有能力轉化個人覺知，使之普及運用並被大眾所理解。

☿ ▽ 與上述相同，只是其出發點，是爲了挑戰智識層面，因而獲得自我的滿足，而非利他。爲了智識層面的挑戰，而轉化個人覺知，爲大眾所運用。

第 5 爻—現實主義
陷入沉思，以及沉思本身，並不保證成功。

♄ ▲ 專注於細節，讓呈現更臻完美。透過細節，成功傳達出覺知。

♅ ▽ 現實創造不滿，並增添不穩定性。看見現實中令人不滿之處，傳遞當下的覺知。

第 4 爻—應用
唯有與知行合一的人一起合作，才能將認知與察覺轉化爲行動。

♃ ▲ 被學生超越的老師。**傳遞覺知，唯有透過他人才能轉化爲行動。老師。**

☿ ▽ 喜歡理論甚於應用的傾向。將覺知以理論的形式表達，對如何運用缺乏興趣。

第 3 爻—自我覺知
理解源自個人行動與其成效的分析。

☉ ▲ 透過自我意識，適當地調諧並發展其個性。當下表達自我意識的覺知。

⊕ ▽ 極端關注自我意識，而阻礙了發展。以極端的方式，表達自我意識。

第 2 爻—獨斷者
限制、並故意侷限其認知。

♀ ▲ 限制，個人並排外，透過苦行抽離，將減低其負面性。當下限制性的覺知。

☽ ▽ 引導他人，走向狹窄路徑的力量。其天賦是透過表達，領導他人走向狹窄的路徑。

第 1 爻—表面化
依附於淺薄。

♀ ▲ 將膚淺提升爲藝術形式。創作標語及口號的人。其表達僅止於表面，並以此作爲藝術的形式。

☽ ▽ 僅表現出表面的個性。**膚淺人格的表現。**

21 號閘門：奮勇前進—獵人／女獵人

合理且必要地使用力量，克服刻意且持續的干擾

第 6 爻—混亂
無效的行動導致混亂。

♆ ▲ 消耗戰。抱持著最終必然會成功的希望，不顧險阻與愈演愈烈的混亂，持續正當的行動。**脫離現實的我執，意志力的展現導致失序。**

♀ ▽ 在混亂的局面下，抽離並仰賴內在的秩序。當物質層面的方向充滿混亂，自我將退卻，以自己的力量，找到內在秩序。

第 5 爻—客觀性
運用權力必須基於公正，而非感情用事。

♃ ▲ 基於原則與合法的要素，確保其客觀性。平衡的自我，**客觀運用其意志力。**

♆ ▽ 消滅的驅動力非常強大，而客觀性純粹與起因有關，而非造成的影響。以**主觀**的方式，來運用自我的意志力。

第 4 爻—策略
審慎評估反對的勢力，並給予適當的回應。

♃ ▲ 透過清明，行動成功。立志獲得物質層面的成功，能有效運用意志力，如同本能一般，回應各種狀況。

⊕ ▽ 若是有理的那一方，會有誤判對手力量的傾向。若站在對的那一邊，容易產生剛愎自用的傾向，而非遵循其本能。

第 3 爻—無力
與更高層力量相對峙，形同被宣判為無用。

♆ ▲ 將失敗視之為生死攸關的屈辱，往往藉由毒品或酒精，作為逃脫之途徑。除非全然遵循自己於物質界的途徑，否則自尊會被佔優勢的人所擊碎。

♃ ▽ 徹底退縮。為了維護自尊心，對物質界的途徑興趣缺缺。

第 2 爻—強權即公理
面對公然且持續介入的狀況，採取合法的行動來回應。

♂ ▲ 有力且激烈的回應。在此，最嚴厲的回應將會獲得最大的成功。正當拒絕物質層面上的介入。

♆ ▽ 儘管合理，後悔採取激烈的反應。對嚴厲的做法，內心感覺不適當。

第 1 爻—警告
以孤注一擲的方式使用其力量。

♂ ▲ 亟需被尊重而砲火猛烈，卻不見得訴諸行動。**確保需要被尊重的意志力和自尊心。**

☽ ▽ 天生愛好和平，經常將必要的警告變成懇求。**缺乏要求對方尊重，所需的意志力。**

22 號閘門：優雅—開放

在處理世俗瑣事時，展現出極具質感的行為

第 6 爻—成熟

在實質的層面，整合形式所帶來的體驗。

☉ ▲ 與生俱來，自然而顯著的領導能力和權威感。基於社交互動層面的經驗值，因而
培養出領導力的可能。

♂ ▽ 其行為的表現，具備不再循規蹈矩的傾向，以此來調整。在社交層面的體驗，將
引發開放的可能，其表達方式將跳脫既定俗成的規範。

第 5 爻—直接

我行我素，不拘泥於形式。

♃ ▲ 承襲更高原則的力量，超脫約定俗成的行為準則。有可能透過情緒的察覺，在社
交上充分展現其個性。

♂ ▽ 總會製造出尷尬的場面，然後也總會成功地，獲得粗魯與無理的名聲。其個人的
行為，有可能會在社交與互動間，引來別人負面的投射。

第 4 爻—靈敏度

修正行為使互動更精彩。

♆ ▲ 單純成為靈性的媒介，拒絕繁複的儀式。基於禮儀的規範，而限制了社會開放的
可能。

♂ ▽ 過度依賴風格與形式，有可能因而失去關鍵的人脈關係。拘泥於形式，對社會的
開放性帶來限制。

第 3 爻—魔法師

趨於完美的優雅。

♄ ▲ 形成定義與實質層面具體化。協調情緒能量與覺察，因而產生完美開放的可能。

♂ ▽ 無意識的優雅。與生俱來的開放性。

第 2 爻— 禮儀學校

深信風格能掩蓋其本質。

☉ ▲ 蠱惑他人也欺瞞自己的能力。以其感性的風格，來吸引他人的可能性。

♃ ▽ 超越內容，專重形式的正當性。完全強化其風格，而缺乏意識與覺察。

第 1 爻—次等艙

☽ ▲ 其能力在於，能接受並享受自己為人部屬。在情感上，察覺自己喜愛處於下屬的
位置。

♂ ▽ 手持次等艙機票，聲稱要坐頭等的位置，將不可避免招來羞辱。當情緒化的能
量，挑戰約定俗成的默契，於社交層面帶來屈辱。

23 號閘門：裂開—同化

超越道德。察覺與認知，得以接納多元性。

第 6 爻—融合

透過合縱連橫，逐步調諧各類多樣性。

♂ ▲ 透過融合，本身的能量與其主張所產生的力量，將如指數遞增。**透過整合，個體的覺知將帶來多樣性。**

♃ ▽ 有其原則、但因融合不成而退縮，導致萎縮。**個體的覺知，保有多樣性，卻在表達時錯失力量。**

第 5 爻—同化

務實的，接受別的途徑也有其價值。

♃ ▲ 透過同化，進行擴展和貢獻。**與群體溝通，傳遞個人洞見的天賦。**

☽ ▽ 位居弱勢，使驅動同化的動機更加強烈。好比為了保護或養育的需求。**為了在群體中被接納，並且受到保護，而驅動了同化的動機。**

第 4 爻—分裂

分化，並未看見綜效的潛能。

☉ ▲ 宿命論、利己主義，最後譴責其結果。**個人化的表述，與集體社會化的價值不符。**

⊕ ▽ 無神論與偏執狂。**極具個人色彩的表達方式，產生孤立與恐懼。**

第 3 爻—個體性

基於本性而傳達其個體性，對別人無害。

☉ ▲ 活力與個人的力量會招來忌妒，但不至於形成威脅。**充滿個性的表達會吸引來注意力，而非威脅。**

♇ ▽ 個體的神祕性主動招來猜疑與威脅。怪胎。**個人化的表達方式，吸引猜忌與威脅。**

第 2 爻—自衛

當生存備受威脅，無須繼續忍耐。

♃ ▲ 緊要關頭的最終保護原則。**當個體化的表達遭受威脅，孰不可忍。**

☽ ▽ 木星在此，採取重拳出擊的方式來防衛，以求能忠於本性。而月亮只要能排除敵意，保護好自己，就會感到滿足。**面對敵意時，戒慎防衛，其表達中帶有保留。**

第 1 爻—傳教

企圖以不同的價值觀，來替換既定的體系。

♃ ▲ 聖哲，走至極端，能為邪惡辯護，認知到這歸屬於更大良善的一部分。**強力表達其棟建，足以破壞既定的價值觀。**

♂ ▽ 傳教士所傳遞的極光明面，也將同時帶來黑暗。**表達有力的洞見的同時，也引發了負面的效應。**

24 號閘門：回歸一體悟

自然的、自發性的蛻變及更新的過程

第 6 爻—挑剔

獲得禮物之時，莫挑剔。有可能在機會敲門時，因耳聾而錯失良機。

♃ ▲ 在過程中，有意識地參與，才能準備好自己，看見其中的機會。本其理性的思維，認定並聚焦。

♇ ▽ 天生猜忌，不可避免將錯失良機。無理的猜疑往往扭曲焦點，導致機會擦身而過。

第 5 爻—告白

有勇氣承認過往的錯誤。

☽ ▲ 清空再開始，有其實質價值，以新月為象徵。合理的修正能找到出路，通往全新的可能。

♂ ▽ 刻意以合理化的方式，淡化過往的錯誤，坦承則變為合理化的理由。欠缺理性，不斷合理化過往的錯誤。

第 4 爻—隱士

唯有隔絕一切之外，蛻變始能發生。

♄ ▲ 自律與專注，以確保重生。孤獨本身，將彰顯理性思維的潛能。

♆ ▽ 傾向與世隔絕，活在幻想的世界裡。孤獨本身，助長了潛藏的幻覺或妄想。

第 3 爻—上癮者

退化的諸多形式，蘊含強大吸引力。

♀ ▲ 退行後，即使困難依舊獲得最終的勝利。克服不理性是一件困難，但有可能達成的任務。

♃ ▽ 以成功來合理化其癮頭及退化。以成功來合理化，讓非理性得以延續。

第 2 爻—認可

☽ ▲ 恰如其分且自發地，適應新的型態。隨興將一切概念化，就是其潛在的天賦。

♂ ▽ 虛榮，將蛻變視為個人的成就，無視社會群體的支持，或自然的現象。 出於虛榮的心理，自認其隨興概念化的天賦，有其產值。

第 1 爻—疏忽之罪

蛻變於更新完成前，需經歷一段退行期。

☉ ▲ 求勝的意志，在這個情況下，相信為達目的，可以不擇手段。在理性概念得以確立前，需要重新評估過往思維，從中獲得啟發。

♆ ▽ 自我欺騙，刻意曲解，合理化退行期的狀態。無謂聚焦於過往，從中獲取靈感。

25 號閘門：天真─自我精神

行動的完美之處，在於沒有事先計畫與自發性的本質

第 6 爻─無知

天真不再，行動背叛其本意。

⊕ ▲ 較溫和的負面相位，不適當的行為將遭受非難。因不適當的行為，失去純真。

♅ ▽ 經常採取不合時宜且欠缺穩定性的行動，不具產值，純真的假象剝落。面臨挑戰時，經常展現出不恰當的行動，而毀損其靈魂的本質。

第 5 爻─休養

當純真不再，活力盡失，療癒就是第一要務。

♀ ▲ 有能力瞭解痛苦的內在意涵，抽離並進行療癒，直到復原為止。治療與復原的精神力量。

♃ ▽ 疑病症，需要別人來治療自己。精神上的弱點，療癒他人的需求。

第 4 爻─生存

真正純真的本質，無入而不自得。

♀ ▲ 玫瑰放在垃圾場中，依舊美麗。木星也位於上升相位，儘管在最壞的時代，一切崩毀，仍保有最高原則。靈性的戰士；在任何狀態下都保有純真。沒有兩極性。

▽ 沒有行星在下降的相位。

第 3 爻─感性

認知到純真的行為本身，無法保證成功。

♂ ▲ 意志力的力量，能承受失敗並依然維持其本性。精神層面的力量，得以承受失敗與驚嚇。

♇ ▽ 有可能因遭遇不幸，而失去原有的純真，若走至極端，可能會引發出犯罪至自殺等諸多行為。因失敗或震驚，失去靈魂的可能。

第 2 爻─存在主義者

全心投入並奉獻於此刻當下。

☿ ▲ 完美的智力專注並聚焦於當下，接受其原貌，而非執念於原本可能會，或是曾經是如何。延續自我的純真，以及如何保護它，惟有依存於此刻，當下。

♂ ▽ 奉獻本身，難免參雜個人動機，或隨之而來的各種臆測。當下若非純真，外來的投射，將危及原有的保護層。

第 1 爻─無私

無所求的行動。

♆ ▲ 活動的普及化，精神層面的調協，就是其獎勵。與挑戰和諧共存，回歸個人中心點的潛能。

☿ ▽ 宣揚個人無私的傾向。面臨挑戰時，顯露出自我的不安全感。

26 號閘門：偉大的馴服力一利己主義者

讓記憶發揮最大的力量，運用於長程持續的培育。

第 6 爻一權威

以確切的行動，來合理化天生的影響力。

☉ ▲ 通過時間的考驗，將理由與目的具體化。**強大自我的影響力，基於所採取的正確行動，因而獲得合理化。**

☽ ▽ 權威是象徵也是焦點所在，卻不等同於具體實踐方案。君主立憲政體，就算卸下實權，依舊象徵權威之延續。**意志力的表現，其角色所帶來的影響力，往往缺乏權威，徒留象徵的意義。**

第 5 爻一適應力

♂ ▲ 瞭解整體機制如何運轉，懂得運用能量，以求將潛能極大化。**記憶的力量，能將意志力的潛能極大化，吸引他人。**

♀ ▽ 當改變本質是必要的下一步，將引發抗拒與不滿。**利己主義者對適應本身，心生抗拒。**

第 4 爻一審查

經由消除的方式，改變記憶。

♇ ▲ 有能力經由審查，解救群體免於混亂。**透過遺忘的方式，維持自我的力量。**

♄ ▽ 運用審查，維持現狀；恐懼產生失控的後果，因而採取選擇性的記憶。**透過選擇性的記憶，維持自我的力量。**

第 3 爻一影響力

有能力蓄勢待發，獲得支持。

☉ ▲ 得以集結眾人之力的權威。**發揮意志力的力量，集結支持。**

♄ ▽ 其領導力在集結支持時，低估潛在的挑戰。**利己主義者，無法理解他人可能帶來的挑戰。**

第 2 爻一歷史的教訓

☉ ▲ 反省的深度與能量，自過往學習，以展望未來。**自經驗中成熟，意志力的力量。**

♇ ▽ 忘了殷鑒不遠，過於魯莽而行動。**自我導致失敗，而懂得尊重經驗值。**

第 1 爻一一鳥在手

♆ ▲ 享受實踐夢想的能力，避免對可能性不大的潛在機會，心存幻覺。**自我能透過夢想，超脫限制。**

♂ ▽ 成就是許可證，讓人能更魯莽地冒險。**無法獲得滿足的自我。**

27 號閘門：滋養一照顧

透過關懷，來提升所有活動的品質和內容

第 6 爻一謹慎
避免揮霍無度，有所防護。

☽ ▲ 面對教養，採取務實且實際的態度，由感受與本能來引導，決定是否適當合宜。**具備關懷與教養的能力，對此了然於心，並且相當務實，而產生力量與影響力。**

♆ ▽ 過度猜疑的傾向。猜疑的能量，侷限關懷的表現。

第 5 爻一執行者
有效分配他人資源的能力。

♃ ▲ 若不是有原則，對分配資源天賦異稟的人，就是靈活有能力，能找到這樣的人為己所用。有才能有力量，能照料他人的資源。

♄ ▽ 難脫本性的限制，阻礙了分配的過程，想尋求建議或支持。**弱點，失去力量的風險，限制了關懷。**

第 4 爻一慷慨
自然而然將所獲得的豐盛，與人分享。

♃ ▲ 優渥有質感的分享。其天賦在於能因人而異，適當給出獎勵。**慷慨分享的力量與影響力。**

♂ ▽ 隨意分享。**若無區分而隨意分享，有可能會帶來損失。**

第 3 爻一貪婪
執迷於擁有，遠超於自己所需。

♆ ▲ 在此指的是心理表現。著迷、依賴、想知道隱藏的事物。**祕密警察。**不論是性、精神上的、或是物質上，由於渴望擁有的一切，遠比真正所需多得多，而從中生出力量。

♂ ▽ 平凡，完全不具救贖的價值，貪婪，其欲望不可避免地讓人殘敗並成癮。**對權力的慾望，得到的遠多過其所需。**

第 2 爻一自給自足
顯而易見的準則，先擁有，才給予。

☽ ▲ 母親。偉大的滋養者。**滋養的耐力與關懷的能力。**

♂ ▽ 消耗他人資源的孩子。**處於弱勢時，會耗損別人的精神與力量。**

第 1 爻一自私

☉ ▲ 自我驅動，關懷自身的第一條法則，不見得等同於犧牲他人。先關懷自己的力量。

⊕ ▽ 妒忌以及伴隨而來的不幸。自私的力量，**透過妒忌的形式來展現。**

28 號閘門：偉大—玩家

短暫的力量與影響力

第 6 爻—榮耀之光
寧願犧牲，也不願投降於退化的法則。

♇ ▲ 為了再生與更新，不計代價。來自底層本能的驅動力，不計代價就是要贏。

Ψ ▽ 自我毀滅。出於深層本能，恐懼被擊潰，尤其在掙扎中，容易湧現深刻的絕望感。

第 5 爻—背叛
濫用信任。

♇ ▲ 操弄群體，設局讓派系互鬥，不直接表態，不支持也不反對任何一方。具直覺力、能挑起眾人鬥爭的玩家。

☉ ▽ 與原先信任的聯盟分裂，和更強大的勢力結盟，顛覆既定局勢。爭鬥之際，充滿直覺的認知，清楚聯盟必須在何時崩盤，以及接下來的動盪，將如何影響他人。

第 4 爻—堅持
不論使用任何手段，都緊抓不放的能力。

♃ ▲ 運用知識開拓機會，通常是為了更偉大的善行。掙扎之時，更能展現直覺的深度，也往往為他人帶來價值。

☿ ▽ 運用聰明才智，堅持不懈，但僅限於自身利益。運用直覺的深度，運用其能力頑固且自私地掙扎。

第 3 爻—冒險主義
毫無根據的冒險。

♄ ▲ 典型的保守主義者，即使採取冒險的行為，也必須謹慎。奮鬥有時，冒險時保持直覺的敏銳，謹慎小心。

♃ ▽ 在此木星擴張帶來有悖常情的表現，當冒險被合理化，失敗不可避免。掙扎時期，直覺地合理化其冒險的行為。

第 2 爻—與魔鬼握手
令人反感的聯盟。

☉ ▲ 就算施以令人厭惡的手段，到最後，一切皆能合理化。當遊戲變成掙扎，憑藉其本能，為了求勝會接受任何結盟的可能。

♃ ▽ 無法保證成功時，犧牲更高原則將衍生焦慮。無法保證勝利在望，犧牲原則有其風險。

第 1 爻—準備

♂ ▲ 渴望能有效彰顯能量，將之善用於細節上。善用直覺的潛能，於細節上施力。

♀ ▽ 規畫得盡善盡美，專注計畫本身的美感，卻無法實際運用。對細節有其直覺，卻欠缺運用的潛能。

29 號閘門：深淵─毅力

堅持排除萬難，必然會得到應有的回報

第 6 爻─困惑

存在的狀態，局勢蒙蔽了覺知。

♂ ▲ 火星帶來能量與決心，形成盲目的驅動力，往往莫名帶來好運。**堅持的力量變得毫無意義。**

♃ ▽ 在混亂中傾向抽離，而非接受制約，持續堅持下去。**有力量能在混亂中保持警覺，而非承諾。**

第 5 爻─過度擴張

貪多嚼不爛的傾向。

☉ ▲ 太陽在上升的相位，設計本身即是驅動力，並非受野心所驅使。**無法控制的驅動力，不由自主會答應。**

⊕ ▽ 野心失敗。**雖然答應了，卻因為過度使用既有的資源，而無法延續。**

第 4 爻─直接

兩點之間最短的距離是一條直線。

♄ ▲ 有智慧能以最簡捷，最直接的方式來解決困難。**力量就是投注一己之力，於最簡化，同時最直接的過程之中。**

♀ ▽ 單純和直接，往往皆被視為不和諧，在美學的層面極粗糙。**直白的力量，常常冒犯他人。**

第 3 爻─評估

在此範疇內，妥善評估無為。

♂ ▲ 儘管衝動，儘管不採取行動也需付出代價，卻知道有時改日再戰，方為上策。**等待的力量。**

♃ ▽ 原則上傾向退縮，沒有考慮其影響。**謹慎的力量。**

第 2 爻─評定

堅持與否，謹慎以對。

☉ ▲ 持續的力量，宛如指路明燈。**允諾與堅持的力量。**

♀ ▽ 當其堅持並非眾望所歸，反倒引發出更多不和諧，會有過度謹慎的傾向。**當其堅持導致衝突，要不要答應，會更謹慎以對。**

第 1 爻─徵召

若有必要，具備奮力一搏的適應力，但並非常態。

♂ ▲ 無論戰爭或和平之時，與生俱來懂得如何善用能量。**必要時，能發揮堅持的力量，但並非常態。**

♆ ▽ 掙扎時期所留下的深刻烙印，使得回復平常生活這件事，變得極度困難。**基於過往經驗，對承諾有所遲疑。**

30 號閘門：燃燒的火焰—感覺

認知到自由是幻覺，接受限制是命運

第 6 爻—強制

有紀律，延續正確的行動。

♂ ▲ 同意帶領弱勢者，對力挽頹勢相當有自信。**充滿力量，消滅負面感受。**

☽ ▽ 與生俱來，內在的平和，常能容忍低劣的勢力。**缺乏消除負面感受的力量。**

第 5 爻—諷刺

承認並獻身於一時的目標。

♃ ▲ 從知識與經驗中得到力量，懂得前進兩步後退一步，仍有一步的進展。進展之前，**體驗**每個全新的感受，也同時重溫舊有的感覺。

♆ ▽ 說來諷刺而引發憤怒，為自己的限制感覺挫敗，渴望消彌整個過程。每一個新的**體驗**，都將喚醒情緒層面的察覺力，感受到舊有情緒裡的挫敗與憤怒。

第 4 爻—精疲力竭

不切實際的節奏，招致不幸。

♆ ▲ 強迫、好動的天性，具備所有精疲力竭的特徵，但未必都會走到那一步。若透過分析的方式來輔助，往往能獲得正面的結果。**蓄積高能量的感覺，可能會導致情緒上的崩潰。**

♃ ▽ 失控地擴張，最後不可避免導致幻滅。**感覺無法控制，導致情緒一發不可收拾。**

第 3 爻—順從

接受如是。

♆ ▲ 再生定律的覺知與體現。因果的定律，輪迴與復活。**接受如是的感受。**

♃ ▽ 基於其特定的知識，以茲鼓勵或避免絕望的傾向。接受一切如是，所伴隨而來的**正面或負面的感受。**

第 2 爻—實用主義

極端之間的平衡。

☉ ▲ 善用能量，達到最高產值，絲毫不浪費，**不浪費任何情感上的能量。**

♂ ▽ 與限制對抗因而發怒，展現出過度的侵略性。**需要能量的感受。**

第 1 爻—沉著

面對失序，平衡沉著。

☉ ▲ 在所有的狀況下，限制的極大化。不管任何狀況，**透過感覺而穩定。**

♃ ▽ 保持鎮定的能力，卻也耽誤了進展。**透過情緒獲得平衡，卻無法放下執著。**

31 號閘門：影響力─領導

不論積極或消極，都會產生轉換並產生影響的摩擦定律

第 6 爻─應用

☉ ▲ 言行一致，於是成功有保證。言行必須一致的領導力。

☽ ▽ 表面而敷衍，以虛僞劃開界線，名正言順依法辦理。只說不做，虛僞的領導模式。

第 5 爻─自以爲是

基於其態度，缺乏對外的影響力。

♇ ▲ 僅能私下獨自發展，其天生專精之領域，然而學成後，要拓展其影響力卻如此困難，幾乎是不可能的任務。在其專精領域，要求展現領導力。

☽ ▽ 僅深入並專注於自我實現的體驗，沒有向外的野心。缺乏抱負，只要能引領自己，已然感到滿足。

第 4 爻─意圖

能否成功帶來影響力，取決於如何被理解。

☽ ▲ 大眾認知其影響力，具備滋養與保護的功能。對其領導能力，外界持正面而肯定的態度。

♂ ▽ 被視爲自我膨脹並意圖操控。對其領導力，外界投注負面的投射。

第 3 爻─選擇性

☉ ▲ 有能力仔細評估，選擇適當的影響力，爲此調整其行爲。與正確的影響力相連結，而強化其領導能力。

♃ ▽ 以其本質作出選擇，而風險是熱情消退，導致屈辱。渴望領導的驅動力，以致濫竽充數，有其風險。

第 2 爻─傲慢

不受教的獨立行動。

♃ ▲ 全心全意只爲更高原則，無法靜待共識。無法獲得共識的領導型態。

☿ ▽ 得理的傲慢，由於神經緊繃而倉促開槍，導致擦槍走火。等不及，迫不及待表態，可能損及其領導力。

第 1 爻─顯化

眞空狀態，影響力無法顯現。

☉ ▲ 太陽不會也無法隱匿其光芒，也因而爲每一個生命帶來影響。自然展現的領導力。

⊕ ▽ 在黑暗中吸取光，只對顯化有承諾。非自然展現的領導力。

32 號閘門：持久一連續

唯一不變的就是改變

第 6 爻一安然以對

面對無常，安然以對是必要的。

♆ ▲ 底層對改變抱持接受的態度，不管最後是否能感到平靜。出於本能的覺知，接受**改變與蛻變**。

♅ ▽ 以無常來證明這一切毫無意義，伴隨而來的表現是抑鬱、妄想、以及走至極端，自我毀滅。若將改變的體驗視為無常，恐懼因而產生，有可能因而深陷沮喪之中。

第 5 爻一彈性

適應環境，不費吹灰之力。

☽ ▲ 當月亮在上升相位，膚淺是有用的工具，曖曖內含光是適應模式，才能戰勝當下的環境。在變動狀態下，適應環境的本能。

♂ ▽ 經由直接，並且通常會是強烈的方式，來迫切表達自己的立場，拒絕遵從。面對**變動時期，其本能蘊藏著拒絕調整與不再順從的潛能。**

第 4 爻一強權即公理

♃ ▲ 即便在變化的時代，特定的基本規則仍然適用。在變動時期，堅守個人原則的本能。

♄ ▽ 木星在此，將會在更廣闊的社交領域範圍中，奠定正確的行動，而土星只要不被外在所威脅，就能引發出內在的力量與持久力。只要不危及個人安全，保有個人原則是天性。

第 3 爻一缺乏連續性

☿ ▲ 原有的智力掌管一切，也總是選擇容忍，導致猶豫不決並且堅持重新評估。**蛻變過程中，猶豫不決。**

♃ ▽ 過度依賴傳統合理化之標準，倘若遇到變動的時期，可能會徹底不合拍，同時也為不預期的屈辱而感到痛苦。**缺乏在轉變時期生存的本能。**

第 2 爻一抑制

♀ ▲ 控制其力量，以求獲益並增進和諧。**可能使他人獲益，充滿蛻變的潛能。**

♃ ▽ 感覺挫敗的傾向，尤其若處於強勢的位置，寧願自社交中抽離，也不願持續控制下去。**因為控制或被控制，而深感挫折。**

第 1 爻一保存

☉ ▲ 終其一生，尊重並重視過程中的各個層面。鉅細靡遺關注整體過程，因因而引發**潛藏的本能。**

♂ ▽ 若過於心急而失控，省略必要因素，將無可避免中斷其連續性。**恐懼缺乏潛能，應對不夠用心。**

33 號閘門：退隱—隱私

主動抽離，由弱轉強的蛻變過程

第 6 爻—離異

放手的能力。

☉ ▲ 意志力的焦點在於振興，而非持續交相指責，因而相互牽制。有能力放手而隱退，享受隱私。

♃ ▽ 在隱退中沉澱，有能力擺脫大框架，放下喋喋不休的質疑，以免阻礙更新的過程。無法徹底放下。

第 5 爻—時機

♇ ▲ 隱藏其意圖，與時機點同等重要，直到適當時機才揭露出來。能夠保密，對其意圖祕而不宣。

♃ ▽ 期待他人能參與時機的決策過程，有可能因而導致混亂。對時機缺乏概念，導致局勢尚未成熟，就讓他人知曉祕密，導致混亂。

第 4 爻—尊嚴

退隱時不再混亂。

♇ ▲ 對復甦深信不移，轉而將退隱視為革新與再生的機會。為了再生，退隱有益身心。

♆ ▽ 若缺乏指引，無法朝復興之路前進，無可避免將導致解散，就此衰退。被迫撤退，無法看見其更新的本質。

第 3 爻—精神

其態度是，隱退為得勝的前一步。

♃ ▲ 有所保留，所以採取負責任的態度，秉持其原則而隱退，卻依舊保有堅持的決心。隱退是通往成功的路徑。

♂ ▽ 不負責任的隱退，過河拆橋。為保有隱私，過於衝動而突然切斷了關係。

第 2 爻—臣服

♃ ▲ 了解若能臣服於更高的力量，是擴展個人力量的機會，最終將獲得勝利。接納強而有力的力量，為未來的勝利奠定根基。

♆ ▽ 與上述不同，在此的投降，並非基於合理或盤算後所產生的結果，而是更深層，屬於個人層面的心悅臣服。感到原本所處位置是幻象，而形成強權是公理的印象。對外，公開接納強大的力量，私下，卻對其力量心生怨懟。

第 1 爻—逃避

☉ ▲ 位居弱勢的智慧，認知到求存之道，需要徹底引退。當瞭解自己位居弱勢，立即撤退。

♂ ▽ 所謂勇氣，在此不過是暴虎馮河。當外來的誘因排山倒海而來，無法引退。

34 號閘門：強大的能量—力量

當力量被展現及運用在共同利益上，才會顯現其偉大

第 6 爻—常識

知道適可而止。

⊕ ▲ 當承受過多時，懂得如何捨棄的智慧。**無法維持，感覺後繼無力時，懂得管制並收起自身的力量。**

♃ ▽ 熱心過頭，以致無法做出較好的判斷，導致橫生枝節。若不知節制，將耗損其力量。

第 5 爻— 殲滅

將阻力徹底排除。

♂ ▲ 徹底摧毀的力量，一旦完成之後，將這股力量轉換為一般用途的能力。除非必要，否則對釋放力量有所抗拒。

☽ ▽ 相當困難，面對阻力，崩解已建立的模式。在此階段象徵著，沒有什麼能永遠被消滅。對於不時需要展現力量的狀態，並不自在。

第 4 爻—勝利

在絕對勝利的前提下，得以自由無限制地運用其力量。

♆ ▲ 處於勝利之中，刻意抑制過度膨脹的權力，轉而以微妙與隱蔽的方式來展現。**對於巧妙地運用其力量，有天生的自信。**

♂ ▽ 過度膨脹自我，毫無忌憚地濫用權力，無可避免將導致濫用。沒有自信，以致濫用權力。

第 3 爻—男子氣概

展現力量，無所差別。

♄ ▲ 若大男人主義不幸地，以一陳不變的方式，本其天性，未經深思熟慮地展現出來，將造成極大的傷害。以展現力量為主軸，來定義每一個角色。

☿ ▽ 合理且仔細盤算過後的展現。造謠。為了賦予角色意義，以精心設計的方式來展現力量。

第 2 爻—氣勢

♂ ▲ 就算勝利在望，也心有定見，不會得意忘形。**當勝利在望，愈發生出力量。**

♀ ▽ 因小小的成功，就被情緒沖昏頭的傾向。因缺乏耐性，而限制其成長的力量。

第 1 爻— 霸凌

力量未經區分，任意使用。

♄ ▲ 較不負面，力量的源頭來自無奈的展現。回應挫敗，就是以充滿能量的方式，展現其力量。

♇ ▽ 恃強凌弱者，遭受報應將會是無可避免的命運。展現力量是否會引發報復，這是永遠將面臨的風險。

35 號閘門：進展—改變

基於設計，真空的狀態不會有所進展，進展取決於互動的過程

第 6 爻—矯正
修正的能量。

♄ ▲ 如結晶的過程，充滿野心，確保修正能及時有效發生。**修正帶來漸進式的變革。**

♂ ▽ 帶有破壞性的傾向。以如此嚴厲的方式，運用於個人層面也許必要，但若要普及大眾，將引發抗拒，反倒強化原本處境，無法矯正。**若想以嚴苛，甚至拆解的形式來改變，必然會招致抗拒。**

第 5 爻—利他主義
犧牲小我，完成大我。

☿ ▲ 為了整體利益，成功互動及和諧溝通的原則。**不斷進步的溝通方式，能為整體帶來有益的變化。**

♃ ▽ 木星在下降相位，雖強調利他及合作，互動過程中，個人卻因失去更廣闊的發展，暗自懊悔。**在溝通上不斷進步，但不時感覺在個人層面，失去發展的可能。**

第 4 爻—渴望
渴求進步，永不滿足。

☽ ▲ 較不嚴峻。月相的體現，驅動力隨著月盈月缺而轉變，滿月時傾向執迷，隨著月亮周期而逐步消退。**為改變而改變。隨年歲增長，學會驅動力的智慧。**

♂ ▽ 濫用地位，累積額外的好處，而這些不公平的奪取，也必然招來報應。其前進的**驅動力最終會得罪他人，導致交相指責。**

第 3 爻—合作
團結就是力量。

♃ ▲ 有效益的鼓舞眾人，能促進個人及團體進步。**有能力為大眾，逐步帶來改變。**

☉ ▽ 需要成為核心人物，而忽略他人的重要性。**需要成為進展的主軸。**

第 2 爻—創意空窗期
缺乏靈感，因而毫無進展。

♀ ▲ 融合靈感所賦予的種種奇幻異想，同時認知到創意是能量，如浪潮般有起有落。**創意與靈感總是來去不定。**

☽ ▽ 為了克服空虛感，認為需要採取行動，然而行動很一般。平庸的行動，無法帶來進展。**需要改變，害怕停滯。**

第 1 爻—謙遜
接受拒絕的能力。

♀ ▲ 人生是藝術，接受拒絕也是過程中的一部分。**接受改變與拒絕都是過程。**

♆ ▽ 面對拒絕，產生自我毀滅的反應。自我價值喪失。**將改變與拒絕視為屈辱。**

36 號閘門：幽暗之光—危機

循環的定律是，衰退在所難免，但這時期不會持久

第 6 爻—正義

正義終將留存，無庸置疑。

♃ ▲ 不管在知識或信念的層面，都深信黑暗力量最終將走上自我毀滅。「上帝要毀滅一個人，必先使其瘋狂。」若基於純粹的情感，危機有其正確性。

♄ ▽ 就算理解黑暗將自我毀滅，也無法減低其深刻的悲傷，以及憤世嫉俗的本性。**就算了解情感有其正當性，危機卻總是存在著，而悲傷與憤世嫉俗皆源於此。**

第 5 爻—祕密的

♇ ▲ 不管什麼條件下，都能完美地找到求生之道。**因為既是生產者與倖存者，對危機免疫。**

☿ ▽ 過於緊張，可能因而背叛了自我。**面對危機時，過於緊張而出賣了自己。**

第 4 爻—間諜活動

♇ ▲ 有能力透過收集各種祕密或特種情報，為其衰退預作準備。**為危機與改變作準備，了解到不論是隱蔽與神祕的知識，都有其必要性。**

☽ ▽ 傾向於認知反對的力量，與其抗拒，不如接受衰退不可避免，提供一己之服務以確保生存。雙重間諜。**關於危機的知識有其價值，能提供給他人作參考。**

第 3 爻—過渡

谷底，衰退已然走至盡頭。

♇ ▲ 有能力自老舊的灰燼中，建立全新的秩序。**具備情感層面的深度，在於能承受危機並且接受改變。**

♃ ▽ 更新之時，試圖吸取舊有秩序的留存，融入新秩序之中，而此舉的風險是，若有朝一日舊有勢力復甦，將起而對抗新秩序。**接受改變的同時，卻感到無法放下過去。**

第 2 爻—支持

衰退時，對他人伸出援手。

♇ ▲ 運用想像力，善於策劃以惠及他人。**感覺身處危機時，能使眾人獲益。**

☽ ▽ 並非放諸四海皆準的原則，而是在不得不的情況下，提供更實際、且更個人化的支持。**在危機時，選擇性的援助。**

第 1 爻—抗拒

♂ ▲ 面對阻力時，依然堅持不懈的能量與決心。**處理危機，情感層面的力量。**

♃ ▽ 過於堅守原則而心生抗拒，寧願選擇性地抗拒，以避免風險，將保有與往常一般的模式，卻引發爭議。**抗拒改變，總是會帶來危機。**

37 號閘門：家庭—友誼

社群其有機的本質，具體實現了宏觀與微觀的宇宙觀

第 6 爻—目的
由於認定家庭價值，因而增強其維繫家庭的動能。

♀ ▲ 其天賦在於不但能認知家庭的內在意義，同時也能珍惜其價值。珍惜友情的價
值，進而擴展友誼的可能。

☿ ▽ 多元化的需求，可能會忽略家庭的功用，傾向抽離。多元化的需求，儘管心存感
激，仍偏好點頭之交。

第 5 爻—愛
基於天性對家庭忠誠，不動不移。

♀ ▲ 自然的和諧與完善的分享。透過友誼，使得自然的和諧與分享變得可能。

♂ ▽ 於情感層面的依賴，通常會由愛轉恨。基於依賴，可能會由愛轉恨。

第 4 爻—以身作則
透過模範的行為，家庭中任何一個成員都能擔任主導的角色。

☽ ▲ 在每一天的具體事務中，都能彰顯最高原則。若能將最高原則落實於所有關係之
中，就能位居領導的角色。

♄ ▽ 保守主義，通常只接受來自父親的領導，無論他能否作為榜樣。除了傳統所認定
的角色，除此之外，極有可能對其他人的領導力麻木無感。

第 3 爻—平等對待
任何團體的成功，以遵循秩序為準繩。

♃ ▲ 有能力評斷行為是否合宜，以和諧的舉止對應逾矩。具備敏感的潛能，了解在關
係中何謂適當的行為。

♂ ▽ 具有諷刺挖苦的傾向，不斷測試人們能接受的底線，若面對相同傾向的人，將嚴
厲以對。有可能對於行為是否適當，缺乏敏感度。

第 2 爻—負責任

♃ ▲ 了解基本原則：每個人皆負責任，就是成功合作的基礎每個人都有其責任，由此
萌生情誼的可能。

☿ ▽ 傾向指出他人的責任。有可能基於情誼，進而指出他人的責任所在。

第 1 爻— 母親／父親
天生有其立場，備受尊崇，可確保指導準則如何發展。

♀ ▲ 若要成功維繫關係，和諧是關鍵，唯有透過和諧，家族的美好與價值觀才得以延
續。友誼也是如此，根植於敏感體諒彼此，確保和諧，無對立的相位。

▽ 沒有行星處於下降的相位。

38 號閘門：對抗一戰士

反抗有害勢力，保存個體的獨特個性

第 6 爻一誤解

毫無根據，為反對而反對。

ち ▲ 最終撥雲見月，誤解總會澄清。**其能量會吸引誤解，面對反對聲浪，頑固以對。**

⊕ ▽ 明白反對源於誤解，卻堅持這全是來自於反對勢力的誤解。**掙扎的根源來自誤解，卻秉持著頑固的能量，堅持與維持其立場。**

第 5 爻一疏離

一個人徹底孤立，身處對抗的階段。

ち ▲ 有其抱負與專注力，堅持到底。**固執的能量，孤軍奮戰。**

♆ ▽ 與人疏離的體驗，宛如痛苦的分娩，基於其本性，就算某些時刻他人有可能伸出援手，也像是眼盲一般無法看見。**固執的能量如此強烈，以至於處於掙扎之中，難以發現有人能給予援助。**

第 4 爻一調查

強化對立的分析。

♀ ▲ 挖掘事實的偵探，或是局內人加入反對陣線，成功與否，僅能倚賴於信任。**掙扎時期，其能量足以辨識出，誰最有可能有其價值。**

♂ ▽ 激烈地反對，對調查結果產生偏見，侷限其信賴度。**腎上腺素的影響，引發其侵略性。**

第 3 爻一結盟

☉ ▲ 有能力將志同道合的力量整合起來，因而得以延續，匯集不屈不撓的生命力。**奮鬥之時，與人整合的能量。**

⊕ ▽ 自私的結盟，為保有個人的生命力，而削弱合作夥伴的能量。**奮鬥的非常時期，其能量是基於自私，而利用他人。**

第 2 爻一彬彬有禮

對立，但不踰矩。

♀ ▲ 謹慎的價值。**直覺性的能量，謹慎以對。**

☽ ▽ 過度禮貌是出於奴性，同時也流於表面，而違背其本意。**於掙扎時期，過於有禮的能量。**

第 1 爻一條件

基於情勢，和緩其反對的立場。

♆ ▲ 精神層面的調和，確保行動合宜。**精神層面的天賦，知道何時與如何奮戰。**

♂ ▽ 傾向將反對當成通則。**將戰鬥的驅動力視為通則。**

39 號閘門：阻礙—挑釁

阻力的價值就在於引發分析、評估及重新評價

第 6 爻—解決麻煩者

生來具備解決問題的天賦。

☽ ▲ 務實，引導與滋養他人的能力。**試圖解決別人的問題，此舉動已深具挑釁的能量。**

♂ ▽ 我執，並非以眾人福利為前提，而是流於自我擴張或滿足個人野心，濫用其天賦。以情緒為驅動力來主導，**激怒他人。**

第 5 爻—專心致志

面對阻礙不克服，而是繞道而行的罕見能力。

♆ ▲ 想像建立全新的模式，與阻礙脫離關係。**充滿想像力的能量，繞過障礙卻也引發他人情緒。**

♂ ▽ 全然冷靜而實際。雖然並非上升相位，卻常常因為秉持其決心，而獲得支持，最後迎向成功。冷靜而堅持，帶來引發的能量。

第 4 爻—節制

採取行動前，仔細評估與衡量。

☽ ▲ 建立適當的時機，感受與本能有其價值。將挑釁的能量，在最正確的時機點展現。

☉ ▽ 錯誤的信念，認為不論環境因素為何，憑藉意志力就能克服任何阻礙。**忽視環境狀況，挑釁的能量。**

第 3 爻—責任

若失敗將導致他人涉險，會自動避開障礙。

♃ ▲ 著眼於大眾是否獲益，以整體架構為首要考量。**透過自我犧牲，挑釁的能量。**

⊕ ▽ 常常以災難的假設為前提，認為若不與阻礙正面交鋒，他人將陷於更大的險境之中。並未**犧牲**，其行為本身依然散發挑釁的能量。

第 2 爻— 對抗

☽ ▲ 出自本能，面對障礙直接迎擊。**透過直接攻擊，挑釁的能量。**

♃ ▽ 保護的原則是，面對本應處理的阻礙，卻傾向繞道而行。**就算直接攻擊的方式是必要的，在情感層面依舊會帶來衝擊。**

第 1 爻—脫離

♂ ▲ 面臨阻礙時，確定會抽離，但只是暫時的權宜之計。**拒絕面對阻礙，挑釁的能量。**

☿ ▽ 脫離時優柔寡斷，思考何時能重建關係。不知道何時該重新投入之前，拒絕面對阻礙。**猶豫不決也是激怒的形式。**

40 號閘門：遞送—單獨

掙扎與解放之間的過渡點

第 6 爻—撤職

解放之前，重整是必要的，解構位居低弱的勢力。

☉ ▲ 權威中帶有寬厚，只針對需激烈對待之人，撤除他們的力量。以正當防衛群體為前提，秉持意志力與權威，拒絕某些特定的個體。

⊕ ▽ 以法國大革命的恐怖行為為例，將誰是罪有應得的想法，殘酷地擴展到每個階級。**透過權力與權威，扭曲自我。**

第 5 爻—剛硬

認知到要得到解脫，所有負面的力量都必須被排除。

♅ ▲ 要求絕對勝利的革命者。拒絕負面的關係，才能獲得維繫自我的力量。

⊕ ▽ 傾向於接受革命的過程中，必然會出現相當程度的偏差，並認定這些偏差，往後都能成功清除。自我的弱點在於，**孤單時為求保全，而無法對負面的關係說不。**

第 4 爻—組織

♅ ▲ 轉換的力量，為了持續供給，以直觀的智慧來選擇並管理。自我的力量在於全權管理，同時能保有其機動性，適時抽離。

♂ ▽ 無法控制其熱忱，大量投注支持，卻忽略了支持的品質，以至於長期累積下來，供需極易失衡。**透過組織他人的能力，激勵自我。**

第 3 爻—謙遜

仔細盤算的付出模式，避免吸引負面能量的關注。

♆ ▲ 心有城府，默默享受付出的過程，無須炫耀。其意志力能避免接收負能量，即使**這代表著必須獨處。**

♂ ▽ 自我的傲慢，需要並獲得關注。憑藉意志力以獲得關注的能力。

第 2 爻—堅定

☉ ▲ 從獨處中獲得力量與主權，脫去那些阻礙自由的元素。經由獨處而得到力量，因而認知到周圍的人如此重要，有可能會帶來破壞性的影響力。

☽ ▽ 於獨處之中回歸本性的平和，基於同情而試圖滋養別人，因而無法休息。**透過獨處而獲得力量，讓自我免於被他人所干擾，不被外在所惑。**

第 1 爻—休養

☉ ▲ 能夠放鬆，並享受個人勞動的成果。自我的力量，享受獨處。

☽ ▽ 月亮不會沒有陰晴圓缺。若獨處太久，自我也會感到不舒服。

41 號閘門：減少—收縮

因資源有限，而使潛能的發揮得以極大化

第 6 爻—感染

將潛能極大化的定律，不僅能將內在的緊縮畫下句點，同時，其躍升也必然能使他人因而獲益。

ħ ▲ 將形式的潛能極大化。父親所累積的成功，將庇蔭他的孩子。**透過感受，激起認同。**

♇ ▽ 超然物外的傾向，以此來保密，害怕自身的特殊優勢被剝奪。**渴求保守祕密，或壓抑感受。**

第 5 爻—授權

儘管有所限制，外界依然認定其潛能。

♂ ▲ 若能成為適當的管道，能量有其價值。儘管有所限制，接通情感時會引發動力。

♀ ▽ 儘管已經獲得支持，若持續對限制感到不滿，會阻礙發展。**諸多限制點燃負面情緒。**

第 4 爻—修正

成功適應限制。

⊕ ▲ 適者生存，並步向興旺的榮景。**適應的能量，對生存的深刻感受。**

♀ ▽ 將能量運用在關係的維繫，而非修正。資源有限時，與弱者建立連結要付的代價過高，不管吸引力有多強烈，還是避免。**將能量灌注在感受上，而非適應。**

第 3 爻—效率

當資源有限時，自私有其道理。

ħ ▲ 於物質層面的抱負，以及獨行的紀律。**為個人抱負，充滿能量與熾熱的感受。**

☽ ▽ 出自本能而伸出援手，令人欽佩，但在此易被誤導，以致於兩人損耗的資源加倍甚至更多。**充滿渴望分享的能量。**

第 2 爻— 謹慎

基於實用主義所淬煉出來的人道主義。

ħ ▲ 天性保守，不會冒著自身安全的風險，只為幫助他人。**其能量僅專注於自身的情感，無關乎他人。**

♂ ▽ 渴望獲得讚賞，而將原本的謹慎拋諸腦後，以至於消耗寶貴的資源，只獲得短暫的結果。**充滿能量地展現自己的感受，期望獲得認同。**

第 1 爻—合理

適當的分配責任。

♆ ▲ 充滿想像力，將最有限的資源發揮到最好。**冷靜，選擇性地釋放情感的能量。**

☿ ▽ 因為理解而接手承擔，導致勞損。**性急，釋放情感的衝動。**

42 號閘門：增加—成長

資源擴充，讓潛能完全發揮，發展至極致

第 6 爻—培育

☽ ▲ 出於天性與直覺，培育他人。**與他人分享成長過程而獲得力量**

♄ ▽ 具限制性、有害的物質主義，自我疏離並引發其好戰的行為。**拒絕與他人分享成長的益處。**

第 5 爻—自我實現

☉ ▲ 目標的履行與實現，是一條自然的路徑，所獲得的報酬是以健康的方式，來覺察自我，而非伴隨而來的權力與影響力。成長是自我實現，同時自然會產生影響力。

♀ ▽ 自我實現完全是內在的體驗，需要或基於個人獨自體會。成長源自於內，賦予其力量隱世而獨立。

第 4 爻—中間人

☽ ▲ 調停者的典型表現。以成熟的態度居中調解，帶來成長。

♀ ▽ 建立與維持關係的天賦，並不適用於調解的角色，在此以實用為主，而和諧的考量需退居在後。不夠成熟，以致力求和諧，卻曲解了調停的本質，成長受限。

第 3 爻—嘗試錯誤

擴張成長時，犯錯是必經過程。

♂ ▲ 充滿能量與定見，將錯誤轉化為優勢。有力量能接受錯誤是成長的一部分。

☽ ▽ 面對錯誤相當情緒化，可能因而深陷憂鬱或如履薄冰，其實並不必要。錯誤本身，加重了情緒化與謹慎小心的分量。

第 2 爻— 識別

☉ ▲ 判別趨勢，敏銳從中獲益。**參與未來趨勢，從中獲得成長的力量。**

♀ ▽ 面對進展與改變，基於苦行的動機而抽離。**不再回應潮流或改變，有所成長。**

第 1 爻—多樣化

☉ ▲ 有能力善用剩餘的資源，以行動來拓展，超越原本的規模。**透過擴展而成長，尤其是連結根部動力時，更為顯著。**

♀ ▽ 傾向缺乏核心思想，散亂投注剩餘的資源。衰落。**擴展太過，可能會導致衰弱。**

43 號閘門：突破—洞見

完善地建立新秩序，才能延續既有的成就

第 6 爻—突破

☉ ▲ 突破是實現與回歸中心的過程，自然而然，會同時建構內外全新的秩序。**獨特的覺知，不論對個人與群體而言，都極具價值。**

♂ ▽ 關於突破，基於自我的傾向，看見次要因素有其存在的理由，而將其延伸至新的秩序中。**覺知的價值，其重要性遠超過生活中其他層面。**

第 5 爻—發展

☽ ▲ 若人際關係成爲無法突破的阻礙，會採取實際行動，逐步調整，以免危及最後的成功。**知道如何有效掌握對的時間點**，與人分享獨特的洞見，就是其天賦所在。

♀ ▽ 傾向灌注心力，以求人和，卻強化了原本的約束力，無法獲得突破。**過度在意他人的觀感，和諧的關係反倒成爲制約，限制個人化的表達。**

第 4 爻—死腦筋

☿ ▲ 面對經常出現的阻礙，過度倚賴其心智的能力，頑固且執著。儘管水星在此賦予靈活的心智能力，也許會有成功的機會，雖然微乎其微。**堅持倚賴個人獨特的洞見，需要專注於心智能力，使概念能適當地成形。**

♃ ▽ 儘管以有限的知識爲基礎，卻深信已採取正確的行動，不接受建議自負，企圖有所表現，卻缺乏深度。

第 3 爻—權宜

♆ ▲ 強烈渴望新生的驅動力，當突破備受威脅，將無所不用其極，可以配合各種力量，承擔各種譴責，只爲達標。**很確定，也很明白可以承受譴責。**

☽ ▽ 若對譴責過度敏感，可能因而排除合理的權宜之計，導致失敗。**面對譴責時，背棄個人洞見。**

第 2 爻— 奉獻

♆ ▲ 秉持特定的態度，引發突破。**獨特的心智習慣與思考模式，使洞見得以誕生。**

☽ ▽ 致力於行動，尤其當目標近在眼前，反倒變得魯莽。**急於表現，當機會來臨，反而捨棄了標準的程序。**

第 1 爻—耐性

♆ ▲ 了解必須先消弭抗拒，嶄新的形式才能建立。**個人的洞見，必須要有深度蘊藏其中。**

♀ ▽ 若缺乏耐心，強摘的果子不甜，徒留酸味。**洞見本身帶來喜悅，卻受限於深度不足。**

44 號閘門：聚合─警覺

不帶有任何前提與條件，就是互動得以成功的基礎

第 6 爻─超然

♇ ▲ 拒絕並譴責既定框架，革新是建立新模式，使一切趨於完善。**覺知模式如何運作，確保身心健康。**

⊕ ▽ 無法忍受芸芸眾生，心生傲慢。因了解模式，自覺高人一等，**犧牲他人福祉。**

第 5 爻─操作

♅ ▲ 有能力轉化原本與弱勢力量的互動模式，以漸進的過程注入動能，並增添額外的好處，以活化並轉換其處境，雖然弱者恆弱，仍有其位置。以本能來認定運作模式，也有可能因而操控他人。

♂ ▽ 操控形式中，帶有濫用與程度退化的傾向。本能認定的模式，可能會虐待他人。

第 4 爻─誠實

拒絕虛偽的互動模式。

♇ ▲ 事不關己，以最邏輯的方式切割。以其本能與經驗值為準則，冷漠的可能性。

☉ ▽ 太陽在下降相位，若身處極端狀態下，為求維生，會期待能自過往的拒絕往來戶中，重新取得支援。真誠是最好的作法，誠實以對。為了求存，不再冷漠。

第 3 爻─干預

基於環境因素，無法互動。

♂ ▲ 有能力了解干擾所帶來的威脅，並對其產生的影響做好準備。**充滿警覺，秉持其本能來處理他人的我執。**

♆ ▽ 面對干預，若以迷惑回應，易受限於投射，導致其評價脫離現實，容易出錯。有可能這股直覺的本能，無法處理他人的我執。

第 2 爻─ 管理

♃ ▲ 管理並發展健全的集體結構，需要創建合作模式，管制處於劣勢的不良層面，使之能與優良並蓬勃發展的動力相結合。**敏銳察覺模式的能力，蘊藏管理的潛能。**

♂ ▽ 傾向目標導向的管理模式，忽略其它非主流因素，造成重量不重質，不可避免最終數量達標，品質卻堪憂。**憑藉本能找出相應的運作模式，跳過管理能力的發展過程。**

第 1 爻─制約

基於互動的結果，建立架構。

♇ ▲ 掌握群體，須針對其弱勢之處，建構約束的條件，並且具備執行的能力。**對於各種模式敏銳警覺，足以掌控群體。**

♀ ▽ 極具吸引力的本質，與弱勢互動卻無法施加限制，恐將危及既定的和諧。**渴求人和，而未遵循其本能。**

45 號閘門：聚集在一起—收集者

相似的力量，會自然而然相互吸引，彼此獲益

第 6 爻—重新審視

承認之前摒棄局外人是錯誤，重新接受並納入群體。

♅ ▲ 看待局外人，對其心態、其古怪、以及常被人誤解的邏輯，天生能同理。為局外人服務，為物質層面帶來新**趨勢**。

♃ ▽ 天王星創新，為局外人找到定位，木星則要求局外人順從。焦點放在制約局外人，使其順從，就是**實質層面的趨勢**所在。

第 5 爻—領導力

聚集群眾必須有其核心與焦點。

♅ ▲ 具備直覺的智慧與創新的天賦，能強化團體功用，推崇核心價值，永續經營。在**實質世界裡，展現領導力的天賦**。

♃ ▽ 知道何謂正確的行動，卻尚未獲得應有的尊重。具備領導動力，**還未被賦予重任**。

第 4 爻—方向

♃ ▲ 登高一呼，有能力聚眾為更高原則而服務。在**實質層面展現更高的原則**。

♂ ▽ 基於個人利益，試圖左右群體的行動與方向。在**實質層面上，欠缺更高原則的具體展現**。

第 3 爻—排除在外

♆ ▲ 其能力在於，當被排除在外，採取一切必要措施，以中止老舊形式，甚至降尊紆貴，以求被納入其中。依循本能，於物質層面的過程中，找尋途徑成為圈內人。

♂ ▽ 面對被排除在外的處境，反應激進，常出現暴烈的反應。在**實質層面，未能被納入其中時，表達其挫敗感**。

第 2 爻— 共識

利益共享將強化凝聚力。

♅ ▲ 基於共同評估的基礎，勇於創新，設立方法。為了利益他人，提供方法，直指物質層面的方向。

♂ ▽ 天生叛逆，拒絕墨守成規。在**物質層面，拒絕接受他人作法**。

第 1 爻—遊說

♃ ▲ 施展能力集結眾人，透過教化，促使眾志成城。**實質層面的發展方向，端賴教育**。

♂ ▽ 過分熱心，因此將遊說變成傳教，往往換來的是疏遠，無法凝聚支持。**物質層面的驅動力，導致激進的教育**。

46 號閘門：推進—自我決心

好運源於因緣俱足，一切來自於努力與奉獻

第 6 爻—誠信

♄ ▲ 對承諾所帶來的潛在約束力，審慎考量，保有自身誠信的智慧。**對於帶來限制的承諾，決意拒絕。**

♆ ▽ 欺騙自己與他人，過度擴張其資源，最後迫不得已而背棄承諾。**渴望成功的驅動力，導致無法說不，最後卻打破承諾。**

第 5 爻—步調

☽ ▲ 保有適當的節奏，順其本能，務實前進，避免採取激進的舉動，以免脫離既定的成功模式。**堅決將帶來成功的韻律，繼續維持下去。**

♆ ▽ 不理性，排除已證明可行的既定模式。**對帶來成功的節奏，堅決說不。**

第 4 爻—影響

⊕ ▲ 其能力一旦被賞識，將迅速發揮影響力，自默默無名躍升成舉足輕重的地位。**決心帶來好運，最後必定能在對的地方與對的時間點，得到應得的肯定。**

♆ ▽ 達成目的後的反應，傾向恩將仇報的反噬。**渴求成功，勢在必得，不顧曾經協助自己成功的人。**

第 3 爻—投射

☽ ▲ 通往好運的實際作法，是延續既定的成功模式與態度，而非迷失在未來的期望之中，因而誤入歧途。**有決心堅持既定的成功要素。**

♂ ▽ 基於投射的傾向，將未來有可能發生的一切，當成現況，導致偏頗的利己主義，逐步失去動能和支持。**決定將預設的成功，當成實際的狀況。**

第 2 爻—自命不凡

☉ ▲ 其天性難搞且苛求，但由於才華洋溢，不管行為如何，還是能獲得成功。**立志要成功的決心，容易得罪他人。**

♂ ▽ 才能平庸卻又自我中心，攻勢猛烈，常有不切實際的要求。**在獲得認可之前，決心以成功者自居。**

第 1 爻—在發現的過程中

雖隱晦難明，仍投身其中，意外有所得。

♆ ▲ 為藝術而藝術。任何實現自我，充滿創造力的實踐，遲早會被看見。**全心投入，充滿創造力並獲得成功的潛能。**

♃ ▽ 面對芸芸眾生，有能力評斷其潛能，出發點卻往往只為利己。**辨識出他人的成功，並從中獲益的決心。**

47 號閘門：壓抑—了解

限制與逆境來自於內在的軟弱或外來力量，或來自兩者

第 6 爻—徒勞無功
困難的位置，無上升相位。

▲ 無相對極性

☉ ▽ 太陽位於下降相位，也許單靠意志力，就能找到適應及生存的方法，但對於克服壓抑這件事，全然無望。人生是一場考驗，蛻去表面，帶來不同層次的體悟。

第 5 爻—聖人
此位置意義重大，無行星處於下降相位。

♀ ▲ 即使身處被壓迫的狀態，其天賦依舊能毫不虛偽，與被迫害者維持和諧的關係，同時爲其提供援助。**最崇高的實踐。**接受體驗的過程沈重，恩典會自然降臨。**無相對極性。**

▽ 沒有任何行星處於下降相位。

第 4 爻—鎮壓
約束來自外在的壓迫。

♄ ▲ 有力人士，即使處於最大的壓迫下，其身份仍握有資源，同時在某種程度上，爲求造福他人，會確保生存無虞。儘管外在存制約，仍保有其認同感。

☽ ▽ 若失去光亮，宛如月亮隱退於暗夜，勉強能滋養自己，無暇顧及他人。**外在的制約，壓制其身份與定位。**

第 3 爻—自我壓抑

♃ ▲ 一個有所察覺，健全發展的人，自然而然其正確的行動，最終將明白所謂的壓迫毫無根據。**終究會理解自己真的沒有問題。**

♂ ▽ 高度自我壓抑，如此強勁，可能因而證明其不可逆轉及毀滅性。要了解**自身的價值，極度困難。**

第 2 爻—野心

♄ ▲ 爲求安全，深具企圖心與驅動力，渴望克服自身的苦惱。**理解忙碌能讓人心智健康。**

☿ ▽ 面對個人的苦惱時，優柔寡斷，猶豫不決，無法決定該運用智慧而釋懷，還是善用可能會稍縱即逝的優勢，接受苦惱的重擔。**無法分辨何時與何種行動，才是健康的舉動。**

第 1 爻—盤點

♄ ▲ 身處逆境時，有能力著手排除負面因素，藉此以消弭壓迫感。**理解得先將負面思爲連根拔起。**

Ψ ▽ 妄想自身的壓迫感，皆由外在現象所造成，往往是災難的結局。**認爲整個世界都跟你作對。**

48 號閘門：井一深度

建立共同利益的先決條件，須有必要性與本質上的基礎

第 6 爻一自我實現
資源永不耗損。

♀ ▲ 寶貴的中心點，給予的同時，也接收著，有來有往才能持續給予。**具備深度與潛在的天賦，為人帶來價值。**

☽ ▽ 淺薄的傾向，即使天性慷慨，想培育更多人，但天生缺乏鼓舞人心的特質，而無法轉化其天賦，進而普及眾人。**深度有限，品味膚淺，影響潛在天賦的品質。**

第 5 爻一行動

♂ ▲ 與生俱來的衝勁，渴望將能量化為具體行動。**熱愛採取行動。**

☽ ▽ 極度需要被保護，對此過於依賴，導致面對社會變革時，往往執著於計畫的細節，未能採取行動。**對自身深度感到不安，因而裹足不前。**

第 4 爻一重建

☉ ▲ 有良好的判斷力，善用短程活動，以有限的規模先行測試，評估情勢並作調整，如此可為長期目標奠定基礎，有助於在未來推行活動時，一切能進展得更順利。**察覺到深度本身與其展現的可能，考慮未來面對限制在所難免，退而偏向執行短期計畫。**

⊕ ▽ 對於在不確定的狀態下重整，心懷抗拒，傾向抱持著船到橋頭自然直的想法。**偏向長期計畫，經歷限制而感到挫敗。**

第 3 爻一單獨監禁

☽ ▲ 以「朔月」作為此階段的象徵，潛在光明尚不可識別、不可用、不可知。頃刻之間，此階段有其救贖的價值，能讓那些備受折磨的人，重新獲得力量。**品味與深度需要長期養成。**

☿ ▽ 若讓極具深度的智慧，就此散佚於荒野，將引發出深層的焦慮。**面對長期的過程（品味與深度的養成），感到焦慮的傾向。**

第 2 爻一退化

♆ ▲ 意識到若要成功建立新模式，不能為了配合不利因素，而忽視了最正面的要素，若是如此，只會導致一切惡化。**對自己的察覺力有信心，能抵制不利因素的影響。**

♀ ▽ 若誤入歧途，一味追求與不入流的價值並存，將退化至衰敗的地步。**若對自身的察覺缺乏自信，會引來干預與衰敗。**

第 1 爻一微不足道

☽ ▲ 憑藉其本能，能區分出何者具實用價值，並且值得關注。**對分辨何者具實用性，並值得關注，非常有興趣。**

♂ ▽ 傾其意志，施力並關注於微小的事物。**熱衷於瑣事。**

49 號閘門：革命—原則

最理想的蛻變形式，是基於更高的原則，而非爭權

第 6 爻—吸引力
革命的力量，採取行動以擴展其支持度。

Ψ ▲ 天生讓人印象深刻，能轉化原本的騎牆派，使其承諾。**充滿情感與潛力，能擁抱並改變別人。**

ħ ▽ 固執，必然且命定，拒絕主義者。**過於敏感，常對原則與他人採取否定的態度。**

第 5 爻—組織

☽ ▲ 處於革命的非常時期，能夠實際供應他人需求，以贏得支持，並持續保有對相互的理解。**有其潛力，能敏銳察覺他人在實質層面的諸多需求。**

♂ ▽ 關注組織中的權力如何分配，明確界定權威，卻常常為此而捨棄了更高原則。**背棄更高原則，只為組織眾人。**

第 4 爻—平台

♃ ▲ 投入政治與社會議題，實踐保障人權，確保以公義並且有價值的方式，取代舊有的秩序。**對社會上的需求，有其潛在的敏感度。**

♂ ▽ 承諾、承諾，再承諾，保證伸出援手，卻只是空頭支票，毫無執行的可能。**有可能麻木不仁，趁人之危，利用社會上的諸多需求。**

第 3 爻—民怨

Ψ ▲ 一旦限制解除，就能摧毀陳舊形式。**有其潛在敏感度，抵制不適用原則或關係。**

♇ ▽ 冥王星下降的相位，獲得大眾支持，蠻橫消滅了舊有的秩序，卻可能為新秩序帶來永久的創傷。**對於拒絕本身及其行為，缺乏敏感度。**

第 2 爻—最終手段

⊕ ▲ 下定決心，要以和平的方式，用盡各種可能的作法，以求得改變，然而，當最終明白別無他法，將開始詳加計畫，然後揭竿而起，發起革命。**在放棄之前，已發揮其能力，探索所有蘊藏的可能。**

♇ ▽ 被改革的渴望所淹沒，對於調解與談判缺乏耐性。**在此傾向發動政變，卻缺乏群眾支持。對調解失去耐心。**

第 1 爻—必要性法則
革命必須有理，否則無法獲得支持。

♃ ▲ 理解並運用此法則，引發支持，極大化擴張，從中確保可行性。**意識到原則能否成立，取決於群眾的接受度，他們認為是否可行。**

☉ ▽ 濫用影響力，認定經由行動，就足以創造需求。「Helter Skelter 症候群」(來自美國罪犯查爾斯‧曼森的實例)，採取失序之舉，以證明失序之存在。**面對拒絕太過敏感，以致將原則轉變為改革聖戰。**

50 號閘門：熔爐—價值

傳統價值豐富了現在與未來，這就是歷史延續的價值

第 6 爻—領導力

♀ ▲ 即使環境嚴峻，仍能手握權力維持和諧，這就是天賦所在。**充滿力量，保有個人價值，活力四射，同時與他人維繫和諧的人際關係。**

☽ ▽ 天性喜怒無常，以至於位處權力高位時，時而與人疏離，時而冒犯他人，因而影響整體效率。有足夠力量能保有其價值，代價是，原有的和諧關係將不復以往。

第 5 爻——致性

若一以貫之是成功的作法，就不該輕易捨棄。

♄ ▲ 自律的保守主義者，避免不必要的改變。保守思維，基本原則不該輕易捨棄。

♂ ▽ 面對既定的成功模式，特意反其道而行。若出現強而有力的刺激，將衍生造反的**驅動力，反抗基本的原則。**

第 4 爻—腐敗

缺乏能讓人受惠的價值。

♄ ▲ 蘊含邪惡的天賦，能將原本處於劣勢的狀態大翻轉，從中獲得物質層面的成功。在此相位土星上升，其行動輒得咎，會涉及自私與不道德，卻還不到犯罪的程度。儘管所握有的資源，價值有限，還是有能力保有個人的力量。

♂ ▽ 擁有此能量，又缺乏傳統價值觀，可預見最糟的狀況。若忽略價值體系，可能導致腐敗，或整體防禦系統瓦解。

第 3 爻—適應力

☽ ▲ 月亮位於上升相位，當無法獨自完成時，自然會與滋養或保護的力量結盟。有所察覺，明白為維護個人原則及價值，必須得到他人的支持。

☿ ▽ 當存於智識層面的天賦被漠視，為求生存被迫逢迎，因而心生怨恨。令人不快卻不得不承認，無法只為個人原則而活。

第 2 爻—決斷力

☉ ▲ 設定目標所帶來的力量，享受克服逆境的過程，進而達標。面對反對與制約時，**仍然能保有自我的價值，就能從中獲得力量。**

♀ ▽ 對逆境深感不安，決意退縮。面對反對或制約，存在價值受威脅，**缺乏力量。**

第 1 爻—移民

對自己的出身抱持謙遜之心，這並非命定的限制，而是庇蔭。

♂ ▲ 對效率與成功的渴求，憑藉著最底層的實力，源自於本質，再逐步精進提升。察覺只要成長與精進，增進自我價值，將對人生命定的旅程，帶來助益。

♀ ▽ 對其出身自行慚穢，同時／或因而感到困窘，轉而對精進自己，近乎偏執。對其出身的價值體系，感到不滿，於是要求自己更精進。

51 號閘門：激起—衝擊

透過了解與適應，回應混亂和衝擊的能力

第 6 爻—分割

☉ ▲ 面對危機時，當眾人皆感到困惑且失序，不但具備處變不驚的能力，同時還能秉持其意志力與活力，獨立自主，找到生存之道。**源於自我的力量，以一己之力迎向挑戰。**

♇ ▽ 令人好奇的是，同樣的天賦，有些人的態度反倒招來非難，處於更極端的狀態，甚至無法成功脫離。**獨自面對挑戰的自我主義者，可能會激怒或鼓動挑戰者。**

第 5 爻—對稱

☉ ▲ 掌握衝擊的本質，完美地將之發揚光大，凌駕衝擊本身，避免其破壞性，並且從正常的模式中蛻變，進而衍生出相對稱的適應方式。**憑藉本能找到適應之道，是身為戰士完美的自我展現**

♂ ▽ 試圖找尋核心，與所經歷的衝擊和諧共存，卻再度被重創，不堪負荷。**利己主義者，沈浸於勝利中得意忘形，不知警惕。**

第 4 爻—極限

♅ ▲ 純粹的創造力，有時能在最具毀滅性的衝擊中，找到機會點，宛如天才。**基於戰士的自我價值，總會找到某種方式來回應挑戰。**

☿ ▽ 凡事合理，並且遵照指令作事的思維模式，在面對重大衝擊時，完全失效。**膚淺的自我，欠缺回應挑戰時所需的資源與深度。**

第 3 爻—適應

☉ ▲ 為維繫生命，於意識層面隨機應變，創造機會。**面對挑戰時，自發的力量。**

♃ ▽ 若日常作息面對突如其來的干擾，因而大亂，導致不穩定，會傾向退縮，而非適應。**面對挑戰時，自我可能會因而動搖。**

第 2 爻—退縮

♂ ▲ 對驚嚇的運作機制了然於心，而抽離是唯一合乎邏輯的舉動。**當自我的力量受到威脅，退縮是本能反應。**

☿ ▽ 聰明反被聰明誤，太過虛榮而相信人定勝天，拒絕抽身而退。**利己主義者，拒絕退縮的結果，失敗可能就此降臨。**

第 1 爻—參考

過往處理危機的經驗值，成為優勢。

♇ ▲ 具備重複檢視的天賦，這是預作準備的基礎。**自我的力量，受經驗所制約。**

♀ ▽ 震驚之後，在情緒層面退縮的傾向。**面對挑戰時，自我的弱點。**

52 號閘門：維持不動（山）—靜止

於短暫的時間內，自制而不行動，以評估其效益

第 6 爻—平和

♀ ▲ 調頻至和諧與平衡的狀態，無入而不自得。靜下來，沒有壓力。

♆ ▽ 以妄想來替代真正的寧靜，在此相位具備正向的本質，因此就算妄想也罷，彷彿也產生了「真實」的效用。平衡極端的能量，不論是真實或幻想出來的壓力，皆無法干擾其寧靜。

第 5 爻—解釋

若不採取行動，需具備解釋自己立場的能力，這點至關緊要。

⊕ ▲ 常說出精鍊，但往往是非常精確的說法。無為與專注，才能指向細節。

♆ ▽ 層層迴旋，在無預期的狀態下，揭露出神祕的本質，通常招致誤解。若處於無為的狀態過久，可能會失焦，無法兼顧細節。

第 4 爻—自律

♄ ▲ 完美的自律及自制，面對一時衝動，能夠輕易且明智地自處。自制力，領會靜止與專注有其存在的價值。

♃ ▽ 基於對現況的理解，瞭解控制本身有其依循的準則，也是必然的結果，儘管已有應對之道，但源於其擴展的天性，仍不免感到質疑與焦躁。面對限制，出現慌張的能量與疑慮。

第 3 爻—控制

強制的力量來自外在，無為。

♄ ▲ 基於本性，有能力理解限制本身，具備接受的潛能，利用這段期間進行策略重整。接受無為的能量。

♀ ▽ 面對控制強烈不滿，攪亂原本的平靜，導致情感抽離，模糊了遠景。限制所帶來的壓力擾亂平靜。

第 2 爻—關心

♀ ▲ 暫緩腳步，是為了利他。為使眾人獲益，先行施壓以抑制其能量。

♂ ▽ 出於利己的考量，突然暫停，可能因此為他人帶來不必要的傷害。內在產生壓力，因為自私而抑制其能量，別人卻因此付出代價。

第 1 爻—先思而後言

⊕ ▲ 暫停的片刻，饒富深意，引發靜默。蘊含和解的能量，帶來靜止。

♂ ▽ 不經思索即脫口而出，接下來需承擔其後果。無法靜止下來的能量。

53 號閘門：發展—開始

發展是具有結構性，穩定而持久的進化過程

第 6 爻—逐步進行

☽ ▲ 成功完成並善用階段性任務，逐步發展。創造價值與成果，作為成功例證，為接下先贏得更多支持。基於過往成功經驗，能在新階段開始時，吸引眾人支持。

♇ ▽ 此相位具有隱藏成功的傾向，基於反常的恐懼感，認為成功將引發更多要求，或擔憂一旦行至尾聲，將失去既定群眾的支持。備感壓力，恐懼失去過往所得到的支持，面對新開始，採取隱匿的態度。

第 5 爻—主張

♆ ▲ 看待世事發展，常具有深層且靈魂面的理解，能看透其本質與價值。即使身處孤立無援的階段，仍保有決斷力，堅守方向，其特有的力量，將匯集源源不絕的支持自四面八方而來，連反對者也不例外。內在會有壓力，想了解發展之價值，以及無論身處何種情況，都渴望能開始的動力。

⊕ ▽ 過度自信，面對反對與孤立的狀態時，並未顧及該如何保有支援，其態度讓反對勢力更加強勁。開創的能量，同時會引來特定的能量，企圖中止這一切。

第 4 爻—確保

☽ ▲ 往往在複雜又尷尬的狀態下，依舊能保有其個體的力量，以確保長治久安，順利進展。渾沌初開之時，對於如何保有其個體性，備感壓力。

♀ ▽ 不斷面對困窘或尷尬的狀況，感到為難，在此證實，反倒不能以正常情緒來反應，否則易造成有害的影響。獨立的個體往往備感壓力，渴望能夠開始，卻因而創造出尷尬，甚至困窘的狀況。

第 3 爻—實際

☽ ▲ 在最自然的狀態下，著眼點在於如何避免衝突，確保能獲得保護，持續發展。為了發展，消弭衝突的壓力。

♂ ▽ 無意識引發衝突，傷及安全與後續的發展。激發衝突能量，使發展備受威脅。

第 2 爻—氣勢

成功孕育成功。

☽ ▲ 過往成功形成保護網，培育進一步成就。基於過往成功，開展新事物的壓力。

♂ ▽ 年少得志，因而產生急促輕率的傾向。過往成功帶來壓力，對新事物缺乏耐性。

第 1 爻—累積

▲ 終結舊有的諸多形式，但是不會捨棄重要的元素，反而能將之保留並轉化。想開創新事物的壓力，並非從頭作起，而是建構在舊有的基礎上。

▽ 發展的過程中，備受批評而感到滯礙難行，傾向退縮，未能善用這些經歷。開始新事物的困難，在於舊有的一切會形成批評的勢力。

54 號閘門：少女出嫁—驅動

在世俗的社會範疇中交流，同時也在神祕的宇宙關係中互動

第 6 爻—選擇性

ħ ▲ 根深蒂固的責任，爲確保安全與個人身分，自然而然對其關係設限，僅與能相互蒙利的對象往來。對於會阻礙其野心的關係網絡，具備限制的能量。

♃ ▽ 其本性總想向外擴張，使眾生獲益，認爲若非透過諄諄教誨，對方不會知道自己缺少甚麼。浪費能量。若繼續經營那些造成阻礙，並且對其抱負無所助益的關係，是浪費能量的行爲。

第 5 爻—寬大

☉ ▲ 天生的權威和落實的精神，當掌握權力時，能與弱勢者建立眞誠且豐盛的關係。（前提是他們無所求，旨在貢獻服務。）其能量在於實踐，但也同時能與他人享有豐盛的關係。無極性。

▽ 沒有下降相位。

第 4 爻—啓蒙 / 無明

在此極神祕的相位，既無上升也無下降，因爲事實上，兩者並無不同。

▲ ▽ 阿爾法（Alpha）和歐米茄（Omega）。終與始。無法說明。每一顆行星均以獨特的方式彰顯其能量，卻完全無從得知，其努力是否有一天能眞正被看見，然而總是蘊藏著潛力，無庸置疑。在最純然的層次上，引發蛻變的動能。無極性，無特定行星帶來顯著影響。

第 3 爻—動用關係

♆ ▲ 當正式關係受阻，有能力運用祕密或非正式的管道，作爲唯一手段。即便受阻，也會充滿動力，以秘密手段來推動其野心。

♀ ▽ 堅持採用正式渠道，不管遭遇多少挫折，都企望透過吸引力來克服。充滿野心的能量，若面對阻礙，將激發吸引力以克服障礙。

第 2 爻—謹愼

ħ ▲ 深具智慧，懂得關係一旦正式公開，要克制其衝動，不能繼續沿用過往非正式的互利模式。其能量將克制激進的野心。

♂ ▽ 將正式關係的認可，視爲名正言順，任意使用過往關係尚未公開時，所獲得的知識，缺乏忠誠。其能量野心勃勃，毫無忠誠可言。

第 1 爻—影響

♆ ▲ 有能力透過各種私交，自個人顧問至撒旦皆有可能，以發揮其影響力。透過祕密的關係網絡，帶來更大的影響力，點燃其野心。

♀ ▽ 社交層面的誤判，堅持將關係公諸於世，若以影響力而言，將削減其力道。源於野心，要求正式認可，卻限制了影響力。

55 號閘門：豐盛—精神

豐盛純粹是心靈層面的問題

第 6 爻—自私

ħ ▲ 強烈物質佔有慾，近乎癡迷，間接使人獲益。唯物主義，通往靈性的可能。

☽ ▽ 擁有物質層面的豐盛，卻無人可分享其光彩。朔月時期。唯物主義者若過於執迷，不願分享，有可能會成為「吝嗇」的靈魂。

第 5 爻—成長

♅ ▲ 位居重位，握有力量，具備不尋常的能力，能接受建言，並以創新的形式帶來蛻變。手握權力者，其天賦是能持續領導他人，而非被當成跟隨者。握有力量，因而引發出情感的威力與精神。

☉ ▽ 廣納各方意見，對於集結與整合，抱持開放態度，最終也有破局的可能。情感層面呈現開放的狀態，精神上面臨被制約的風險。

第 4 爻—同化

♃ ▲ 建立架構，帶入能量，平衡諸多原則，進而迎向必然的擴展與繁華。當情緒的察覺力與能量相互平衡，遵循其原則，就能喚醒潛藏的靈性。

♂ ▽ 不知節制、能量無邊界。能量無邊界，容易忽略未能察覺，靈性層面的風險。

第 3 爻—無罪

在此，「我不過是依命行事」是真正的防衛。

ħ ▲ 當形式正確，符合紀律與準則去落實，若還是失敗，不能歸咎於個人。情感層面的潛能，明白儘管竭盡所能，還是有可能會失敗，而這無損其精神。

♂ ▽ 火星在下降相位，不再順從，本其個體性而發起，在此宣戰卻為上位者帶來毀滅，逕自安全躲在防護罩之後。自私的能量，保護自己的靈魂，因此犧牲別人。

第 2 爻—懷疑

毀謗或八卦，是通往豐盛的障礙。

♀ ▲ 具備真誠、值得信賴的才華，若能有效展現，就能活出其天賦，滲入核心。受人信任，將有助於情緒層面的穩定，以及精神層面的力量。

⊕ ▽ 直接對毀謗者下戰帖，而對方總能善用哈姆雷特的名句：「我認為他欲蓋彌彰。」事實勝於雄辯，需持續以身作則，不信任感才能消除。情感的驅動力，來自於對信任的堅持，而這並不代表著別人必定會認同，或在靈性的層面上獲益。

第 1 爻—合作

♃ ▲ 採取合乎原則的行動，與強而有力的人士合作，擴張其活動，確保能獲得永續支持，互存共榮。經由與強大的力量相互合作，有可能會尋獲其精神所在。

♀ ▽ 聚焦在於如何能與強大的力量，取得和諧的關係，這或許能長久，卻不一定能獲得提升。或許能與強大的力量和諧共生，卻不一定能在精神層面上，帶來好處。

56 號閘門：尋道者―刺激

隨遇而安。串連短程的活動達成長久的延續

第 6 爻―謹慎

☉ ▲ 審慎以對，一旦連結建立，承諾需履行到底，以確保其根基。**誠實表達，言出必行。**

♆ ▽ 全然無自覺的浪子，對外渴求獲得認同，卻無意識散發出索取的能量，而總是被拒絕。若默默無名，又無法得到預想的結果來獲得認同，這會是困難的角色。**遊蕩一生，接連以各種不同方式來展現，卻無法找到能以此爲生的志業。**

第 5 爻―吸引注意力

♅ ▲ 不尋常、改革與創新，有時又極爲天才，最終必定能獲得關注與支持。**帶來最創新且不尋常的刺激。**

♂ ▽ 若刻意要吸引注意力，往往得來的都會是弄巧成拙的結果。**引發挑釁與干擾，帶來刺激的能量。**

第 4 爻―權宜

☽ ▲ 膚淺的個性有其完美之處，必要時能掩蓋眞實的感受，保護其安全。**帶來啓發的天賦，與角色扮演無異，因而獲得保護。**

☿ ▽ 權衡輕重而選擇了利己的行爲，所付的代價是經常處於緊繃的狀態下，緊張焦慮並且時時保持警覺，擔憂會失去已獲得的一切。**以特定的角色與現實世界互動，以假亂眞，對沈默感到不安，恐懼被揭露。**

第 3 爻―疏離

下定決心自給自足。

☉ ▲ 其意志與利己主義，經常被當成蠻橫霸道，延續其獨行俠的姿態。在此其行爲恰如其分，如同旭日當頭。**掌控的衝動，成爲表達的焦點所在。**

♀ ▽ 反其道而行的審美觀，常冒犯他人，導致孤立無援。**掌控如何表達的驅動力，取代了啓發的意圖。**

第 2 爻―連結

♅ ▲ 天才遺世而獨立，終將獲得關注與支持，找到其延續之道。**帶來啓發的天才，透過歲月淬煉而成熟，需要獲得眾人賞識。**

☽ ▽ 空有其表，眾所矚目卻與期待不符，最終被迫另作打算。**具溝通天賦，但深度不足。**

第 1 爻―質量

☽ ▲ 以務實面考量，即使短期的行動，也有其價值。**表達有價值又實用的點子。**

♂ ▽ 若源於我執，刻意想讓人印象深刻，會誤用能量，去追求微不足道的細節。**帶來啓發的動能，樂於表達各種想法，就算微不足道的想法也不放過。**

57 號閘門：溫和一直覺的清晰

非凡清晰的力量

第 6 爻一使用

♅ ▲ 接受清晰是一把雙面刃，有些情況就算瞭解，還是無法導正。在此天王星開創的特質，總是能夠在非常態的困境之中，起死回生。**沒有解答，在困境中，可能也只能依賴直覺，來作出最好的決定。**

♂ ▽ 本其清明指出問題，卻因環境因素無法解決，而傾向挫敗與憤怒，接下來，必然會引發更多徒勞無功的行動。箇中的可能性是，**若直覺無法解決每一個問題，會傾向挫敗與憤怒。**

第 5 爻一進展

♆ ▲ 建立新形式，是與生俱來的才能，而同時也握有重新評估與檢驗的能力。具備清晰度，能檢測資料並且評估其過程。**有可能具備直覺的天賦，擅長評估。**

☽ ▽ 傾向不斷不斷向前進，最後可能只是一場子彈亂飛。採取行動時，**直覺被淹沒，無法評估，也無法衡量該如何發展。**

第 4 爻一指導者

♀ ▲ 處理關係的大師，以其清晰度，將生產力極大化，同時也很敏感，以確保關係和諧。**有可能以直覺的清晰，成為人際關係的大師。**

♂ ▽ 在此位置傾向獨裁而非指引。具備洞察力的天賦，**擅長處理人際關係，有可能以直覺為依據，而獨斷獨行。**

第 3 爻一敏銳

☿ ▲ 臻於完美之聰明才智，其清晰能消除疑惑，確保其表現。完美直覺的可能性。無對立的極性。

▽ 沒有行星在下降的相位。

第 2 爻一淨化

具備清晰度，建立適當的價值與理想，必須抱持破釜沈舟的決心，使一切得以延續。

♀ ▲ 透過內在的理解，完美的淨化。經由直覺，**有可能會找到適當的價值與理念。**

☽ ▽ 傾向將灰塵藏於地毯下，僅止於表面的淨化。**有可能將直覺的深度，視為膚淺。**

第 1 爻一困惑

♀ ▲ 其天賦能穿透內在意涵，確保及時行動。**以直覺的滲透力，直達內在覺知的可能性。**

☽ ▽ 月亮在下降的相位，在此情感無法替代清晰，導致無法作出決定。**有可能困惑如此強烈，遠勝直覺。**

58 號閘門：喜悅－活力

鼓舞是通往喜悅的關鍵

第 6 爻－忘形

☾ ▲ 實用性的傾向，雖然能夠全然享受外來的刺激，但若對自身的誠信造成威脅，將依循其本能而撤退。**強化個人操守的能量，尤其面對衝擊時，更能堅守其身分與定位。**

☿ ▽ 當基礎的聰明才智，有效被激發出來，自然會渴望步向和諧，但這也容易對外來的刺激生出強烈的認同，而陷入失去自我定位的風險。**面對刺激時，引發自我認同混淆的能量。**

第 5 爻－防禦

☾ ▲ 無視誘惑，具備天生自然且務實的本能，能夠保護自己。**就算外在多刺激，仍具備自我防衛的原動力。**

☉ ▽ 認定最好的防守就是進攻，發揮骨子裡堅毅的性格，就算刺激本身帶有爭議，都能充分駕馭並樂在其中。**充滿活力的能量，放下自我防衛，開放擁抱充滿不確定的刺激。**

第 4 爻－調焦

♆ ▲ 面對大量的刺激，天生具有區分的能力，內在毫無困難地，能聚焦於適當的元素上，散發影響力。**其能量能強化辨識力，區分出有價值的刺激。**

♆ ▽ 面對大量刺激時，自敏感轉為困惑，試圖適應全部，卻導致不穩定的狀態。**過度刺激會使能量不穩定。**

第 3 爻－電流

♅ ▲ 充滿活力，電力十足的個體，獨力創造出其專屬的激勵法，無需外求。**其能量是為了點燃個人熱情之所在。**

♂ ▽ 火如何燒，取決於燃料，無論好壞都受其影響。**生氣蓬勃的能量，倚賴別人所帶來的引發。**

第 2 爻－變態

▲ **無極性，無上升相位。**

♅ ▽ 以變態為刺激的天才，引發腐敗與墮落，以放縱與頹廢削減喜悅，折磨自己與他人。**其能量是驅動力，點燃變態的刺激。**

第 1 爻－生命之愛

♀ ▲ 活在這世界之中最特別的啟發，是基於美學的角度，欣賞其美麗與奇蹟。而內在的深刻領悟，不論獨自一人，或與他人分享，皆是存在的過程中，充滿喜悅與和諧的關鍵。**點燃生命之愛的能量。**

☾ ▽ 月亮有其盈缺，也有其情緒，喜悅受限於此，而成為斷斷續續，周期性的體驗。**周期性的能量，不定時地點燃對生命的愛。**

59 號閘門：分散－性

有能力打破藩籬，合而爲一

第 6 爻——一夜情

基於個性或環境因素，傾向接受短暫的結盟，否則關係可能無法繼續，甚至帶來危險。

♀ ▲ 不論存於瞬間或永恆，皆是完善的關係。**親密的力量，超越條件。**

☿ ▽ 持續度日爲最基本的動力，尋求短暫的關係，並將此視爲理所當然，無視任何環境因素，不作回應。**對多元化的性與親密關係，充滿動力。**

第 5 爻—蛇蠍美人或大眾情人

☉ ▲ 運用愛的力量，突破任何障礙。太陽賦予「光亮」，在此的敘述不帶任何負面的意涵。**以性的力量吸引他人。**

♅ ▽ 天王星在下降的相位，這股力量的負面潛能變得明顯。小白臉、女騙子。**將性慾的力量表達成性的力量。**

第 4 爻—手足情誼

♀ ▲ 撤除藩籬，聯合起來，建立普及而廣大的聯盟。**力量源於親密，在此親密與性無關。**

☿ ▽ 空有智識面的理解，卻從未付諸行動。**想法並無法克制性慾。**

第 3 爻—開放

♄ ▲ 土星上升，唯有卸下防備，才能找到自我定位與安全感，經由聯盟來定義自己。**透過聯盟，以及與人親密而獲得力量。**

♂ ▽ 開放轉化爲濫交，伴隨而來許多問題。**透過聯盟與親密，渴望獲得激勵，可能會導致濫交。**

第 2 爻—害羞

自我設限。

♅ ▲ 天生偏好獨立隔絕的狀態，防範聯盟後，不可避免的不穩定性。**約束對性的衝動，以保有其獨立性。**

♆ ▽ 害羞是計畫中的一部分，深植於心理障礙，即使是充滿活力的個體，也總在與人互動時感到限制。不孕，源於心理或生理因素，因而制約成獨行的驅動力。

第 1 爻—先發制人

☉ ▲ 握有權威與活力，了解目的與方向，在阻礙變得堅不可摧之前，就能辨認並消除它。**繁衍的力量固若金湯。**

☿ ▽ 在此位置，具備能力與聰明才智，足以理解，卻對何時該行動，以及如何行動，猶豫不決。**深具潛能的繁衍力，卻因不確定性而受限。**

60 號閘門：限制－接受

接受限制，就是超越的第一步

第 6 爻－剛硬

♅ ▲ 以直覺的智慧來辨識，何時需強硬到底，但若能搭配創新的作法，就能減輕其嚴屬的程度。**一股穩定的能量，具有不尋常的約束力。**

☿ ▽ 教條式、充滿原則性的、以周密合理的角度來理解，其嚴謹程度不容置喙，其執行與運作往往冷酷而嚴峻。以毫不妥協，嚴苛的態度接受限制。由於絕不妥協，**容易使限制變得無法忍受，導致長期憂鬱。**

第 5 爻－領導力

Ψ ▲ 察覺到拆解既定的舊限制，同時也創造出新的限制。對此理解將經由行動，以及強化領導潛力，在行為模式上展現。**其能量能在人生中，掌握並處理這段限制的歷程。**

♃ ▽ 與生俱來對擴展充滿渴望，而限制有其必要，自上而下製造混亂。**擴張的能量，無法處理限制。**

第 4 爻－足智多謀

☿ ▲ 於限制內，將理性與聰明才智極大化。**在限制內將潛力極大化。**

♀ ▽ 充滿限制的時刻，傾向尋求框架的內在意義，而非運用天賦，在限制中找尋和諧運用的方法。**將能量耗費在理解層面，而不是接受限制，就此失去突變的可能性，抑鬱而終。**

第 3 爻－保守主義

♄ ▲ 開明也利己，自然而然就能處理許多約束與限制，確認其定位與安全。**儘管有所限制，其能量能保有自我定位及安全。**

♂ ▽ 利己是為了滿足自我，對限制視而不見，可預見將因此而受苦。**忽視諸多限制的能量，為此付出代價。**

第 2 爻－果斷

♄ ▲ 理解限制的本質，必要時也能夠接受約束，因此當機會來臨，能及時把握。**適應限制的能量。**

⊕ ▽ 適應限制已經變成習慣，甚至當限制早已不復存在，依舊延續限制的本質。**尋求適應的能量，反倒成為桎梏，最終未能蛻變。**

第 1 爻－接納

♀ ▲ 當外在限制帶來衝擊，維持內在和諧的能力。**以和諧的能量處理外來的限制。**

☿ ▽ 處處受限時，令人焦躁不安又激動，追求多樣性的驅動力。**面對外在限制時，焦躁的能量。**

61 號閘門：內在真裡－神祕

察覺普世運作的基本原則

第 6 爻－感染力

♇ ▲ 為群眾帶來意義深遠的點化，引導大眾走向眞理。**啓迪眾人，爲群體帶來清明。**

♂ ▽ 憑藉過時的陳腔濫調與口號，這對他們的能量層級來說，或許很新鮮，但是群眾卻充耳不聞。**妄想啓迪眾人，能爲群體帶來清明。**

第 5 爻－影響力

♄ ▲ 開明父親的角色，具備公認的智慧，強而有力的主張，運用其影響力，足以形塑整個世代。**渴望覺知的壓力，可能因而造就其影響力與智慧。**

♂ ▽ 傾向掌握權力，強制眾人遵從，以此確保其影響力得以長久。**覺知帶來壓力，對挑戰心懷憤恨，要求全盤接受。**

第 4 爻－探究

♄ ▲ 專注的能力，深入探究內在眞理，極盡可能，將之運用於基本準則上。**有壓力，想知道基本準則。**

♃ ▽ 基於擴展與整合的傾向，將他人納入研究之中，最後可能會出現各式各樣的運用方式，引發混亂。**以爲合作能增加靈感，是幻覺。**

第 3 爻－相互依存

眞理要單獨存在，極其困難。

☽ ▲ 為求實踐眞理，具備建立關係的能力，散發出滋養與保護的力量，建構出穩定的環境，從中持續成長。**經由合作，想知道的壓力更加強烈。**

♂ ▽ 憑藉充沛的能量，以及握有的眞實，傾向將他人拋諸腦後，或者被他們所抗拒並摧毀之。**對他人缺乏耐心，放棄關係。**

第 2 爻－天生耀眼

☽ ▲ 月亮處於上升相位，如此才華洋溢，無遠弗屆，其影響力蘊含滋養，不要花招並具備強大的吸引力。**啓迪眾人的天賦，不但具吸引力，同時也能利益他人。**

♂ ▽ 太早得知其影響力，容易誇大而演變爲自戀。**充滿幻覺，認爲任何啓發都將獲得肯定。**

第 1 爻－奧祕知識

♆ ▲ 天生具有靈性洞察力，賦予普世原則。內在感到壓力，**渴望透過祕傳之道，知曉奧秘。**

♀ ▽ 若仰賴神祕的知識，需要不斷抽離與苦行，最終依舊隱晦難明。**在此承受巨大壓力，終究屈服於世俗與現實。**

62 號閘門：處理細節的優勢－細節

謹慎、耐心和細節，得以超越極限、創造優越

第 6 爻－自律

♄ ▲ 省一分錢就是賺一分錢。細節是通往物質成功的道路。**認知到物質成功，取決於細節的展現。**

☿ ▽ 成功來自技巧，而非紀律。是天賦，而非紀律，**作好必要的細節工作而獲得成功。**

第 5 爻－質變

當卓越已達成，行動是必須。

☽ ▲ 延伸向外，與人分享，以月亮的陰晴圓缺爲象徵，起始是黑暗，最終能夠完全分享其光亮。**理解到唯有整體細節皆完備，才能發起行動，或有所表達。**

♆ ▽ 經歷質變的過程，傾向透過戲劇化的呈現，博取好評。**當整理好細節，索取注意力的需求，使表達成爲必須。**

第 4 爻－苦行主義

♀ ▲ 以苦行撤離的完美方式，追求和諧與簡單，在此外界的危險不復存在，才有充裕的時間細細思索，追求內在的意義。**所謂的細節，必須花時間，經歷隔離與反思的過程，才能真正表現出來。**

♆ ▽ 爲了對抗約定俗成的價值觀，渴望有所行動，當受限於環境因素，轉爲退縮，以等待時機。**當細節彙整完畢，孤立其實是策略運用，靜待表達的正確時機。**

第 3 爻－探索

♅ ▲ 不尋常的天才。有能力在充滿細節的工作之中，發現有價值的訊息，並且爲知識找到創新的應用方式。**不尋常的天賦，能掌握並表達重要的細節。**

♀ ▽ 認爲充滿細節的工作很單調，心生不滿，可能就此錯過極重要，且具有價值的事物。**對細節導向的工作感到不滿，覺得無聊。**

第 2 爻－抑制

♄ ▲ 先天的限制性與自律，願意遵從，並彰顯其克制的本質。**處理大量細節的工作，必須自律。**

☿ ▽ 嚴苛限制下，聰明才智因而受阻，而轉向焦慮與不安。**面對充滿細節的工作時，表現出焦慮與不安。**

第 1 爻－例行程序

♆ ▲ 有能力透過豐富而大膽的方式，來幻想生活，以跳脫無趣的日常生活。**有能力運用幻想，重組細節。**

♂ ▽ 叛逆，爲此虛擲大把能量。**只顧表達的需求，卻忽略了細節。**

63 號閘門：完成之後－懷疑

人生是一場迴旋，所有的結束都是開始

第 6 爻－懷舊之情

♃ ▲ 有所覺知，避免將先前的掙扎，轉成執迷。其邏輯是將舊有的懷疑，拋諸腦後。

♆ ▽ 懷舊的革命情感。缺乏邏輯，可能深陷在過往的猜忌與懷疑中，無法自拔。

第 5 爻－肯定

☉ ▲ 每個新開始，追求的價值皆相同，允許新的超越舊的，這是最高宗旨也是真誠的本質。理解懷疑有其必要性，其中蘊藏價值。

♂ ▽ 傾向逞一時口舌之快，若以此風格來領導，將削減其價值，徒留形式。並未理解，即質疑其過程。

第 4 爻－記憶

☿ ▲ 實現的過程中精打細算，所累積的資料庫，是為未來的新秩序打底。仔細探究疑惑，雖備受壓力，卻是最終達成公式化的基礎。

♂ ▽ 願意忘記勝利的榮光，之後可能要為此付出代價。壓力與風險在於，當疑惑獲得解答，細節卻被遺忘。

第 3 爻－持續

♃ ▲ 致力於新的開始，堅持延續已達成的原則，儘管這需要與那些尚未進入狀況的人，有所互動。質疑與人互動之時，依然能保有個人的原則。

♄ ▽ 不計代價的成功。不惜任何代價，要消除質疑的壓力。

第 2 爻－結構

♃ ▲ 擴展與分享其成就，以此為本，建造出龐大的架構，如此一來，就能報償他人的貢獻，同時仍能掌控其方向。感到壓力，與他人分享其疑慮，同時仍掌控一切。

♅ ▽ 若位居權位而傲慢，渴望其他人遠離權力核心，將為其成就注入不穩定因素。對所達成的一切存有疑慮，引發他人懷疑。

第 1 爻－沉著

☉ ▲ 基於個性的特質，能淡定接受既有的成就，並且順其自然，任其延續發展。接受既定的成果，但對於接下來是否能持續發展，心存質疑。

♂ ▽ 一旦作出成績後，傾向立即尋找新目標，風險是可能因而動搖了，原本已達成的事物。壓力來自於雖然已經有所成，依然質疑自身的能力，於是立即尋求新目標。

64 號閘門：完成之前－困惑

過渡，如同出生，需要決定性的力量才能穿越

第 6 爻－勝利

♀ ▲ 理智上確認勝利在望，感受勝利的甜美滋味，無需更多理由。**智識層面的天賦，能享受困惑本身，與其多樣化的資訊。**

♀ ▽ 就像「木馬屠城記」的故事一樣，得意忘形的慶祝是危險的，讓人放鬆戒備並失去洞察力。面對大量多元化的資料，容易模糊觀點。

第 5 爻－承諾

♀ ▲ 任何新秩序所應允的價值，透過和諧的人際關係一一展現。這強化了掙扎的正當性。**對於何等價值與關係才能帶來和諧，深感困惑。**

♃ ▽ 聚焦於舊秩序的失敗，企圖將掙扎合理化，卻無力以新秩序來提升品質。**聚焦在過往的價值與關係上，感到困惑。**

第 4 爻－信念

☽ ▲ 如同月亮有其圓缺，是週期也是必經的轉變過程，深信將迎向成功。**確信困惑是過程，最終會帶來理解的結果。**

♂ ▽ 單靠力量與能量，無法戰勝疑慮。**困惑如此強烈，就算確認再三，依舊無法緩解。**

第 3 爻－過度擴張

♄ ▲ 有智慧因而認知到，當一個人缺乏必需的資源時，將無法完成轉換，如此即時的察覺力，可能就此帶來機會，得以尋求支持。**有其智慧，接受困惑是暫時的狀態，隨著時間，或透過他人，將及時獲得解決。**

☽ ▽ 對於膚淺又自滿的個性，其風險就是，當轉變的過程結束之後，無人可求援。**過度自信，認爲命運將會仁慈以待。**

第 2 爻－素質

♀ ▲ 發展內在，瞭解若要超越，有些特質不可或缺，察覺若缺乏內在素質，行動只會失敗。**發展內在才能終結困惑，明白一切有其道理。**

☽ ▽ 若不斷採取行動，只不過耗損其特質，同時浪費未來所需的資源。**在困惑中迷失，加重心理負荷。**

第 1 爻－制約

♀ ▲ 往核心滲透，體會在失序中存活，和諧是必須注入的元素。**迷惘中找尋重點，相對困難。**

♂ ▽ 轉變出現時，散發強大誘惑，導致倉促行動。**當你自認已解開謎團，會有衝動想即刻採取行動。**

「在我教授這門知識任一個階段，任何時刻，永遠對同一件事感到震撼：如果沒有策略與內在權威，人生實則什麼都沒有。除了同質化、困惑、扭曲，什麼都沒有。只要頭腦依舊涉入其中，你就沒有辦法解套，完全沒有，只要頭腦仍控制著你的生活，你絕對無能為力。你迷失了，你就是迷失了，你最終深受其苦，就是這麼單純。

這就是全部。這就是去制約。去制約就是從同質化到差異化。它關於一個人能否接受可能性；它是可能性，而非機率；這個可能性是，在這條路上，存在著讓你用不尋常的方式，與之交心的人們。這就是我們存在於此的目的。

我很享受能在這麼高的知識水準上教學，得以處理有關存在的本質，與生命的天性其精粹的真相。這是殊榮，絕佳的殊榮，遠超過只是閒談，因為我是個人生角色中有5的人；5很實際。現在就先談到這裡，再見。」──拉・烏盧・胡

第十一章
其他資源
詞彙表、關鍵字與更多資源

附錄 A　官方人類圖組織

　　人類圖社群是一個全球化的社群。由於拉・烏盧・胡意識到，人類圖系統是一門特殊且獨特的知識體系，因此他謹慎地醞釀了 25 年，直到覺得社會大眾已經準備好接受這門知識時，才進行發表，並且建立了一個能夠持續他的研究，並傳遞人類圖真實訊息到未來，以及給全世界的組織網絡。底下列出的是得到授權及許可的組織，可以維持拉・烏盧・胡偉大的作品體系，與他留下的知識體系的純粹與本質。獲得授權的專家以及組織都會出示官方標誌。

Jovian Archive 人類圖總部：www.joviannarchive.com
拉・烏盧・胡的個人網站，同時也可連結到他的數位書庫、
自學資料、軟體、影片、人類圖電視台等處。

國際人類圖學校：www.ihdschool.com
人類圖規範與教育

人類圖概念：www.humandesignconcepts.com
市場行銷、平面設計、技術與管理

美國人類圖分部：www.humandesignamerica.com
奧地利人類圖分部：www.humandesignsystem.info
澳洲人類圖分部：www.humandesignaustralia.com
巴西人類圖分部：www.desenhohumanobrasil.com.br
加拿大人類圖分部：www.hdcanada.org
法國人類圖分部：www.designhumainfrance.com
希臘人類圖分部：www.humandesignhellas.com
冰島人類圖分部：www.humandesigniceland.com
意大利人類圖分部：www.humandesignitalia.it
日本人類圖分部：www.humanjp.com
西班牙人類圖分部：www.humandesignhispania.com
英國人類圖分部：www.humandesign.info
中國與台灣人類圖分部：humandesign.wiibiz.com.tw

附錄 B　學習階段的建議

第一階段：先擁有一本由 IHDS 認證的分析師寫的人類圖書籍，了解如何開始依照你的策略及內在權威生活，並開始驗證所學到的知識。

第二階段：拉‧烏盧‧胡是第一位透過人類圖系統，踏上「成為你自己」旅程的人，他清楚地體認到什麼是依循真我、完全的擁抱及活出自己的人生，而由他所建構的體驗與教學並重的課程，可以協助並引領我們踏上這條路程。第二階段就是「活出你的設計」體驗式工作坊，現在全世界有上百個指導者開設這個工作坊，能夠在你的旅途上給予你協助。

第三階段：活出你所學到的，就這樣，很單純，但是不容易。試著在你每一天的每一分鐘裡，透過目前你已經學到的觀點生活，看看會發生什麼事。除此之外，你可以嘗試加入　些人類圖社群中免費的、基礎的支持性學習社團。自在隨意地加入。

對於想要知道更多的人

第四階段：人類圖有趣且深奧，拉設計了人類圖天生我材必有用 ABC 課程與人類圖全盤整合課程（Rave Catrtography），讓想深入了解的大眾，有機會學習。這些課程原本由拉親自教授，現在則由 IHDS 授權給全世界的人類圖教師，透過面授或網路連線的方式教導，你可以從你所在國家的相關組織尋找這些課程。

給那些有意成為人類圖專家的人……

第五階段：參加人類圖專業分析師授證訓練課程。這是個涵蓋廣泛內容的第四階段訓練課程，讓學生能夠完全地具備綜合人體圖（BodyGraph）中各種資訊的能力，使他們將來為大眾解圖時，能提供充分、與生命轉換相關的解讀。訓練課程的內容包含基礎、夥伴關係、流年（Solor Return 太陽回歸）、天王星對相、凱龍星回歸，以及輪迴交叉解讀。

第六階段：進階學習包含家庭動力（Family Practice）、孩童發展、BG5 職涯與商業諮詢、人類圖心理學、基本健康系統（Primary Health System）、完整深層解讀（Holistic Analysis）、人類圖夢的解讀，以及人類圖宇宙學。你可以參考附錄 C 的簡介，並與附錄 A 列出的任何官方組織連繫，以了解進一步的資訊。

附錄C 人類圖系統中可學習的領域及其樂趣

人類圖解讀（Chart Analysis）

這是最根本且強大的基本解讀，是你探究自己的起點。它是活化自我的真實旅程。你將深刻理解你的策略、內在權威，以及設計的特質，你將會明白你之所以來到這裡，源自於獨特的潛能，你將了解如何表達真實的自己與人生目的，以及如何確實按照你的設計過生活。我們每個人都有獨特的轉變方式。你可以從中找到超越制約的路線圖，以及了解如何運用自己獨特的決策過程。當你持續這段自我探索的路途，人類圖系統將會是極為驚人的工具，除了用來自我觀察，還可以幫助你辨識出過程中，你將會面臨的挑戰，以及讓你了解，在日常生活中，你處理這些挑戰的最佳方式。

流年解讀（Cycles Analysis）

在我們每個人生命中，有幾個轉變的關鍵點會在特定的時刻發生。這些關鍵轉捩點，通常伴隨著重大的決定，以及關乎你人生軌跡的重要課題。在這些充滿挑戰的時刻，你認識自己愈多，愈有能力做出重要的決定。這些關鍵的循環時刻，包含了28歲左右的土星回歸、40歲左右的天王星對相、49歲左右的凱龍星回歸，以及每年你生日前為期三個月的太陽回歸。循環解讀使你能夠帶著洞見與運勢的警示（就像是先看了天氣預報），達到高峰、並讓你盡可能平順地度過過渡期、並讓你保持在軌道上。

人際關係解讀（Partnership Analysis）

我們每個人的設計都完全不同，都應當被尊重及支持，好成為獨特的自己。當一對伴侶透過他們各自的人類圖，以及他們的人類圖合圖的優勢中，了解自己，就有可能建立起一段誠信、認同與尊重的關係。在人際關係解讀中，你將會學習到如何一對一的與我們的配偶、小孩、家庭成員、同事與朋友溝通。當我們知道是哪些潛在吸引力和妥協，使我們相遇並聚集在一起，或是將我們分開，就能夠正確的發展出一段健康且愉悅的關係。這是因為人類圖系統闡明了每個人設計中的差異，因此能讓你用覺知取代誤解。

家庭動力（Family Practice）

　　家庭的解讀對於家中所有成員都非常有益，特別是對孩童。透過對整體能量場（Penta，3 到 5 人的群體能量場）的研究，每個成員都能看見他們家庭關係的運作動力，以及這些動力如何一貫地呈現。當我們明白整體能量場如何運作，我們就有機會創造一個沒有過失或指責，並且接納與支持家中每個成員，尊重家庭本身獨特性的環境。

孩童發展（Child Development）

　　人類圖系統知識最終的意義是為了孩童設計的，孩童發展的領域在教育成人，如何以有效的方式與孩童互動，好培育他們發展。這門學問包含了：孩童與家長的制約動力；什麼是正確的制約；家長與孩童間不同類型的互動；什麼是制約的家長權威；模式分析；運用孩童人類圖中的個性來進行調教。這些資訊對於孩童、以及他們家庭的健全與教育非常重要。

BG5 與 OC16 職涯與商業諮詢
（BG5 and OC16 Career and Business Consulting）

　　人類圖系統是觀察從小型、到大型商業群組成員動力的一種有趣方式。BG5 和 OC16 專注在每個人不同的活力特性上，以及每個人在商業環境中，最適合哪種角色。它能夠探討一個工作團隊所有的層面，以及個別成員可透過什麼方式貢獻個人力量，好成就一個有戰鬥力，具更高效率的團隊。這門學問包含了個人職涯概略、小型商團，乃至於大型商社動力的詳盡資訊。它精確地指出一個工作團隊或群體中有哪些明確的優勢和缺失，也指出為了創造最佳商業表現，應該如何做，才能使團體中的個體都發揮各自所擁有的力量與天賦。

人類圖心理學（Rave Psychology）

　　人類圖心理學握有將你的心智轉變為盟友的關鍵。當你知道你獨特的認知是如何運作的，你就能夠為心智與身體創造出夥伴關係。如何處理你在人類圖中空白的部分，有其策略。這些策略試圖管理那些在你身上流轉、環繞、穿透，並不斷改變的能量。這些應對機制企圖讓心智成為你生命的主導，因而強化了身體與心智間的矛盾。藉由看見自己的本質，你能辨認出心智該如何運作才正確。人類圖心理學挖掘到最深的層級，就是研究你的心智是如何理解你所處的世界。人類圖心理學提供一套完整的解讀，使你了解人類心智如何以其基本二元性、亦即同質化與異質化的方式運作。這份體悟將慢慢滲入你的存在，終將引領你乘客意識的覺醒。

基本健康系統（PHS，Primary Health System）

就像人類圖心理學之於心智，主要健康系統之於身體。PHS 提供了革命性的方法，使我們透過正確的飲食，尋找恰當的居住環境，進一步強化身體的潛能來達到身心安頓。PHS 教我們如何在最好的設計狀態下吃喝及消化，以追求腦袋的最佳運作，以及我們整體的健康與長壽。遵循這些屬於你的獨特健康策略，將能提高你感官的覺知與腦袋的運作，為你的生活方式帶來無以倫比的改善。

完整深層解讀（Holistic Analysis）

完整深層解讀整合了 PHS（主要健康系統）、人類圖心理學、可變因素、月亮與星球共振、以及一般人類圖解說的基本導引知識。完整深層解讀是一個對人類圖分析潛能的完整了解。

人類圖社會學（Rave Sociology）

制約是對抗差異性最強大的力量。人類圖社會學致力於探索群體互動，與其制約影響的運作機制。這套運作機制是這個同質世界的陰影與窗戶。這套運作機制是你活出潛在獨特使命的對立面。這是一個能看見你的設計如何在他人、家庭、教室、群體或群眾的影響下，進行轉化的機會。

人類圖夢的解讀（DreamRave Analysis）

人類圖夢的解讀讓我們了解，自己在沉睡的制約狀態下，是多麼的脆弱。沉睡時，我們以九個中心為主的較高層意識消失，回復到古老五個中心為主的組態。這會改變傳統對夢的闡釋，且絕對出乎你預期。

人類圖宇宙學

人類圖宇宙學包含了人類圖系統的神祕主義與科學。它有許多層面，包含：班圖（Bhan Tugh），那個「聲音」傳達的「二維空間」（Biverse）神話與機制；神祕道途，講述拉‧烏盧‧胡踏進人類靈性架構的過程，提供了人與神之間的關係、以及遺傳迫使我們都必須覺醒的洞見；垂死、死亡、以及中陰身，深入地解讀垂死、死亡、以及進入中陰身結構的奇異旅程；2027，內容涵蓋了我們當前面臨的循環轉換、「能量形態」（transauric form）的急迫性、以及意識能量場（Penta）；梵天之夜及之後，闡述對人類未來的預見；人生角色、目的與功能，分析關於「人類的模式」和「目的之複雜性」；以及星體的特質，藉由深入探討 11 個星體，以窺見微中子海洋的運作。

附錄D　建議參考書單

　　除了 Jovian Archive 網站上的電子書籍，各國人類圖分部皆獲得授權，出版了以下人類圖叢書及其他的教材。

活出你的設計學生手冊（Living Your Design Student Manual）
鈴達‧布乃爾（Lynda Bunnell）著
涵蓋人類圖基本的概念，供「活出你的設計」工作坊使用。

星曆表（Ephemeris）
行星一整年繞行人類圖曼陀羅的移動軌跡，強烈推薦給反映者。每年更新。

人類圖易經（The Rave I'Ching）
拉‧烏盧‧胡著
絕佳的參考工具書，包含每個閘門、爻、閘門與卦的名稱、通道的名稱、相對應的閘門、迴路的名稱、星座位置與符號、卦象、爻的敘述、每條爻的生命功課、輪迴交叉的名稱。

輪迴交叉：全球輪迴索引（Incarnation Crosses: The Global Incarnation Index）
拉‧烏盧‧胡著
根據拉‧烏盧‧胡的文件所寫，這本書涵蓋由四等分組成的右角度、左角度，與並列輪迴交叉。

人生角色與類型參考書（Profile and Type Reference Book）
拉‧烏盧‧胡著
解釋十二種類型的人生角色，包涵四種類型的概述，十二種人生角色，以及四十八種人生角色與類型的組合。

人體圖迴路（Rave BodyGraph Circuitry）
拉‧烏盧‧胡著
更深入的探討迴路、通道，與閘門。

迴路（Circuitry）
理察‧魯得（Richard Rudd）著
提供迴路、通道，與閘門的參考及重要指引，包含進階的關鍵字。

人類圖易經爻指南（The Rave I'Ching Line Companion）
拉‧烏盧‧胡著
爻指南第二集：將易經中的閘門與爻分類的套書，每條爻均有詳盡的解說。
更多拉‧烏盧‧胡的電子書可在 www.jovianarchive.com 找到。

附錄 E　通道、閘門，及其關鍵字索引

	閘門與關鍵字		對應的閘門與關鍵字		通道與關鍵字
1	創意 自我表達	8	凝聚在一起 貢獻	1-8	帶來靈感、啟發 創意的典範
2	接納 自我方向	14	執著於衡量 強而有力的技能	14-2	脈動 掌管鑰匙的人
3	凡事起頭難 秩序	60	限制 接受	60-3	突變 能量開始與流動，脈搏
4	血氣方剛的愚者 公式化	63	完成之後 懷疑	63-4	邏輯 頭腦充滿疑惑
5	等待 固定模式	15	謙遜 極端	5-15	韻律 順流
6	衝突 摩擦	59	分散 性	59-6	親密 專注於生產
7	軍隊 自我角色	31	影響力 領導	7-31	創始者 不論好壞，領導力
8	凝聚在一起 貢獻	1	創意 自我表達	1-8	帶來靈感、啟發 創意的典範
9	處理細節的能力 專注	52	維持不動（山） 靜止	52-9	專心 專注
10	前進 自我行為	20	注視 當下	10-20	覺醒 承諾去追尋更高真理
10	前進 自我行為	34	強大的能量 力量	34-10	探索 遵從自己的信念
10	前進 自我行為	57	溫和 直覺的清晰	57-10	完美形式 求存
11	和平 新想法	56	尋道者 刺激	11-56	好奇 追尋者
12	靜止不動 謹慎	22	優雅 開放	22-12	開放 社交人
13	夥伴關係 聆聽者	33	退隱 隱私	13-33	足智多謀 見證者
14	執著於衡量 強而有力的技能	2	接納 自我方向	14-2	脈動 掌管鑰匙的人
15	謙遜 極端	5	等待 固定模式	5-15	韻律 順流
16	熱忱 技能	48	井 深度	48-16	波長 才華

附錄 E 通道、閘門，及其關鍵字索引

閘門與關鍵字		對應的閘門與關鍵字		通道與關鍵字	
17	跟隨 意見	62	處理細節的優勢 細節	17-62	接受 組織化的人
18	找出錯誤之處 修正	58	喜悅 活力	58-18	批評 不知足
19	靠攏 想要	49	革命 拒絕	19-49	整合綜效 敏感
20	注視 當下	10	前進 自我行為	10-20	覺醒 承諾去追尋更高真理
20	注視 當下	34	強大的能量 力量	34-20	魅力 即知即行
20	注視 當下	57	溫和 直覺的清晰	57-20	腦波 滲透性的覺知
21	奮勇前進 獵人／女獵人	45	聚集在一起 收集者	21-45	金錢線 唯物主義者
22	優雅 開放	12	靜止不動 謹慎	22-12	開放 社交人
23	裂開 同化	43	突破 洞見	43-23	架構 個體性
24	回歸 合理化	61	內在真理 神祕	61-24	察覺 思考者
25	天真 自我精神	51	激起 衝擊	51-25	發起 想要成為第一人
26	偉大的馴服力 利己主義者	44	聚合 警覺	44-26	投降 傳遞訊息
27	滋養 照顧	50	熔爐 價值	27-50	保存 監護人
28	偉大 玩家	38	對抗 戰士	38-28	困頓掙扎 頑固
29	深淵 毅力	46	推進 自我決心	29-46	發現 好勝心強
30	燃燒的火焰 感覺	41	減少 收縮	41-30	夢想家 充滿能量
31	影響力 領導	7	軍隊 自我角色	7-31	創始者 不論好壞，領導力
32	持久 連續	54	少女出嫁 野心	54-32	蛻變 自我驅動

附錄 E 通道、閘門，及其關鍵字索引

	閘門與關鍵字		對應的閘門與關鍵字		通道與關鍵字
33	退隱 隱私	13	夥伴關係 聆聽者	13-33	足智多謀 見證者
34	強大的能量 力量	10	前進 自我行為	34-10	探索 遵從自己的信念
34	強大的能量 力量	20	注視 當下	34-20	魅力 即知即行
34	強大的能量 力量	57	溫和 直覺的清晰	57-34	力量 人的原型
35	進展 改變	36	幽暗之光 危機	36-35	無常 雜而不精
36	幽暗之光 危機	35	進展 改變	36-35	無常 雜而不精
37	家庭 友誼	40	遞送 單獨	37-40	經營社群 凝聚與歸屬感
38	對抗 戰士	28	偉大 玩家	38-28	困頓掙扎 頑固
39	阻礙 挑釁	55	豐盛 精神	39-55	情緒 多愁善感
40	遞送 單獨	37	家庭 友誼	37-40	經營社群 凝聚與歸屬感
41	減少 收縮	30	燃燒的火焰 感覺	41-30	夢想家 充滿能量
42	增加 成長	53	發展 開始	53-42	成熟 平衡發展
43	突破 洞見	23	裂開 同化	43-23	架構 個體性
44	聚合 警覺	26	偉大的馴服力 利己主義者	44-26	投降 傳遞訊息
45	聚集在一起 收集者	21	奮勇前進 獵人／女獵人	21-45	金錢線 唯物主義者
46	推進 自我決心	29	深淵 毅力	29-46	發現 好勝心強
47	壓抑 了解	64	完成之前 困惑	64-47	抽象 腦中充滿著疑惑與解答
48	井 深度	16	熱忱 技能	48-16	波長 才華

附錄 E　通道、閘門，及其關鍵字索引

閘門與關鍵字		對應的閘門與關鍵字		通道與關鍵字	
49	革命 拒絕	19	靠攏 想要	19-49	整合綜效 敏感
50	熔爐 價值	27	滋養 照顧	27-50	保存 監護人
51	激起 衝擊	25	天真 自我精神	51-25	發起 想要成為第一人
52	維持不動（山） 靜止	9	處理細節的能力 專注	52-9	專心 專注
53	發展 開始	42	增加 成長	53-42	成熟 平衡發展
54	少女出嫁 野心	32	持久 連續	54-32	蛻變 自我驅動
55	豐盛 精神	39	阻礙 挑釁	39-55	情緒 多愁善感
56	尋道者 刺激	11	和平 新想法	11-56	好奇 追尋者
57	溫和 直覺的清晰	10	前進 自我行為	57-10	完美形式 求存
57	溫和 直覺的清晰	20	注視 當下	57-20	腦波 滲透性的覺知
57	溫和 直覺的清晰	34	強大的能量 力量	57-34	力量 人的原型
58	喜悅 活力	18	找出錯誤之處 修正	58-18	批評 不知足
59	分散 性	6	衝突 摩擦	59-6	親密 專注於生產
60	限制 接受	3	凡事起頭難 秩序	60-3	突變 能量開始與流動，脈搏
61	內在真理 神祕	24	回歸 合理化	61-24	察覺 思考者
62	處理細節的優勢 細節	17	跟隨 意見	17-62	接受 組織化的人
63	完成之後 懷疑	4	血氣方剛的愚者 公式化	63-4	邏輯 頭腦充滿疑惑
64	完成之前 困惑	47	壓抑 了解	64-47	抽象 腦中充滿著疑惑與解答

附件F　形態的設計

　　在傳統的占星學中，雞與人類的星盤或許是一樣的。但是人類圖系統超凡的潛能在於，人類的設計在包括單細胞生物的各種已知生命形態中，只是其中一個面向而已。以下說明各種形態設計如何彼此交互聯結。

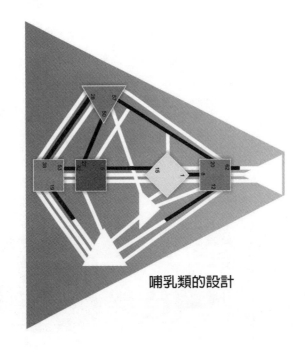

哺乳類的設計

　　哺乳類動物，例如人類，具有兩個意識水晶以及一個磁單極。而包含人類在內的各種生命形態，彼此會直接影響，並足以產生制約。在世界各地，我們都能看到哺乳類動物對人類日常生活廣泛的影響。家貓的能量場像人類一樣大，從這點可以了解，他們顯然會影響到我們的韻律與方向。養一隻狗就能證明這個觀點，我們會發現他們一大早就喚醒我們，然後用他們的皮帶把我們拉著走。

　　哺乳類動物也可以透過他們的直覺中心（脾臟）產生有益於健康的制約。人類圖不僅只關於人類，如果你想生活中有動物陪伴，知道他們的設計是個好主意。大部份的飼主都有一份出生記錄，而記錄個別的出生時間記錄比一整胎的出生時間來得明智。有了精確的時間，你就可以為動物確保一個健康的環境，並讓這些動物作為你的優質同伴。

其他生命形態的範例
五個圖

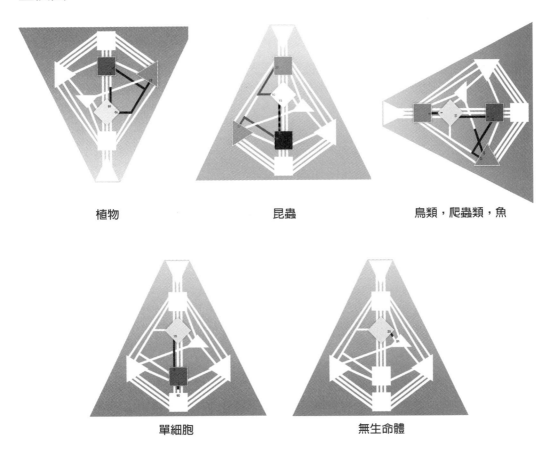

植物　　　　　　　　　昆蟲　　　　　　　　鳥類，爬蟲類，魚

單細胞　　　　　　　　無生命體

　　單細胞生物和無生命體雖然沒有個性水晶，不過它們有設計水晶和基本的磁單極。即使是沒有完整通道的無生命體，無法生物化，但是它們仍然是進化的一部分。一切都與這個基礎運作有關並且交互關聯。

　　這個議題很廣泛，如果你有興趣且想知道更多，可以在 www.jovianarchive.com 以及 www.ihschool.com 找到關於形態設計的資訊。

　　「依據『聲音』的說法，這整個宇宙是個未出生的實體，一切都是這個生命的一部份，它就是我們，我們就是它。」──拉‧烏盧‧胡

附件 G　人類圖專門用語

抽象（Abstract）：

　　與抽象迴路的通道和閘門有關的特質：包含經驗、感覺、感受和省思等。為了整體社會的利益，讓所發生過的一切合乎情理。與邏輯過程相反（詳見**邏輯—理解**）

啟動（Activation）：

　　在人體圖中有顏色的閘門，不論它是否形成通道。

邏輯中心（Ajna Center）：

　　（詳見中心）

憤怒（Anger）：

　　顯示者或顯示者通道的非自己主題。（詳見**顯示者**）（詳見**通道的類型**）

占星學（Astrology）：

　　一門研究星座、行星、星體，以及它們對個人生活或環境影響的古老學問，是現代天文科學的先驅。占星的計算方式是以出生時間與地點，為出生時，行星所在的位置，而這些資訊融合進曼陀羅的綜合體中。

能量場（Aura）：

　　圍繞著生命體的無形能量場，由中心向四方放射約 6 英呎寬。它的頻率，亦即我們與他人溝通我們是誰的方式，主宰著我們如何影響他人，或與他人連結。（詳見**類型**）。

權威（Authority）：

　　生活與決策的工具之一。

　　內在（個人）權威，為個人決策時的內在指引來源；個人的行動定位導航。

　　外在權威，心智的最適領域，不要用來作決策，就能運用其天賦為他人服務。

覺知（Awareness）：

　　當一個人成為自己生命客觀的觀察者時，轉變／覺醒的關鍵點。

察覺中心（Awareness centers）：

　　每個人都被賦予三種察覺的潛能：邏輯 —— 頭腦意識；直覺 —— 身體意識；情緒——精神意識。（詳見中心）

覺知頻率（Awareness frequency）：

　　每一個察覺中心都有不同的運作頻率。邏輯 —— 全天候；直覺 —— 當下；情緒——隨著時間推移而波動。

大霹靂（Big Bang）：

在人類圖系統中，大霹靂是一個概念。陰（卵）與陽（種子）的結合開啓了宇宙的擴展（發展）。以「聲音」的語言來說，就是等待出生的「嬰孩」的概念。

二維（Biverse）

拉・烏盧・胡用來代表宇宙二元特質的專門用語。（詳見二元）。

二元（Binary）：

將二元對立當成了解其整體主要部分的系統；人類圖建構在對立的並置上，所有一切都是一體兩面的。

苦澀（Bitterness）：

投射者或投射者通道在非自己狀態下的主題。（詳見**投射者**）（詳見**通道的類型**）。

人體圖或人類人體圖（BodyGraph or Rave Body Graph™）：

由迴路（通道與閘門）及中心組成的矩陣，位在人類曼陀羅的中間位置，紀錄微中子在個性及設計水晶兩者中的印跡，定義一個人獨特、具差異化的生命；拉・烏盧・胡於一九八七年一月五日在「聲音」的指引下，第一次將它描繪出來，它是人類圖最主要的分析工具。

橋接閘門（Bridging gate）：

任何能串接起一個人人體圖中分裂的狀態，或是讓只通一半的通道啓動的閘門。（詳見**定義的類型**）

全盤整合（Catrtography）：

能量流通過人體圖中的通道、閘門與中心的研究或繪圖（詳見**迴路**）。

中心（Centers）：

以九個中心爲主體的人體圖能量樞紐，可透過人體圖的循環來轉換能量；與人類的內分泌系統相關。

- **邏輯**，概念化的中心；爲心智覺醒預作準備並給予指引，透過喉嚨中心表達。
- **G**，自我認知、愛、與方向的中心；我們在此透過磁單極與我們的幾何軌跡連結；較高自我的中心；決定我們如何與整體連結。
- **頭腦**，靈感的中心；有思考跟質疑的壓力。
- **心／意志力**，有形世界、意志力、自我力量與自尊的中心。
- **根部**，維持生命動力的中心；激發行動的壓力讓事情進展。
- **薦骨**，創造生命動力能量的中心，運作方式是回應。
- **直覺**，生存意識的中心，將我們與我們的動物本能連結在一起；當下身體覺知／安全／健康的生存狀態；我們的免疫反應。
- **情緒**，情緒智力與情緒波動的中心；目前正處於轉變成意識覺知的突變期，好爲2027 年即將來臨的革命性轉換作準備。

- **喉嚨**，代謝、表達、及溝通的中心；代表最近期最具意義、以七個中心為主的生物形態（伴隨邏輯）的突變；在八萬五千年前，開啓了複雜語言溝通的發展。

脈輪（Chakras）：

幾個世紀以來，東方無論是在通俗或是祕傳的領域，都是以七個能量中心連結能量場與肉體；一七八一年，人類開始提升到目前的九個能量場型態。

通道（Channel）：

因兩個閘門串接所產生的量子；在人體圖的九個中心間，承載、連結、轉換能量的路徑。（詳見第六章）（詳見附件 F）

通道的類型（Channels by type）：

生產者的通道，能量被設計來回應。

投射者的通道，能量被設計來被辨識，並接受邀請。

顯示者的通道，能量被設計來發起，及給予影響。

反射者的通道，沒有定義，設計用來反映。

圖（Chart）：

人體圖圖表。你的能量、能量如何在你裡面運作、如何與他人能量互動的藍圖，是人類圖主要的分析工具。

沒有選擇（Choicelessness）：

透過你生命的內在（個人）權威的指引，與他人的能量作正確互動（策略），因而讓你的生命因為覺知而展開；沒有選擇的結果是，透過觀察生命帶給你的一切，而非試圖控制或操縱，你因此覺醒。

迴路（Circuits/ circuitry）：

組織並描繪出人體圖中的能量流；三個主要的迴路群組包含六個迴路、外加核心的整合型通道（Integration Channel）；迴路體現了我們如何與他人相互合作。（詳見第六章）

迴路群組（Circuit Groups）：

3 個主要迴路群組是：

社會人，關鍵字是分享；以整體社會的角度，深入思考已發生過的事，或為了能讓生活變得更安全穩固的事預作準備。

個體人，關鍵字是授權；因當下的直覺認知所啓發。

家族人，關鍵字是支援；透過提供生存，以及在物資和精神層面的成功／充沛，確保種族的繁衍。

社會人迴路（Collective Circuit）：

（詳見**迴路群組**）

相伴（Companionship）：

　　兩個人的人體圖中，擁有相同有顏色的通道或閘門，就可能產生友誼、分享經驗。

妥協（Compromise）：

　　當其中一個人整條通道有顏色，而另一人該條通道只有一個閘門有顏色。該條通道只有一個閘門有顏色的人，會妥協於擁有整條有顏色的人。

合圖（Composite）

　　兩個設計的整合；關係的基礎建立在合圖有定義的地方。有四種定義連結的方式。（詳見**相伴、妥協、主導、以及火花**）。

創始（Conception）：

　　極大多數的意識水晶不是也永遠不會以具象的生命型態呈現。它們被整「批」聚集起來，持續運轉著行星意識場域。然而，在每一「批」中，都有特定的水晶，等待被具象化。當末成形時，它們的磁單極會被植入設計水晶中，群聚在地球的新皮層中。個性水晶在大氣中繞行。當磁單極和它的設計水晶，受到這「批」位在地球皮層底下的陽性磁單極吸引時，創始程序就會啟動。受到吸引的意識水晶進入情緒中心，進駐到 6 號閘門。

　　在性高潮時，此刻精液中的設計水晶受到水晶磁單極的控制，透過交配與繁衍的通道（59-6），從陽性的太陽神經叢中心，進入到陰性的薦骨中心，然後進入到卵子。當中微子流滲透母親，它也滲入了細胞、穿透了細胞的設計水晶，然後開始了嬰孩軀體成型的工作。

制約（Conditioning）：

　　心智利用源自外在的壓力、期待或影響，將那些非我們本性的部分（非自己）變成遵行的模式；這些為適應所產生的策略，變成了習慣，並將我們帶離、約束我們、或掩蓋了我們的真我與轉世的目的。

意識（Conscious）：

　　所有個性資料中，我們所經歷、覺知、融合為一的部分，亦即人體圖中的黑色部分。

意識水晶（Crystals of consciousness）：

　　每個生命體都被賦予兩種意識水晶：設計水晶，是原始純陰水晶的那一面，以及個性水晶，原始純陽水晶的那一面。單細胞或無生命體中是沒有個性水晶的。（詳見**設計水晶、個性水晶**）

循環（Cycles）

生命中可用來衡量過渡時期的關鍵點。這個關鍵點是 7 年爲一循環的中點，代表著已經穿越傳統的過程，在循環回歸的解讀中，爲生命旅程提供指標。除此之外，我們也會經歷像是太陽回歸這樣爲期 1 年的循環。（詳見土星回歸、天王星對相、凱龍星回歸）

太陽回歸：預測出 1 年內，我們即將在教育、發展、人際關係中遭遇到的事。

土星回歸：探索人體圖展現的機制與模式，提供線索好讓我們從 28 到 32 歲時得以不斷發展成熟。

天王星對相：發生在 38 到 40 歲間（中年危機）。從人體圖中揭示的機制與模式，從我們生命前 40 年的方向和環境，探索出我們轉換到下半生時，新的方向與環境。

凱龍星回歸：開始時間介於 48 到 52 歲間，探究人體圖中的機制與模式，爲我們人生使命的最後成熟階段提供指引。

定義（Definition / defined）

你的人體圖中有顏色的通道，以及該通道兩端的閘門和中心；定義意味著你一貫且確定的方式。（詳見**無定義**）

定義的類型（Definition Types）

代表能量如何在人體圖中有定義的區域間流動，或被迴路中的缺口所阻斷；這些類型包括：**無定義、一分人、二分人、三分人、四分人**。（詳見**第五章**）

設計（Design）

與生物形態有關的微中子印跡，爲一個人意識覺察層面底下的意識；在人體圖中以紅色做標記；讓人類圖系統有別於其他系統。（詳見**車輛**）

設計的計算（Design calculation）

出生（分娩）前、或個性計算時，太陽行至 88 度的位置。（詳見**太陽的 88 度角**）

設計水晶（Design Crystal）

純陰的原始一面，它將微中子的資訊轉化進入身體與生命中，位在**邏輯中心**。（詳見**車輛**）

設計太陽與地球（Design Sun and Earth）

設計的計算中的太陽與地球。它們代表著從父親（太陽）與母親（地球）直接遺傳而來的特徵。

下降的相位 ▽（Detriment）

在兩個強力的影響中，其中之一因行星作用得以穩定，在爻中被強調出來。（詳見**爻**）

失望（Disappointment）

反映者的非自我主題。（詳見反映者）

失調（Dissonance）

在卦論中，任何不會與其他爻產生和諧（例如 1/4）或共鳴（例如 1/1）關係的爻，就稱作失調，兩條爻間會有所衝突或不協調。（例如 2/3 或 1/6）（詳見和諧與共鳴）

主導（Dominance）

伴侶中的一人定義了整條通道，而另一人沒有啓動（定義）此通道的任何一個閘門，後者只能接受並臣服於這條定義的通道，這是體驗他人能量場的一種方式。

休眠閘門（Dormant gate）

通道中（在未定義的中心）單獨存在的閘門，呈現開放、得以讓其他能量場中的電磁連結或傳輸，接通通道另一端的閘門。

駕駛員（Dirver）

2 號閘門是磁單極（駕駛員）的位置，它知道車輛的軌道、軀體要去到哪裡，與如何前往該處；駕駛員不會受到乘客的影響。（詳見磁單極）

二元性（Duality）

宇宙與自然萬物都有其二元性。人類，經由基因結構（DNA/RNA），也是被設計成爲二元的生物系統。就物理學的角度來說，宇宙起源於是透過夸克與輕子的二元擴展，造就出我們上—下、進—出、對—錯的眞實。在人類圖中，二元性反應在兩組資料（個性與設計）中，而它們決定了每個個人人體圖的獨特性。

心／意志力中心（Ego/Heart Center）

（詳見中心）

太陽的 88 度角（88 degrees of the Sun）

當頭腦的新皮層長全、車輛業已準備好以外在的形式，開啓自我探索的旅程時，個性水晶，也就是靈魂，會在此刻進入胎兒中。進入的時間正巧是出生前太陽運行到 88 度的位置（第 88 或 89 天）。早產並不會影響它的公式，只意味著胎兒的新皮層發展得比一般快速。就大多數懷孕狀況來說，此事會在懷孕期間的第 6 個月底發生。在最後三個月的期間裡，個性已經能夠適應新的車輛，出生的時間則展現出個性在適應之後的潛能。

火花（Electro-Magnetic）

兩人各自擁有通道一端（一半）的閘門，因而定義出完整的通道，共同創造出生命能量；這代表基本的關係動態：吸引與排斥。

情緒波（Emotional wave）

從高到低，從希望到絕望（痛苦）的過程；波動源自情緒中心（太陽神經叢），情緒波又分成三種主要的經歷方式：需要（家族）、不確定（個體）、以及渴求（社會／抽象）。

能量類型／非能量類型（Energy Type/Non-Energy Type）

能量類型有生產者及顯示者，生產者的薦骨有顏色，顯示者則在根部、意志力中心，或情緒中心與喉嚨中心間有通道；非能量類型有投射者與反映者，他們缺少上述的定義，及持續運作的動力能量。

星曆表（Ephemeris）

行星所在位置的天文計算，太陽以及月亮的交叉點。

上升的相位（Exaltation ▲）

在兩個強力的影響中，其中之一因行星作用得以穩定，在爻中會被強調出來。（詳見爻）

組織能量（Format energies）

這股特殊能量的燃料來自根部中心，透過薦骨的回應予以引導，對迴路中所有的通道與整體的設計，都發揮強大的影響力；組織通道在根部與薦骨中心間的三條通道運作：53-42（社會／抽象），60-3（個體）、52-9（社會／邏輯）。家族人迴路中沒有組織能量。

形態／形態原則（Form/Form Principle）

我們的生理形態；我們以九個能量中心為主的形態是「聲音」天啟的重點，也是人類圖系統的基礎。

分形線（Fractal）

每個人透過他們的個性水晶，以分形線與其他的個性水晶連結。分形線是在大霹靂時形成的，當時原始的意識水晶破滅，資訊向下移動到我們個別的分形線上。分形線總共有 66 條，代表 66 種資訊移動的原型，每一種在根本上都有細微差異之處。每一條分形線各自與我們宇宙中的一顆行星連結（包含我們的太陽），而行星會產生微中子。每一顆行星都是一個意識的資料庫，透過它的微中子流，建立特殊的資訊移動線。每個人都連結至一個分形，因此擁有同樣分形線的人們也彼此相連，這讓同一條分形線的人彼此靠近時產生熟悉感。

挫敗（Frustration）

生產者或生產者通道的非自己主題。（詳見生產者）（詳見通道類型）

閘門（Gates）

依曼陀羅的外環移動到人體圖中時的六十四卦來標示；在人體圖中代表著，從通道兩端進入中心的開端，在兩個中心間滲入能量流。（詳見卦）

生產者（Generator）

　　四種類型之一，薦骨有顏色；生來爲了生產，並提供生命動能的能量；生產者佔總
　　體人口近 70%；能量是開放及包覆其中，以回應的方式運作（詳見**顯示生產者**）
　　（詳見**第四章**）

基因延續性（Genetic continuity）

　　在人體圖中，整體內的相似部分存在著性質上的相關性；舉例來說，所有六十四卦
　　的第一條爻都具有反思的特性，或者，個體人迴路都潛藏賦予眾人力量的特質。

幾何軌跡（Geometry）

　　軌道、輪迴的角度、或生命的路徑；88 度的差異決定了角度，也區分出人體圖中計
　　算個性及設計太陽的差異。（詳見**分形線**、**人生角色**、**輪迴交叉**）
　　右角度幾何軌跡：個人命運，專注在自己的過程中，鮮少意識到他人。
　　並列幾何軌跡；穩定的命運，是連結右角度與左角度之間的幾何軌跡。
　　左角度幾何軌跡：超個人業力的命運；藉著結盟，實現自己的命運。

懸掛的閘門（Hanging gate）

　　通道中單獨存在的閘門（不論是在未定義的中心中休眠、或在有定義的中心中啓
　　動），呈現開放狀態，得以讓其他能量場中的電磁連結或傳輸，接通通道另一端的閘
　　門。

相對應的閘門（Harmonic gate）

　　一條通道的兩端，兩個閘門之間的關係。

和諧（Harmony）

　　依據卦論，分處在上卦及下卦相對位置的爻，彼此能和諧共處。它們呈現同樣的主
　　題，分別是第一爻與第四爻（代表著它們各自卦象中的基礎）、第二爻與第五爻（代
　　表投射部分的爻）、以及第三爻與第六爻（代表變動部分的爻）（詳見**失調與共鳴**）

頭腦中心（Head Center）

　　（詳見**中心**）

健康中心（Health Centers）

　　脾臟與喉嚨。（詳見**中心**）

心 / 意志力中心（Heart/Ego Center）

　　（詳見**中心**）

卦（Hexagram）

　　由六個水平堆疊的爻所組成，它們或是實線（陽）或是虛線（陰）；是傳統易經以及
　　人類圖易經的基礎；六十四卦組成了易經的基礎，與我們的基因密碼結構、我們的
　　遺傳構造有數理上的關聯。

卦星宿（Hexagram constellation）

曼陀羅的一部份，包含黃道帶的角度、易經的閘門／爻／卦；每個星宿的弧度是 5°37´30″。

人類圖系統（Human Design System, The）

由拉‧烏盧‧胡創立的區分的科學，協助我們了解我們的獨特性；架構在由「聲音」於一九八七年提出的形態原則的天啓上。

易經（I'Ching）

一套古老的中國智慧體系，預言及解釋我們在人生中所經歷的各種變動；可追溯自西元前 3 ～ 2000 年。（詳見人類圖易經）

輪迴交叉（Incarnation Cross）

包括在你個性與設計資料中，太陽與地球的閘門和爻；在曼陀羅中，軌道兩極交叉成成「十字」；指出一個人的人生使命，爲人類潛藏的進化提供了索引，總共有 768 種輪迴交叉（192 種基本交叉及其多種變形）；（詳見第九章）

個體人迴路（Individual Circuit）

（詳見迴路群組）

個體性（Individuality）

與個體人迴路的通道及閘門有關的特性；變動、憂鬱、活化與獨特的能量，確保家族能不斷延續生存。

告知（Inform）

顯示者的生存策略；可爲他們帶來平和。（詳見第四章）

內在（個人）權威（Inner (personal) Authority）

（詳見權威）

整合型通道（Integration Channel）

個體化過程的核心要素；由四條扮演主要防禦機制的通道，組成的群組；關鍵字是自我激勵；通道 34-20、57-10、34-57，以及 10-20。（詳見第六章）

邀請（Invitation）

投射者的策略；等待被邀請，就會帶來被賞識的結果。（詳見第四章）

並置／並列（Juxtaposed/Juxtaposition）

支撐著量子的兩極；比如說，在人體圖中，磁單極聯結著「你」的設計與個性，或是聯結通道的兩個閘門。

穩定並列（Juxtaposition in Fixing）（✹）

當上升與下降的相位，同時在同一爻的定義中，被固定與強調出來時。（詳見爻）

（詳見第十章）

並列交叉（Juxtaposition Cross）

　　固定的命運。（詳見**輪迴交叉**）（詳見第七章與第八章）

卡巴拉（Kabbalah or Cabala）

　　生命之樹，源自猶太神秘主義；拉・烏盧・胡所提出的綜合體，其中四個組合元素之一，代表人體圖中的迴路。

關鍵字／關鍵字串連（Keynotes/keynoting）

　　人類圖中動態的語言，將大量的資訊精簡成單一個字或詞；直接對我們的細胞說話。

凱龍星回歸（Kiron Return）

　　在凱龍星準確回歸到出生那一刻時，探究人體圖運作的機制與模式。介於 48 到 52 歲間發生。（詳見**循環**）

左角度交叉（Left Angle Cross）

　　超越個人命運。（詳見**輪迴交叉**）（詳見第八章）

生命循環（Life Cycle）

　　以天王星繞行地球一圈，費時 84 年的運行軌道為基礎。當天王星移動到出生位置星座角度的正對面時，就是中年時刻，或是天王星對相。

爻（Line）

　　一個閘門細分成六個部分，對應著卦象中的六爻；六個主題分別代表並描述該閘門的發展與演變；在人類圖分析中，屬於閘門之下的一層。每一個卦都有六條爻，總共有六十四卦，在人類圖易經中有三八四爻，其中三七五爻具有雙重性，兩極的特質透過上升或下降的用語表達，以表示爻中的極性。當不穩定時，能量流及影響就會在上升與下降的相位間擺盪。（詳見**基因延續性**）

邏輯（Logic）

　　與理解迴路的通道和閘門有關的特質：包含模式、常規、驗證與證明等；具備前瞻、理解、並提供可行的模式，這是為了得以在未來穩定引領群眾。與抽象過程相反。（詳見**抽象**）

月循環（Lunar Cycle）

　　月亮繞地球運行的二十八天週期；一個循環的移動約走完曼陀羅中所有六十四個閘門；月亮循環是反映者下決定的策略，也是他的個人（內在）權威。

月交點（Lunar Nodes）

　　月亮的運行軌跡與黃道交會的兩個點；月交點決定了我們在宇宙中移動的幾何軌跡；若用神秘語言來說，意指我們的「命運」。

曼陀羅（Mandala）

　　（詳見**人類圖曼陀羅**）

磁單極（Magnetic Monopole）

我們最主要的單極，位在G中心，僅具有吸力；它依據我們與整體連結的分形線所串接出來的特殊幾何，描繪出我們的人生。（詳見**驅動**）（詳見**分形線**）

顯示生產者（Manifesting Generator）

帶著顯示者潛能的生產者；透過回應運作（下決定）的佛陀戰士，但回應會快速轉為行動。（詳見**第四章**）

顯示者（Manifestor）

四種類型的其中一種；薦骨沒有定義；有薦骨以外的動力連接到喉嚨；顯示者佔整體人口的百分之九；具有發起或表明的能力，因而能夠影響我們；封閉、抵禦的能量場。（詳見**第四章**）

機制（Mechanics）

我們以人類的型態運作的準則；人類圖為我們揭示自己體驗與存在的機制。

頭腦（Mind）

在以七個中心為主的生物形態系統中，頭腦是思想權威與內在覺知；一七八一年，人類進展到九個能量中心，權威轉變為車輛（承載器）；許多我們所經歷到的制約或阻力，是因為頭腦無法轉換，或無法接受轉換而引起。

動力（Motors）

能量中心一旦連結至喉嚨中心時，以行動的方式呈現；能量中心包括根部、薦骨、太陽神經叢（情緒）與心（意志力）中心。

微中子（Neutrino）

由星體中心的溶解物所組成的亞原子粒子；包含了極小的質量；承載著宇宙的資訊。

非自己（Not-self）

當認同那些不是你的部分時的心智架構。（詳見**制約**）

非自己主題（Not-self themes）

標示出透過腦袋做決定，而招致阻礙的路標。

憤怒，當顯示者沒有告知，便採取行動時，所經歷的感受。

苦澀，當投射者發起與自己邀請自己時，所經歷的感受。

失望，當反映者發起，以獲取外界的注意力時，所經歷的感受。

沮喪，當生產者發起行動時，所經歷的感受。

開放（Openness）

人體圖中空白或沒有定義的部分；制約、教育、教養、以及人生潛在的智慧源頭。

外在權威（Outer Authority）

（詳見**權威**）

乘客／乘客意識（Passenger/passenger consciousness）

個性水晶健康運作的可能；臣服，讓自我反射意識從車輛後座見證生命。

個性（Personality）

你的人體圖中黑色的的部分；頭腦（Mind）的想法／精神／觀點等永恆的東西；「你所認為的自己」。

個性的計算（Personality calculation）

出生的時刻；依據你出生的日期、時間和地點。

個性水晶（Personality Crystal）

原始純陽的那一面是將微中子的資訊，轉變成可能成為自我反射意識的潛在性；它位在頭腦中心的上方，將意識覺知到「你所認為的自己」表現出來。

行星／行星凌日（Planets/ Planetary transits）

每個天體與交點都有其影響領域；曼陀羅中可以看到它們的移動狀態，以不同的主題透過閘門與爻，為我們的定義增加細微的影響：（下面星體前面有星座符號）

⊕ 地球，基礎／平衡

♃ 木星，法律／保護

☊ 北交點，方向／環境，未來

♂ 火星，未成熟／變動

☿ 水星，溝通

☽ 月亮，慾望／驅動你的事物

♆ 海王星，幻覺、對你而言隱晦的事物

♇ 冥王星，同一世代共享的真相

♄ 土星，紀律

☋ 南交點，方向／環境，過去

☉ 太陽，個性的充分表現／意圖

♅ 天王星，獨特／擴展

♀ 金星，價值

基本健康系統（Primary Health System; PHS)

人類圖系統中，形態認識的訓練；用來支持每個人複雜、獨特的腦部發展的飲食之道。

人生角色（Profile）

當你活出輪迴交叉的使命時，你穿上的戲服，或扮演的角色；源自個性和設計當中，太陽／地球閘門的爻。（詳見第七章）

程序（Program）

以我們的發展程序為資訊基礎的微中子流。（詳見微中子）

投射者（Projector）

四種類型的一種，薦骨沒有定義，同時沒有動力連接到喉嚨；投射者佔整體人口的22%；當別人邀請他們時，是因爲辨識出他們的特殊技能與頻率，所以投射者得以指引生產者及顯示者；能量場是專注且吸入的。（詳見第四章）

總和（Quantum）

整體大過於全部組成的分子總和；比如說：由兩個閘門組成的一條通道。

人類（Rave）

「聲音」用來稱呼人類的用語。

人體圖（Rave BodyGraph^{TM}）

在人類曼陀羅的中心留存的印跡，顯示出兩個意識水晶決定此人有別於他人的獨特性；獨特性的藍圖。

人類圖全盤整合（Rave Cartography）

人類圖系統的表面結構繪圖。

人類圖（Rave Chart）

（詳見圖）

人類圖宇宙學（Rave Cosmology）

爲區分的科學及人類圖系統天啓提供宇宙學背景／基礎的學說；「聲音」透過拉・烏盧・胡於一九八七年提出這些訊息，以讓我們了解形態原則、以及我們在宇宙間的位置。

人類圖易經（Rave I'Ching）

描述六十四卦中，爻的意涵。由拉・烏盧・胡於一九八九年十二月十二日，在德國法蘭克福完成。以中國古老的易經爲基礎；是人類圖分析的基礎工具。（詳見易經）

人類圖曼陀羅（Rave Mandala）

由「聲音」透過拉・烏盧・胡提出的神秘綜合體；是人類圖系統的商標。程式包含了四個古老的系統：占星，構成人體圖的計算方式；易經，透過閘門將我們的遺傳整合進人體圖中；印度脈輪系統，關聯起各個中心的能量樞紐；以及卡巴拉和它的生命之樹，對應到我們的設計中，爲我們創造了生命動力定義的迴路與通道。

人類圖心理學（Rave Psychology）

人類圖系統中，有關心智的複雜度、外在權威的潛能，以及制約作用影響的學科。

接收器（Receivers）

在人體圖中未定義的區域（空白）；開放而能接收環境中的能量；我們如何受到他人的狀態影響；單一閘門也是接收器。（詳見發送器）

反映者（Reflector）

四種類型之一，沒有定義；與月亮及月亮循環相關聯；反映者佔總人口的百分之一；有能力感受到誰是真實地活著，及誰受過渡狀態（transit field）的制約；反映出周遭環境的能量場。（詳見**第四章**）

阻礙（Resistance）

當人忘記遵從自己類型的策略時，將會遭遇的狀態。（詳見**非自己主題**）

共鳴（Resonance）

在卦論中，爻遇到相同涵義的爻時，因為擁有共同的主題，彼此得以產生共鳴。爻中的共鳴有 1/1、2/2、3/3、4/4、5/5、以及 6/6。（詳見**失調與和諧**）

回應（Response）

當生命的安排來到時，生產者與生命進行能量互動的方式。生產者天生的設計，是透過回應，活出生命；他們的策略是等待回應。（詳見**第四章**）

右角度交叉（Right Angle Cross）

個人的命運（詳見**輪迴交叉**）（詳見**第八章**）

根部中心（Root Center）

（詳見**中心**）

薦骨中心（Sacral Center）

（詳見**中心**）

區分的科學（Science of Differentiation）

人類圖是一門關於我們的獨特性與區別的研究；一門讓我們將之當成工具，在個人的生活中實驗並驗證的科學；它並不是一套信仰體系。

發送器（Senders）

在人體圖中有定義的部分（有顏色）；我們如何用我們有定義的部分，或我們一貫的自己，發送能量與他人交流；我們如何透過他人開放的部分，影響他人。（詳見**接收器**）

標誌（Signatures）

阻礙的相反；一個人完全符合其所屬的類型及使命後，將會體驗到的：

驚喜之於反映者
平和之於顯示者
滿足之於生產者
成功之於投射者

單細胞（Single Cell）

G 中心的 15 號閘門連結薦骨中心的 5 號閘門，這是單細胞的設計。它的整合潛力是 3 號的突變閘門。

直覺中心（脾臟）（Splenic Center (Spleen)）：

（詳見中心）

情緒中心（Solar Plexus Center）

（詳見中心）

策略（Strategy）

基於我們個別的類型，理所當然地投降於我們的形態，如此我們的身軀得以順應生命之流。

類型的策略（Strategy by Type）

顯示者行動前要先告知。

生產者要等待詢問，才能予以回應。

投射者要等待被賞識及邀請。

反映者做決定前，要先走完他們的月亮循環。

譚崔通道（Tantric channels）

在薦骨與G中心之間的通道5-15、14-2、29-46；薦骨豐饒的生命動能，以特定的方向賦予本身力量，透過G中心表達較高層次的自我。

喉嚨中心（Throat Center）

（詳見中心）

過渡（Transit）

星體在宇宙中，某個特定時刻的移動或位置；圍繞著人類曼陀羅中的太陽、行星與交點的移動狀態，與人體圖中的制約作用相關。

超越個人（Transpersonal）

凌駕於個人之上；以人體圖來說，代表著與他人互動，是為了要實踐人生的使命。

軌道（Trajectory）

我們在宇宙間的幾何／移動；我們的生命路徑，以及我們被設計與他人連結的方式。由磁單極，也就是駕駛，負責主宰。

家族人通道（Tribal Circuit）

（詳見**通道群組**）

卦（Trigram）

由三個水平堆疊的爻所構成，它們包括實線（陽）或虛線（陰）；兩個卦彼此堆疊，形成上卦和下卦，組成易經與人類圖易經64卦的基礎。（詳見卦）（詳見第十章）

真實的自我（True Self）

傳達獨特的差異化個人特質，覺知與臣服於個人設計的機制，我們從制約中釋放出的真實本性。

類型（Type）

將全世界的人口，以能量場區分爲四種類型的人。每一種人有不同的策略，得以在沒有阻力的狀況下，運作得最好：顯示者、生產者、投射者與反映者。（詳見脈輪）（詳見**個別的類型**）（詳見第四章）

潛意識（Unconscious）

所有產前設計的資訊（出生前，太陽行至 88 度），我們無意識地體驗著；設計的資訊表現出基因遺傳的特徵；隨著時間的推移，別人在我們身上經歷與感受到的特點，而隨著時間推移，我們也能逐漸認知到這些特點；人體圖中紅色的部分。

無定義（Undefined）

圖中空白的區域，也被稱爲「開放」，不一致而具有彈性的區域；被制約與智慧的源頭；我們從中學習人生之處；我們體驗他人的地方。（詳見**定義**）

宇宙（Universe）

依據「聲音」的說法，指的是活生生、不斷在發展的二元性。尚未「誕生」，仍是子宮中的胎兒。嬰孩。（詳見**聲音**）(詳見簡介與第一章)

車輛（Vehicle）

人體圖中設計的部分；我們跟別人絕無重複的生物形態，在我們的一生中承載著個性這個乘客的覺知。（詳見**設計／設計水晶**）

聲音（Voice, the）

在 1987 年爲拉・烏盧・胡提供資訊，引導他創造出人類圖系統的傳播媒介。（詳見**簡介與第一章**）

陰／陽（Yin/Yang）

古老的亞洲哲學，旨在傳達人類經驗的二元性。「陰陽」相對互補，並在更高層的整體中互動，成爲整個動力系統的一部分。兩極相互聯結、也相互依存，同時彼此增益。凡事都有陰陽兩面。陰是自然界被動的女性本質，堅忍、包容；陽則爲主動的男性本質，太陽、創意。陽爻以實線作爲符號，陰爻則是斷裂的虛線。

「*愛你自己。*」——拉·烏盧·胡

　　我希望你喜愛這本書，這是一本愛的著作，試圖以拉‧烏盧‧胡希望的方式寫下並記錄人類圖。我們很難知道得做到什麼程度、什麼時候才能停止。這門知識涵蓋太多內容。為了讓它出版（好讓它為世人所知），我們總是要有個開始。

　　拉‧烏盧‧胡擁有出色、獨特的個人特質，我們這些有幸得以認識、並向他學習的人之中，許多人都喜愛引用他的話語。我希望這本書中透過引用他說的許多話，也能讓您感受到他的人格特質。這是我始終最鍾愛的部分，對我來說有其特殊的意義。——鈴達‧布乃爾

索引